Das Andere
31

Géraldine Schwarz
Os Amnésicos
História de uma família europeia

Tradução de Ana Martini
Editora Âyiné

Géraldine Schwarz
Os amnésicos –
História de uma
família europeia
Título original
Les amnésiques
Tradução
Ana Martini
Preparação
Mônica Kalil
Revisão
Andrea Stahel
Giovani Kurz
Projeto gráfico
CCRZ
Imagem da capa
Julia Geiser

Direção editorial
Pedro Fonseca
Coordenação editorial
Sofia Mariutti
Assessoria de imprensa
Amabile Barel
Direção de arte
Daniella Domingues
Assistente de design
Gabriela Forjaz
Conselho editorial
Simone Cristoforetti
Zuane Fabbris
Lucas Mendes

Segunda edição, 2024
© Editora Âyiné
Praça Carlos Chagas
Belo Horizonte
30170-140
ayine.com.br
info@ayine.com.br

Isbn 978-65-5998-122-9

Sumário

11   I.   Ser ou não ser nazista
31   II.   Alemanha «ano zero»
53   III.   O fantasma dos Löbmann
87   IV.   A negação de Karl Schwarz
111   V.   Oma ou o discreto charme do nazismo
137   VI.   Filho de *Mitläufer*
159   VII.   Da amnésia à obsessão
187   VIII. Doce França…
217   IX.   Holocausto? Desconheço.
253   X.   O pacto
277   XI.   Memórias de uma franco-alemã
309   XII.   O Muro está morto, viva o Muro
343   XIII. Áustria-Itália: pequenas conciliações com o passado
393   XIV. Os nazistas não morrem jamais

425   Epílogo
433   Agradecimentos

Os Amnésicos
História de uma família europeia

A meus pais

Não me perder no labirinto da memória, em seus lapsos e seus enganos, suas dobras e seus transbordamentos.

Derrotar os violadores de memória, os falsários da história, os artesãos de falsas identidades e de falsos ódios, os cultivadores de fantasias narcisistas.

Encontrar o meu caminho através dos múltiplos vestígios do passado, apreender o fio da memória, uma família alemã comum, uma família francesa comum, um *Mitläufer* dos nazistas, um policial sob Vichy, e puxar esse fio, com suas falhas e suas lacunas, até a geração de meus pais, até mim, a filha da Europa, a filha que não conheceu guerra alguma.

Cruzá-lo com outro fio, o da História, a grande, repetir, de cabeça fria, os fatos históricos que alguns querem fazer esquecer: o suicídio da civilização europeia e o que veio depois, essa milagrosa superação do Homem sobre seus demônios, da paz sobre a guerra, da democracia sobre a ditadura.

Entrelaçar os dois fios, dar profundidade à narrativa familiar, submetendo-a ao julgamento da História, à sabedoria dos historiadores, esses detectores de mentiras e de mitos. Oferecer em troca uma alma à ciência, a carne e o sangue de uma memória familiar, a imprecisão da condição humana.

Quero compreender o que foi para descobrir o que é, restituir à Europa suas raízes, que os amnésicos tentam dela arrancar.

Os nomes seguidos por asterisco são pseudônimos.

Capítulo I.
Ser ou não ser nazista

Eu não estava especialmente predestinada a me interessar pelos nazistas. Os pais do meu pai não estiveram nem do lado das vítimas nem do lado dos carrascos. Não se distinguiram por atos de bravura, mas também não pecaram por excesso de zelo. Eram simplesmente *Mitläufer*, pessoas «que se deixam levar pela corrente». Simplesmente no sentido de que a atitude deles foi a da maioria do povo alemão, um acúmulo de pequenas cegueiras e pequenas covardias que, combinadas, criaram as condições necessárias para o desenrolar dos piores crimes de Estado organizados que a humanidade já conheceu. Após a derrota e por longos anos, faltou distanciamento a meus avós e à maioria dos alemães para perceber que, sem a participação dos *Mitläufer*, ainda que ínfima em escala individual, Hitler não teria reunido condições para cometer crimes de tamanha magnitude.

O próprio *Führer* intuía isso e regularmente sentia a temperatura de seu povo para ver até onde poderia ir, o que seria admitido ou não, enquanto continuava a inundá-lo com propaganda nazista e antissemita. A primeira deportação em massa de judeus organizada na Alemanha, que serviria para sondar o limiar de aceitabilidade da população, ocorreu justamente na região onde moravam meus avós, no sudoeste do país: em outubro de 1940, mais de 6.500 judeus foram deportados de Baden, do Palatinado e do Sarre para o acampamento francês de Gurs, localizado ao norte dos Pireneus. Para acostumar os cidadãos a tal espetáculo, as forças policiais tiveram o cuidado de manter minimamente as aparências, evitando a violência e fretando vagões de passageiros — e não trens de carga, como ocorreria mais tarde. Mas os oficiais nazistas queriam se certificar e saber o que o povo de fato pensava. Não hesitaram em operar em plena luz do dia, conduzindo procissões de centenas de judeus pelo centro da cidade até a estação, com suas malas pesadas, seus filhos em lágrimas e seus velhos exaustos, tudo sob o olhar de cidadãos apáticos, incapazes de demonstrar qualquer humanidade. No dia seguinte, os *Gauleiter* (líderes distritais) orgulhosamente informaram a Berlim que sua região era a primeira na Alemanha a ser *judenrein* (depurada de seus judeus). O *Führer* deve ter exultado por ser tão bem compreendido por seu povo: ele já estava maduro para «se deixar levar».

Um episódio em particular demonstrou que a população não era assim tão impotente quanto quis fazer parecer depois da guerra. Em 1941, o protesto de cidadãos e bispos católicos e protestantes alemães havia conseguido interromper o programa de extermínio de pessoas com deficiência mental e física, ou assim consideradas, ordenado por Adolf Hitler com o objetivo de expurgar a raça ariana dessas «vidas sem valor». Enquanto essa operação secreta, batizada de *Aktion T4*, atingia o seu auge, tendo já alcançado 70 mil mortes nas câmaras de gás em centros especiais na Alemanha e na Áustria, Hitler cedeu diante da indignação popular e pôs fim ao seu projeto. O *Führer* tinha compreendido o risco que corria perante a população ao se mostrar tão abertamente cruel. Essa é também uma das razões pelas quais o Terceiro Reich empregou uma energia insana para organizar a extremamente cara e complexa logística do transporte de judeus da Europa e da União Soviética para exterminá-los longe da vista de seus compatriotas, em campos isolados na Polônia.

Mas, no rescaldo da guerra, ninguém, ou quase ninguém, na Alemanha se perguntava o que teria acontecido se a maioria não tivesse se deixado levar *pela* corrente, mas ido *contra* uma política que revelara muito cedo sua intenção de pisotear a dignidade humana como quem esmaga uma barata. *Deixar-se levar pela corrente* como Opa, meu avô, era algo tão disseminado que a banalidade se tornara uma circunstância atenuante desse mal, inclusive aos olhos das forças aliadas, determinadas a desnazificar a Alemanha. Depois da vitória, americanos, franceses, britânicos e soviéticos dividiram o país e a cidade de Berlim em quatro zonas de ocupação em que cada um deles se comprometia a erradicar os elementos nazistas da sociedade, com a colaboração das câmaras arbitrais alemãs. Eles estabeleceram quatro graus de implicação nos crimes nazistas, dos quais os três primeiros justificavam, em teoria, a abertura de uma investigação judicial: os «grandes criminosos», os «criminosos», os «criminosos menores» (*Hauptschuldige, Belastete, Minderbelastete*) e os *Mitläufer*. De acordo com a definição oficial, esse último termo designava «aqueles que participaram apenas nominalmente do nacional-socialismo», em particular «os membros do Partido Nacional-Socialista dos Trabalhadores Alemães (NSDAP) [...] que se limitavam a pagar as contribuições e participar das reuniões obrigatórias». Na verdade, no Reich, que em 1937 contava 69 milhões de habitantes dentro de suas fronteiras, os *Mitläufer* superavam numericamente o quadro de 8 milhões de membros do NSDAP. Outros milhões aderiram a organizações afiliadas e muitos outros ainda aclamaram o nacional-socialismo sem, no entanto, ingressarem em uma organização nazista. Minha avó, por exemplo, que não era filiada ao partido, era mais apegada a Adolf Hitler que meu avô, que o era. Mas os Aliados não tinham tempo para se debruçar sobre tamanha complexidade. Já tinham muito o que fazer com os criminosos, tanto os menores quanto os grandes, ou seja, com a multidão de altos funcionários que haviam dado ordens criminosas naquele labirinto burocrático que era o Terceiro Reich e com todos os que as executaram, às vezes com um zelo infame.

Simples membros do partido nazista, como meu avô, escaparam praticamente ilesos. Sua única punição foi se ver privado do controle de sua pequena empresa de produtos petrolíferos, a Schwarz & Co. Mineralölgesellschaft, confiada por alguns anos a um gerente nomeado pelas autoridades aliadas. Ele provavelmente também teria tido alguma dificuldade em assumir um cargo de funcionário público, se tivesse desejado. A filha dele, minha tia Ingrid,* tem uma vaga lembrança de ele ter sido condenado a «quebrar pedras», mas, estranhamente, meu pai não guarda disso nenhuma recordação e não duvida de que, no caso pouco provável de tal condenação, meu avô tivesse conseguido se safar de tamanha esfrega, «esperto como era». Em vez disso, ele se recorda de seu pai nunca ter feito melhores negócios que durante aquele período de privação de trabalho, revelando-se um comerciante muito mais habilidoso no mercado paralelo que no mercado legal. Lembra que, na mesa dos Schwarz, havia sempre vinho, carne, ovos e maçãs, produtos de que muitos tinham se esquecido, até mesmo do gosto, na Alemanha arruinada do pós-guerra. Essa divergência de lembranças entre os dois filhos de Karl Schwarz talvez se deva ao fato de uma ser tão apegada ao pai quanto o outro era dele distante.

Certamente, não era possível jogar na prisão os 8 milhões de membros do NSDAP, até porque não haveria espaço suficiente atrás das grades. A partir da primavera de 1945, os Aliados realizaram detenções em massa de ex-funcionários do partido e membros da ss, enviando cerca de 300 mil deles para a prisão. Os americanos eram de longe os que se aplicavam com mais determinação a desnazificar a própria zona, pelo menos no início. Mannheim, onde moravam meus avós, uma das maiores cidades de Baden-Württemberg, situava-se justamente na zona americana do sul-sudoeste, que compreendia o norte de Baden-Württemberg, a Baviera e o Hesse, e à qual foram adicionados o sudoeste de Berlim e, ao norte, a cidade-estado de Bremen, preciosa por sua localização estratégica junto ao mar do Norte. Os americanos tinham uma boa reputação, e minha tia Ingrid guardou uma imagem deles «sempre com um sorriso no rosto, com boa saúde, ao volante de seu jipe, o que trazia um pouco de alegria» à atmosfera funesta da Alemanha do pós-guerra. No entanto, seu comandante, o futuro presidente dos Estados Unidos Dwight D. Eisenhower, não estava muito otimista e estimava que seriam necessários pelo menos cinquenta anos de reeducação intensiva para formar os alemães nos princípios democráticos. Os americanos tinham a titânica ambição de sondar o passado de todos os alemães com mais de dezoito anos, submetendo-os a questionários de cerca de 130 perguntas que deveriam dar uma indicação de seu grau de cumplicidade com o regime e seu nível de doutrinação ideológica. Com um rigor absolutamente burocrático, começaram a esquadrinhar os milhões de formulários que se acumulavam em suas mesas, visando punir os culpados e purificar a sociedade de seus elementos mais impregnados pelo nazismo. Dispensaram todos os funcionários que haviam aderido ao NSDAP antes de 1º de maio de 1937 e que, portanto, eram suspeitos de tê-lo feito por convicção. No final do inverno de 1945–1946, mais de 40% dos funcionários públicos da zona americana tinham sido demitidos.

Não encontrei nenhuma cópia do questionário de desnazificação de meu avô, mas ele deve tê-lo preenchido, já que uma carta das autoridades de ocupação indica que logo souberam que ele tinha sido membro do partido. Por ocasião de sua morte, em 1970, meu pai procurou em todos os documentos de Karl Schwarz vestígios da carteira e das insígnias do partido, sem sucesso. Assim que foi anunciada a entrada dos Aliados em Mannheim, em março de 1945, ele, como muitos de seus compatriotas, teve que jogar nas chamas do forno da cozinha essas provas comprometedoras, assim como as bandeiras nazistas que se costumavam exibir nas sacadas nos dias de festa e, quem sabe, um retrato do *Führer* que ele houvesse pendurado em seu escritório para ter paz ou que minha avó guardasse em uma gaveta por afeição. Foi perda de tempo, pois os líderes locais do NSDAP tinham sumido do mapa sem se preocupar minimamente em destruir o registro dos membros do partido em Mannheim, que os americanos encontraram intacto ao chegar.

Mas Karl não tinha dado fim a tudo. Entre seus pertences, meu pai encontrou um desenho heráldico dos mais estranhos: um elmo de cavaleiro com um fundo de vegetação preta e dourada atrás da qual irrompe um animal imaginário, um cruzamento de cabra e cervo com patas e chifres vermelhos, cujo pescoço está perfurado por uma flecha da mesma cor. Logo abaixo estão inscritos o nome de Schwarz em uma caligrafia complexa, a data de 1612 e o seguinte texto: «As origens desta família burguesa, com ramos florescentes na

Suábia e na Francônia, encontram-se em Rothenburg». Sob o nacional-socialismo, a genealogia esteve muito em voga, tendo até alcançado um *status* praticamente oficial a serviço do regime, que precisava conferir às suas obscuras teorias raciais uma credibilidade que nenhuma ciência séria poderia lhes dar. No entanto, esse desenho tinha valor puramente decorativo porque, para entrar no NSDAP, era necessário um documento bem mais difícil de se obter: um certificado ariano particularmente completo e detalhado que exigia coletar uma quantidade de justificativas capazes de demonstrar as origens arianas do candidato e de seu cônjuge pelo menos desde 1800. Que Karl Schwarz ainda por cima, sem ser obrigado, tenha mandado desenhar a tinta e aquarela aquele motivo heráldico me deixa perplexa. Meu avô não era um nacional-socialista convicto, ele amava demais a liberdade para isso. «Talvez ele o tenha pendurado nos escritórios de sua empresa também para quando um cliente ou um oficial nazista passasse por ali, para que fizesse menos perguntas e o deixasse em paz», disse meu pai. Na década de 1930, circulavam na Alemanha rumores sobre comerciantes suspeitos de ocultar suas origens judaicas, alimentando um clima de paranoia e delação, a ponto de alguns estamparem anúncios em jornais para desmentir publicamente qualquer ligação com o judaísmo. Opa deu fim ao seu certificado ariano, mas estranhamente poupou sua aquarela, que conservou até a morte. «Acho que ele gostava desse desenho porque dá a ilusão de uma linhagem gloriosa. E meu pai às vezes tinha mania de grandeza.» Em alguns aspectos, Karl Schwarz era um homem de seu tempo.

Rapidamente, diante da extensão da tarefa que haviam atribuído a si mesmos, os americanos decidiram integrar a justiça alemã ao processo de desnazificação. Após a análise dos questionários, as pessoas suspeitas de estarem envolvidas com o regime eram enviadas a uma das centenas de câmaras arbitrais alemãs da zona americana. Em Mannheim, 202.070 formulários foram passados a pente-fino. Das 8.823 pessoas julgadas, 18 foram classificadas como *Hauptschuldige*, 257 como *Belastete*, 1.263 como *Minderbelastete*, 7.163 como *Mitläufer*, 122 como *Entlastete* («inocentados»). Duvido que meu avô tenha sido ouvido. Seja como for, como os americanos não haviam encontrado juízes alemães «limpos» em número suficiente, tamanha era a cumplicidade dos juristas com o nacional-socialismo, e como se resignaram a recrutá-los entre a velha guarda, Karl Schwarz não teria muito a temer. Principalmente porque os ocupantes não podiam mais se dar ao luxo de se mostrar tão intransigentes diante da necessidade urgente de pessoal alemão para lidar com os muitos problemas que a sociedade enfrentava: desnutrição, crise habitacional, falta de carvão para aquecimento… Além disso, a atenção americana começou a se desviar dos velhos nazistas para se concentrar em um novo inimigo: a União Soviética e o bloco comunista. Aos rigores do início seguiu-se uma execução atabalhoada das medidas de desnazificação com o objetivo de pôr fim à questão o mais rapidamente possível e acelerar a reconstrução da Alemanha Ocidental, localizada na divisa do território comunista inimigo.

Os britânicos estavam muito menos comprometidos que os americanos em perseguir os nazistas em sua zona, a noroeste, que incluía Hamburgo, a Baixa Saxônia, a Renânia do Norte-Vestfália e Schleswig-Holstein, bem como o setor ocidental de Berlim. Quando muito, visavam a uma reeducação por meio da criação de meios de comunicação em sua região, como a rádio Nordwestdeusche Rundfunk e os jornais

Die Zeit e *Die Welt*, ou obrigando os cidadãos a assistirem a imagens filmadas de vítimas esqueléticas de campos de concentração. Os britânicos criaram *Clubs* onde certos alemães eram aceitos, mas essa mistura era exceção, pois na maioria das vezes os britânicos mantinham distância. Nos bondes, lojas e cinemas, havia lugares exclusivamente reservados para eles, exibindo avisos de «*Keep out*» ou «*No Germans*». Eram frequentemente vistos como invasores, especialmente quando confiscavam apartamentos em cidades que sofriam de grave escassez de moradia devido aos bombardeios. Na verdade, os britânicos nem sempre tinham escolha porque eles próprios se encontravam economicamente bastante fragilizados pela guerra, tinham dificuldades em sustentar o custo da ocupação. Eles não se preocuparam com os *Mitläufer* e se contentaram em banir os nazistas dos altos cargos públicos e perseguir os peixes maiores. A indulgência deles era tamanha que alguns nazistas que viviam sob a administração americana se adiantaram em se transferir à zona britânica. Os britânicos se apressavam em reconstruir a força econômica da Alemanha, visando também a seus próprios interesses. Assim, souberam se mostrar conciliadores quando o acusado era uma figura da elite econômica do Reich, como Günther Quandt.

Quandt não era um nacional-socialista convicto, mas um oportunista que tinha esperado até que Adolf Hitler chegasse ao poder em janeiro de 1933 para financiar seu partido e, então, a ele aderir. A essa proximidade financeira somava-se um vínculo familiar, já que a segunda esposa do industrial, Magda Ritschel, de quem se divorciara, casou-se em dezembro de 1931 com o futuro ministro da Propaganda, Joseph Goebbels, união da qual o *Führer* foi padrinho. Sua lealdade a Hitler se revelou proveitosa, permitindo a Quandt acumular uma fortuna colossal ao se tornar um dos maiores fornecedores da indústria militar nazista. Dada a escassez de mão de obra, consequência da mobilização de homens no *front*, ele explorou cerca de 50 mil trabalhadores forçados entre prisioneiros de guerra e internos de campos de concentração «emprestados» a baixo custo pelo Reich.

Em 1946, os americanos prenderam Quandt, mas ele escapou do tribunal de Nuremberg graças aos britânicos, que «se omitiram» em transmitir os documentos a seu respeito aos americanos e chegaram ao ridículo de classificá-lo oficialmente como *Mitläufer*. Em janeiro de 1948, os americanos, que se abstiveram de investigar mais a fundo, o libertaram. Logo depois, o exército britânico se apressou em fazer negócios com esse especialista em armamentos. Pois Quandt era uma ave rara. Ele produzia equipamentos que o mundo inteiro invejava, baterias especiais para os torpedos subaquáticos e, principalmente, a bateria única para a «arma mágica» desenvolvida pelos nazistas durante a guerra e que despertava a admiração de seus inimigos: o V2, o primeiro míssil balístico operacional criado pelo homem, na origem dos mísseis intercontinentais e do voo espacial. Depois da guerra, a família Quandt, hoje proprietária, entre outros, da montadora BMW, permaneceu muito tempo mergulhada em negação quanto às origens suspeitas de sua fortuna até que, em 2007, a estreia de um documentário para a televisão intitulado *The Silence of the Quandt* [O silêncio dos Quandt] a obriga a lançar luz sobre o passado.

Quanto aos franceses, cuja zona, a menor de todas, incluía o sul de Baden-Württemberg, a Renânia-Palatinado, o Sarre e o noroeste de Berlim, rapidamente perceberam as vantagens de se mostrarem indulgentes em relação aos industriais que, em troca, mostravam-se generosos nos negócios. Eles adquiriram a reputação de ser a potência ocupante menos interessada na desnazificação. O fato de a França ter estreitamente cooperado com o Terceiro Reich e de sua administração do pós-guerra ainda estar crivada de ex-colaboradores de Vichy, os quais temiam que as acusações contra os nazistas se voltassem contra eles, certamente influenciou no baixo número de procedimentos legais instaurados. Os franceses preferiam acusar coletivamente os alemães, sem diferenciá-los com base em sua responsabilidade individual nem tentar reeducá-los. O general De Gaulle era a favor de uma política de enfraquecimento e de divisão permanente da Alemanha; ele exigia o máximo de reparações. Convidados de última hora à mesa dos vencedores, apesar de sua colaboração com o Reich, os franceses se comportaram como uma verdadeira força de ocupação, confiscaram apartamentos para abrigar os professores, engenheiros e funcionários franceses, exploraram a força de trabalho alemã e requisitaram comida em abundância, enquanto muitos alemães viviam em porões, famintos e sem carvão para se aquecer. Houve até mesmo estupros em série e saques.

Na zona soviética, que incluía os cinco *Länder* mais a leste — Turíngia, Saxônia-Anhalt, Saxônia, Brandemburgo e Mecklemburgo-Pomerânia Ocidental —, bem como o leste de Berlim, as medidas de desnazificação visavam não apenas aos nazistas, mas também às pessoas «indesejáveis» de quem queriam se livrar, os «inimigos da classe trabalhadora» — os grandes latifundiários e a elite econômica —, os social-democratas e outros detratores do novo regime que o ocupante tentava instaurar a partir do modelo de Moscou. Os soviéticos deixaram os *Mitläufer* em paz, até porque viram neles a possibilidade de reciclá-los em bons comunistas. No entanto, os nazistas mais comprometidos tinham mais a temer nessa zona do que nas outras, pois, com os soviéticos, não podiam alegar que haviam ingressado no partido em oposição ao bolchevismo, argumento que tinha algum peso no lado ocidental. Além disso, alguns preferiam fugir do lado oriental, sobretudo porque as condições de detenção eram ali particularmente atrozes. Dezenas de milhares de nazistas suspeitos e de «indesejados» foram trancadas em antigos campos de concentração do Terceiro Reich. Pelo menos 12 mil pereceram. Outras dezenas de milhares foram deportadas para a União Soviética, onde muitos morreram.

Em março de 1948, os soviéticos já haviam expulsado do serviço público mais de 520 mil ex-membros do NSDAP, em especial da administração e do judiciário, tendo sido necessário rapidamente substituir os funcionários por comunistas «leais». Em menos de um ano, novos juízes e promotores próximos às organizações comunistas foram «formados», e foram eles que conduziram uma série de processos sumários chamados de *Waldheimer Prozesse* em 1950, sob a autoridade da muito jovem República Democrática Alemã (RDA), que acabava de ser criada. Em dois meses, cerca de 3.400 pessoas acusadas de terem cometido crimes compareceram, sem testemunhas e geralmente sem assistência jurídica, perante esses juízes e procuradores inexperientes que deliberavam em menos de meia hora, estando a sentença já previamente estabelecida, a fim de obter o máximo de condenações. Não se fazia distinção entre *Mitläufer*, criminosos ou inimigos do comunismo. Esses simulacros de processo tinham por objetivo, acima de tudo, legitimar *a posteriori* o aprisionamento de milhares de pessoas nos campos de concentração. Mais da metade dos acusado foi condenada a penas de 15 a 25 anos de prisão, vinte e quatro foram executados. Em seguida, a RDA considerou encerrada a desnazificação e negou por muito tempo suas responsabilidades históricas em relação aos crimes do Terceiro Reich, designando a RFA como única herdeira desse passado sombrio.

Os alemães foram hostis ao processo de desnazificação da população, percebido como uma humilhação insuportável, uma *Siegerjustiz*, uma justiça de vencedores aspirando à vingança. Por outro lado, eles eram — pelo menos imediatamente após a guerra — em sua maioria favoráveis à ideia de julgar os altos dirigentes do regime.

Em novembro de 1945, foi aberto em Nuremberg, por iniciativa dos americanos, um processo contra 24 altos funcionários do Terceiro Reich perante um tribunal militar internacional constituído sob a autoridade das quatro potências aliadas. «A ideia de tratar a guerra e as atrocidades cometidas em seu nome não mais como se fosse uma política conduzida por outros meios, mas como um crime pelo qual políticos e militares de alto escalão podem ser responsabilizados como em qualquer outro crime» era inédita, analisa o jurista Thomas Darnstädt em seu livro *Nürnberg. Menschheitsverbrechen vor Gericht 1945* [Nuremberg. Crimes contra a humanidade perante o tribunal, 1945]. As linhas mestras já tinham sido previamente traçadas em Washington, sob a autoridade do juiz Robert H. Jackson. Os soviéticos, temendo também serem acusados devido aos abusos do Exército Vermelho e ao pacto de não agressão celebrado entre Stálin e Hitler em 1939, exigiam que a jurisdição penal internacional de Nuremberg se aplicasse somente às potências do Eixo. O juiz Jackson recusou: «Não estamos dispostos a estabelecer normas para os outros que não estaríamos prontos a aplicar a nós mesmos».

Os britânicos, por sua vez, tendo em mente seus intensos e mortais bombardeios às populações civis da Alemanha, negociaram um compromisso: as normas penais seriam válidas para qualquer Estado, mas o tribunal de Nuremberg só teria competência para os crimes dos nazistas. Mais de 2 mil pessoas foram mobilizadas para preparar o processo, vasculhar pelo menos uma parte dos quilômetros de arquivos deixados por um regime ultraburocratizado.

Um ano mais tarde, deu-se o veredicto: doze réus foram condenados à morte por enforcamento, incluindo o número dois do Reich, Hermann Göring; o ministro das Relações Exteriores, Joachim von Ribbentrop; o último chefe do poderoso Ministério de Segurança (RSHA), Ernst Kaltenbrunner; o chefe do Alto Comando das Forças Armadas, Wilhelm Keitel; o fundador do jornal antissemita *Der Stürmer*, Julius Streicher; e o antigo ideólogo do partido e ministro dos Territórios Orientais Ocupados, Alfred Rosenberg; três outros, incluindo Rudolf Hess, antigo adjunto de Hitler, foram condenados à prisão perpétua; e outros dois ainda, Albert Speer, arquiteto e ministro do Armamento, e Baldur von Schirach, chefe da *Hitlerjugend* (Juventude Hitlerista), a uma pena de vinte anos de prisão. Quatro organizações — o NSDAP, a Gestapo, a SS e o SD (Serviço de Segurança) — foram classificadas como «organizações criminosas». Os juízes rejeitaram o pedido da acusação de incluir nessa lista o estado-maior e o alto comando da Wehrmacht (OKW).

Esses julgamentos demonstraram um desejo por parte dos Aliados, especialmente dos americanos, de não deixar impunes os crimes nazistas. Eles permitiram determinar uma «nova ordem mundial através do direito», nas palavras de Robert Jackson, e definir um crime de natureza nova: o crime contra a humanidade. Mas, no curto prazo, não surtiram os efeitos desejados, nem internacionalmente nem na Alemanha. O juiz Jackson havia sobretudo destacado a acusação de «crime contra a paz» e de «conspiração» de acordo com a ideia de que «um grupo de gângsteres havia assumido o controle do Estado». Essa abordagem alimentou uma lenda que demoraria muito para ser desmantelada: a de que os crimes nazistas eram resultado de um plano desenvolvido por um pequeno grupo de criminosos que gravitavam em torno de Hitler, os quais haviam dado ordens a pessoas que em grande parte ignoravam estar colaborando com um empreendimento assassino.

Outro problema era que um tribunal em que os vencedores julgam os vencidos impunha o silêncio sobre os crimes de guerra dos Aliados: a colaboração de Vichy, os massivos bombardeios américo-britânicos contra civis alemães, as atrocidades cometidas pelo Exército Vermelho nos territórios orientais do Reich, as bombas atômicas lançadas pelos Estados Unidos sobre o Japão.

Mas um dos principais fracassos do processo foi ter negligenciado a especificidade do genocídio judeu, delito que não existia à época. «Um tabu do direito internacional permanecia: a interferência nos 'assuntos internos' de um Estado soberano ainda era malvista», e era assim que se consideravam os crimes contra os judeus alemães, estima Thomas Darnstädt. Além disso, logo após a guerra, o nível de informação sobre a Shoah ainda era limitado. Ainda não havia sido estudado, por exemplo, o protocolo da Conferência de Wannsee, de janeiro de 1942, durante a qual líderes nazistas detalharam a organização do Holocausto, que já havia começado.

Dando continuidade a Nuremberg, entre 1946 e 1949, os americanos organizaram, dessa vez sob sua jurisdição exclusiva, doze processos perante tribunais militares — compareceram mais de 185 médicos, generais, industriais, altos funcionários, comandantes das *Einsatzgruppen*. Vinte e quatro réus foram condenados à morte, dos quais 13 foram executados, 20 receberam pena de prisão perpétua e 98, sentenças longas. Paralelamente, a indignação da opinião pública norte-americana diante das imagens dos campos de concentração que começavam a circular na mídia levou os Estados Unidos a estabelecer um tribunal militar dentro do perímetro do campo de concentração de Dachau para julgar a equipe de funcionários dos seis campos localizados na zona americana. Cerca de 1.600 réus foram condenados, sendo que 268 dos 426 condenados à morte foram executados.

Nas três zonas aliadas do Ocidente, um total de quase 10 mil nazistas foi condenado por tribunais alemães e tribunais militares aliados, 806 deles à pena de morte, dos quais um terço foi executado. Esse saldo revela uma certa eficácia, em particular por parte dos americanos, tendo em conta o prazo acordado. No entanto, muitos daqueles que teriam sido merecidamente excluídos da sociedade e encarcerados por suas responsabilidades nos crimes do Reich conseguiram escapar pelas malhas muito frouxas da rede estendida pelos Aliados. Bastava fingir ser um *Mitläufer* forjando alguns documentos e pagando falsas testemunhas de defesa, os tais *Persilscheine*, cuja autenticidade os ocupantes raramente verificavam, em parte porque estavam sobrecarregados com a magnitude da tarefa, mas também porque, rapidamente, sua determinação começou a esmorecer no contexto da Guerra Fria.

Uma das mais graves causas de descrédito que pesam sobre os Aliados foi a de terem aproveitado a sua posição de força para roubar o conhecimento tecnológico dos alemães, cujo desempenho científico era invejado por todo o mundo desde o início do século xx. Entre 1900 e 1945, 38 prêmios Nobel de Ciência foram concedidos a alemães. Durante o mesmo período, a França recebeu 16, a Grã-Bretanha, 23, e os Estados Unidos, 18. A derrota do Reich foi uma oportunidade para esses países se apoderarem de um saber tecnológico que lhes faltava e que a Guerra Fria tornava ainda mais importante.

Assim, como parte da operação americana *Paperclip*, cientistas foram retirados em massa da Alemanha às escondidas porque entre eles figuravam nazistas como Wernher von Braun, o pai do míssil balístico V2, que era de grande interesse para a justiça internacional. Foi em parte graças aos avanços desses especialistas no campo das armas químicas, da conquista espacial, dos mísseis balísticos e dos aviões a jato que os Estados Unidos se beneficiaram de uma superioridade tecnológica nas décadas seguintes. Em outros setores, também foram roubadas numerosas inovações, microscópios eletrônicos, fórmulas cosméticas, máquinas têxteis, gravadores, inseticidas, máquinas distribuidoras de papel-toalha... O Reino Unido também não se incomodou em aproveitar. O historiador americano John Gimbel estimou que os britânicos, mas sobretudo os americanos, subtraíram assim da Alemanha um patrimônio intelectual no valor de 10 bilhões de dólares à época, equivalentes hoje a 100 bilhões de dólares.

Os franceses estiveram bem menos implicados. No entanto, os setores militar e aeronáutico levaram várias centenas de cientistas para a França, em particular aqueles que haviam trabalhado no foguete V2. Eles participaram do desenvolvimento dos primeiros motores a jato de aviões de caça, do primeiro Airbus, dos primeiros foguetes franceses e do primeiro helicóptero da futura fábrica da Eurocopter, hoje Airbus Helicopter. Sua contribuição foi igualmente notável no campo de submarinos, torpedos, radares, projéteis, motores de tanques, e permitiu à França realizar grandes avanços.

Quanto aos soviéticos, em 1946, colocaram milhares de especialistas alemães com suas respectivas famílias em trens rumo a Moscou sem pedir sua opinião, incluindo o assistente de Wernher von Braun, Helmut Gröttrup. Esses cientistas contribuíram, pelo menos indiretamente, para abrir caminho para o lançamento, pela URSS em outubro de 1957, do Sputnik, o primeiro satélite artificial.

Apesar desses conflitos de interesse, os Aliados têm o mérito de terem dado ao povo alemão as primeiras bases para uma vaga consciência das capacidades nocivas de um regime como o Terceiro Reich. Dessa forma, a irmã do meu pai, nascida em 1936, me disse um dia que sabia desde a adolescência que «os nazistas haviam cometido crimes», que «isso era mencionado na escola e até mesmo na imprensa», na qual ela tinha visto fotos de campos de concentração. Fiquei surpresa porque meu pai, que nasceu em 1943, sempre me falou de uma amnésia total após a guerra. Então entendi que Ingrid frequentava a escola quando, em Mannheim, os americanos tentavam «reeducar» os alemães, ao passo que, quando meu pai foi escolarizado, os parênteses da desnazificação já haviam se fechado.

Em 1949, os ocupantes ocidentais autorizaram a fusão de suas três zonas para formar a República Federal da Alemanha e concordaram em oferecer-lhe o benefício do Plano Marshall, um programa de empréstimos concedidos à maioria dos Estados da Europa Ocidental para subvencionar a reconstrução no pós-guerra. Meu pai costuma dizer que «a Alemanha teve sorte de ser tratada com tamanha indulgência tendo em vista os crimes que cometeu». Sem a Guerra Fria, seu destino talvez tivesse sido muito diferente. No final da década de 1940, os Aliados se retiraram do vasto projeto de desnazificação. Faltava-lhes o distanciamento e o conhecimento sobre a complexidade do regime nazista, mas, sobretudo, potências externas não podiam fazer o trabalho no lugar dos alemães. Cabia a eles mudar de mentalidade e tomar nas mãos seu próprio destino democrático. Havia motivo para ser pessimista.

Capítulo II.
Alemanha «ano zero»

Depois da guerra, na família do meu pai nunca se falava de política. Em geral, as discussões eram raras à mesa: as crianças só podiam falar quando lhes era dada permissão, sob pena de apanharem de Karl, que tinha uma concepção bastante autoritária de paternidade. Na atmosfera apocalíptica da Alemanha do pós-guerra, a prioridade não era remoer o passado, mas reagir rapidamente, organizar uma nova vida. A família Schwarz ocupava um apartamento de três cômodos no primeiro andar de um pequeno edifício residencial construído em 1902 pelo pai de minha avó, um carpinteiro que o deixou como herança para sua filha em 1935, sendo ela a única sobrevivente de nove filhos. O edifício, localizado em Chamissostrasse, embora severamente danificado pelos bombardeios dos Aliados, milagrosamente escapara do pior, ao passo que os prédios do outro lado da rua haviam sido reduzidos a um deserto de ruínas. Ainda assim, essa desfiguração urbana deixava algumas pessoas felizes. «Era um pátio de recreação extraordinário para as crianças; dava para correr, pular, escalar, se esconder e descobrir ali um monte de tesouros», lembra meu pai.

Ao longo da guerra, mais do que qualquer outra cidade da região, Mannheim e a vizinha Ludwigshafen, localizadas na confluência dos rios Reno e Neckar, foram alvo de ataques

— 304 no total — devido a suas infraestruturas portuárias e seus centros industriais eletrônicos, químicos e farmacêuticos. Mas, na realidade, como em muitos de seus ataques aéreos, os britânicos também visaram intencionalmente as moradias das áreas mais densas. Mannheim pareceu-lhes particularmente adequada para experimentar um método de bombardeamento denominado «*carpet bombing*», ou tapete de bombas, cujo objetivo era, como o próprio nome sugere, arrasar uma área urbana a ponto de lhe dar a aparência de um tapete. A cidade parecia ideal para esse experimento devido à divisão de seu centro em quarteirões simétricos, o que permitia avaliar com precisão o impacto das explosões graças às fotografias aéreas.

Felizmente para meus avós, o prédio deles ficava um pouco afastado do centro, mas algumas bombas eram tão potentes que sua explosão podia danificar moradias num raio de vários quilômetros, danos que meu avô meticulosamente sinalizava às autoridades alemãs para obter reparação. Meu pai e eu esmiuçamos esses arquivos que Opa conservou cuidadosamente no porão durante toda a sua vida, como se anos após o fim da guerra ele ainda temesse que viessem contestar as perdas que sofrera e o obrigassem a reembolsar a indenização. Após cada ataque, as autoridades passavam para averiguar os danos com vistas a uma indenização, que muitas vezes era paga muito depois: «Pelo efeito do deslocamento do ar na sequência de um bombardeio durante a operação de 5 de agosto de 1941, o edifício situado no local sofreu danos no telhado e nas janelas, uma vez que paredes e tetos foram arrancados. O valor do dano foi estimado em 4.841,83 reichsmarks após a inspeção visual pelo Escritório de Construção em 4/11/1941 e com base nas faturas dos trabalhadores verificadas pelo arquiteto Anke. Entretanto, foi concedida à parte lesada uma indenização no valor de 430,67 reichsmarks». Essa correspondência das autoridades de inspeção da prefeitura data de 15 de maio de 1943, ou seja, dois anos e meio após o sinistro, mas sobretudo em meio à derrocada do Reich, e eu considero bastante impressionante que, apesar do contexto caótico, a burocracia alemã tenha continuado a funcionar com tamanha precisão.

O ataque mais devastador foi o da noite de 5 para 6 de setembro de 1943. Em poucas horas, uma frota de 605 aeronaves da Royal Air Force lançou 150 minas, 2 mil bombas explosivas, 350 mil bombas incendiárias e 5 mil bombas de fósforo branco. Os habitantes se refugiaram pelos 52 gigantescos *bunkers*. Foi graças a essa infraestrutura que, em Mannheim, o número de vítimas civis dos bombardeios pôde se limitar a cerca de 1.700 mortos, o que é pouco em vista da dimensão dos ataques. Quando os habitantes saíram como zumbis de seus esconderijos subterrâneos, o centro da cidade não era nada mais do que poeira, ruínas e chamas.

A companhia de produtos petrolíferos do meu avô, situada perto do porto, fora inteiramente reduzida a cinzas pelo fogo. O edifício da Chamissostrasse também havia sido atingido, mas o *bunker* construído no porão para servir de refúgio aos moradores resistiu bem. A estrutura ainda permanece, com grandes barras de aço no teto e uma grande porta blindada hermeticamente fechada, tão pesada que, quando pequena, eu não conseguia abri-la sozinha para buscar doces no porão. Foi minha tia Ingrid quem, muito mais tarde, me contou que, no início da guerra, o NSDAP havia enviado homens à casa deles para converter seu porão em um *bunker* privado, o que era um privilégio em comparação com aqueles que deviam se dirigir aos abrigos coletivos distribuídos pela cidade.

No momento do ataque de setembro, como muitas outras mulheres e crianças que fugiam da intensificação dos bombardeios na cidade, minha avó, Oma, já havia deixado Mannheim com Ingrid, de seis anos, e com meu pai, recém-nascido. «Ele era uma criança doente, tinha bronquite e não parava de tossir», relata minha tia. «O médico nos disse: 'Com toda essa poeira das ruínas, vocês têm que sair da cidade!'»

Sua primeira parada foi em Odenwald, uma bela região montanhosa logo atrás de Mannheim. «Morávamos na casa de duas solteironas, e elas não aguentavam mais os gritos do bebê. Disseram então à minha mãe: 'Lydia, você tem que ir para outro lugar, é demais para nós'.» A viagem os levou à Francônia, na Baviera, para a casa de parentes de Karl

Schwarz. «Eram camponeses pobres que já tinham três filhos para alimentar. Vivíamos amontoados e, como não havia pratos suficientes para todos, mergulhávamos as colheres diretamente em uma panela no meio da mesa. Eu achava engraçado.» Isso divertia bem menos a Oma, que, não suportando mais viver daquela maneira, foi ameaçar o prefeito do vilarejo de «cometer um desvario» caso não lhe encontrasse um alojamento o mais rápido possível. «Eu estava com ela e ela lhe disse algo horrível como: 'Vou me enforcar ou me jogar no rio com meus filhos'», lembra minha tia.

Um fazendeiro ofereceu-lhes um quarto em troca do qual minha avó teria que trabalhar duro nos campos sob qualquer condição climática e ordenhar as vacas todos os dias. Encontrei fotos desse exílio que durou dois anos. Ingrid, com suas duas tranças louras, ágil como uma gazela nas colinas verdejantes, e meu pai, com o cabelo que cintilava de tão louro, cortado como um capacete sobre o rosto rechonchudo, avançando no acidentado terreno em frente a um viveiro de gansos e dando gargalhadas. Às vezes Opa aparece nessas fotos, mas raramente ele ia vê-los durante esse período.

Em 1939, quando a guerra estourou, Karl Schwarz tinha 36 anos, mas ele não foi convocado, talvez por causa de sua idade, mas também porque a rapidez das vitórias tornava desnecessário reforçar as tropas. Após a ocupação da Polônia, da Dinamarca e da Noruega em maio de 1940, Hitler se lançou contra os Países Baixos, a Bélgica e Luxemburgo, Estados neutros que capitularam em poucos dias. Então foi a vez de a França, cujo exército tinha a reputação de ser um dos mais poderosos do mundo, depor as armas em poucas semanas. As imagens de Hitler posando em frente à Torre Eiffel deliciaram os alemães. Muitos, como meu avô, devem ter ficado aliviados por terem sido poupados do *front*.

A deflagração da Operação Barbarossa, em 22 de junho de 1941, que lançou mais de 3,3 milhões de soldados do Eixo num ataque à União Soviética ao longo de uma frente de batalha que se estendia do mar Báltico aos Cárpatos — uma amplitude sem precedentes na história militar —, mudou a situação: quanto mais o Reich se atolava naquela guerra devoradora de soldados, menores eram as chances de meu avô escapar do calvário da Frente Oriental.

Karl, um *bon vivant* que não tinha vontade alguma de bancar o soldadinho do regime nazista nas frígidas estepes da Rússia, teria de realizar hábeis manobras se quisesse escapar, pois sua carteira do partido nazista não era mais um trunfo suficiente. Ele agora tinha que convencer as altas instâncias da necessidade absoluta de sua presença em Mannheim para administrar seus negócios, sem o qual seus clientes, privados de produtos petrolíferos, corriam o risco de cessar suas atividades essenciais ao bom funcionamento do Reich. Considerando o porte bastante modesto de sua empresa, a desaceleração de sua produção durante a guerra e a premência por homens na linha de frente, Karl Schwarz teve que dar mostras de um extraordinário poder de persuasão para conseguir ser dispensado da obrigação de servir na Wehrmacht. Foi provavelmente então que teve a ideia de acrescentar a Wehrmacht à sua clientela, oferecendo-lhe um preço bastante vantajoso. Desse modo, tornou-se útil para a economia do Reich. Devo pelo menos reconhecer nele um certo talento que o salvou de servir como bucha de canhão para um bando de criminosos nazistas megalomaníacos e suicidas.

Apenas recentemente, enquanto vasculhava com meu pai esses intermináveis arquivos empilhados no porão, o contexto da dispensa de Opa apareceu sob uma luz diferente. Em carta datada de 4 de março de 1946, seu sócio na empresa

Schwarz & Co. Mineralölgesellschaft, Max Schmidt,* acusa meu avô de ter informado às autoridades nazistas que Schmidt não era membro do NSDAP, com o único objetivo de que o alistassem em seu lugar no exército em 1943. «Você disse que minha não filiação ao partido o obrigava a colocar-me diante das minhas responsabilidades militares: isso não é produto da minha imaginação, mas a realidade, que, como outras declarações suas, você hoje se recusa a enfrentar. Aliás, você sempre conduziu as coisas de forma a servir aos seus propósitos e sempre me considerou um mal necessário, cuja única utilidade era trazer dinheiro e contratos.» E acrescenta: «Não foi voluntariamente que me tornei soldado. Esse alistamento deu a você a possibilidade de assumir o controle da empresa».

Ao defender sua causa diante das autoridades, meu avô deve ter suspeitado que, se houvesse uma chance de se livrar da Wehrmacht, já que a empresa precisava de um dirigente, essa chance seria ou sua ou de seu sócio, mas certamente não de ambos. Foi talvez nesse momento que deixou escapar, de passagem, que ele, Max Schmidt, não tinha carteira de filiação.

A partir da primavera de 1943, Karl passou a viver sozinho, pois sua esposa e seus filhos partiram para o interior. As noites deviam ser um pouco tristes no imóvel parcialmente vazio da Chamissostrasse, cujos habitantes ou estavam afastados da cidade ou se encontravam no *front*, desafiando a morte e o frio, com exceção de três ou quatro almas que coabitavam aquele cenário fantasmagórico, composto de apartamentos crivados de rachaduras abertas no teto, no chão e nas paredes, cujas janelas com os vidros quebrados tinham sido calafetadas com grandes painéis de papelão. Para se distrair, meu avô ia a um cabaré localizado em uma rua perpendicular, a Lange Rötterstrasse, que se chamava *Eulenspiegel*, o travesso. Muitos dos cabarés e teatros do Reich continuaram funcionando até 1º de setembro de 1944, quando o ministro da Propaganda, Joseph Goebbels, ordenou seu fechamento no contexto da «guerra total». Até aquela data, os artistas estavam dispensados do serviço militar porque seu papel parecia essencial para desviar a atenção da população dos horrores para os quais Hitler a arrastava.

O estabelecimento não existe mais, mas encontrei nos documentos do meu avô um papel timbrado no qual está impresso, na parte superior, numa bonita caligrafia vermelha: *Eulenspiegel — Parodistischer Kabarett* (cabaré paródico). No final da página, em letras pequenas, estão trechos de críticas positivas na imprensa. Do jornal da cidade de Saarbrücken: «É raro que a arte nos seja servida de forma tão elevada, com um repertório de canções clássicas e populares, humor afiado e espirituoso». De Mannheim: «Os *Eulenspiegels* rapidamente conquistaram a simpatia do público porque demonstraram originalidade, inteligência e — que presente raro! — qualidade». No meio da carta datada de 2 de fevereiro de 1948, está escrito: «Confirmamos por meio desta que o sr. Karl Schwarz faz parte da nossa trupe», com a assinatura do gerente do cabaré, Theo Gaufeld.*

Qualquer que seja o motivo desse documento, que evidentemente devia servir como álibi para eximir meu avô de alguma irregularidade após a guerra, ele revela que Karl deve ter frequentado assiduamente o estabelecimento para se beneficiar de tal conivência. Na verdade, ele vivia às voltas com uma senhora, artista e esposa do *chef*, a sra. Gaufeld,* e ficara muito próximo do casal a ponto de instalar, após a destruição de sua fábrica em setembro de 1943, seu escritório e seu estoque de barris de derivados de petróleo bem ao lado do apartamento deles, em uma olaria nos arredores de Mannheim, onde viveu até o fim da guerra. E como é impossível que o marido não estivesse a par da intimidade entre a esposa e o novo amigo, meu pai considera provável que tenham estabelecido uma espécie de *ménage à trois* que duraria até a morte do meu avô. Quando Oma percebeu que os Gaufeld, que tão gentilmente cuidaram do seu marido durante a ausência dela, eram mais do que amigos, ela foi consumida pela dor e nunca chegou a se recuperar completamente. Felizmente, foi só muito mais tarde que ela fez essa dolorosa descoberta, e não depois da capitulação de 8 de maio de 1945, quando voltou com os filhos para Mannheim. Outro trauma já a aguardava: a cidade onde nascera havia em parte desaparecido.

Mannheim foi uma das cidades mais atingidas do sudoeste da Alemanha. Foram destruídos 70% do centro e 50% do restante da cidade. Houve o ataque devastador de setembro de 1943 e muitos outros mais; depois, em 2 de março de 1945, quando a guerra se aproximava do fim, os bombardeiros da Royal Air Force foram implacáveis pela última vez, desencadeando uma tempestade de fogo que varreu o que restava da cidade histórica. Ao final de março, Mannheim havia se rendido à chegada dos americanos e, sem saber, assim escapou do pior porque, em caso de resistência alemã, um plano secreto americano previa o lançamento de algumas bombas nucleares sobre várias cidades da Alemanha, e Mannheim e Ludwigshafen estavam entre seus possíveis alvos.

Se Oma chegou de trem, ela viu ao lado da estação o grande castelo barroco perfurado por todos os lados, do qual apenas um dos quinhentos cômodos permanecera intacto.

Para chegar à Chamissostrasse, ela teve de atravessar as antigas grandes artérias comerciais antes iluminadas por grandes magazines transbordando vida e ostentando opulência, para onde afluía gente de toda a região para fazer compras. Karstadt, Nº 1 Otto Spuler, e os antigos estabelecimentos judaicos arianizados Kaufhaus Kander, Gebrüder Rothschild, Hermann Schmoller & Co. em sua maioria haviam desmoronado como castelos de cartas sob as bombas. Dos cafés que destacavam seus belos terraços no verão para servir bolos recheados e café às senhoras, não havia mais nenhum vestígio, exceto as letras arrancadas dos letreiros, os cacos de louças com o nome do estabelecimento, perdidos em montanhas de lixo empilhado à beira da calçada para liberar a via. Ruas inteiras foram varridas do mapa, transformadas em vastos terrenos baldios onde aqui e ali subsistiam carcaças de prédios e fachadas sem corpos, plantadas como cenários teatrais sobre o nada. Imagino Oma, uma protestante muito praticante, procurando com os olhos a silhueta familiar de uma igreja e encontrando, em vez disso, apenas o esqueleto de uma nave, os estilhaços de um vitral e uma cruz equilibrada na abertura escancarada de um campanário.

Depois da guerra, quantos alemães como meus avós viram sua cidade natal assim desfigurada, a argamassa identitária de uma vida? Em Hamburgo, metade dos apartamentos foi destruída por um inferno de chamas que custou a vida a quase 40 mil pessoas. Dresden, obra-prima do barroco, havia se tornado uma cidade fantasma após uma rajada de bombas que matou 25 mil habitantes. Setenta por cento de Hanover, Kassel, Nuremberg, Magdeburg, Mainz, Frankfurt desapareceram. A bacia industrial da Renânia — Colônia, Düsseldorf, Essen, Dortmund — foi devastada pelas bombas. Algumas comunidades desapareceram em mais de 96%: Düren, Wesel e Paderborn. No total, quase uma em cada cinco famílias perdeu a casa. Entre 300 mil e 400 mil civis morreram sob as bombas, de acordo com o historiador Dietmar Süss. Pelo menos o mesmo número apresentou sequelas permanentes e milhões de outros ficaram traumatizados.

Em 14 de fevereiro de 1942, o Ministério da Aeronáutica britânico havia emitido uma *Area Bombing Directive* endereçada ao comandante-chefe dos bombardeiros da Royal Air Force, Arthur Harris. A diretiva o encorajava a «concentrar os ataques sobre o moral da população civil inimiga, em particular dos trabalhadores». O texto acrescentava: «Portanto, vocês estão autorizados a usar seu poderio militar sem restrições». No dia seguinte, uma mensagem esclarecia: «Suponho que esteja claro que os alvos são áreas construídas, e não, por exemplo, os estaleiros ou as fábricas aeronáuticas, como mencionado no Anexo A. Isso precisa ficar claro, caso ainda não esteja». Arthur Harris foi apelidado de «*Bomber* Harris».

Antes de começar a escrever este livro, eu não conhecia esse herói dos britânicos e, quando estudava em Londres, devo ter passado dezenas de vezes em frente à sua estátua, inaugurada em 1992 apesar das críticas britânicas e alemãs, sem nunca prestar atenção a ela. Desde que a memória histórica se tornou uma obsessão, aonde quer que eu vá, procuro suas mais diversas manifestações. Normalmente me dedico a isso sozinha, porque nem todo mundo quer passar o dia na companhia de mortos. Aproveitei uma rápida visita a Londres para rever a estátua de Arthur Harris, entronizado em frente à igreja de São Clemente Danes, e que se tornou um monumento à glória da RAF. Dessa vez, li o epitáfio: «Em memória de um grande comandante e de sua corajosa equipe, da qual mais de 55 mil homens perderam a vida pela causa da liberdade. A nação tem uma imensa dívida para com eles».

O bombardeio de civis visava minar o moral do povo alemão e desgastar seu apoio à guerra de Hitler, mas os historiadores atualmente concordam em afirmar que isso não contribuiu para abreviar a guerra. Esses ataques, originalmente represálias às devastadoras incursões alemãs a Coventry, Londres e Roterdã, mais tarde assumiram, em certa medida, a forma de uma vingança assassina. Nos últimos meses da guerra, quando a derrota do Reich já estava garantida, os britânicos e americanos bombardearam a Alemanha quase que diariamente.

Para além das vidas humanas, essas devastações fizeram com que a Alemanha perdesse partes inteiras de sua identidade cultural e histórica. Basta olhar para as fotos de Mannheim, Berlim, Colônia antes da guerra; é um país totalmente diferente do que hoje se nos apresenta. No entanto, mesmo que os Aliados tenham cometido crimes cuja extrema gravidade ainda relutam em reconhecer, é sem dúvida alguma sobre o Reich que recai a responsabilidade primária por essa espiral de violência. Se ele não tivesse deflagrado a guerra na Europa, jamais a Alemanha teria padecido e se desfigurado dessa forma. Todavia, não foram as bombas que causaram o maior sofrimento à população, mas o fanatismo assassino do *Führer*, que custou a vida a mais de 5 milhões de soldados alemães nos campos de batalha.

Meus avós não foram diretamente afetados por essa hecatombe. Mas quantos de seus parentes e amigos próximos não lamentaram a morte de um dos seus nessa guerra que Hitler insistia em prolongar, mesmo quando vários generais lhe imploravam que recuasse? O marido da irmã de

Karl, Hilde, um oficial da Wehrmacht tomado pelo ardor nacional-socialista, morrera na Frente Oriental, assim como pelo menos 3,5 milhões de soldados que pagaram com a vida pela recusa fanática de seu *Führer* a bater em retirada ante a evidente superioridade dos soviéticos nos últimos anos da guerra.

Após o fracasso de seu plano, que previa derrotar a URSS em questão de semanas no verão de 1941, Hitler havia instado seus homens a continuarem a marcha no inverno glacial até os portões de Moscou, sem nenhuma proteção contra o frio. Sob temperaturas que chegavam a cinquenta graus negativos, desprovidos de luvas ou casacos, ele ordenou que atacassem e mantivessem sua posição a qualquer custo. «Não sabíamos onde se situava o *front*. Ficávamos de joelhos ou deitados na neve. A pele de nossos joelhos grudava no gelo», escreveria um soldado anônimo da Wehrmacht. Incapazes de cavar no gelo tão duro trincheiras para se protegerem, os soldados alemães caíam como moscas, dizimados pelas balas russas ou derrubados pelo frio e pela fome. O namorado de minha tia Ingrid, hostil a Hitler, perdeu alguns dedos do pé, congelados às portas de Moscou.

Um ano depois, apesar das advertências de seus generais sobre o estado catastrófico das tropas, o *Führer* forçou novamente os soldados exangues a lançar de assalto, dessa vez contra Stalingrado, uma ofensiva sem esperança alguma de vitória que condenava seus homens à morte certa. Os cerca de 220 mil soldados do 6º Exército foram cercados. Mal agasalhados e sem provisões, muitos morreram de frio e de fome. Sessenta mil caíram e cerca de 110 mil foram feitos prisioneiros pelos soviéticos. Apenas 6 mil voltaram para casa.

No Norte da África, outro palco de operações, o saldo foi comparativamente pequeno. Houve algumas dezenas de milhares de mortes do lado alemão, porque o general Erwin Rommel, batizado de «a Raposa do Deserto», que liderava a ofensiva da Afrikakorps contra os britânicos, teve a coragem de desobedecer a Hitler. Na Batalha de El Alamein, apesar da evidente incapacidade logística de fazer recuar o inimigo, o *Führer* deu uma de suas temidas *Durchhaltebefehle* (ordens para resistir): «Você não tem escolha a não ser mostrar às suas tropas o caminho para a vitória ou o caminho para a morte». A princípio Rommel, que aliás era muito leal a seu líder, obedeceu, depois ordenou que todas as suas unidades móveis se retirassem na direção oeste.

Após o desembarque dos Aliados na Normandia em 6 de junho de 1944, que confirmava o inelutável declínio do Reich, Rommel exortou o *Führer* a pôr fim à guerra, mas isso apenas provocou a fúria de um tirano cego por suas ambições desmedidas. Pouco depois, suspeito de ter participado de um golpe fracassado de oficiais contra o regime nazista, Erwin Rommel, cuja audácia e triunfos fizeram vibrar a Alemanha e tremer o inimigo, recebeu a ordem de suicidar-se, e assim o fez.

Um número crescente de generais tentou chamar Hitler à razão, mas ele permaneceu inflexível até o fim, reforçado pelo persistente e incompreensível apoio de parte do estado-maior. Em sua loucura suicida, poucos meses antes da capitulação, quando todas as esperanças estavam perdidas, os líderes nazistas não encontraram nada melhor para fazer do que ampliar ainda mais o círculo dos sacrificados, recrutando os poucos que restavam para bucha de canhão, ou seja, principalmente garotos de 16 e 17 anos e homens com mais de 45 anos, para formar uma *Volkssturm* e defender, sem treinamento e precariamente armados, cidades que iriam cair nas mãos do inimigo. Esses garotos foram mandados para a morte para salvar a imagem do alemão extremado que tanto agradava à vaidade do *Führer*: vitória total ou derrota total.

Os alemães que viveram os últimos meses da guerra se lembram dela como de um apocalipse. A Alemanha desmoronava, queimava, explodia, gritava, se dilacerava e agonizava em um inferno digno de Dante. Vagando como um leão enjaulado em um *bunker* construído sob a chancelaria de Berlim, onde se refugiara com sua comitiva, Adolf Hitler mergulhou em uma loucura destrutiva. À rendição, ele preferia o naufrágio e arrastaria consigo seu povo, que considerava «indigno» da revolução nacional-socialista.

Em 30 de abril, após matar seu cão, deu um tiro na própria cabeça. Eva Braun, sua companheira, com quem consentira se casar pouco antes de morrer, envenenou-se com cianureto. Em 1º de maio, foi a vez de seu ministro da Propaganda, Joseph Goebbels, um exaltado antissemita, e de sua esposa, Magda, uma fanática pelo nazismo, tomarem cianureto depois de tê-lo distribuído aos seus seis filhos, anjos louros que haviam servido para emocionar os alemães em filmes de propaganda.

O suicídio se espalhou como uma epidemia assim que o avanço do Exército Vermelho em Berlim parecia inevitável. Os pastores se preocupavam com o afluxo de fiéis que confessavam ter consigo uma ampola de cianureto. O número de berlinenses que se mataram nas últimas semanas da guerra provavelmente ultrapassa os 10 mil. Em Demmin, uma pequena cidade no leste da Pomerânia conquistada pelo Exército Vermelho em 30 de abril de 1945, entre quinhentas e mil pessoas se suicidaram, incluindo muitas mulheres que logo antes mataram os próprios filhos. Minha tia se lembra do desespero de sua mãe: «Os americanos já estavam no país e minha mãe dizia: 'Nós não perderemos a guerra! O *Führer* vencerá! Se perdermos a guerra, eu me mato!' Aquilo me impressionava».

Se Oma não partiu para a ação, pode ser que seu destino não tenha sido tão terrível quanto o dos outros. Depois de atravessar o centro de Mannheim em ruínas, ela deve ter ficado aliviada ao ver o prédio da família, onde poderia tentar retomar sua vida anterior. Infelizmente, não basta um telhado para se manter, ainda mais todo perfurado. As paredes e parte das escadas tinham sido arrancadas. As janelas, estilhaçadas em mil pedaços.

Pouco a pouco, os inquilinos voltaram do exílio no campo para novamente se instalar nos apartamentos, mas tinham que compartilhá-los com quem tudo perdera. Em Mannheim, apenas 14.600 dos 86.700 apartamentos não haviam sido atingidos pelas bombas. Dada a falta de moradias, era obrigatório abrigar pelo menos oito pessoas num apartamento das dimensões daqueles do edifício da Chamissostrasse, todos idênticos, com 90 metros quadrados. Opa escapou das regras dizendo que seu irmão Willy morava com os filhos sob seu teto. É verdade, porém, que ele recebia regularmente membros da família, do que a minha tia se lembra, tendo ela que dormir na sala, atrás de um grande lençol transformado em cortina. No andar térreo do prédio, um solteirão que vivia sozinho se viu morando com uma família inteira de refugiados. «"Nós os chamávamos de *Rucksackdeutsche* (alemães com uma bolsa nas costas), sentíamos que haviam passado por um verdadeiro pesadelo.»

Os civis alemães que pagaram mais caro pela guerra foram provavelmente os 12 milhões a 14 milhões expulsos dos territórios da Alemanha Oriental, da Tchecoslováquia e, em menor medida, do sudeste da Europa, arrancados das terras que ocupavam havia muitas gerações.

Aqueles dos territórios do leste da Alemanha haviam fugido em condições particularmente terríveis diante do avanço do Exército Vermelho, aguilhoado pela visão dos vilarejos que a Wehrmacht incendiara durante sua retirada da Rússia e pela morte de milhões de prisioneiros de guerra soviéticos nas mãos dos alemães. Mais de 1,4 milhão de mulheres alemãs foram estupradas por soldados russos e centenas de milhares de homens foram enviados aos *gulags* e submetidos a trabalhos forçados.

Na Tchecoslováquia, o cenário foi menos sangrento, mas a saída forçada de 3 milhões de alemães foi igualmente dolorosa. Sob o Império Austro-Húngaro, os alemães dos Sudetos, designação para as regiões da Boêmia e da Morávia no nordeste do país, tinham prosperado e desenvolvido uma importante indústria de vidro e cristal. Sua situação havia se deteriorado após o desmantelamento do Império e a proclamação de um Estado tchecoslovaco independente em 1918, que tendia a discriminar a minoria alemã. Invocando a necessidade de socorrer seus «irmãos de sangue», Hitler anexou os Sudetos em outubro de 1938 sob os aplausos da imensa maioria da população germânica local, que não perdeu tempo em expulsar e discriminar os tchecos de sua região.

Após a derrota do Reich, a vingança mudou de lado e foi a vez de praticamente todos os alemães serem caçados como pestilentos, atirados às ruas, onde milhares morreram exaustos, doentes ou assassinados. O então presidente da Tchecoslováquia, Edvard Beneš, decretou que todas as propriedades alemãs deveriam ser «confiscadas», isto é, roubadas. Em 2002, o presidente tcheco Václav Havel condenou oficialmente essas expulsões.

Na Alemanha, a recepção a esses refugiados não foi calorosa. Já havia muito o que fazer com os desabrigados locais, e a empatia raramente é bem-vista quando todos estão sofrendo. Meus avós não podiam contar com os aluguéis para sobreviver, já que os inquilinos enfrentavam dificuldades financeiras e a destruição devida ao ataque de setembro de 1943 ainda não havia sido indenizada. Meu avô passava dias inteiros em demandas com as autoridades. Por sorte, antes do grande bombardeio, ele havia feito um inventário completo de seus bens, que eu encontrei no porão de Mannheim.

Ao ler essa lista que enumera cada peça de roupa, cada móvel, cada acessório que meus avós possuíam, fui arremessada àquele ambiente onde Oma morava quando eu era muito pequena e do qual pensava ter apenas vagas lembranças: depois de sua morte — eu tinha seis anos —, meu pai havia transformado completamente o apartamento. Com um nó na garganta, tornei a ver com clareza o quarto da minha avó, onde havia móveis de madeira pesados e escuros, uma pintura representando uma idílica paisagem germânica, uma cama grande demais para o tamanho do quarto e, acima dela, uma cruz imponente diante da qual Lydia rezava toda noite. O apartamento consistia em uma sala de estar, uma grande cozinha, na qual Oma passava os dias assando bolos do tamanho da bandeja do seu forno para o *Kaffee und Kuchen* (café e bolos) de domingo, e um *Herrenzimmer*, a «sala dos cavalheiros», onde, nas poltronas voltadas para uma estante *art déco* e uma escrivaninha do mesmo estilo, era permitido fumar cachimbo e charuto sempre que as finanças permitiam, mas somente entre homens.

Outra lista que encontrei data do dia seguinte aos devastadores bombardeios de setembro de 1943 e diz respeito às perdas. Os detalhes com que Opa faz o balanço do sinistro — incluindo «um canário e a sua gaiola», uma «maçaneta,» «garrafas vazias» e «caixotes de fruta vazios» — dão uma ideia da crítica situação financeira dos meus avós naquela época.

Rapidamente, Karl Schwarz encontrou uma solução bem mais eficaz do que as indenizações do Estado para melhorar as condições de vida de sua família. Os Aliados decerto o privaram do controle de sua empresa, mas ignoravam que ele ainda tinha um estoque de barris de óleo e de petróleo em uma olaria fora da cidade. Naqueles tempos de penúria, essas reservas representavam ouro no mercado paralelo, de onde meu avô tirava tesouros: caixotes de ovos que guardava no galpão do quintal, maçãs às centenas mantidas no frio do porão, presuntos inteiros pendurados no banheiro e até — luxo inaudito naqueles tempos de escassez — rojões e *sekt*, um espumante, para o Ano-Novo. Ele era o único na vizinhança que tinha um carro e a vantagem era que «sempre havia lugar para estacionar», ria meu pai. Na vizinhança, a família de Karl Schwarz era considerada particularmente abastada, já que as outras crianças chegavam à escola com a barriga vazia e os sapatos furados na sola. «As pessoas nos invejavam um pouco», diz minha tia, que sempre foi grata ao pai por «ter conseguido se arranjar tão bem pela família».

Cada um fazia o que podia naquela Alemanha no fundo do abismo. Uma das maiores distrações de meu pai quando criança era correr para a janela assim que ouvia a buzina dos grandes jipes parados em frente ao portão do prédio, soldados americanos que vinham buscar companheiras de uma noite. «Havia as duas filhas da senhora do andar de cima e uma vizinha que era casada, mas não sabia se o marido retornaria. Era preciso viver», lembra.

Muitos prisioneiros de guerra alemães só puderam voltar para casa vários anos após o fim do conflito, às vezes dez anos, deixando as esposas na miséria e na incerteza. Cerca de 1,3 milhão deles nunca mais retornaram da União Soviética, onde foram forçados a trabalhar em condições terríveis. Uma amarga vingança depois de o Reich ter matado ou deixado que morressem 3,3 milhões de seus 5,7 milhões de prisioneiros de guerra soviéticos.

Para uma mulher alemã dessa época, era melhor ter um marido declarado morto do que dado como desaparecido porque, no primeiro caso, ela poderia receber imediatamente uma pensão, enquanto, no segundo, deveria passar vários anos subsistindo sem poder usufruir do benefício, geralmente esperando a confirmação de que ele estava realmente morto. «As moças de Mannheim começaram a sair com os americanos, que as levavam para a caserna, onde podiam dançar, ir ao cinema, comer até se fartar e se divertir um pouco com rapazes que pareciam muito distintos em seus uniformes», conta meu pai. Às vezes, esses encontros geravam uma bela história de amor, como a de uma das garotas do andar de cima que se casou com um americano e cuja filha, Cynthia, se tornou amiga de infância de meu pai, antes de seus pais se mudarem para os Estados Unidos em 1949.

Para outras, como a vizinha casada com um soldado prisioneiro de guerra, esses encontros eram uma forma de prostituição. Todos no prédio sabiam disso, o que não era malvisto porque os cigarros que os americanos distribuíam às vezes ajudavam a sustentar uma família inteira. «Oficialmente, os americanos proibiram seus soldados de frequentar as garotas alemãs, mas isso não durou mais do que alguns meses. E se meu pai os aceitou em seu prédio, provavelmente foi em troca de algumas coisas e de cigarros.»

Depois do colapso do reichsmark, os cigarros tornaram-se moeda de referência no mercado paralelo, e era impossível prescindir deles porque os tíquetes de racionamento fornecidos previam, em função do estoque, apenas um consumo entre 800 e 1.500 calorias por dia por adulto em 1946. Muitos passavam fome, alguns morriam, de frio também, porque o carvão fora igualmente racionado, e o inverno de 1946-1947 foi muito severo. No álbum de Opa, há uma foto do Reno congelado onde o povo de Mannheim passeia como se estivesse sobre o Neva, em São Petersburgo.

Outros visitantes fizeram sua aparição no prédio: os «tios». Na medida em que a condição para o pagamento da pensão às viúvas de guerra era que permanecessem solteiras, elas não tinham interesse algum em se casar novamente. Ora, como a lei proibia casais não oficializados de morarem juntos, criou-se o hábito de fazer passar por tio o novo companheiro. O proprietário era o responsável pelo cumprimento dessa lei, sob pena de pagar uma multa. Karl Schwarz fechava os olhos, ele próprio não sendo um modelo em matéria de legalidade. Ele era generoso por natureza e compartilhava de bom grado seu butim do mercado paralelo com a família e os amigos em torno de uma grande mesa no domingo. «As discussões giravam em torno das pensões que temíamos não receber por termos sido funcionários ou soldados do Terceiro Reich. A inflação, os produtos impossíveis de encontrar e as fofocas da vizinhança… Essas eram as preocupações da época, e não quem tinha feito o que sob o nacional-socialismo», explica meu pai.

Acontecia de nos compadecermos daqueles cujo destino tinha sido pior, como os berlinenses, para quem o futuro era tão nebuloso quanto aquele cenário de ruínas assombradas por refugiados errantes que caçavam ratos para comer, por mulheres que se prostituíam com soldados e por crianças que vigiavam a passagem de um caminhão para recolher os pedaços de carvão que dele caíssem. *Alemanha, ano zero*, filme de Roberto Rossellini rodado em Berlim em 1947, é um dos testemunhos mais impressionantes desse mundo cercado pelo sentimento do nada. Navegando em meio às ruínas caprichosas da capital, o diretor italiano conta a história de um menino de doze anos, Edmund, que ajuda sua família miserável realizando biscates. Para salvar o pai doente, pede auxílio ao antigo professor da escola, que, inspirado na ideologia nazista, ordena-lhe livrar-se do elo fraco da família que ameaça a sobrevivência do grupo. Depois de envenenar o pai, Edmund se suicida atirando-se do alto de uma ruína.

Capítulo III.
O fantasma dos Löbmann

O passado que meus avós pensavam estar enterrado para sempre sob as ruínas do Terceiro Reich reapareceu em uma manhã de janeiro de 1948 na caixa de correio. Naquele dia, Karl Schwarz encontrou um envelope cujo remetente anunciava uma ave de mau agouro: Dra. Rebstein-Metzger, advogada — Mannheim. Na carta, breve, a advogada anunciava que seu cliente, um certo Julius Löbmann, residente em Chicago, reivindicava da Schwarz & Co. Mineralölgesellschaft aproximadamente 11 mil reichsmarks em virtude de uma lei decretada na zona americana que previa reparações para os judeus espoliados sob o nacional-socialismo.

A história dessa carta e do que ela desencadeou, nem meu pai nem sua irmã — que, no entanto, adoram histórias de família — me contaram. Eu sabia que Opa havia ingressado no NSDAP e tinha uma vaga ideia de que a Mineralölgesellschaft pertencera a judeus no passado. Meu pai deve ter me contado quando eu estava estudando o Terceiro Reich no colégio, mas eu era jovem demais para me interessar pelos bastidores dessa confidência.

Foi bem mais tarde, depois de um comentário de tia Ingrid, que decidi vasculhar os arquivos de Opa guardados no porão do edifício de Mannheim, que permaneceu com a família após a morte de meus avós. Entre os papéis amarelados, cuja legibilidade estava intacta, descobri um contrato estipulando que Karl Schwarz havia comprado uma pequena empresa de derivados de petróleo de propriedade de dois irmãos judeus, Julius e Siegmund Löbmann, e do cunhado deles, também judeu, Wilhelm Wertheimer, com cujas irmãs, Mathilde e Irma, eles tinham se casado. A Siegmund Löbmann & Co. estava localizada na área portuária de Mannheim, perto do rio Neckar. Mas é sobretudo a data que importa: agosto de 1938, o ano de uma inexorável descida aos infernos para os judeus da Alemanha, submetidos a uma vertiginosa espiral de perseguições e discriminações, e obrigados a entregar suas propriedades a preços baixos.

Empreendi pesquisas sobre a família Löbmann, da qual encontrei poucos vestígios. Eu esperava identificar os descendentes de Julius em Chicago, onde ele residia quando reivindicou uma indenização de meu avô. Estremeci ao navegar na internet e encontrar uma família Loebmann que morava em Chicago. Mas a descoberta sucessiva de uma longa lista de Loebmann no catálogo telefônico da cidade pôs fim às minhas esperanças. Era como procurar uma agulha num palheiro.

Comecei a procurar pelos Wertheimer, o sobrenome do terceiro sócio da Siegmund Löbmann & Co, Wilhelm. Foi assim que me deparei com um artigo mencionando uma certa Lotte Kramer, nascida Wertheimer, uma das últimas testemunhas vivas do *Kindertransport*, operação de resgate que possibilitou a transferência de mais de 10 mil crianças judias da Alemanha, da Áustria, da Polônia e da Tchecoslováquia para a Grã-Bretanha entre 1938 e 1940. Segui o seu rastro até uma casa de repouso em Peterborough, uma pequena cidade a uma hora ao norte de Londres. Ela confirmou ser filha de Sophie Wertheimer, irmã de Mathilde e Irma, e concordou imediatamente em se encontrar comigo.

Lotte Kramer tem 95 anos. Ela é uma mulher pequena e frágil, com gestos delicados, e educada como só os ingleses podem ser. Ela havia colocado duas poltronas, uma em frente à outra, próximas o suficiente para que pudéssemos nos ouvir, e me contou sobre sua vida e o que sabia sobre a dos Löbmann.

«Minha mãe, Sophie, e suas duas irmãs se amavam muito», diz ela, tirando da parede uma foto em preto e branco de três jovens. A mais nova, Mathilde, com um grande laço no cabelo e outro ao redor do pescoço, tem um rosto bonito, determinado e expansivo; ao lado dela, Irma, a mais velha, usa uma gola de crochê que alegra seus traços cansados, um pouco tristes talvez; a última, Sophie, sentada, com uma medalha no pescoço, tem um olhar incerto, repleto de uma vaga esperança.

Lotte nasceu em 1923 em Mainz, uma grande cidade da Renânia-Palatinado, onde cresceu. Ela percorria regularmente a centena de quilômetros que a separavam de Mannheim para visitar sua amada prima Lore, filha de Siegmund e Irma Löbmann. Ela se recorda das longas caminhadas pelos jardins aos pés do *Wasserturm*, a torre de água, dos passeios nas ruas movimentadas e do imperdível *Kaffee und Kuchen* de sua tia Irma, «uma esplêndida cozinheira». «Costumávamos ir todos juntos de férias para o campo, para a cidade natal dos Löbmann, onde eles ainda tinham familiares morando em uma fazenda. Éramos muito unidos.»

As irmãs Wertheimer tinham três irmãos: Siegfried, que se mudou para os Estados Unidos na década de 1920; Paul, que, sob o nazismo, exilou-se na França; e Wilhelm, que investiu na Löbmann & Co. no início dos anos 1930 para ajudar seus cunhados Julius e Siegmund a salvar o estabelecimento duramente atingido pela crise econômica de 1929. Graças a essa intervenção, a empresa se recuperou antes de tornar a cair sob o peso da crescente discriminação imposta às empresas judaicas sob o nacional-socialismo.

Lotte tinha nove anos quando Hitler ascendeu ao poder. Em janeiro de 1933, o presidente alemão, marechal Paul von Hindenburg, cedeu ao progressivo sucesso eleitoral do NSDAP, que havia se tornado o principal partido político do país com uma aprovação nacional de 37% em julho de 1932 e 32% dos votos em novembro do mesmo ano: ele nomeou o líder do partido nazista, Adolf Hitler, chanceler. Este se apressou em dissolver o Reichstag, convocar novas eleições legislativas para o mês de março e liderar uma campanha agressiva pontuada por negociatas duvidosas, ameaças e pressões, com o objetivo de ampliar sua base parlamentar visando à maioria absoluta. Teve que se contentar com 43,9% dos votos.

Em Mannheim, cidade onde tradicionalmente o partido social-democrata, o SPD, e o partido comunista, o KDP, eram fortemente representados, o número de membros do NSDAP não ultrapassava uma centena ao final da década de 1920. Mas, com a crise econômica de 1929 e o triplo do número de desempregados, o partido nazista se tornou a principal força política da cidade, com 29,3% dos votos em 1932. Pouco depois de sua chegada ao poder em 1933, as autoridades nazistas locais esmagaram o SPD e o KDP, baniram jornais e obrigaram o prefeito de Mannheim a ver a bandeira da República em chamas antes de interná-lo em um hospital. No processo, mais de cinquenta funcionários públicos judeus foram demitidos, antes mesmo de o regime permitir legalmente a exoneração de funcionários «não arianos».

Rapidamente, um antissemitismo de outra ordem se espalhou em Mannheim, onde vivia a maior comunidade judaica de Baden, com cerca de 6.400 membros. Em toda a região, a mudança foi perceptível. «De repente, por toda parte, havia propaganda antissemita, nas ruas, nos jornais, nas rádios», recorda Lotte. «Um dia, fomos com a escola ver um filme de propaganda para crianças, a história de um menino que se converteu ao nazismo. Aquilo nos impressionou muito, todos queríamos ser como ele.» Todo dia, quando voltava da escola, ela passava por um centro da Juventude Hitlerista. «Eu tinha inveja, sonhava em fazer parte daquilo, eles pareciam tão felizes em seus uniformes...» Era sobretudo a normalidade deles que ela invejava, ela, a menina judia que tinha de carregar em seus ombros de criança o peso da exclusão, da humilhação e da vergonha infligidas à sua comunidade.

Em um livro intitulado *Arisierung und Wiedergutmachung in Mannheim* [Arianização e reparações em Mannheim], a historiadora Christiane Fritsche explica como, sem que nenhuma lei nacional o justificasse, medidas antissemitas foram tomadas em nível local em diversos setores. A câmara de comércio da cidade deu o tom ao final de março, quando se desvencilhou de seus membros judeus, ou seja, seu presidente e um terço do efetivo. Paralelamente, por iniciativa própria e sem pressão, em Mannheim como em qualquer outro lugar na Alemanha, numerosas instituições e associações de industriais, comerciantes, advogados e médicos excluíram os judeus a uma velocidade desconcertante, precipitando o declínio de sua clientela e sua ruína moral e financeira.

Outra forma de estigmatizar e isolar os judeus era pedir um boicote aos escritórios, empresas e comércios judaicos. Organizações nazistas e representantes locais do NSDAP, ansiosos por agir, coordenaram-se para lançar um dia de boicote às lojas judaicas em 1º de abril de 1933, anunciado em jornais e cartazes. Em todo o país, membros uniformizados da SS e da SA se postaram diante de empresas, lojas de departamentos, bancos, escritórios de advocacia e consultórios médicos, todos judaicos, para impedir a entrada de clientes, rabiscar as vitrines com mensagens antissemitas, pregar para a multidão ou brandir cartazes clamando: «Alemães, defendam-se! Não comprem de judeus!» Muitos comerciantes haviam fechado as portas e baixado os portões metálicos porque foram advertidos ou porque celebravam o sabá, como todo sábado. Outros foram saqueados e espancados. Mesmo que a maioria da população não tenha participado ativamente, aquele dia demonstrou que esse tipo de ação não suscitava resistência nos cidadãos.

Alguns meses depois, explica Christiane Fritsche, o Ministério da Economia informou à Câmara de Comércio e

Indústria que «não era possível uma diferenciação entre empresas arianas e não arianas» porque «o boicote às empresas não arianas atrapalharia consideravelmente a reconstrução econômica». Como os judeus desempenhavam um papel importante na economia alemã, vários ministros e outras personalidades nazistas em Berlim eram hostis ao boicote, pelo menos até meados da década de 1930. Eles temiam que essas medidas atrasassem a recuperação econômica e a queda do desemprego. Mas localmente esse argumento não foi respeitado.

Em Mannheim, por exemplo, o jornal local do NSDAP, *Hakenkreuzbanner*, convocava diariamente o boicote aos 1.600 estabelecimentos judaicos da cidade, publicando nome e endereço, inclusive dos clientes que continuavam a frequentá-los, acusados de deslealdade ao *Führer*. Christiane Fritsche esquadrinhou milhares de páginas do jornal e descobriu dicas que o *Hakenkreuzbanner* dava aos homens para dissuadir as esposas de comprar de judeus: «Se você compra de um judeu por ele ser supostamente mais barato, não precisa que eu lhe dê tanto dinheiro para o orçamento doméstico, como se estivesse indo a um estabelecimento alemão decente». O jornal também ameaçava publicar o nome das *Judenliebchen*, mulheres que teriam tido relações com judeus. Essas campanhas de intimidação surtiam resultado em uma cidade de porte médio como Mannheim, que tinha uma população de cerca de 280 mil habitantes. Ali a difamação pública tinha mais impacto do que em uma grande cidade impessoal como Berlim.

Outro método de assédio consistia em espalhar falsos boatos sobre a sujeira na cozinha dos restaurantes ou os hábitos sexuais de um empresário judeu, chegando ao ponto de se entrar com processos difamatórios baseados em falsas acusações de fraude, agressão sexual ou receptação. Mesmo que fosse absolvido, o acusado nunca saía ileso, e sua empresa geralmente afundava com ele. Os empreendedores judeus também eram frequentemente barrados em concorrências públicas e impedidos de expor em feiras e salões de negócios. Outras diretivas locais proibiam os judeus de decorar suas vitrines com decorações «cristãs» antes do Natal — anjos, uma árvore de Natal, um presépio —, o que equivalia a lhes colar um rótulo de «não arianos» e reduzia consideravelmente suas vendas, cruciais durante o período de festas. O alvo principal eram as lojas de departamentos judaicas, num total de quatro em Mannheim. A prefeitura proibia seus funcionários de ali fazerem compras, sob pena de sanções. Em 1936, três delas já haviam sido vendidas para «arianos» em consequência de suas dificuldades financeiras.

«Acredito que os Löbmann resistiram bem, pois não me lembro de notar nenhuma grande mudança de estilo de vida quando ia visitá-los. Dito isso, eles viviam modestamente, mais que nós, talvez devido à sua religiosidade», conta Lotte Kramer. Os Löbmann não faziam comércio varejista e, sem dúvida, foram menos afetados do que outros por essa caça às bruxas. Seus clientes eram menos visíveis do que aqueles que entram pela porta de um alfaiate ou de uma panificação e, portanto, sofriam menos pressão. Ainda assim, a queda no faturamento da Siegmund Löbmann & Co. a partir de 1933 — cujo registro encontrei na papelada de Opa — revela que eles também sofreram com a deslealdade de certos clientes, motivados pelo medo ou pelo antissemitismo.

No início, a sociedade alemã extraía seu entusiasmo pelo nacional-socialismo de uma confiança renovada na força da pátria, mais do que da obsessão antissemita dos líderes nazistas, que afirmavam que somente uma Alemanha purificada de seus elementos «não arianos» renasceria das cinzas graças a um povo a quem a harmonia racial conferiria uma força inigualável. Esse delírio era pura mitologia, pois os alemães já haviam, como todos os povos, inúmeras vezes se misturado a outros ao longo de milênios antes do nascimento de Adolf Hitler e Joseph Goebbels, que aliás não correspondiam de forma alguma aos critérios morfológicos do «ariano».

Muitos cidadãos tinham mais o que fazer além de perseguir os judeus só porque eram judeus. Mas quando se multiplicaram as oportunidades de aproveitar essas perseguições em benefício próprio, o entusiasmo pela causa racial acabou sendo aceito, e em todos os níveis da sociedade. Mesmo em círculos mais instruídos, havia poucos professores universitários, cientistas, advogados e juristas para se opor à exclusão de colegas judeus cujos cargos vagos eram uma bênção para aqueles que não tinham sido capazes de consegui-los anteriormente por falta de competência.

O caso do filósofo Martin Heidegger, membro do partido nazista até o fim da guerra e reitor da Universidade de Friburgo de 1933 a 1934, ilustra o clima que reinava nos meios acadêmicos. A maioria dos professores desejava o estabelecimento de cotas para limitar a sobrerrepresentação de judeus na universidade e no mundo cultural e intelectual em geral. Já em 1916, Heidegger escrevia em uma carta a sua futura esposa, Elfride, notória antissemita: «A judaização de nossa cultura e de nossas universidades é realmente assustadora». Outros acadêmicos estavam simplesmente com inveja do sucesso de seus colegas judeus.

Livrar-se dos concorrentes também foi uma fonte de antissemitismo no mundo dos negócios. Tirar proveito dos clientes de confrades em dificuldade era tão tentador que alguns não hesitavam em anunciar na vitrine: «Compre aqui numa loja alemã». Comerciantes judeus aflitos chegaram a desenterrar suas medalhas da Primeira Guerra Mundial, que pregavam no casaco para fazer valer seu patriotismo. Outros tentaram se safar oferecendo descontos e parcelamentos, até mesmo em produtos baratos. «Algumas semanas após a chegada [de Hitler] ao poder, sem que nenhuma lei vinculante tivesse sido votada, uma mudança fulgurante ocorreu na consciência dos alemães: judeu ou ariano — de repente, a distinção também fazia diferença na vida econômica», analisa Christiane Fritsche.

A discriminação era igualmente cruel na vida social: proibição aos judeus de frequentar cinemas, bailes, teatros, piscinas públicas; exclusão em academias esportivas e todos os tipos de associações. Há uma foto de mulheres e homens em trajes de banho, visivelmente assustados, correndo em pontes flutuantes sobre o Reno em Mannheim para escapar da SA, que se misturava aos banhistas para espancar os judeus.

A cena, datada do verão de 1935, precede uma etapa radical no processo de exclusão da comunidade: as leis raciais de Nuremberg, que reduziram os judeus a cidadãos de segunda classe, privando-os dos direitos associados ao *status* de cidadão alemão.

Ao longo de toda a sua adolescência, Lotte testemunhou essa rápida precarização da condição dos judeus. Ela guarda uma lembrança muito clara: «Na minha classe, éramos cinco judeus e, mesmo não tendo grande consciência política, entendíamos que a situação era ruim para nós, conversávamos sobre isso entre nós. As mães estavam mudadas, preocupadas, tínhamos que voltar para casa imediatamente depois da escola, andar pela sombra, não falar com ninguém». Um dia, seus pais a informaram que ela não tinha mais direito de frequentar uma escola alemã e que seria transferida para um estabelecimento judeu. «O professor foi muito simpático, pediu desculpas aos pais e até se ofereceu para dar aulas de reforço à noite se precisássemos.»

Apesar dessas perseguições, em 1936 apenas 1.425 dos 6.400 judeus de Mannheim haviam deixado a cidade. Nacionalmente, de uma comunidade de mais de 500 mil judeus, 150 mil foram para o exílio: provavelmente aqueles que foram mais afetados por serem politicamente engajados, terem perdido o emprego no serviço público, não poderem mais exercer sua profissão liberal ou terem tido que fechar ou vender seu negócio. Paradoxalmente, eles agradeceriam ao destino por terem sido o primeiro alvo, o que os empurrou para o exílio a tempo.

Como os Löbmann conseguiram de alguma forma manter seus negócios, partir não era para eles uma opção, como para a maioria dos judeus na Alemanha. Principalmente porque imigrar significava deixar praticamente toda a sua fortuna aos nazistas, uma vez que a política do Terceiro Reich era de uma contradição que a todos desarmava em matéria de tratamento aos judeus. Por um lado, o regime tentava tornar a vida insuportável para eles, de modo que não tivessem escolha a não ser partir; por outro, erguia obstáculos intransponíveis para sua partida. O imposto sobre a transferência de divisas para fora da Alemanha continuou a aumentar. Passou de 20% em 1934 para a taxa mais do que dissuasiva de 96% em 1939. Tudo isso em adição ao *Reichsfluchtsteuer*: acima de 50 mil reichsmarks, os emigrantes deviam pagar ao regime 25% do conjunto de sua fortuna e de sua renda, para não falar do proibitivo labirinto administrativo que tinha de ser enfrentado para obter do Reich a montanha de autorizações necessárias para a emigração legal.

No fundo, a principal razão da resistência dos judeus à partida era que eles não tinham vontade nenhuma de se exilar, e certamente não na Palestina, um semideserto de clima árido, com uma cultura a mil léguas da sua. Porque amavam profundamente a Alemanha. Como poderiam os Löbmann e outros continuar tão apegados a um país que os tratava daquela maneira e não se alarmar? Vistos hoje, todos os sinais pareciam estar vermelhos. Na verdade, para uma família de empresários como os Löbmann, os sinais não eram tão claros, já que, por muito tempo, a ausência de leis nacionais contra os negócios judaicos lhes deu a ilusão de que era possível existirem economicamente sob o Terceiro Reich. Ainda mais que, para amenizar os efeitos do boicote local, formou-se um mundo econômico paralelo, composto exclusivamente de agentes e clientes judeus.

Havia também uma certa cegueira. Lotte Kramer, cujo pai «não parava de repetir que não queria partir», explicou-me que o desejo de ficar era tanto que bastava um pequeno gesto de solidariedade dentro da sociedade para tranquilizá-los. «Na escola, eu tinha uma amiga não judia. Quando os judeus tiveram que deixar a escola, a mãe dela disse para a minha: 'Quero que nossas filhas continuem amigas'. Foi minha mãe quem teve de convencê-la de que era perigoso demais. Essas reações restauravam a confiança.» As pessoas contavam histórias reconfortantes, como a de um casal que havia inventado bobagens para a polícia para encobrir seus vizinhos ameaçados ou a de um pequeno pacote anônimo cheio de remédios encontrado na porta de uma família judia cujas crianças estavam doentes. «Meus pais tinham ótimos amigos não judeus, Greta e Bertold, que, sempre que a situação piorava, vinham tarde da noite às escondidas para saber se tudo estava bem e trazer coisas que tínhamos dificuldade em conseguir. Eles corriam muitos riscos.» O drama é que, pensando em fazer o bem, essas boas almas encorajaram a comunidade a continuar a acreditar naquilo tudo enquanto ainda havia tempo para se desvencilhar de uma armadilha da qual ninguém suspeitava o quanto seria mortal. Pensei no gesto de solidariedade que pode ter aquecido o coração dos Löbmann e acho que foi a fidelidade da maioria de seus clientes. Encontrei uma lista de várias páginas que Opa recolheu quando comprou a empresa deles. Esse longo desfile de nomes conta a história de outra Alemanha, a daqueles que não haviam renunciado à sua lealdade.

Lotte Kramer me deu outra explicação para a ilusão de sua família. «Tínhamos a sensação de uma certa normalidade porque, dentro da comunidade judaica, a vida continuava. Talvez no campo e nos vilarejos o isolamento fosse mais rapidamente percebido, mas nas grandes cidades como Mainz e Mannheim, podia-se esquecer as proibições, já que se fazia tudo internamente. Tinha a escola judaica, o clube esportivo judaico, aulas de dança, festas, concertos e muitos amigos... Havia também a sinagoga, que desempenhou um papel importante na união da comunidade. Os Löbmann iam com frequência à sinagoga.»

Os indícios fornecidos por Lotte Kramer foram as peças centrais do quebra-cabeça que faltavam para entender por que os Löbmann, como a vasta maioria dos judeus, quiseram acreditar até o último minuto que poderiam levar uma existência decente na expectativa de que os alemães logo caíssem em si, que sua pátria parasse de repudiar os judeus que haviam contribuído com inúmeros talentos para a ciência, a filosofia, as artes e a economia, e sem os quais ela não teria brilhado com tanta intensidade. Acabaram por se conformar com aquelas medidas degradantes que eles preferiam ao êxodo.

Por isso era preciso que a família Löbmann tivesse renunciado a qualquer esperança para decidir-se a partir. Já em 1936, o regime, que até então não estimulava a desjudaização da economia por medo de que isso prejudicasse sua recuperação, começou a mudar de rumo. Com a queda do desemprego, a prioridade passou a ser a arianização da propriedade judaica. Em 1938, Berlim intensificou medidas para forçar os judeus que ainda não haviam vendido seus negócios a transferi-los a «arianos». Para a Siegmund Löbmann & Co., o primeiro golpe foi a drástica redução das cotas de compra de matérias-primas alocadas aos judeus, fatal para o comércio de derivados de petróleo. Em seguida, os judeus foram obrigados a registrar, em detalhes, todos os seus bens, imóveis, negócios, seguros, títulos, dinheiro, joias, obras de arte e tudo o que havia no interior dos apartamentos. Depois um decreto exigiu que todas as sociedades judaicas fossem identificáveis como tais. Paralelamente, as perseguições políticas contra a comunidade se aceleraram: batidas policiais, detenções arbitrárias, destruição de locais de culto...

Esse contexto alarmante deve ter levado Siegmund e Julius a se decidirem por seu desligamento da sociedade para financiar sua partida. Eles não foram os únicos a se tornarem pessimistas em 1938. Dezenas de milhares de judeus colocaram seus negócios à venda ao mesmo tempo, gerando um avassalador excesso de oferta. Em tal contexto, é fácil entender quem, se o vendedor ou o comprador, estava em posição de vantagem.

A perspectiva de conseguir um bom negócio em termos tão favoráveis para o comprador foi provavelmente levada em conta na decisão de Karl Schwarz de deixar a companhia de petróleo Nitag, na qual tinha uma posição de mandatário e uma renda confortável. Em 1935, ele havia até mesmo sido promovido a representante de sua empresa na *Deutsche Arbeitsfront*, a associação nazista de trabalhadores e empregadores. Foi, aliás, nesse ano que ele tirou sua carteira do partido, talvez porque as suas novas responsabilidades tornassem conveniente essa filiação, certamente também porque as vantagens que dela advinham o tinham seduzido.

O que é improvável é que ele o tenha feito por convicção ideológica. Pois Opa era um hedonista, um *bon vivant* pouco atraído pelas demonstrações sadomasoquistas de poder em que primava o nacional-socialismo. A disciplina cega exigida pelo nazismo não correspondia ao seu espírito independente, que precisava de seu espaço de liberdade. Ele gostava de esquiar sozinho nas montanhas que dominavam Freiburg e acampar perto dos lagos onde podia exercer sua paixão pela *Freikörperkultur*: a cultura do corpo livre, ou seja, o nudismo, um movimento nascido na Alemanha no final do século XIX. Ele era um individualista, em desacordo com o culto à comunidade que predominava na ideologia nazista.

Na Nitag, a obediência a um patrão que impunha suas regras, a rotina do assalariado e a humilhante expectativa de uma promoção como única emoção anual deviam ser um peso para ele. Deve ter começado a sonhar com a independência, a pensar que, com sua desenvoltura, sua facilidade de comunicação, poderia trabalhar por conta própria, principalmente porque aprendera na juventude a fabricar querosene e parafina em laboratório. Ele guardou o certificado desse aprendizado, datado de 1923, em que se assinala: «Sempre estivemos satisfeitos com a gestão, o rigor e o comportamento do sr. Schwarz».

Talvez meu avô não teria ousado zarpar sozinho se um dia seu colega Max Schmidt não lhe tivesse demonstrado seu desprezo por essa vida dócil. Eu os imagino conversando sobre seu plano de escape, sobre como planejar uma fuga, tomando uma cerveja durante o *Feierabend*, depois do trabalho. E, de fato, o projeto tinha algo de complô, já que Karl e Max não planejavam apenas abrir juntos uma empresa concorrente, ainda que muito menor, mas também levar consigo sete de seus colegas e seus clientes. A evocação da oportunidade oferecida pelas empresas judaicas a baixo preço deve ter acentuado essa atmosfera conspiratória, pois meu avô, não sendo um antissemita convicto, deve ter se dado conta da vergonha que havia em tirar proveito do sofrimento dos judeus. Os dois comparsas provavelmente consultaram o registro de empresas que ainda não tinham sido arianizadas, cerca de um terço das 1.600 em Mannheim. O restante havia sido vendido ou liquidado após a falência.

Qual era o estado de espírito de Karl e Max quando se encontraram com os Löbmann? Constrangimento? Ganância? A arrogância de quem sabe que está em posição de vantagem? Não sei, mas tenho uma pista: eles negociaram bem pouco o preço da sociedade Löbmann, pois pagaram 10.353 reichsmarks, ou 1.100 reichsmarks a menos do que pedia o vendedor. Sabendo que este último tinha que ajustar seu preço às expectativas das autoridades nazistas, que deveriam validar a transação, Karl e Max talvez tenham tido um ímpeto de empatia que os impediu de esticar mais a corda.

O certo é que havia aproveitadores muito piores do que meu avô nesse jogo de tolos, abutres implacáveis que exploraram a crescente dificuldade dos judeus em encontrar um comprador e sua necessidade urgente de dinheiro para financiar o exílio. Mas Karl Schwarz também não se destacou por sua generosidade, comodamente se curvando a uma prática validada pelos nazistas: levar em consideração apenas o valor material de uma empresa judaica e não pagar nem um centavo por seu valor intangível, na maioria das vezes o que ela tinha de mais precioso, os anos passados a construir uma reputação, uma clientela, a aperfeiçoar um serviço, um produto, uma marca, a desenvolver fórmulas ou patentes.

Meu avô propôs a Julius Löbmann que o acompanhasse, por 400 reichsmarks, durante vários meses em suas viagens de negócios a fim de conhecer os clientes da Löbmann & Cia., justamente o bem pelo qual Karl Schwarz e Max Schmidt não tinham pagado. Acho que o entrosamento deve ter sido bastante bom entre Karl e Julius para tornar possíveis essas viagens, especialmente porque era então proibido aos judeus viajar a trabalho. Pousadas e restaurantes que por muitos anos haviam acolhido esses clientes exibiam em suas vitrines: «Judeus indesejados». A situação deles se deteriorava em todos os lugares. Eles receberam compulsoriamente um segundo nome, impresso no documento de identidade, para melhor distingui-los: Sara para as mulheres e Israel para os homens. Em seguida, um grande J foi impresso em seu passaporte. As proibições se acumulavam. Em seus deslocamentos, deve ter acontecido a Opa de mentir sobre Julius à polícia rodoviária, ao dono da estalagem, ao proprietário do restaurante... Correr riscos juntos deve tê-los aproximado. Isso acabou no dia que se seguiu à Noite de Cristal.

Em 9 de novembro de 1938, Julius e Opa viajavam pela Floresta Negra, no sudoeste do país, um cenário idílico de colinas e pinhais. Quando voltaram para Mannheim em 10 de novembro, um novo limiar de crueldade havia sido ultrapassado no ódio antissemita. Um *pogrom* de uma violência sem precedentes fora desencadeado em todo o Reich por membros do NSDAP, por paramilitares da SA e por integrantes da Juventude Hitlerista. Hitler havia «claramente dado sua aprovação», escreve o historiador Dietmar Süss em *«Ein Volk, ein Reich, ein Führer»: Die deutsche Gesellschaft im Dritten Reich* [Um povo, um Reich, um *Führer*: A sociedade alemã no Terceiro Reich]. De acordo com suas estimativas, «como consequência direta ou indireta dos *pogroms*, houve de 1.300 a 1.500 mortos e 1.406 sinagogas destruídas. Foram presos e enviados para campos de concentração 30.756 homens judeus».

Lotte Kramer não se esquece da «Noite de Cristal», assim batizada pelos nazistas em referência aos milhões de cacos de vidro quebrado, às vitrines de dezenas de milhares de lojas saqueadas. «Recebemos um telefonema de um tio que morava em frente à sinagoga, onde também ficava nossa escola. Ele disse à minha mãe: 'Não mande as crianças para a escola! Os edifícios estão pegando fogo!' Meu pai recebeu uma mensagem dizendo que era melhor que ele sumisse por um dia, se escondesse na mata. Com minha mãe, subimos ao sótão, de onde vimos pela pequena janela pessoas na rua saqueando lojas; felizmente não vieram até nós. Meu pai voltou para casa depois de escurecer, e naquela noite eu dormi na cama dos meus pais. Pela primeira vez, tive medo de verdade.»

Em Mannheim, três sinagogas foram destruídas, sendo que uma delas chegou mesmo a ser pulverizada com explosivos, e homens foram presos para depois serem enviados ao campo de concentração de Dachau. Como de costume, uma das motivações dessa fúria era a avidez pelo lucro: a maioria dos comércios foi pilhada, muitos apartamentos também.

Gângsteres nazistas fizeram de carro rondas de saques, invadindo a casa dos ricos assim como a dos pobres, roubando o que podiam e destruindo o resto, as louças, os móveis, as obras de arte. Muitos cidadãos de Mannheim ficaram chocados com aquela barbárie; Opa também, sem dúvida. De volta de sua viagem, ele se deparou com um espetáculo desolador: tapetes de cacos de vidro espalhados pelo chão, livros em chamas, móveis jogados pelas janelas aos pedaços na calçada. Julius estava ao seu lado, atormentado de preocupação depois de saber que parte de sua família havia sido presa. Naquele dia, eles encerraram sua cooperação ilegal, que se tornara perigosa demais.

Os parentes de Julius foram libertados e agora era urgente organizar sua partida para os Estados Unidos o mais rápido possível. Eles tinham contatos em Chicago e Nova York, onde morava o irmão de Irma e Mathilde Wertheimer, que nunca deixava de cantar louvores à América em cartas às irmãs. Os Löbmann começaram a enviar móveis para Chicago com o dinheiro da venda da empresa. Um gesto otimista e até ingênuo, porque, se antes de 1938 já era muito difícil obter um visto para os Estados Unidos, a partir daquela data tratava-se simplesmente de uma missão impossível.

Em julho de 1938, diante do agravamento da situação dos judeus, o presidente dos Estados Unidos Franklin D. Roosevelt convocou uma conferência internacional na esperança de que os participantes se comprometessem a acolher mais refugiados. Depois que a Itália e a URSS recusaram o convite, representantes de 32 Estados e 24 organizações humanitárias se reuniram por nove dias em Évian-les-Bains, às margens do lago Léman. No frescor dos majestosos salões do hotel Royal, consagrado em sua inauguração em 1909 como «o mais belo hotel do mundo», refúgio de cabeças coroadas e artistas renomados, os delegados internacionais se revezaram na tribuna para manifestar a sua profunda compaixão pelo destino dos judeus da Europa. Mas nenhum ofereceu acolhimento, com exceção da República Dominicana, que em troca reivindicou subsídios.

Os Estados Unidos, representados por um simples homem de negócios, recusaram-se a aumentar suas cotas fixadas em 27.370 vistos por ano para a Alemanha e a Áustria. Um dos países mais influentes do planeta deu assim o tom, e o resto do mundo logo o seguiu. Apesar dos imensos impérios coloniais que a Grã-Bretanha e a França possuíam, nenhuma das opções foi considerada, quer fosse a Palestina, a Argélia ou Madagascar. A França anunciou que havia atingido «um ponto extremo de saturação em matéria de refugiados». O delegado australiano explicou que seu país, um dos maiores do mundo, «não tinha problemas raciais» e «não queria importá-los». O representante suíço Heinrich Rothmund, chefe da *Fremdenpolizei* (polícia de estrangeiros), informou que a sua pátria era apenas um país de trânsito. Esse notório antissemita nunca escondeu sua hostilidade para com os judeus, que considerava como *artfremde Elemente* (corpos estranhos) a ameaçar a Suíça com a «judaização».

Posso imaginar esses representantes da «comunidade internacional», com ar contrariado e falsamente desolado, tomando um refresco entre dois discursos de conveniência à sombra da elegante pérgula desse hotel onde Marcel Proust, filho de um judeu alsaciano, convicto defensor de Dreyfus, havia escrito passagens da *Busca*. A futura ministra israelense Golda Meir, que havia sido convidada a Evian como uma «observadora judia da Palestina», mais tarde escreveu: «Sentar naquele magnífico salão e ouvir autoridades de 32 Estados afirmarem que gostariam de receber refugiados mas lamentavam dizer que era impossível foi uma experiência traumática».

De que números se falava? Tratava-se de distribuir entre 32 países, que dispunham direta ou indiretamente de grandes territórios, cerca de 360 mil judeus ainda na Alemanha, aos quais se acrescentariam outros 185 mil da Áustria. A imigração dessas populações predominantemente urbanas que já haviam demonstrado suas capacidades intelectuais, empresariais e artísticas só poderia ser benéfica para aqueles que as recebessem. Principalmente para países como a Argentina, sempre em busca de candidatos a ir morar em seu imenso território pouco povoado. No entanto, antes mesmo do término da conferência de Evian, o Ministério das Relações Exteriores da Argentina enviou uma circular ordenando a todos os consulados argentinos que negassem vistos, incluindo os de turismo, «a pessoas suspeitas de terem deixado ou de quererem deixar seu país de origem por serem consideradas indesejáveis ou por terem sido expulsas, qualquer que fosse o motivo da expulsão». Ele obviamente visava os judeus. É difícil não ver nessa rejeição injustificada aos refugiados outra coisa senão a manifestação de uma epidemia internacional de antissemitismo que ia muito além das fronteiras do Terceiro Reich.

A China, ausente na conferência de Evian, foi um dos únicos países a aceitar refugiados europeus, mesmo sem visto. Na impossibilidade de se exilar em outro lugar, cerca de 20 mil judeus dirigiram-se para Xangai, onde se depararam com a barreira do idioma, da cultura e da difícil situação econômica. Mesmo tão distantes, foram alcançados pelos nazistas: no final de 1941, sob pressão de seu aliado alemão, os japoneses, que ocupavam parte da China, confinaram os judeus europeus em um gueto onde 2 mil deles sucumbiram às desastrosas condições de vida.

Apesar dos horrores da Noite de Cristal, a comunidade internacional não cedeu. Exceto a Grã-Bretanha, que fez um gesto ao concordar em acolher 10 mil crianças judias em casas de família nas operações *Kindertransport*, das quais Lotte Kramer se beneficiou. Mas, ao mesmo tempo, fechou uma das últimas portas de saída para os judeus da Europa, a Palestina, que estava sob jugo britânico. Por medo de intensificar ainda mais as fortes tensões entre as comunidades árabes e judaicas locais, fixou a cota de imigrantes judeus em 75 mil para todo o período compreendido entre 1939 e 1944, quando quase 10 milhões de judeus viviam no continente europeu.

Após 9 de novembro de 1938, os últimos direitos de que os judeus ainda dispunham foram abolidos. Uma onda de pânico se espalhou na comunidade judaica da Alemanha, e as centenas de milhares deles que até então haviam resistido perceberam de súbito que deveriam partir o mais rapidamente possível. Eles se aglomeravam em frènte a consulados do mundo todo, mas estes, cada vez mais reticentes havia já alguns anos em distribuir vistos aos judeus alemães, endureceram ainda mais diante desse turbilhão de desespero. Os diplomatas haviam recebido ordens. «Meu pai se dirigiu ao consulado americano e esperou muito tempo», conta Lotte Kramer. «Ele voltou para casa com um número, mas estava tão longe na lista de espera… Sabíamos que não tínhamos nenhuma chance. Meus pais também tentaram o Panamá, o Equador, de onde esperavam poder entrar nos Estados Unidos, mas não conseguiram nada.» Apesar da evidente capacidade de acolhimento desse destino privilegiado para muitos judeus europeus que ali tinham família e cuja experiência mostrava que se integravam perfeitamente, os Estados Unidos permaneceram totalmente insensíveis à sorte deles, agarrando-se com uma obstinação um tanto cruel às suas parcas cotas.

Um dos episódios mais dramáticos dessa política foi a viagem, na primavera de 1939, do *Saint-Louis*, um transatlântico proveniente de Hamburgo com destino a Havana, com 937 passageiros a bordo, quase todos judeus alemães que queriam chegar a Cuba como passageiros em trânsito antes de poderem entrar nos Estados Unidos. Mas Cuba, apesar de ter emitido vistos na Alemanha, mudou suas regras de imigração no contexto de um escândalo político, e alguns agentes provocadores organizaram uma grande manifestação antissemita antes da chegada da embarcação. Apenas 29 passageiros tiveram permissão para desembarcar, e o *Saint-Louis* foi conduzido para fora das águas territoriais cubanas.

Ele se viu diante de Miami, tão perto da costa que os passageiros podiam enxergar as luzes da cidade. O capitão, Gustav Schröder, e organizações judaicas tentaram convencer o presidente Franklin D. Roosevelt a lhes conceder asilo. Em vão. A crise econômica e o desemprego haviam deixado a população americana intolerante à imigração, principalmente de judeus, de quem se temia a concorrência nos Estados Unidos mais do que se lamentava a situação na Alemanha. Foi a vez de o Canadá ser abordado, mas o oficial sênior da imigração, Frederick Blair, se opôs. De volta à Europa no início do mês de junho de 1939, o capitão Schröder recusou-se a entregar seus passageiros à Alemanha e desembarcou-os em Antuérpia. Um quarto deles morreu na Shoah.

A família Löbmann nunca conseguiu um visto. Pode ser que, tendo enviado seus móveis para os Estados Unidos, eles tenham automaticamente se agarrado a essa perspectiva quase impossível para não ter que abrir mão de seus bens materiais em vez de salvar a própria pele tentando a sorte em outros países. Mesmo a obtenção de um visto não lhes teria garantido uma chegada segura.

Para alcançar o país de destino por via marítima, era necessário passar por um, talvez dois países terceiros, como França, Portugal, Bélgica, Países Baixos, Suíça, onde muitos intermediários desonestos exigiam propinas que cresciam conforme aumentava o sofrimento dos judeus. Agências de viagens, consulados, motoristas, contrabandistas, donos de estalagem, funcionários corruptos... quantos não enriqueceram graças ao antissemitismo! Ora, os Löbmann não dispunham de muito dinheiro, uma vez que o valor que haviam obtido com a venda de sua empresa havia sido, conforme as medidas antissemitas, bloqueado em uma conta controlada pelo Reich, da qual eles só podiam sacar pequenas quantias de cada vez.

Mesmo assim, deixar a Alemanha ainda não era completamente impossível. Após os *pogroms* de novembro de 1938, 40 mil judeus conseguiram imigrar. Entre eles, Lotte Kramer. Seu professor em Mainz ficara sabendo do transporte organizado de crianças para a Grã-Bretanha e ofereceu aos pais dela arranjar-lhe um lugar. «Minha mãe contou à sua irmã Irma, que conseguiu levar seus filhos, Lore e Hans, para o transporte. Eu não queria me separar dos meus pais, mas estava com meus primos e foi um pouco como uma aventura.» Em 1939, quase 80 mil judeus ainda conseguiram ir para o exílio, incluindo pelo menos mil judeus de Mannheim. Alguns desembarcaram na Índia ou no Quênia, países que não eram sua primeira escolha.

Talvez a família Löbmann tenha hesitado tempo demais em abandonar seu objetivo principal, os Estados Unidos, e usar nem que fosse pó de pirlimpimpim para outro destino. Essa aversão à improvisação foi sua armadilha. Quanto mais os Löbmann esperavam, mais seus recursos diminuíam e, com eles, suas chances de partir. Depois de 9 de novembro de 1938, os saques organizados aos judeus redobraram de intensidade. Para puni-los por aquela Noite de Cristal, da qual haviam sido as infelizes vítimas, o regime exigiu deles uma indenização sob a forma de um novo imposto que chegava a extorquir 25% da fortuna de quem possuísse mais de 5 mil reichsmarks, como era o caso dos Löbmann. Então, em fevereiro de 1939, eles foram obrigados a entregar todos os seus objetos em prata, ouro e platina, bem como as pérolas e as pedras preciosas, recebendo um décimo ou mesmo um vigésimo de seu valor real.

A situação dos judeus na Alemanha se degradava a olhos vistos. Hitler decidira excluí-los definitivamente da vida econômica e da esfera do trabalho. Aqueles desprovidos de meios foram recrutados à força para construir estradas ou remover entulhos. As empresas que ainda não haviam sido arianizadas foram vendidas por uma ninharia, e alguns advogados tiveram o cinismo de procurar os proprietários nos campos de concentração para que assinassem o contrato de venda. Arrebatavam-lhes terrenos, aqueles das sinagogas, das organizações judaicas, dos cemitérios judaicos. Em Mannheim, até a Igreja Protestante participou dessa mutilação sinistra. E negociou o preço até o último centavo.

Na manhã de 22 de outubro de 1940, bem cedo, as forças da ordem irromperam no domicílio dos Löbmann, bem como no de Wilhelm Wertheimer, irmão de Irma e Mathilde. Eles os intimaram a se preparar para a partida imediata e a fazer suas malas a toque de caixa: cada adulto tinha direito a um máximo de 50 quilos de bagagem e 100 reichsmarks, e lhe era solicitado que levasse água e comida para alguns dias. Seus bens, suas contas e seus títulos foram confiscados. Poucas horas depois, eles estavam na plataforma da estação de Mannheim, com quase 2 mil outros judeus da cidade, prontos para embarcar em trens cujo destino era desconhecido para eles. Cerca de metade da comunidade havia fugido nos anos anteriores. Oito judeus se suicidaram naquela manhã mesmo. Várias centenas conseguiram se esconder. Aqueles que haviam se casado com um «ariano» ou uma «ariana» foram poupados.

Em 23 de outubro, um comboio transportando os 2 mil judeus de Mannheim e outros 4,5 mil do Sarre, de Baden e do Palatinado se pôs em movimento. Depois de cruzar o Reno em Kehl, o trem chegou durante a noite em Chalon-sur-Saône, na linha de demarcação que separava a França em duas, uma zona ocupada pelo Reich, ao norte, e uma zona dita livre, ao sul. Esta última era administrada por um governo francês com autonomia limitada, cuja sede ficava em Vichy. Ao contrário do que os alemães haviam imaginado, Vichy, que nesse ínterim estabelecera um estatuto discriminatório contra os judeus, protestou veementemente. No entanto, acabou cedendo diante do fato consumado.

Após dois dias de uma penosa jornada à mercê da brutalidade da ss, os passageiros, muitos deles idosos, chegaram ao campo de concentração de Gurs, localizado nos Pireneus Atlânticos, lá onde os alemães, em teoria, não exerciam autoridade. Administrado por Vichy, esse campo iria acolher detidos durante toda a guerra, judeus e outros, de todas as nacionalidades, exceto franceses, fossem eles deportados pelo regime nazista de países sob seu controle na Europa ou presos pelo regime francês em zona livre.

Em Gurs, não havia execuções nem tortura, mas centenas de detidos morreram por causa das condições insalubres, da fome e do frio. Os galpões não tinham janelas nem instalações sanitárias ou água encanada, a chuva escorria por dentro e as camas eram sacos de palha jogados sobre o chão de barro. Irma, esposa de Siegmund Löbmann, adoeceu gravemente e foi enviada para um hospital em Aix-en-Provence. Siegmund conseguiu ser transferido para o campo de internamento de Milles, perto de Aix, para ficar mais próximo da mulher.

As condições para fuga eram bastante boas em Gurs: as cercas não chegavam a dois metros de altura, não eram eletrificadas e não havia torres de vigilância. No entanto, eram raros os candidatos à fuga, pois o verdadeiro desafio vinha depois, quando se iniciava uma agonizante brincadeira de esconde-esconde com a polícia. Uma evasão assim era inconcebível com crianças, pais idosos ou mulheres debilitadas, o que certamente explica por que a maioria dos presos escolheu a família em vez da liberdade.

Várias associações religiosas e humanitárias tinham autorização para interagir no acampamento visando fornecer alimentos e cuidados médicos para amenizar o dia a dia dos internos. Uma delas, a organização judaica internacional HICEM, orientou os judeus a reunir os documentos indispensáveis para montar um dossiê de pedido de emigração. Os que conseguiram foram transferidos para Marselha, na esperança de embarcar para o ultramar.

Foi assim que, em março e abril de 1941, Julius, Mathilde Löbmann e o filho deles, Fritz, bem como Wilhelm Wertheimer, sua esposa Hedwig e o filho, Otto, partiram para Marselha. Graças ao inestimável apoio da equipe do

Memorial do Camp des Milles, uma das instituições francesas mais inovadoras na conscientização das novas gerações a respeito dessa memória, eu pude reconstituir o restante da jornada dos membros dessa família. Os homens foram para o campo de Milles, sob a autoridade de Vichy, onde muitos artistas e intelectuais alemães foram internados, entre eles Golo Mann e Lion Feuchtwanger. As mulheres e as crianças foram enviadas para hotéis em Marselha transformados em alojamentos.

Hedwig e seu filho, Otto, de nove anos, foram alocados no hotel Bompard; Mathilde e seu filho, Fritz, de doze anos, no hotel Terminus-les-Ports. Sofria-se de desnutrição, de falta de higiene, de verminoses, de falta de roupas, de frio. Os quartos pequenos comportavam até oito camas, a eletricidade era limitada e os chuveiros, escassos. Alguns hoteleiros não tinham o menor escrúpulo em embolsar os subsídios da administração francesa, gastando deles apenas uma pequena parte em benefício dos residentes. Outras figuras repulsivas assombravam esses hotéis de miseráveis, como o doutor Félix Roche-Imbart, que parecia cultivar um prazer sádico em impedir que pensionistas doentes fossem enviados para hospitais e em privar as mulheres da visita dos maridos.

No entanto, em comparação com o campo de Gurs, a melhoria nas condições de vida era inegável. Instituições de caridade internacionais ensinavam as crianças e davam aulas de costura às mães. A maioria das mulheres conseguia circular livremente pela cidade, caminhar na praia e acompanhar seus trâmites administrativos para a emigração. De acordo com os registros do campo de Milles, Hedwig teria tentado obter vistos americanos para sua família. Mathilde provavelmente também.

Elas chegaram tarde demais. Pouco tempo antes, esse objetivo poderia ter sido alcançado com a cumplicidade do vice-cônsul dos Estados Unidos em Marselha, Hiram Bingham IV, que fornecia vistos e documentos falsos aos judeus. Ou então com a ajuda do jornalista americano Varian Fry que, com uma grande rede de apoio, conseguiu tirar da França mais de 2 mil refugiados ameaçados, principalmente artistas, acadêmicos e cientistas, entre eles Claude Lévi-Strauss, Max Ernst, André Breton, Hannah Arendt e Marc Chagall. Em resposta, e também por pressão de Vichy, no verão de 1941, o Departamento de Estado em Washington destituiu o consulado de Marselha do poder de decisão em matéria de concessão de vistos, transferiu Hiram Bingham IV para Portugal e cassou o passaporte de Varian Fry.

Os esforços de Hedwig Wertheimer e Mathilde Löbmann para emigrar fracassaram. No verão de 1942, elas foram transferidas com os filhos para o campo de Milles, onde se reuniram com os maridos, Julius e Wilhelm. O clima era pesado. As deportações para o principal campo de trânsito em Drancy, ao norte de Paris, haviam começado, oficialmente para enviar detidos para os campos de trabalho forçado. Vendo trens de carga lotados de adultos e crianças sem água, alguns se perguntavam por que estavam embarcando crianças, inaptas para o trabalho. Havia um rumor de que Vichy não hesitava mais em entregar os judeus aos alemães, que os enviavam para o longínquo Leste, alguns falavam em massacre.

Hedwig e Mathilde devem ter farejado o perigo. Como outras mães, elas decidiram confiar seus filhos à Sociedade de Socorro Infantil, uma organização judaica. Testemunhas relataram as dilacerantes separações, os uivos de crianças arrancadas de mães que ainda lutavam para manter uma certa compostura e não assustar os filhos. Otto foi colocado no castelo de Montintin, ao sul de Limoges, que escondia uma centena de crianças de 12 a 17 anos, a maioria alemãs, sob a proteção de um médico. Fritz ingressou no mesmo tipo de colônia.

Na primavera de 1943, Otto e Fritz foram transferidos, provavelmente porque seu esconderijo havia se tornado arriscado demais. Devem ter chorado de alegria ao se reencontrar em um dos últimos refúgios da França, localizado na zona de ocupação italiana. Em Izieu, um pequeno vilarejo situado acima de um braço do Ródano, uma resistente judia de origem polonesa, Sabine Zlatin, e seu marido haviam estabelecido uma colônia destinada a proteger as crianças da deportação. Pela primeira vez, Fritz e Otto puderam se reconectar com a leveza da infância. No memorial de Izieu, fotografias mostram essas crianças em uma grande campina, com os cabelos ao vento, em frente a uma casa. Os maiores carregam os mais novos nos braços, em trajes de banho sobre uma ponte flutuante acima de um lago. Eles sorriem, e não se sente nem sombra de presságio nessas fotos que bem poderiam ser as de qualquer infância feliz.

A zona de ocupação italiana era a mais segura porque, ao contrário dos franceses, os italianos se recusaram, tanto quanto possível, a entregar os judeus de sua zona. Em julho de 1943, a situação da Itália se alterou em virtude do desembarque dos Aliados na Sicília. O rei Vítor Emanuel III destituiu o líder fascista Benito Mussolini, preso e substituído pelo marechal Pietro Badoglio. Em setembro, os britânicos desembarcaram no sul da Itália e o governo italiano capitulou. Em resposta, a Wehrmacht invadiu a Itália setentrional e central, bem como a zona italiana na França.

Ciente do perigo, no início de abril de 1944, Sabine Zlatin partiu em busca de outro refúgio. Foi justamente durante sua ausência, na manhã de 6 de abril, quando as crianças se preparavam para o café da manhã, que dois caminhões de soldados da Wehrmacht e um veículo de agentes da Gestapo levaram as 44 crianças, o marido de Sabine Zlatin e seis educadores. Todos acabaram em Drancy. A ordem fora dada pelo chefe da Gestapo de Lyon, Klaus Barbie, um homem que devia sua fama à sua loucura obsessiva por judeus e combatentes da Resistência, a quem submetia a uma impressionante variedade de torturas das quais se gabava de ser o inventor.

Em 15 de abril de 1944, Fritz Löbmann e Otto Wertheimer, de quinze e doze anos, foram deportados de Drancy para Auschwitz a bordo de um comboio que transportava trinta crianças de Izieu. No dia de sua chegada, foram levados para a câmara de gás.

Dois anos antes, os pais de Otto Wertheimer, Hedwig e Wilhem, e a mãe de Fritz Löbmann já haviam passado por Drancy. Em 17 de agosto de 1942, eles haviam sido levados a bordo do comboio de número 20. Destino: Auschwitz. Em 2 de setembro, Siegmund Löbmann, por sua vez, fora deportado para Drancy e, cinco dias depois, para Auschwitz pelo comboio de número 29. A solidão deve ter-lhe aumentado a angústia. Sua esposa, Irma, estava na lista dos deportados do campo de Milles, mas deve ter sido salva no último minuto, sem dúvida por médicos que exigiam sua internação de emergência no hospital de Aix-en-Provence.

Julius Löbmann também estava na lista, mas não foi deportado. Ele havia conseguido escapar durante um de seus deslocamentos diários à aldeia de Saint-Cyr-sur-Mer, onde participava de um Grupo de Trabalhadores Estrangeiros (GTE), trabalhadores forçados a serviço da indústria e agricultura francesas. Ele deve ter tomado essa decisão rapidamente após perceber que sua família não escaparia da deportação. Só ele poderia sair, os outros estavam encurralados no interior do acampamento. Eu o imagino se despedindo de sua esposa, seu filho, seu irmão, seu cunhado, sem conseguir pregar os olhos na véspera de sua fuga, e depois procurando o momento propício para escapar, desaparecendo nas florestas de pinheiros perto de Saint-Cyr-sur-Mer ou pulando do caminhão em sua viagem de volta.

As chances de um judeu fugitivo, abandonado à própria sorte, sem dinheiro, sem contatos e ignorante a respeito de tudo sobre a França eram mínimas, especialmente sob um regime que colaborava com a Alemanha e tinha estabelecido por livre e espontânea vontade suas próprias medidas antijudaicas, sob o olhar passivo da população. A menos que o destino decidisse ser com ele generoso, colocando em seu caminho um daqueles franceses corajosos e humanistas que escondiam judeus em seus porões ou sótãos e lhes forneciam regularmente o suficiente para sobreviver, arriscando a própria vida. Mesmo esse cenário poderia acabar mal, o anjo da guarda poderia ser denunciado e preso pela Gestapo ou pela polícia francesa, e seus protegidos capturados ou abandonados em sua toca, sem socorro.

Na ausência de tal encontro milagroso, o único recurso era ser engenhoso e ousado e, de acordo com Lotte Kramer, Julius o era. Para não correr o risco de denunciar suas origens, ele se fez passar por surdo-mudo e foi recrutado como ascensorista num grande hotel da Côte d'Azur, provavelmente entre Nice e Menton, na zona de ocupação italiana. Não sei se o chefe dele adivinhara com quem estava lidando, mas teve a bondade de fechar os olhos para a falta de documentos daquele rapaz estranho de cabelos loiros e olhos claros como um alemão. Após a invasão alemã da zona italiana em outubro de 1943, Julius deve ter visto oficiais da Wehrmacht e da ss hospedados no hotel. Quantas vezes por dia ele teve que suportar o calvário de conduzir aqueles homens a seus andares, de roçar na apertada cabine aqueles uniformes que faziam seu sangue gelar, de sentir as mãos tremendo ao apertar os botões e o coração batendo forte na angústia de que um olhar, um reflexo lhe escapasse, um *Bitte schön* ou *Danke* ou *Guten Morgen*? Uma palavra em alemão, e ele estaria perdido.

Ele se livrou dessa tensão no verão de 1944, após o Desembarque. Talvez tenha se dirigido ao campo de Drancy e lá soube que sua família havia sido enviada para Auschwitz. Não sei se, naquele momento, Julius sabia o que Auschwitz significava.

Desde o verão de 1941, os britânicos sabiam que os comandos ss, cujo código de rádio haviam decifrado, estavam cometendo massacres na Europa Oriental. Os indícios afluíam de fontes no exército alemão, nas comunidades judaicas e na resistência polonesa. Na primavera de 1942, o *Daily Telegraph* deu o alarme: «Mais de 700 mil judeus poloneses foram assassinados em um dos maiores massacres da história mundial». Cada vez mais a mídia veiculava essas informações; mencionavam-se as câmaras de gás. Em 17 de dezembro de 1942, os Aliados condenaram publicamente e por unanimidade aqueles «métodos bestiais de extermínio». A bbc transmitiu a declaração que afirmava: «Ninguém mais ouviu falar desses deportados. Aqueles que podem trabalhar são explorados nos campos até morrerem de exaustão. Os enfermos e os fracos morrem de frio ou de fome ou são friamente assassinados». Na verdade, os governos americano, britânico e soviético já sabiam que pelo menos 2 milhões de judeus tinham sido assassinados e que outros 5 milhões estavam ameaçados.

Como essas informações eram censuradas pela França de Vichy, Julius devia nutrir alguma esperança, especialmente por seu filho Fritz, tão jovem — em todo caso, os nazistas não matavam crianças. Agora livre, a quem Julius poderia pedir ajuda? Toda a sua família, todos os seus amigos tinham desaparecido. A França libertada negligenciava completamente os judeus. Só lhe restava juntar-se aos parentes na América, em Chicago, para onde sua família planejava fugir antes de ser pilhada em Mannheim.

Ao atravessar o Atlântico a bordo do barco que o tirou de uma Europa envolta em fogo e sangue, um sentimento de profunda tristeza deve ter invadido Julius com a ideia de ser o único a fazer essa viagem a que sua família havia se resignado como último recurso e que ele nunca teria acreditado que se tornaria um sonho inacessível: estarem todos juntos em um barco, salvos do naufrágio de sua pátria. Com os olhos fixos no horizonte, onde surgiria a tão desejada terra americana, Julius deve ter pressentido que nunca a compartilharia nem com seu filho, Fritz, nem com sua esposa, Mathilde, nem com seu irmão, Siegmund.

Capítulo IV.
A negação de Karl Schwarz

Chicago era uma das primeiras aspirações dos judeus da Europa, porque, depois de Nova York e Varsóvia, a cidade abrigava a terceira maior comunidade judaica do mundo, com 275 mil membros. Os mais influentes e mais bem integrados eram os judeus de origem alemã. Tendo sido os primeiros a chegar, desde 1840 eles haviam estabelecido uma vasta rede de instituições que dava à comunidade uma estrutura sólida e próspera. Na virada do século XX, chegaram ali judeus do Leste Europeu e da Rússia que fugiam dos violentos *pogroms* em seus respectivos países, aos quais se juntaram, na década de 1930, vítimas da perseguição nazista, como o pintor e fotógrafo húngaro László Moholy-Nagy.

Alemães não judeus também se exilaram na cidade, incluindo um dos fundadores da arquitetura moderna, Ludwig Mies van der Rohe, que deixou a Alemanha nazista menos por resistência política do que pela falta de apreciação ao seu trabalho por parte do regime, inimigo da arte moderna. Sua arquitetura minimalista do «quase nada» deixou sua marca em Chicago: os arranha-céus de aço e vidro e o imperial Crown Hall no *campus* do Institute of Technology, um imponente retângulo de metal e vidro, no meio de um jardim verdejante.

Nesse contexto, Julius Löbmann sem dúvida encontrou rapidamente outros exilados, talvez amigos ou antigos cidadãos de Mannheim que conheceram sua família, sua empresa, e com os quais podia compartilhar lembranças de uma vida alemã desaparecida. Afinal, dos 3.500 judeus de Mannheim que conseguiram ir para o exílio, quase metade foi para os Estados Unidos.

É assim que Julius deve ter conhecido Erna Fuchs, como ele originária da região de Baden, que sua família havia deixado em 1937. Ele não demorou a se casar com ela já que, de acordo com documentos encontrados nos arquivos, Erna já levava o nome de Löbmann em 1949 e vivia no mesmo endereço que ele. Esse segundo casamento com uma judia de seu país, que sabia o que ele havia passado, deve ter salvado Julius da solidão, pois a comunidade de Chicago, por mais acolhedora que fosse, dificilmente poderia entender o que seus correligionários haviam sofrido sob o nazismo. Quanto à sociedade americana, a frieza que ela havia demonstrado antes da guerra diante do sofrimento dos judeus não inspirava muita confiança.

Em 1938, quando as perseguições na Europa atingiram um ponto irreversível, pesquisas mostraram que mais de 80% dos americanos eram contra o aumento da cota de acolhimento a refugiados europeus. Um ano depois, outras pesquisas revelaram que mais de 60% dos americanos se opunham a um projeto de lei que previa acolher 20 mil crianças judias alemãs além das cotas estabelecidas. O projeto foi bloqueado por pressão de grupos antissemitas antes mesmo de ser submetido a uma votação no Congresso dos EUA.

Será que Julius via a ligação entre a falta de solidariedade dos Estados Unidos e o destino de sua família, encurralada por ter sido privada de visto? Mesmo assim, muitos imigrantes judeus ficaram gratos aos Estados Unidos por recebê-los e dar-lhes oportunidades reais de integração e sucesso social que poucos países ofereciam. O sotaque alemão de Heinz Kissinger, um judeu bávaro refugiado em Nova York, não o impediu de se tornar um lendário ministro das Relações Exteriores dos Estados Unidos. Quantas cartas de judeus não continham esta declaração de patriotismo: «Já nos tornamos americanos de verdade!» Muitos dos que se exilaram em outros lugares não podiam dizer o mesmo. Até em Israel a integração era difícil para aqueles que se recusavam a aprender o hebraico e nutriam uma profunda nostalgia por seu país de origem.

Com o anúncio do fim da guerra, Julius Löbmann deve ter recuperado as esperanças e se exaurido dando telefonemas e batendo nas portas de Chicago para saber se havia notícias de seu filho, de sua esposa e dos outros. Deve ter visto as imagens dos campos de extermínio na imprensa americana, dos esqueléticos mortos-vivos em meio a montanhas de cadáveres. A chama de esperança de rever seus entes queridos vivos deve ter se apagado bruscamente. Que vestígios lhe restavam daqueles desaparecidos? Algumas fotos, objetos, roupas, móveis que a família enviara de Mannheim para Chicago antes de ser deportada. A menos que não chegassem em segurança, já que, após a invasão dos Países Baixos, os nazistas haviam se apropriado de muitos contêineres carregados de bens de judeus alemães armazenados no porto de Roterdã, esperando para serem resgatados por seus proprietários no exterior.

Essa última pilhagem foi o golpe de misericórdia para os refugiados, muitos dos quais tinham emigrado com o mínimo essencial depois de terem sido espoliados pelo Reich. O exílio era acompanhado de um vertiginoso declínio financeiro e social do qual jamais se recuperariam, agastados pela barreira do idioma e pela dificuldade de conseguir a validação de diplomas alemães no exterior. A provação foi particularmente traumática para aqueles que tiveram uma carreira de sucesso na Alemanha e que, passados quarenta, cinquenta anos, despencavam na escala social. Uma mulher que administrava várias lojas de departamentos em Mannheim tornou-se faxineira em Nova York. Homens de negócios considerados modelos de sucesso foram relegados ao posto de assistentes. Advogados e médicos foram reduzidos a extenuantes tarefas físicas e obrigados a se submeter, mesmo estando velhos e doentes, uma vez que os Estados Unidos não tinham um sistema de seguridade social. À humilhação da decadência, somava-se a precariedade material. Alguns preferiram se matar.

Julius Löbmann deve ter se beneficiado da ajuda de pessoas próximas ou de organizações judaicas porque não parece ter vivido na pobreza, a julgar pelos endereços indicados nas cartas enviadas a meu avô. Descobri que, no início de 1948, ele morava em um bem cuidado condomínio de pequenos prédios de tijolos vermelhos em Wicker Park, um bairro onde viviam muitos imigrantes poloneses. Dois anos depois, encontro-o com sua nova esposa, Erna, em Kenwood, um bairro residencial de casas de arquitetura georgiana e *art déco* às margens do lago Michigan, que já foi refúgio da elite de Chicago. O casal morava em um prédio despretensioso, mas de aparência agradável, em uma avenida larga e tranquila, ladeada por árvores e belas casas, não muito longe de sinagogas e escolas judaicas.

Essa era a situação de Julius quando ele buscou reparação com os dois proprietários da Mineralölgesellschaft, Karl Schwarz e Max Schmidt, em janeiro de 1948, por meio do advogado Rebstein-Metzger. Pouco antes, uma lei havia sido adotada na zona de ocupação americana: todas os bens que haviam sido saqueados ou «vendidos à força» sob o regime nazista deveriam ser devolvidos a seus proprietários ou herdeiros. A *Rückerstattungsgesetz* (lei de restituição) permitia que as vítimas do nazismo contestassem legalmente todas as transferências de patrimônio realizadas após as Leis de Nuremberg de 15 de setembro de 1935. A zona americana era a mais avançada e a mais categórica nessa questão. A companhia aérea Pan Am chegou a fazer propaganda nos Estados Unidos em torno do tema: «Vai à Alemanha para fazer reivindicações? Voos diários para as principais cidades alemãs». Oferecia passagens baratas, mas ainda assim inacessíveis para Julius e a maioria dos refugiados. Quanto aos que podiam pagar, eles não tinham vontade de voltar ao país que os destruíra e enfrentar seus antigos algozes.

Os britânicos esperaram dois anos antes de instaurar na sua zona um arcabouço jurídico para as restituições semelhante ao dos americanos. Da parte francesa, a lei foi menos restritiva, já que fixava o início do período de presunção da aquisição abusiva em 14 de junho de 1938, data da aprovação de um decreto que obrigava os judeus a relacionarem suas empresas e estabelecimentos comerciais em um registro público a fim de facilitar sua arianização. Os franceses consideraram que, antes dessa data, cabia ao demandante demonstrar a prova da ilegalidade da operação.

Em Mannheim, era a visão americana que prevalecia. Karl certamente tinha ouvido falar da lei, já que estava diretamente envolvido. No pós-guerra, as autoridades americanas colocaram sua empresa sob tutela depois de ter, graças aos registros mantidos intactos, identificado os milhares de empresas e terrenos judaicos arianizados em Mannheim, entre os quais figurava a Schwarz & Co. Mineralölgesellschaft. No entanto, Opa devia considerar que fazia parte daqueles que haviam pagado «um preço justo» e que, por isso, logo seria inocentado da suspeita de abuso aos judeus. Muitos compradores pensavam como ele, já que o regime nazista havia desenvolvido uma técnica de manipulação muito eficaz para que o povo aceitasse ser cúmplice ao mesmo tempo em que mantinha a consciência tranquila: legalizaram seus crimes. Na cabeça de Karl, foi, portanto, dentro da legalidade que ele consultou o registro público de empresas judaicas à venda e pagou o preço de mercado do momento, tudo isso no âmbito de um contrato validado pelas autoridades. Tanto parecia convencido de que a transação havia ocorrido «da maneira mais amigável possível», como ele repetiria em sua vasta correspondência com Julius Löbmann e seus advogados, que conservou cópias que encontrei no porão em Mannheim.

Em resposta à missiva do doutor Rebstein-Metzger, meu avô asseverou ter pagado o preço correto, alegando não ter assumido o fundo de comércio da empresa Löbmann, mas simplesmente adquirido seus ativos materiais e criado sua própria empresa com base nisso. Ele até se considerou generoso: «Durante o inventário, todos os itens, inclusive selos, papel de embrulho e apontadores de lápis, foram avaliados». Ele ainda teria pagado o equivalente a 5 mil reichsmarks por embalagens e tambores vazios espalhados entre os clientes dos Löbmann, bens que ele nunca pôde recuperar. Não se tratava de uma verdadeira arianização, concluía ele, dizendo não compreender «em que medida o senhor Löbmann poderia reivindicar restituições».

O advogado respondeu-lhe: «O contrato de aquisição e controle mostra claramente que se trata de uma compra da totalidade do negócio, e não apenas da venda de equipamentos. O senhor até se arrogou o direito de eventualmente usar o nome da empresa Siegmund Löbmann & Co., com ou sem acréscimo. O que é indiscutível é que o senhor só pagou pelos ativos materiais aos Löbmann, como era costume naquela época para esse tipo de transação. Não posso nem mesmo concordar que o senhor tenha pagado por esses ativos seu justo valor».

Após várias conversas infrutíferas com o advogado, Opa tomou a iniciativa de escrever diretamente para Julius Löbmann. «Estamos sinceramente encantados em saber, minha esposa e eu, que o senhor pelo menos saiu vivo do calvário que atravessou e lamentamos profundamente o destino de seu irmão e de seu cunhado. As famílias também pereceram? Embora nós, como a maioria dos alemães, não quiséssemos o destino cruel de seus correligionários, todos agora devemos sofrer com isso. Nosso litígio, para mim inesperado, é um exemplo disso, pois certamente nunca os coloquei em uma posição difícil e todos os nossos acordos foram executados da maneira mais amigável possível [...]. Nossa situação econômica é sombria. Acho que o senhor tem uma ideia equivocada sobre os nossos negócios.» Ele concluiu sua carta assim: «Como está sua família? Espero que esteja bem. Minha esposa já foi operada duas vezes este ano por causa de uma úlcera intestinal e deve passar por outra operação em setembro. Sempre há alguma coisa».

Meu avô certamente abusou menos da situação do que outros em 1938, negociando uma redução de apenas 10% sobre o preço inicial. No entanto, cinco anos após o fim da guerra, ele parecia não ter consciência de que o

Terceiro Reich fora um regime ilegal por natureza e que, consequentemente, qualquer transação realizada naquela época deveria ser considerada sob esse prisma. Ele deve ter ficado sinceramente chocado ao saber que os judeus supostamente deportados para trabalhar no Leste, no dizer dos nazistas, foram na verdade assassinados em campos sórdidos. Mas ele não se dava conta da dimensão disso, a ponto de comparar sua dor à de Julius Löbmann — «Todos agora devemos sofrer com isso». E esta observação dissonante: «Sempre há alguma coisa».

Muitos aproveitadores da arianização reagiram como Karl Schwarz quando foi pedido que devolvessem aos judeus o que lhes era devido, lamentando seus próprios infortúnios, seu miserável estado de saúde, suas dificuldades para manter o nariz fora da água. Esse estado de espírito era sintomático para a maioria da sociedade alemã, que se refugiou na autopiedade em vez de demonstrar empatia pelas vítimas do nazismo. A ausência de sentimento de culpa e a cegueira solidária permitiram negar qualquer responsabilidade pelos crimes nazistas, que foram atribuídos apenas aos líderes do Terceiro Reich. Durante uma viagem à Alemanha entre agosto de 1949 e março de 1950, a cientista política judia alemã Hannah Arendt, exilada nos Estados Unidos, ficou atônita com aquela população congelada em «uma falta generalizada de sensibilidade», pela «maldade escancarada [...] às vezes dissimulada sob um sentimentalismo de meia-tigela». Era difícil dizer se era «uma recusa intencional ao luto ou a expressão de uma real incapacidade de sentir», escreveu ela.

Anos depois, em 1967, os psicanalistas Alexander e Margarete Mitscherlich propuseram uma resposta em um livro chocante, *Die Unfähigkeit zu trauern* [A incapacidade de sofrer]. Segundo eles, essa «calúnia e essa recusa» eram consequência do trauma, não pelos crimes cometidos sob o Reich, mas pela perda da figura idealizada de autoridade que Adolf Hitler representava: «Hitler transmitia um sentimento de onipotência. Sua morte e sua desvalorização pelo vencedor significavam também a perda de um objeto narcísico, portanto um empobrecimento e uma depreciação do eu». Os alemães que haviam embalado o *Führer* e o nacional-socialismo nos braços viram-se «naturalmente liberados de suas responsabilidades pessoais». Tal negação abria a porta para uma relativização desconcertante.

Essa postura iria se enraizar de maneira ainda mais profunda, especialmente porque o governo do primeiro chanceler da RFA, Konrad Adenauer (1949–1963), lhes proporcionou uma justificativa moral e um arcabouço jurídico que o historiador Norbert Frei chamou de *Vergangenheitspolitik* (política do passado). Assim que chegou ao poder, o chanceler enterrou o trabalho de *reeducation and reorientation* realizado pelos americanos e britânicos. «A desnazificação nos trouxe infortúnios e calamidades», declarou Adenauer em 20 de setembro de 1949. «As guerras e as confusões do pós-guerra foram uma prova difícil para muitos e trouxeram tantas tentações que devemos demonstrar compreensão para com certas falhas e certos delitos.» Em todos os casos considerados «defensáveis», o governo estava determinado a «deixar o passado no passado». Essas declarações foram aplaudidas para além de seu espectro político porque a desnazificação era impopular, mesmo entre os social-democratas. Quando se tratava de vergonha, era em referência à *Siegerjustiz* (justiça dos vencedores), não aos crimes indizíveis do Terceiro Reich.

O nascimento da RFA foi a oportunidade para pôr fim à divisão, supostamente imposta pelos Aliados, em duas classes: os «politicamente irrepreensíveis» e os «politicamente envolvidos». O desejo de unir todos os alemães teria sido compreensível se o objetivo não fosse inocentar o conjunto da população, com algumas pequenas exceções.

Assim, a primeira medida que o novo Bundestag se apressou em aprovar foi uma lei de anistia que beneficiaria dezenas de milhares de nazistas condenados a uma pena de no máximo seis meses. Entre os beneficiários estavam pessoas culpadas de lesões corporais que resultaram em morte. A lei também beneficiou os ilegais que passaram à clandestinidade para escapar da justiça. A princípio relutantes em face de tamanho desvio do direito, os altos comissários aliados acabaram por dar o seu aval, sob a pressão de Konrad Adenauer.

Era apenas um prelúdio. Em 1951, uma nova lei, apelidada de *131° Gesetz*, possibilitou a reintegração de mais de 300 mil funcionários públicos e militares de carreira que os Aliados haviam exonerado por suposta proximidade com o regime. Entre eles estavam dezenas de milhares de funcionários envolvidos em crimes. Até antigos membros da Gestapo aproveitaram a onda.

Em 31 de março de 1955, os beneficiários dessa lei representavam aproximadamente 77% do Ministério da Defesa, 68% do Ministério da Economia, 58% da Assessoria de Imprensa e de Informação do governo e mais de 40% do Ministério do Interior. Um dos poucos jornais críticos da época, o *Frankfurter Rundschau*, revelou que, no Ministério das Relações Exteriores, dois terços dos cargos de liderança eram ocupados por antigos membros do NSDAP. Adenauer se apressou em dar uma resposta talhada pelo espírito de seu tempo: «Não se pode afinal construir um Ministério das Relações Exteriores se não houver nos postos de liderança pessoas que compreendam um pouco da história passada. [...] Quero dizer que devemos acabar com essas chicanas em relação aos nazistas».

As áreas mais sensíveis foram a Educação Nacional e a Justiça, nas quais a porcentagem de antigos membros do partido era extremamente alta. Professores que haviam ensinado as virtudes do nazismo deviam agora ensinar as da democracia, e a continuidade do pessoal judiciário entre o Reich e a RFA representava um obstáculo considerável para instaurar processos contra os criminosos nazistas. Os juízes e os promotores, relutantes em condenar o que haviam alimentado, atrasavam as investigações e arquivavam os casos. Eles estavam em posição de isentar a si mesmos, o que explica praticamente nenhum deles ter sido julgado, apesar de suas graves implicações nos crimes do Terceiro Reich.

Em 1954, uma nova lei de anistia foi a pá de cal sobre a desnazificação. Sob a influência do Partido Liberal, que detinha a pasta da Justiça e era muito popular entre os antigos nazistas cuja causa defendia, a circunstância atenuante de *Befehlsnotstand* (obediência em estado de emergência) foi introduzida no texto da lei. Isso tirava *de facto* a responsabilidade do acusado, mesmo que fosse um criminoso de guerra ou um alto oficial nazista. Sem citar seu nome, essa lei equivalia a uma anistia geral. O número de ações judiciais caiu para um nível próximo a zero. A lenda segundo a qual era impossível desobedecer a uma ordem criminosa sem arriscar a própria vida ganhou *status* oficial.

Em sua correspondência com Julius Löbmann e seus advogados, que durou cinco anos, Karl Schwarz nunca abandonou seu tom lamurioso. Entretanto, desde as primeiras cartas, ele fez uma proposta a Julius: «Sou o último a querer as coisas de mão beijada ou construir minha existência à custa dos outros. Imagino que o senhor também precise de cada fênigue. Sem reconhecer a justiça do seu pedido, proponho um pagamento de 4 mil marcos em prestações mensais de pelo menos 200 marcos. Nas atuais condições, esses 200 marcos nos tiram o pão da boca. Portanto, essa é a maior oferta que podemos imaginar, se não quisermos prejudicar nossa própria existência». Ele concluiu assim: «Acredito que o senhor também tenha uma compreensão das circunstâncias presentes».

Sob o verniz da negação, meu avô deixava transparecer o reconhecimento de que seu preço, embora fixado em acordo com as autoridades, talvez não tivesse sido «adequado»: «Se tivéssemos solicitado que o caso fosse examinado por um perito oficial do partido», escreveu ao advogado, «o preço não chegaria nem à metade do que pagamos». Se não o fez, pode ter sido por simpatia pelos judeus. Mas essa declaração revelava também que ele sempre esteve ciente da ilegalidade de certas leis e práticas sob o Reich. Ele devia saber que as «estimativas» do partido nazista eram intencionalmente ridiculamente baixas e que os Löbmann foram constrangidos a definir um preço «realista» se não quisessem correr o risco de atrasar a validação oficial do contrato e, em consequência, a transferência do dinheiro de que precisavam para financiar seu exílio.

Julius Löbmann não respondeu. Karl ficou sem resposta por quatro meses e aumentou sua oferta para 5 mil marcos. A multiplicação desses gestos de sua parte correspondia, em minha opinião, a uma certa consciência pesada, misturada com o receio de ter de ser julgado por tribunais alemães que, sobretudo por causa da pressão internacional, eram bastante cautelosos no que dizia respeito à reparação aos judeus.

Konrad Adenauer, que havia sido expulso da prefeitura de Colônia em 1933 após ter se recusado a dar as boas-vindas oficialmente a Adolf Hitler e ordenado a retirada das bandeiras do NSDAP, havia claramente reconhecido o dever da RFA de «reparar» os crimes cometidos sob o Terceiro Reich. Em setembro de 1951, ele declarou: «O governo, e com ele a grande maioria do povo alemão, está ciente do inestimável sofrimento infligido aos judeus na Alemanha e nos territórios ocupados durante a época do nacional-socialismo. [...] Em nome do povo alemão, foram cometidos crimes inomináveis que nos obrigam a reparações morais e materiais».

Se os alemães se instalaram confortavelmente na amnésia, no exterior não se esquecia. O mundo observava com desconfiança a Alemanha dar seus primeiros passos em direção à democracia, e Adenauer sabia disso. Sua missão era ancorar a RFA no campo ocidental na esperança de recuperar a soberania plena e o respeito da comunidade internacional. Era preciso multiplicar os gestos de boa vontade, que se traduziam essencialmente no pagamento de «reparações».

A primeira etapa foi a restituição de uma quantidade astronômica de bens e dinheiro roubados dos judeus alemães por indivíduos, empresas e, sobretudo, pelo Estado. Um gigantesco desafio burocrático, financeiro e jurídico para o qual não havia nenhum precedente. Montanhas de pedidos se amontoavam sobre as mesas, e tudo tinha que ser tratado caso a caso. Em 1957, 98% dos processos haviam sido liquidados. Mas algumas vítimas tiveram que esperar longos anos para receber a última parcela da restituição, e aqueles que haviam sido abastados nunca recuperaram o valor equivalente à fortuna perdida.

A etapa seguinte foi bem mais delicada. Tratava-se de indenizar por danos «não materiais»: morte de ente querido, prisão, maus-tratos, tortura... Os processos eram longos e dolorosos para as vítimas, já que não era fácil demonstrar a relação causal entre um problema de saúde e a perseguição sob o nazismo.

Apesar das falhas e injustiças desse sistema, ele permitiu curar certas feridas e salvar os judeus de sua precária situação, enquanto a RDA e a Áustria brilharam por sua indiferença.

A RFA também tinha pesadas dívidas para honrar no exterior. Ela entrou em negociações com a maioria dos países da Europa Ocidental onde a guerra e a ocupação alemã tinham causado sérios danos. Entre 1959 e 1964, a Alemanha desembolsou um total de 971 milhões de marcos, dos quais 400 milhões foram para a França. Mas o acordo mais simbólico foi a assinatura, em setembro de 1952, do Acordo de Reparações entre Konrad Adenauer e o ministro das Relações Exteriores de Israel, Moshé Sharett, em uma cerimônia glacial. A RFA se comprometeu a pagar 3 bilhões de marcos em equipamentos e serviços a Israel ao longo de doze anos e 450 milhões de marcos à Jewish Claims Conference, uma organização representante dos interesses dos sobreviventes da Shoah fora de Israel.

Em Jerusalém, um acalorado debate e violentas manifestações precederam a assinatura do acordo, denunciado como uma tentativa da Alemanha de resgatar sua consciência com «dinheiro sujo de sangue». A necessidade financeira finalmente prevaleceu naquele jovem Estado criado em 1948. Na RFA, ministros e deputados da maioria no poder, conservadores da CDU e da CSU e liberais do FDP ferozmente contrários ao acordo empreenderam uma campanha implacável contra as políticas de seu próprio líder. Eles jogavam luz sobre a incapacidade daquela classe política de enfrentar a realidade da Shoah. Em março de 1953, o acordo foi aprovado por uma estreita maioria graças ao apoio do partido social-democrata, enquanto metade dos deputados dos partidos no poder o rejeitou.

Adenauer não cedeu às pressões internas, porque sabia que o gesto era essencial para tornar o seu país aceitável aos olhos da comunidade internacional. Era uma resposta ao cálculo de um homem isolado, e não ao remorso de uma população parcialmente contrária ao pagamento de auxílios aos judeus alemães, encarados como pertencentes «ao lado dos vencedores». Começou a florescer uma campanha em defesa do «empobrecido povo alemão de quem estão tentando extrair bilhões». Circulavam boatos sobre judeus que se aproveitavam da situação para reivindicar bens que nunca tinham possuído, e um antissemitismo bastante virulento veio novamente à tona. Os alemães estavam longe de estar curados.

Não encontrei nenhuma declaração propriamente antissemita nas cartas de Opa, mas, diante da intransigência de Julius Löbmann, seu tom, a princípio relativamente amigável, mudou repentinamente. Em resposta à efusão de sua correspondência de várias páginas, o queixoso acabou por lhe enviar uma mensagem fria, muito breve, informando-o de que o procedimento estava em curso e que ele não tencionava intervir em favor de Karl Schwarz, que deveria «esperar pelo desfecho». Apesar de uma certa boa vontade de meu avô, suas eternas lamentações, suas negações e suas pequenas observações paternalistas puderam fortalecer Julius em sua decisão de reivindicar uma grande soma: 11.241 reichsmarks pelo valor imaterial da sociedade, ou seja, aproximadamente o mesmo montante que já havia sido pago em 1938.

Sem dúvida vencido pelo pânico de ter de pagar uma quantia que dificilmente seria recuperada em curto prazo, Opa tentou inverter os papéis. Chegou a apresentar-se aos advogados como vítima do carrasco judeu: «O senhor Löbmann parece ter na cabeça cifras da época da inflação, já que suas demandas são desproporcionais, principalmente porque em nosso caso qualquer pedido de restituição é injusto [...]. Em circunstâncias normais, antes da época de Hitler, a empresa

Löbmann jamais teria conseguido nosso preço numa venda. Infelizmente, percebemos tarde demais que havíamos feito um péssimo negócio com essa compra. Na verdade, para ser justo, teríamos que receber alguns milhares de marcos por coisas que jamais obtivemos». Como prova de suas declarações, ele enviou aos advogados a evolução dos lucros da empresa Löbmann, revelando, segundo ele, a mediocridade de seu valor imaterial, aquele que ele era acusado de não ter pagado:

> 1929: 7.884,84 reichsmarks
> 1930: 4.762,45 RM
> 1932: 11.581,81 RM
> 1933: 9.198,63 RM
> 1935: 7.811,00 RM
> 1937: 11.864,00 RM
> 1938: 6.961,79 RM

Será que Karl Schwarz não estava ciente de que essas cifras eram indissociáveis do contexto e que apenas confirmavam a injustiça sofrida pelos Löbmann? Os primeiros dois anos foram marcados pela crise econômica global, então mal a empresa começou a se recuperar em 1932 e os nazistas chegaram ao poder, e tudo voltou a degringolar, em parte por causa dos apelos ao boicote. A recuperação após 1935 correspondia a um período de calmaria, com a estabilização da condição dos judeus fixada pelas Leis de Nuremberg em 1935. Quanto à nova queda do lucro em 1938, foi o resultado da aceleração repentina da precariedade da condição judaica, seguida da venda da empresa.

O novo advogado de Julius Löbmann, o dr. Von Janda-Éble, acostumado a essas reversões da verdade, enquadrou meu avô: «A venda da empresa Siegmund Löbmann & Co. ocorreu sob a pressão exercida sobre os judeus pelas medidas nazistas. Se os proprietários da empresa agora querem fazer parecer que foram grosseiramente enganados pelos Löbmann, eis uma afirmação no mínimo audaciosa. O preço de compra foi verificado pelo NSDAP e endossado, e não é imaginável que esse partido concordasse em prejudicar os compradores em favor dos judeus». Fiquei surpresa ao ver a firmeza desse advogado, coisa rara em uma época em que a maioria dos juristas estavam ligados ao Terceiro Reich, ao qual haviam servido.

Nas cartas seguintes, Karl Schwarz insistia em provar que fora «idiota» a ponto de se deixar enganar por vigaristas. Obviamente, ele não se dava conta de que era escandalosamente inadequada essa retórica que parecia se inspirar em clichês, sem nunca os nomear, sobre a propensão dos judeus à conspiração, à fraude e à ganância. Karl Schwarz havia passado sub-repticiamente da condição de vítima da guerra para a de vítima dos judeus.

Era esse tipo de deslize, até mesmo inconsciente em uma sociedade alemã doutrinada pelo Terceiro Reich até a medula, que Konrad Adenauer tinha definitivamente de controlar com firmeza para reintegrar seu país à comunidade internacional. O chanceler estava disposto a anistiar seu povo pelos crimes passados, mas com a condição de que ele explicitamente rompesse com o nacional-socialismo e aderisse aos princípios democráticos da RFA. Mas esses ideais estavam longe de ser uma unanimidade. Abusos de linguagem se multiplicavam entre os políticos alemães, como se a saída dos Aliados dos assuntos correntes desde 1949 os tivesse desinibido.

Alguns não fizeram segredo de sua fidelidade ao Terceiro Reich, como o Partido Socialista do Reich (SRP), que se via como o sucessor do NSDAP e passava a registrar pontuações regionais preocupantes. No exterior, a opinião pública começava a se alarmar com essa renazificação. Por isso, Adenauer foi rápido em solicitar a interdição do SRP no Conselho Constitucional, que a consentiu em outubro de 1952.

Mas o perigo também emanava do interior do próprio governo, uma vez que, dentro do parceiro de coalizão FDP, formou-se um grupo neonazista, secretamente determinado a derrubar a democracia. O serviço secreto britânico frustrou o complô e desencadeou uma onda espetacular de prisões em 1953. Apesar do mal-estar que uma intervenção estrangeira nos assuntos internos da RFA poderia causar, Konrad Adenauer a aceitou. Ele havia estabelecido um limite muito claro que, ultrapassado, não seria tolerado na nova Alemanha. A adesão aberta às ideias nacional-socialistas e ao antissemitismo eram agora tabus.

Ao mesmo tempo em que preconizava os valores democráticos, Konrad Adenauer não hesitou em incluir em seu governo personalidades que encarnavam o seu oposto: Hans Globke, coautor e comentador das leis raciais de Nuremberg, tornou-se chefe da Chancelaria. Theodor Oberländer, um adepto de Hitler de primeira hora, foi nomeado ministro federal para desterrados, refugiados e vítimas da guerra.

Por outro lado, aqueles que haviam resistido ativamente ao nazismo e até mesmo tentado assassinar Hitler e derrubar o regime tinham poucas chances de alcançarem sucesso na era Adenauer ou de serem homenageados. Essa corajosa minoria de comunistas, social-democratas, sindicalistas, religiosos, militares e outros que fizeram grandes sacrifícios foram considerados traidores e marginalizados na arena política.

Em vez de se mobilizarem por esses heróis, os alemães-ocidentais lideraram uma campanha feroz para libertar criminosos de guerra alemães detidos no exterior e em prisões aliadas na Alemanha, em nome da chamada «honra militar». Figuravam entre eles, no entanto, homens da pior espécie... Sob pressão, os Aliados libertaram prisioneiros em profusão. Dos 3.400 criminosos de guerra ainda presos na primavera de 1951, restavam não mais que trinta no exterior e praticamente nenhum na Alemanha Ocidental em maio de 1958.

Até mesmo funcionários de alto escalão foram libertados, como Ernst von Weizsäcker, secretário de Estado do Ministério das Relações Exteriores, alto oficial da ss e corresponsável pela deportação de judeus da França para Auschwitz. Ou toda a diretoria de uma das empresas alemãs mais envolvidas na Shoah, a gigante química IG Farben, cujo gás Zyklon B tinha servido para matar milhões de pessoas. Como outras empresas, a Siemens por exemplo, a IG Farben havia construído um anexo perto de Auschwitz, o campo de Buna, para poder dispor como bem entendesse da força de trabalho nas proximidades. Entre 1942 e 1945, dezenas de milhares de detentos de Auschwitz trabalharam como escravos em Buna, entre eles o químico e escritor italiano Primo Levi. A expectativa de vida era de alguns meses, em perfeita concordância com o conceito do Reich de «extermínio pelo trabalho» em relação aos judeus. Após a guerra, a empresa IG Farben foi desmantelada.

Entre os felizes eleitos para a anistia, figurava também Friedrich Flick, condenado a sete anos de prisão em Nuremberg. Generoso apoiador do partido NSDAP, ele havia construído um império de armamentos comprando empresas judaicas de muito sucesso por uma ninharia, assumindo minas de carvão nos territórios ocupados e explorando mais de 60 mil trabalhadores forçados, dos quais pelo menos 10 mil morreram. Até sua morte em 1972, Friedrich Flick recusou-se a pagar um centavo em indenização a trabalhadores forçados. Foi necessária a pressão da opinião pública para que seus herdeiros concordassem em desembolsar alguma coisa nos anos 2000.

Essa onda de anistia também beneficiou Alfried Krupp von Bohlen und Halbach, filho de Gustav von Bohlen und Halbach e Bertha Krupp, herdeira de um império da indústria de armamentos. Gustav Krupp inicialmente se distanciou do NSDAP, mas, quando Hitler chegou ao poder em 1933, começou a apoiá-lo e até criou um Fundo de Doação da Economia Alemã para Adolf Hitler. Parte da família Krupp se opunha a essa adesão que Gustav alardeava exibindo uma bandeira com a suástica no frontão de sua casa em Essen. O conflito familiar e o declínio moral dos Krupp inspiraram o esplêndido filme de Luchino Visconti *Os deuses malditos* (1969). O filho do patriarca, Alfried Krupp von Bohlen und Halbach, que assumiu as rédeas do império em 1943, integrava a SS como «mecenas» desde 1931. Além da entrega de equipamento militar essencial para a guerra de Hitler, a empresa Krupp explorou mais de 100 mil trabalhadores forçados. Uma vez anistiados, Flick e Krupp recuperaram a totalidade de sua fortuna e de seu império.

Nesse contexto de total impunidade em favor de criminosos sanguinários e escroques escravagistas, a sorte de meu avô deve ter lhe parecido bem injusta. Não o teria Konrad Adenauer indiretamente absolvido ao declarar que «a esmagadora maioria do povo alemão odiava os crimes cometidos contra os judeus e deles não havia participado»?

Karl Schwarz não era um daqueles «grandes aproveitadores» que marcharam sobre cadáveres para fazer negócios, como Richard Greiling. Este alemão residente na Suíça havia retornado ao país em 1935 com o único objetivo de lucrar com o sofrimento dos judeus. Ele havia adquirido cinco empresas a preço reduzido, três das quais em Mannheim. Uma delas, uma enorme casa de fabricação de corpetes, ficava justamente bem próxima à Chamissostrasse e ocupava meio quarteirão. Greiling rebatizou a empresa como Felina e por algum tempo continuou a fabricar algumas de suas cintas no gueto de Lodz, na Polônia. Depois da guerra, ele arrastou de tal maneira o processo de reparação que a família judia espoliada, exilada no Canadá, acabou se contentando com uma indenização relativamente pequena. A empresa Felina, cujo logotipo se via da varanda da sala de Oma na minha infância, ainda tem seus escritórios ao lado da Chamissostrasse.

Em contraste, havia os «compradores benevolentes», uma espécie rara: aqueles que compraram para servir a amigos ou patronos judeus, a fim de que os bens permanecessem em mãos bem-intencionadas. Havia também pessoas mais honestas do que outras, que, pelas costas das autoridades nazistas, concordavam em pagar o valor imaterial de uma empresa «por fora».

Karl Schwarz não podia se gabar disso, ainda que acreditasse ter feito o seu melhor. «Ao aceitar um alto preço de compra, demos a eles a oportunidade de emigrar a tempo», disse ele ao advogado. «De serem evacuados», este o corrigiu.

Mais tarde, meu avô escreveu a Julius Löbmann: «Hoje tenho que pagar pelo fato de que coisas horríveis aconteceram ao senhor. É uma grande injustiça na medida em que não posso ser responsabilizado por esses atos imundos». Estaria Opa fingindo ou teria ele sinceras dificuldades em entender a ligação entre os crimes do Terceiro Reich e sua participação na arianização da propriedade judaica? Acho que ele estava em um ponto nebuloso a meio caminho entre os dois.

O fato é que, como muitos de seus compatriotas, ele se aproveitou de bens judaicos, e sem ter sido obrigado a isso. A espoliação não foi uma medida imposta de cima, sublinha Christiane Fritsch, mas «um processo político-social, no qual muitos atores e aproveitadores estiveram envolvidos»: o Estado e os compradores, mas também os intermediários, agentes imobiliários, corretores, bancos, casas de penhores, notários, juristas, casas de leilão. Foi provavelmente o crime nazista que envolveu os círculos mais amplos da sociedade alemã. Diante da deportação dos judeus, a população tornava-se culpada pela apatia; em face da expropriação dos judeus, ela se destacava por seu senso de iniciativa e sua falta de escrúpulos. Ao testemunhar sua aptidão para o crime, confortou os líderes do Terceiro Reich em seu empreendimento desumano e preparou o caminho para o morticínio.

Vendo que seu oponente estava firmemente plantado em sua posição, meu avô aumentou ainda mais sua oferta, para 8 mil marcos, o que representava uma boa quantia. Ele lhe dirigiu uma última carta: «O senhor tem uma ideia errada da nossa situação. Se eu não trabalhasse dia e noite e aos domingos para renovar a clientela e conseguir vender, muitas vezes a preços pouco rentáveis, já teríamos fechado as portas. O senhor obviamente quer vingança. Pessoalmente, não fiz nada que justifique moralmente sua atitude. Faltam-me palavras para qualificar sua maneira de agir. O certo é que isso não lhe trará nenhuma bênção. [...] Amaldiçoo o dia em que assumi minha independência e deixei meu cargo de gerente de vendas. Investi todos os meus recursos no negócio, e o senhor quer o usufruto. Já ouvi falar de muitos casos de restituição, mas nunca de uma abordagem tão radical como a sua». Ele encerrou sua carta com um apelo: «Se o senhor ainda tem um pouco de senso de justiça, reveja sua demanda uma última vez e apresente-a de forma que eu possa continuar existindo». Essas emoções contraditórias, que Karl Schwarz parecia incapaz de administrar, talvez tenham tocado Julius Löbmann, que aceitou a oferta e pôs fim aos processos.

Minha tia Ingrid ficou marcada por essa dolorosa queda de braço que durou desde seus doze e até seus dezessete anos. «Foi terrível, meu pai ficava muito ansioso. Além de Julius Löbmann, havia o antigo associado de meu pai que queria se aposentar. Meu pai teve que saldar a parte dele. Ele ainda tinha muitos reparos feitos no prédio a pagar. Meu pai estava se afogando em dívidas.» Minha avó ficou muito abalada, lembra meu pai. «Ela foi até os juízes e disse: 'Não temos esse dinheiro. Vocês querem a ruína de uma família com crianças?'»

Meu avô teve que hipotecar o prédio e, durante anos, lamentaria o que considerava uma injustiça, como se tivessem sido os judeus, e não a desastrosa política de Hitler, os culpados por trás de seus problemas.

Capítulo V.
Oma ou o discreto charme do nazismo

Minha avó, Lydia, que não era especialista em política, assistia regularmente ao noticiário no aparelho de televisão que Karl exibia como um troféu no aparador da sala de estar do apartamento deles. Na década de 1950, eles eram os únicos no prédio a desfrutar desse luxo, e os vizinhos muitas vezes tocavam a campainha perguntando se podiam assistir. «Não podíamos dizer não, eles eram um pouco como da família, especialmente depois de terem passado parte da guerra todos juntos no *bunker* no porão, isso aproxima!», ironiza meu pai. «A gente empurrava os móveis para os cantos e trazia cadeiras de todos os lugares para organizá-las em fileiras apertadas na frente da tela, como no cinema.» Às vezes, uma amiga vinha visitar Lydia e, juntas, comentavam uma notícia que, segundo elas, anunciava o declínio inevitável da sociedade alemã. Nesses momentos, meu pai lembra que acontecia de sua mãe deixar escapar um breve lamento — «Com o *Führer*, isso nunca teria acontecido!» — que ele achava cada vez mais difícil de suportar à medida que aumentava sua consciência das responsabilidades do referido *Führer* em massacres que estavam entre os piores já vistos pela humanidade.

Tanto mais porque já havia herdado uma cicatriz causada por essa doença nacionalista, sob a forma de um prenome que não deixava nenhuma dúvida quanto ao espírito com que fora celebrado seu nascimento, em 1943: Volker, composto por duas palavras do alto-alemão antigo, *folk* e *heri*, que significam o guerreiro do povo. Meu pai ainda escapou do pior, porque o furor bélico da época havia inspirado o renascimento de nomes antigos ainda mais explícitos que o dele. A mãe de uma amiga foi duramente atingida por essa onda que a presenteou com um prenome de feminilidade a toda prova: Helmtraud, de *Helm* e *Trud* («capacete» e «força»). Ela nasceu um ano antes de meu pai, em 1942, um período de euforia geral: o Reich, galvanizado por suas fulgurantes vitórias na Europa, havia lançado uma ofensiva no Norte da África e depois contra a gigantesca União Soviética. Saltava de sucesso em sucesso com uma facilidade desconcertante, reforçando o mito do invencível guerreiro alemão, do qual um dos símbolos era o capacete. Quando meu pai nasceu, em abril de 1943, a convicção dos alemães de que representavam a raça escolhida para governar o mundo já havia sofrido alguns reveses após as brutais derrotas no Leste, onde muitas famílias alemãs perderam um filho, um marido, um irmão ou vários parentes ao mesmo tempo. Esses desdobramentos estimularam os pais a uma certa moderação na escolha de prenomes hitlerianos, que, pelos motivos que se conhecem, acabaram desaparecendo tão rapidamente quanto haviam aparecido.

Mais do que Opa, Oma desenvolvera um certo apego ao Terceiro Reich. Não de natureza verdadeiramente ideológica, mas, como a muitos alemães, Adolf Hitler a fizera sonhar.

Nascida em 1901, aos doze anos Lydia perdeu a mãe, que morreu após dar à luz seu nono filho. Ela vira seis irmãos morrerem, um após o outro, como era comum naquela época em que uma leve infecção, um simples resfriado, podia ser fatal. Esse filho mais novo logo seria levado também, e

Oma se viu sozinha com um irmão mais velho que ela amava profundamente, um doce sonhador com saúde frágil. Pouco depois da morte de sua mãe, seu pai foi morar com uma mulher que não tinha com ela a mesma amabilidade que com os próprios filhos e que a obrigava a cuidar da casa.

No dia de seu décimo terceiro aniversário, em 1º de agosto de 1914, Lydia recebeu como presente a declaração de guerra da Alemanha contra a Rússia. A engrenagem havia sido acionada: iria arrastar a Europa para uma guerra mundial que ninguém queria e que ultrapassaria tudo que a humanidade já conhecera. Longe de estragar o aniversário de Oma, esse acontecimento deve tê-la alegrado, porque na Alemanha — e em muitos outros países — foi comemorado em clima de euforia, pelo menos por parte da população. As fotos desse período mostram homens jogando o chapéu para o alto no meio da rua, com o rosto irradiando alegria, ou soldados de braços dados na plataforma de uma estação, com olhar atrevido e um misto de frescor e entusiasmo, como se partissem para uma farra entre camaradas.

Essa euforia durou pouco, porém, e o peso dos sacrifícios da guerra veio para acabar brutalmente com a inocência de Lydia ao arremessá-la às pesadas responsabilidades da idade adulta. Com 13 milhões de homens na linha de frente, as mulheres e os adolescentes da Alemanha não tinham escolha a não ser trabalhar duro nas fábricas e nos campos para compensar a falta de mão de obra. Naquela época, a irmã mais velha era responsável pelas crianças de uma casa inteira, às vezes de um prédio inteiro, que precisava ser ocupado, supervisionado, lavado, cuidado e alimentado.

No total, durante a guerra, entre 400 mil e 700 mil civis, muitos deles crianças, morreram de frio, de doenças e, principalmente, de fome. Naquela atmosfera miserável, frequentemente chegava uma carta do *front* que agitava as ruas. Muitas vezes as notícias eram ruins. As famílias estavam perdendo não apenas o marido, o filho, o pai tão amado, mas também a perspectiva de que as coisas voltariam ao normal quando o homem retornasse e recomeçasse a trabalhar para alimentar os seus.

Lydia teve a sorte de ter sido poupada de tal destino. Seu pai era muito velho para ser recrutado, mas ela teve a profunda tristeza de perder seu tão amado irmão mais velho, que morreu de tuberculose durante a guerra e por quem ela iria chorar por toda a vida. Ela agora se via sozinha com o pai, um trabalhador assíduo que raramente tirava um dia de folga, para preservar a excelente reputação de sua carpintaria cujas obras — escadas, pedestais, portas em madeira entalhada — adornavam os mais belos casarões de Mannheim.

Ela gostaria de ter se tornado enfermeira, profissão que lhe caía como uma luva, pois tinha um grande senso de devoção. Mas seu pai recusou categoricamente, de acordo com a ideia bastante difundida na época de que, em uma família honrada, as mulheres não trabalhavam. Em vez disso, ele a mandou passar um ano com religiosas na Floresta Negra para treiná-la nas tarefas domésticas, virtude necessária para uma garota de quinze anos que logo estaria em idade de se casar. Em plena guerra, num cotidiano pontuado pela morte e pelo desespero, Lydia acabou por aceitar essa estadia como uma bênção, da qual falará mais tarde, com emoção, à sua filha, Ingrid. O fato de que aquele ano passado com as irmãs costurando, lavando, passando, cozinhando tenha sido um dos mais belos que ela viveu na adolescência dá a medida do nível de prazer e diversão que predominava na existência das meninas de classe média naquela época.

Minha tia lembra que sua mãe guardava cuidadosamente um caderno de poesia no qual suas colegas da Floresta Negra haviam escrito pequenas palavras de amizade. Talvez o folheasse de vez em quando para fazer aflorar, naqueles momentos em que chegava ao fundo do poço, a lembrança da alegria das tagarelices noturnas a meia-voz nos dormitórios, dos ataques de riso das meninas e das confidências de sonhos simples — a única juventude a que ela teve direito.

Lydia tinha dezessete anos quando o armistício foi assinado em 11 de novembro de 1918. Mas, na realidade, a guerra estava longe do fim, sua marca estava por toda parte naquela Alemanha à beira da implosão social, econômica e política. Nas cidades, ninguém escapou ao monstruoso espetáculo de centenas de milhares de inválidos com o rosto deformado, o corpo retalhado, perfurado, mutilado pelas novas armas de destruição em massa cuja ignóbil eficiência essa guerra mundial teve a honra de demonstrar. Aqueles homens impossibilitados de trabalhar, às vezes abandonados por um sistema social deficiente ou arruinado, estavam reduzidos a mendigar nas ruas, e não era raro que, ao amanhecer, os acendedores de lampiões encontrassem nas calçadas corpos congelados pelo frio, pela fome e pelo desgosto de viver. Dois milhões de soldados morreram nas linhas de frente, 4 milhões ficaram feridos.

Para as viúvas e os sobreviventes, a luta dos tempos de guerra prosseguia, agravada pela decepção de uma paz feita de vergonha, derrota e humilhação que jogara sob as botas dos Aliados um país já à beira do abismo financeiro, corroído pelas dívidas. Para fazer frente às desmesuradas demandas por reparação celebradas pelo Tratado de Versalhes — entrega de uma prodigiosa soma em dinheiro, de equipamentos militares e outros, perda de patentes de invenção, sanções comerciais, desmantelamento de algumas fábricas —, o banco alemão imprimiu notas de maneira irrestrita. A Alemanha foi lançada no turbilhão fatal da inflação e, depois, da hiperinflação, jogando todos os dias nas ruas milhares de pessoas, que perderam suas economias do dia para a noite. O desemprego, a fome e as doenças grassavam, muitos bebês morreram.

Uma atmosfera de guerra civil pairava no ar. A partir de 1918, as revoltas populares que tinham por alvo o regime monarquista se multiplicaram, fomentadas pelos marxistas da Liga Espartaquista e inspiradas pela revolução bolchevique. O imperador Guilherme II fez, de início, o exército marchar contra os insurgentes, mas acabou por abdicar. Em 9 de novembro de 1918, foi proclamada a República de Weimar.

Alguns meses depois, os espartaquistas convocaram os berlinenses para uma greve geral e para a derrubada do governo. A insurreição foi reprimida com sangue pelo exército, com a ajuda de grupos paramilitares formados por veteranos. As principais figuras do movimento, Rosa Luxemburgo e Karl Liebknecht, foram selvagemente assassinadas, desencadeando sangrentas lutas de rua entre a esquerda radical e os grupos paramilitares. Estes últimos em breve apoiariam uma nova formação, jovens em uniforme marrom invocando o nacional-socialismo atrás de um líder chamado Adolf Hitler. Em 1923, eles se lançaram em uma tentativa de golpe que fracassou. Então o ambiente se acalmou, a inflação foi contida, a economia se recuperava lentamente.

Foi durante essa trégua, os *Goldene Zwanziger* («dourados anos 1920»), que Lydia conheceu Karl. O país vibrava com uma nova efervescência artística e intelectual. A Bauhaus revolucionava a arquitetura e a reflexão artística em um sentido decididamente moderno, marcado pela ideia de progresso industrial e pelo surgimento da sociedade de massa. O cinema triunfava com obras-primas do expressionismo assinadas por Fritz Lang e Friedrich Wilhelm Murnau. Um desejo ardente por leveza tomava conta dos alemães, ansiosos por esquecer o passado na opulência de plumas e paetês de revistas obscenas, no humor ácido dos cabarés políticos e no ambiente desregrado dos *Tanzcafés*, onde a orquestra tocava *jazz* e se serviam coquetéis americanos. O pintor Otto Dix imortalizou em suas obras ambivalentes essa euforia hedonista.

Oma se aventurou um dia em um desses templos da dança para arriscar alguns passos de *charleston*, e o olhar de Karl foi capturado por essa jovem sem artifícios, cuja simplicidade e franqueza contrastavam com os modos das outras moças que a guerra havia emancipado ao abrir-lhes o mercado de trabalho. Ele deve ter gostado que ela fosse diferente dele, um homem das festas e do prazer dos sentidos. Lydia era uma mulher de caráter, ciente de sua independência financeira vinculada ao sucesso profissional do pai, sem pressa de se casar.

A morte repentina do pai de Karl, que o deixou com um irmão e duas irmãs mais novos para sustentar, acelerou a união deles. Em 1926, Lydia e Karl se casaram, guardando como única lembrança daquele dia uma foto em preto e branco desbotada pelo tempo: Lydia, com o rosto escondido sob um véu branco e o pescoço apertado pela gola alta do vestido, tem o olhar terno e vaporoso. Karl parece muito sério, com seu olhar franco por trás de finos óculos de intelectual. Como estão jovens!

Por amor, Lydia cuidou com afeto maternal do irmão e das duas irmãs do marido, a mais jovem com oito anos, e aceitou que vivessem todos juntos em um apartamento de três cômodos. Em troca, Karl tinha certo talento para entreter a esposa, sem precisar fazer muita conta graças a um salário bastante respeitável. Encontrei várias fotografias das quais se pode depreender a felicidade e a despreocupação de seus primeiros anos, em torno de uma mesa bem fornida ao lado de amigos e de um acordeonista, durante uma viagem ao campo com o carrão de Karl ou em um passeio de barco. Os bons modos do marido favoreciam Lydia, a moça séria, que sorria muito naquela época. Nas fotos de carnaval, ela posa com fantasia de marinheiro e um cigarro na boca ou com vestido de espanhola e um excêntrico acessório no cabelo.

Pouco tempo depois, quando a Alemanha mal começava a recuperar o gosto pela vida, o pesadelo reapareceu, dessa vez na forma de uma devastadora crise econômica global desencadeada por um *crash* nos Estados Unidos. Como os investidores americanos precisavam urgentemente de capital, seus investimentos foram retirados de uma só vez da Alemanha, cuja economia entrou em colapso, acarretando a ruína de bancos alemães, ondas massivas de demissões e cortes drásticos nos salários. Entre 1929 e 1932, o número de desempregados, de 1,4 milhão, ultrapassou os 5,5 milhões.

Quando Adolf Hitler foi nomeado chanceler, em janeiro de 1933, não acho que Oma tenha ficado particularmente entusiasmada. Nem ela nem o marido votaram nele nas eleições presidenciais de abril de 1932, mas em Paul von Hindenburg. Este último venceu por ampla margem. Em compensação, nas eleições legislativas de julho e novembro seguintes, o NSDAP saiu claramente vencedor, abrindo caminho para a nomeação do seu líder para a chancelaria. Graças à posição estável de Karl como mandatário na petroleira Nitag, meus avós, ao contrário de outras pessoas, não sentiram a necessidade de acreditar no milagre de um homem providencial que os salvaria de sua miséria econômica. No entanto, Oma tinha uma alma caridosa e só podia esperar pelo fim do desastre que estava jogando crianças nas ruas e levando homens ao suicídio por não conseguir mais sustentar a própria família.

Porém, em poucos anos, graças ao forte intervencionismo do Estado nacional-socialista que deu início a grandes obras, como a construção de rodovias, além de desenvolver consideravelmente a indústria militar e introduzir títulos do Tesouro em massa, a economia alemã voltou aos trilhos. O preço dessa milagrosa recuperação foi um recorde de dívidas públicas. Mas era preferível não olhar isso muito de perto, já que todos estavam aliviados por terem trabalho.

O número de desempregados passou de 5,6 milhões em 1932 para 2,7 milhões em 1934 e caiu a uma taxa próxima a zero em 1939. Desapareceram as filas intermináveis em frente às lojas onde os alemães aguardavam, munidos de tíquetes de racionamento, para ter direito a um pedaço de pão, repolho, algumas batatas. As prateleiras estavam sendo abastecidas. O padrão de vida ainda estava muito distante daquele dos franceses e dos americanos, e era preciso continuar a apertar o cinto, principalmente se privando do consumo regular de gorduras. Mas o Reich fora precedido por um tal marasmo que as condições de vida que ele oferecia pareciam um milagre. Especialmente a partir do verão de 1935, quando o Reich pôde orgulhosamente anunciar que o número de desempregados havia caído para um milhão. Hitler foi alçado ao posto de «Salvador» de todos os alemães, sem distinção de classe ou de fortuna.

Na verdade, apesar de suas promessas e de sua referência ao socialismo, o Reich não tratava todos os homens com igualdade, mesmo entre os pretensos «arianos». Quando a classe burguesa entendeu que Hitler não era um inimigo da sociedade de classes e que não iria revolucionar a ordem social estabelecida, não mais hesitou em apoiá-lo. Em termos de educação e acesso às universidades, o regime nada fez para acabar com a imobilidade social e, nas empresas, favoreceu os empregadores em detrimento dos empregados: o sistema tarifário, a liberdade contratual e o direito à greve foram revogados enquanto as forças sindicais eram aniquiladas, seus bens confiscados e seus líderes presos sob o pretexto de apoiar um dos objetivos emblemáticos de Hitler, a «destruição do marxismo» na Alemanha. Além disso, surgia uma nova elite, os hierarcas do partido e os funcionários do Reich, que abusavam de seu poder e se concediam privilégios.

A classe trabalhadora não se rebelou. Após o pesadelo da crise econômica, ela sem dúvida ansiava por conforto material e harmonia social. Era muito mais fácil renunciar à luta contra a burguesia quando Hitler lhe apontava outros responsáveis por seus males: a democracia e os judeus. Social-democratas e comunistas no exílio observaram com espanto a crescente adesão dos trabalhadores ao novo regime. Além do emprego e do fim da precariedade, o Reich oferecia a perspectiva de uma mobilidade social sem precedentes graças a um trabalho que correspondia à sua visão darwinista de mundo e à sua máxima «Que vença o melhor» (com a condição de ser nazista e ariano). Essa meritocracia, que valorizava mais a produtividade e o desempenho do que a origem social, tinha a vantagem de dar a um grande número de jovens oportunidades de carreira inigualáveis, em particular no serviço público, nas numerosas organizações nazistas e sobretudo no exército, em que a necessidade de pessoal era grande demais para reservar cargos de responsabilidade apenas para famílias oriundas da casta militar.

Foi sobretudo ao gerar um sentimento de pertencimento a uma mesma *Volksgemeinschaft* (comunidade do povo) que o Reich conseguiu despertar uma sensação de igualdade: a utopia de um corpo social unido, em comunhão com o *Führer*, reduziria as divisões sociais. «Um dos sucessos mais notáveis dos nacional-socialistas em matéria de política social e societária foi ter conseguido transmitir o *sentimento de igualdade social*», analisa o historiador Norbert Frei.

A *Volksgemeinschaft* era a base da ideologia nazista que se infiltrava em todos os lugares graças a um conjunto difuso de organizações que atuavam em vários níveis — profissional, social, educacional, comemorativo, esportivo, turístico — e que substituía as antigas estruturas. Os alemães se adaptaram rapidamente a essa mudança, principalmente porque ela trouxe um sopro de alegria e bom humor ao calendário, uma vez que os festivais, desfiles e comemorações se multiplicaram. Foi o fim da monotonia e da desolação. As pessoas comiam, trabalhavam, se divertiam. Isso era sentido nas ruas, no trabalho, nos cafés onde pairava um ar de jovial otimismo. Até o rosto dos cidadãos comuns estava banhado por uma confiança readquirida. Mulheres lindamente vestidas passeavam pelas lojas de departamentos subitamente ressuscitadas, comprando tecidos para um vestido novo ou entregando-se a uma pequena loucura — um chapéu, uma bolsa de noite para uma ida ao teatro, a um concerto.

A qualidade da programação cultural havia declinado bastante devido à censura, mas uma grande variedade de entretenimento era oferecida pelo Estado a preços acessíveis, ajudando a fomentar um senso de justiça social. No modelo da *Opera nazionale del dopolavoro* [Obra nacional do tempo livre] da Itália fascista, da qual Hitler era um grande admirador, os nazistas criaram o *Kraft durch Freude* (KdF), que oferecia aulas de ginástica, dança, esporte, passeios, caminhadas pela natureza, noites teatrais e musicais, torneios de xadrez e concursos de cidade mais bonita.

O objetivo não era de forma alguma social, era ideológico e visava fortalecer a fidelidade à *Volksgemeinschaft* e, por meio dela, ao *Führer* e ao Estado, poderosos, unificadores e protetores, fiadores da saúde física e psicológica dos cidadãos de sangue ariano. Em troca, estes últimos tinham que aceitar serem totalmente guiados até em sua vida privada e seus pensamentos, demonstrarem uma lealdade inabalável a Adolf Hitler e servirem ao nacional-socialismo por meio do trabalho e, se necessário, da guerra.

O Reich também tinha tudo planejado para as férias, que os trabalhadores alemães aproveitariam graças a uma organização centralizada de turismo e à extensão do seu período de férias remuneradas. Visitei um símbolo dessa paixão pelo turismo de massa que ainda resiste na ilha de Rügen, no mar Báltico, um luxuoso local de veraneio onde a burguesia do século XIX construiu belas casas brancas de madeira, decoradas com falsos arcos e varandas esculpidas.

Um pouco afastado dali, em Prora, numa floresta de pinheiros que margeia uma praia luminosa, andei uma boa hora dentro de um edifício deserto de seis andares com amplas aberturas que se estende por cinco quilômetros e é cercado com arame farpado a bloquear as entradas. Foi Hitler quem teria tido a ideia desse projeto grandioso: um centro dotado de uma infinidade de quartos com conforto moderno que pudesse acomodar até 20 mil turistas, duas piscinas de ondas e uma gigantesca sala de espetáculos. Esse sonho permaneceu inacabado, já que a construção foi interrompida pela guerra.

Tanto para as férias como para o lazer, a *Kraft durch Freude* destacava a saúde e o esporte. Adolf Hitler era um fanático por higiene corporal. Ele era vegetariano, não suportava que fumassem na sua presença e não bebia álcool. Sua companheira, Eva Braun, era apaixonada por ginástica. Essa obsessão correspondia ao caráter eugenista e racista da ideologia nazista, que aspirava criar um «novo homem», de sangue puramente «ariano», bonito e saudável. O dever de um nazista era cuidar de seu corpo e o de uma mãe, alimentar seus pequenos arianos adequadamente.

Não bastava expurgar a *Volksgemeinschaft* do sangue supostamente «impuro» dos judeus. Era preciso privilegiar seres fortes e gozando de boa saúde em detrimento dos velhos, dos enfermos e dos fracos, sem contar que aqueles seriam mais úteis que estes em caso de guerra. Em 1937, Hitler congratulou-se por sua «política racial alemã» em um discurso em Nuremberg: «Como são lindos nossas meninas e meninos, seu olhar tão brilhante, seus hábitos saudáveis e frescos! Como é lindo o corpo de centenas de milhares e milhões daqueles que são treinados e cuidados por nossas organizações! [...] É o renascimento de uma nação que foi capaz de ver a luz do dia graças ao cultivo consciente de um novo homem».

Oma não era uma grande desportista. Mais jovem, ela acompanhava o marido para esquiar na Floresta Negra. Encontrei fotos deles, ela parece surpreendentemente à vontade em seus esquis de madeira, eles estão sozinhos no meio de uma vasta extensão imaculada. O amor lhe dera asas.

Então ela encorpou, e Karl pedia-lhe com menos frequência para acompanhá-lo em suas aventuras nas montanhas ou perto de um lago, onde ele acampava nu. Talvez ela estivesse cansada dessas extravagâncias e ansiasse por outras distrações. Para os menos atléticos, a *Kraft durch Freude* também oferecia o oposto das férias espartanas: a volúpia de um cruzeiro.

Foi assim que Lydia, que nunca viajara na vida, embarcou com 1.500 outras pessoas durante cinco dias em um grande e novíssimo navio branco dotado de cabines modernas e bonitas, com água corrente, rumo aos suntuosos fiordes da Noruega, aquela região nórdica cuja pureza racial Hitler admirava. Esse navio, inaugurado em 1937, recebeu o nome do ex-chefe do NSDAP na Suíça, um fanático antissemita assassinado em Davos por um estudante judeu: Wilhelm Gustloff. A bordo, havia vários restaurantes, um cabeleireiro, lojas, uma piscina coberta, um ginásio, um teatro… «Minha mãe me falava com frequência dessa travessia. Ela se divertiu, dançou, bebeu como poucas vezes antes, ela contava que havia um clima fantástico a bordo», diz Ingrid. O Reich dispunha de seis navios de cruzeiro e oferecia destinos de sonho, como as Ilhas da Madeira, um arquipélago de Portugal onde a alta sociedade britânica, que tinha o costume de passar ali seus invernos, teve que fazer vista grossa ao desembarque de uma horda de alemães de origem social muito inferior. Mais de 700 mil alemães desfrutaram desse luxo inacessível para a classe média europeia. No entanto, para 99% dos trabalhadores, mesmo subsidiados, o preço dos cruzeiros continuava proibitivo.

Essa mistura ousada de *glamour* e socialismo teve um impacto muito positivo na popularidade do regime, especialmente entre as mulheres, que compartilhavam seu encantamento com as pessoas ao seu redor muito depois da viagem, conforme salientou com satisfação um observador do partido nazista.

O *Führer* gozava, a partir de então, de uma afeição especial entre muitas cidadãs alemãs, movidas tanto por um instinto protetor por aquele solteirão desimpedido quanto por um fascínio por aquele homem cujo carisma e voz se dizia serem magnéticos. Hitler teve o cuidado de esconder sua relação com Eva Braun, a quem se recusava a esposar para preservar a aura de um *Führer* casado com a Alemanha e, portanto, com todas as alemãs. Sabia igualmente recompensar suas adoradoras, a quem ele alimentava com delicadas atenções, por exemplo, elevando o Dia das Mães à categoria de feriado nacional, uma forma de lisonjear a mãe e a dona de casa do projeto nacional-socialista, educadora de bons filhos arianos e apoio essencial do homem em sua missão. Doze milhões de mulheres eram membros de organizações nazistas e, no final da guerra, muitas gritavam de desespero após a derrota do *Führer*, sendo que algumas não hesitaram em se suicidar.

Oma também o admirara. Se ela não se juntou às organizações, foi talvez por respeito ao pai, Heinrich Koch, um social-democrata de coração que ficara muito emocionado no dia em que conheceu Friedrich Ebert, o lendário presidente do SPD. Como ela estava envolvida em associações de caridade, é provável que tenha participado de iniciativas nazistas de auxílio aos mais necessitados. Em todo caso, não era preciso ter vida social alguma para entrar em contato com a ideologia nazista, pois ela penetrava nos recessos mais íntimos da vida privada. Proibia sexo com judeus e encorajava mulheres e homens a procriar, se necessário fora do casamento. «Eu me pergunto se minha mãe não teria sido influenciada pelo espírito do tempo quando me teve», confidencia meu pai. «Ela tinha 42 anos, era muito tarde para decidir ter um filho, sobretudo em plena guerra.»

A ideologia se impunha também na educação das crianças. O livro da médica austro-alemã Johanna Haarers *Die Deutsche Mutter Und Ihr Erstes Kind* [A mãe alemã e seu primeiro filho], cujas palavras de ordem eram criação, submissão e limpeza, vendeu 160 mil exemplares entre 1934 e 1938. «Minha mãe não seguia esse ideal, pelo contrário, me mimava um pouco demais», explica Volker. «Meu pai também não, ele se inspirava mais no modelo antigo, patriarcal e severo de educação.» Para corrigir esses casos de incompetência dos pais na criação de pequenos nazistas, o regime recrutou jovens com idade entre dez e dezoito anos em organizações hitleristas. Na *Bund Deutscher Mädel* (BDM), obrigatória desde 1936, as meninas «arianas» aprendiam a cuidar «do calor do fogareiro do lar», a ser «guardiãs da pureza do sangue e do povo, e a educar os filhos do povo como heróis». O equivalente masculino, a *Hitlerjugend*, fez lavagem cerebral em 98% dos meninos nessa faixa etária. Incutia neles uma ideologia racial baseada no darwinismo social e lhes impunha um treinamento físico e moral destinado a prepará-los para o combate. As *Hitlerjugend* participaram de ações violentas, como o boicote às lojas judaicas e a Noite de Cristal. Algumas crianças chegavam a espionar seus professores, seus pais, seus vizinhos. Apesar de sua natureza compulsória e radical, essas instituições eram populares, talvez também porque tratassem as crianças como iguais, independentemente de sua riqueza ou origem social.

Nem todas as mulheres idolatravam Hitler. Para aquelas que, ao contrário de Oma, ingressaram no mercado de trabalho e provaram dos primeiros frutos da emancipação durante a década de 1920, o regime nazista foi o equivalente a um recuo atroz. O *Führer* havia declarado guerra à «emancipação das mulheres», segundo ele, «uma palavra inventada pelo intelecto judeu». «Não é correto uma mulher intervir no mundo dos homens. Parece natural que esses dois mundos sejam distintos», disparou ele no Congresso de Nuremberg em setembro de 1934. A ironia da história quis que tenha sido uma mulher a dar repercussão internacional a esse congresso: a cineasta Leni Riefenstahl, a quem Hitler, deslumbrado com seu talento, dera carta branca para rodar filmes de propaganda, incluindo o estrondoso *O triunfo da vontade*.

O ritmo da montagem e as tomadas, incrivelmente novas e poderosas, teriam enorme influência nas salas de cinema da Alemanha e de outros lugares. Esses filmes capturaram perfeitamente a atmosfera estimulante das reuniões do partido, nas quais a encenação mística do poder subjugava espectadores e participantes, todos unidos em um halo de camaradagem guerreira: marchas à luz de tochas, disciplina militar implacável, estética ritmada de bandeiras e mãos erguidas, imponente arquitetura, gritos de apelo à ação radical. Opa, que não tinha alma de guerreiro nem de fanático, não resistiu à curiosidade de ir a Nuremberg assistir àquele pomposo espetáculo do qual se dizia que até os menos favoráveis ao nacional-socialismo voltavam «atordoados».

Era esta justamente a ideia, hipnotizar a fim de distrair a atenção das perseguições, das prisões e da brutalidade a que parte da população alemã era submetida enquanto outros bebiam espumante em um cruzeiro ou se maravilhavam com a grandeza do Reich em Nuremberg. Os alvos eram os judeus, os comunistas, os socialistas, os sindicatos, os jornalistas, os intelectuais e os governantes considerados ambiciosos demais. Mas também os homossexuais, os fracos, os doentes e os marginalizados, visados desde 1934 por uma campanha de esterilização forçada apresentada como uma «lei para prevenção de proles doentes». Esta lei fez 360 mil vítimas no Reich. Não havia lugar para eles em um Estado eugênico.

O que sabiam meus avós sobre essa violência? Eles moravam em uma cidade onde as informações circulavam rapidamente. Os campos de concentração e os maus-tratos a que eram submetidos os detidos eram bem conhecidos. Os assassinatos de adversários ou oponentes políticos não eram nenhum segredo. A perseguição aos judeus se dava em plena luz do dia. As incursões da ss e da sa aos berros, estalando as botas e semeando o terror, sem dúvida incomodavam muitos alemães que teriam preferido que a repressão ocorresse longe de sua casa. Mas se acomodavam dizendo a si mesmos que aquele a quem dedicavam sua lealdade, Adolf Hitler, ou não tinha nada a ver com aqueles abusos, ou tinha legitimidade no que fazia. O que dizia aquele semideus, o que ele fazia, tinha valor de verdade, de lei.

O culto ao *Führer* assumia proporções cada vez mais insanas à medida que o desemprego baixava e ele acumulava vitórias diplomáticas. A reintrodução do serviço militar obrigatório e a remilitarização da Renânia, que violava o Tratado de Versalhes, o acordo de cooperação com a Itália de Benito Mussolini em 1936, a anexação da Áustria e dos Sudetos em 1938, tudo parecia alçar Hitler ao posto de um profeta que emprestava grandeza ao Reich e o vingava da «vergonha» de Versalhes. Em 20 de abril de 1939, por ocasião de seu quinquagésimo aniversário, o *Führer* recebeu uma avalanche de cartas de amor e doações no valor de 3 milhões de reichsmarks, que ele doou para instituições de caridade.

Mesmo a elite aristocrática, de início reservada, acabou em grande parte sucumbindo. Em 2004, entrevistei o barão Philipp von Boeselager, nascido em 1917. «Você não pode imaginar a emoção que reinava naquela época», ele me disse. «No início, em minha comunidade, desprezávamos Hitler por suas origens proletárias e o partido por sua vulgaridade. Isso mudou quando ele devolveu aos nobres seu papel no exército. Tínhamos visto nossos idosos sendo humilhados depois de 1918. Esse homem os salvou da ociosidade e da vergonha.» Durante a guerra, Philipp von Boeselager alistou-se no exército hitlerista, mas aos poucos foi se dando conta da dimensão criminosa do Reich e, em julho de 1944, junto com seu irmão, participou de uma conspiração de oficiais contra Hitler. O complô foi desbaratado, mas os homens escaparam da onda de execução porque os nomes não foram divulgados.

De forma mais geral, a elite conservadora e instruída estava seduzida pelo tom antissocialista e antidemocrático do *Führer* e pela rejeição ao pensamento racional que caracterizava a República de Weimar. A crença entusiasmada em uma força irracional que forjaria uma nova Alemanha, poderosa e respeitada, fazia cair, um após outro, os dispositivos de proteção. No início, a ss atraía principalmente as classes baixa e média porque dava uma perspectiva de ascensão social, mas, a partir de meados da década de 1930, o nível educacional de seus membros subiu. O historiador francês Christian Ingrao acompanhou o percurso de oitenta altos executivos dos órgãos repressivos do Terceiro Reich: cerca de 60% haviam cursado universidade e 30% tinham doutorado.

Oficiais graduados do exército oriundos de famílias conservadoras com valores cristãos profundamente enraizados iriam organizar o massacre de prisioneiros de guerra e de vilarejos inteiros. Brilhantes juristas se obrigariam a relatórios meticulosos destinados a legitimar em uma linguagem glacial os crimes do Reich. Especialistas em civilizações e línguas antigas emprestariam seus conhecimentos para saber se uma determinada tribo das profundezas do interior da Rússia tinha ou não «sangue judeu», para saber quem tinha direito à vida e quem à morte. Médicos se transformariam em sádicos algozes. Carreirismo e conformismo não bastam para explicar essas metamorfoses que estão na esfera do mistério do mal.

A fidelidade ao *Führer* costumava ser um álibi conveniente. Aos olhos de minha avó, era possível adorar Hitler sem se considerar um nazista, o que permitia se eximir dos crimes do Reich. Não havia sido a Igreja Protestante, que guiava com tanta força a consciência de Oma, quem dera sua bênção ao *Führer*, esperando que a ultrajada democracia fosse sucedida por um regime autoritário cristão adaptado ao espírito protestante alemão? Nos feriados, algumas igrejas não hesitavam em hastear a bandeira nazista, que abraçava a cruz cristã com seu tecido vermelho-sangue. Oma não fazia parte da ala mais nazista da Igreja Protestante, a *Deutsche Christen* (DC), mas também não havia se filiado ao *Bekennende Kirche*, que, com rara coragem, resistiu ao Reich.

A Igreja Católica era mais circunspecta em relação ao novo regime. Alguns padres a ele se opuseram, mas foram rapidamente presos, e a resistência ao *Führer* enfraqueceu devido à falta de apoio do Vaticano, que se notabilizou por sua apatia. As Igrejas Protestante e Católica acabaram entregando ao Reich nomes de cristãos de origem judaica e assistiram sem protestar à exclusão de antigos «irmãos» da comunidade.

Criticar o nazismo era um exercício perigoso. Opor-se a ele poderia ser fatal. O partido tinha denunciantes em todos os lugares: vizinhos hostis, colegas ciumentos ou um marido ferido pela partida da esposa. Além disso, havia forte pressão política e social para que os alemães participassem da *Volksgemeinschaft*. Qualquer relutância poderia render o assédio contínuo dos apoiadores do partido nazista, a supressão da assistência social, a expulsão de uma universidade, a perda de um emprego, até mesmo a exclusão da sociedade...

No entanto, mesmo que o terror tenha desempenhado um papel importante, a chave do sucesso do Terceiro Reich repousava menos na repressão do que na adesão do povo, conquistado por um impressionante programa de sedução, a começar pela propaganda onipresente. «Meus pais tinham um rádio. Eu era pequena demais para entender, mas lembro que era sempre o mesmo tom, o mesmo ritmo. A propaganda acabava entrando à força na cabeça de todos, inclusive na de minha mãe», lembra minha tia Ingrid. O Reich havia lançado no mercado um rádio de baixo custo com o objetivo de doutrinar o maior número possível de cidadãos. A maioria dos jornais foi proibida. Em Mannheim, não restou nenhum além do polêmico antissemita *Hakenkreuzbanner*. Havia também os filmes e os cartazes publicitários do Reich que faziam transparecer apenas harmonia, prazer pelo dever cumprido, alegrias familiares, retorno à natureza, amor, como naquela foto que mostra um jovem casal se abraçando na praia, acariciado por uma grande bandeira nazista. Quem não queria, depois de tanto sofrimento, deixar-se embalar pelo conforto daquela utopia totalitária que fazia dos alemães uma raça superior?

«Era maravilhoso fazer parte de um povo escolhido», escrevem os psicanalistas Alexander e Margarete Mitscherlich.

Como tantas vezes na história da humanidade, especialmente durante a era colonial, era puro júbilo dominar sem ter nenhum outro mérito a demonstrar senão o de suas alegadas origens. Não acho que Oma e Opa fossem sensíveis a essas lisonjas ao ego e a esses sonhos de onipotência. Por outro lado, o noivo da irmã mais nova de Karl, Hilde, ardia de paixão pela missão dominadora do nacional-socialismo. Há uma foto do casamento deles, celebrado ao mesmo tempo que o de um amigo. Foi durante a guerra, os maridos vestiram seu uniforme da Wehrmacht e exibiram orgulhosamente suas insígnias nazistas. O marido de Hilde enviaria cartas da Frente Oriental, onde iria despejar seu ódio pelos *Untermenschen*, os eslavos, aqueles sub-homens.

Quando a guerra estourou em 1º de setembro de 1939, Oma tinha 38 anos e Ingrid, quase três. A preocupação dos alemães contrastava agudamente com o ardor bélico que havia animado muitos deles em 1914. Eles agora conheciam a carnificina que era uma guerra moderna e tecnológica, e tremiam com a ideia de perder o conforto tão dificilmente reconquistado. Com as vitórias instantâneas do Reich, a preocupação desapareceu e a popularidade do *Führer* atingiu seu auge. Como de costume, aos prazeres materiais se juntava o orgulho das armas. As pessoas se regozijavam com os produtos apreendidos nos países ocupados, a manteiga da Dinamarca, as lãs dos Países Baixos, o azeite, o vinho da França... Até o dia em que o *Führer* teve a infeliz ideia de se lançar de assalto à Rússia, em junho de 1941. Os alemães ficaram consternados. Como temiam, a guerra, que até então havia sido travada longe de casa, irrompeu subitamente na forma de devastadores ataques aéreos. A população foi pega em uma infernal espiral de angústia, de morte e de destruição.

Os Aliados conseguiram traumatizar os alemães, mas perderam seu objetivo principal: sublevá-los contra Hitler. A lealdade da população parecia inabalável: «Os meios bélicos dos Aliados é que são desumanos, não o nosso *Führer*!» Mesmo com a derrota garantida, os funcionários, a polícia, a ss, os juízes, todos continuaram a aplicar o *Führerprinzip* (princípio da submissão ao líder), atacando com uma obstinação insensata todos os «elementos nocivos», os fracos, os sabotadores, os derrotistas, os desertores. No Leste, a máquina para exterminar os judeus continuava a rodar a uma velocidade insana, guiada por homens que matavam mecanicamente.

«O fascínio por Hitler e por suas exigências não era apenas sadismo, mas masoquismo, um prazer na submissão», avaliam Margarete e Alexander Mitscherlich. O choque pelo suicídio do *Führer* e a derrota do Reich esteve à altura desse feitiço e explica em parte a amnésia patológica em que os alemães mergulharam após a guerra.

Alguns nunca partiram, como Emma, que entrevistei em 2005. Essa mulher, de uma modesta família de camponeses dos Sudetos, fora expulsa com seus parentes da Tchecoslováquia em 1945, e eles se estabeleceram na Baviera. Foram parar em Geretsried, um antigo centro de fabricação de explosivos que os alemães dos Sudetos, por meio de trabalho árduo, transformaram em uma cidade grande, arejada, limpa e verde, abrigando comércios e negócios prósperos. Eu tinha um encontro com Emma em uma casa de repouso. Era uma mulher de 78 anos presa a uma cadeira de rodas que, talvez por causa da medicação, tinha dificuldade em manter os olhos abertos e falar. Mesmo assim, ela conseguiu me contar como, numa noite de julho de 1945, sua família fora arrancada de casa pela polícia tcheca, forçada a deixar todos os seus pertences para trás e obrigada a viajar várias centenas de quilômetros em uma procissão de refugiados que os habitantes locais xingavam e espancavam. Sessenta anos depois, nada parecia ter alterado seu ressentimento, nem o tempo nem a revelação de que o Reich havia cometido crimes muito piores do que a expulsão dos alemães pelos tchecos. «Mas, em 1938, você ficou feliz que Hitler os tivesse anexado?», perguntei a ela. «Sim, nós o saudamos como um salvador. Se eu tivesse que fazer tudo de novo, eu faria», ela confessou sem hesitar. «Por quê?» Emma refletiu e respondeu: «Antes a gente só comia batata, depois da anexação tinha carne na nossa sopa». Fiquei impressionada com aquela honestidade desconcertante que revelou a que ponto o motivo para uma filiação política pode ser simples: «Carne na nossa sopa».

Capítulo VI.
Filho de *Mitläufer*

Desde muito cedo, meu pai desenvolvera um interesse pelos crimes do Terceiro Reich, acompanhado da frustração de não poder compartilhá-lo com ninguém. Em sua família, nunca se falava sobre a guerra ou o nacional-socialismo. Os judeus só foram brevemente mencionados no início dos anos 1950, quando Karl teve que pagar as indenizações a Julius Löbmann, e a memória da tensão que esse episódio gerou em casa ainda era vívida o suficiente para que Volker preferisse evitar fazer perguntas demais a respeito desse assunto espinhoso. Karl Schwarz era um pai muito irascível, era melhor não o provocar sem antes pensar nas consequências, que oscilavam entre as privações e as surras.

No final da adolescência, quando temia menos o pai, Volker já havia se arriscado várias vezes: de tempos em tempos, ele soltava o nome de Löbmann. Mesmo quando não abordava a história da família, apenas a da Alemanha em geral, as iniciativas eram recebidas com tamanha avalanche de gritos que ele acabava desistindo: «Ele ficava possesso! No depósito de óleo onde eu o ajudava, ele pegava a mangueira de jardim e me perseguia com ela ou atirava utensílios em mim».

Imagino esses embates geracionais entre meu avô, um homem corpulento e autoritário, sem argumentos diante de um filho tão sagaz que, do alto de seu físico esguio, o desafiava com um olhar insolente: «Enquanto estiver comendo na minha mesa, você tem que me obedecer!» No entanto, o que interessava a Volker não era exatamente apontar um dedo acusador ao pai porque, afinal de contas, ele não tinha estado na ss, nem na Wehrmacht, nem no aparelho estatal, e nunca tinha segurado uma arma ou mesmo uma caneta que tivesse causado a morte de alguém. Acima de tudo, ele gostaria de saber *como tudo acontecera*, o que seus pais sabiam e o que ignoravam, o que se arrependiam de ter feito e de não ter feito.

Não podendo falar com o pai, procurou sensibilizar a mãe, a quem era ligado por uma grande afeição. Ela protestava: «Nós não votamos em Hitler em 1932, escolhemos o marechal Hindenburg!» Mesmo assim, permanece o mistério sobre quem recebeu seus votos em março de 1933. «Minha mãe dizia com seu sotaque de Mannheim: 'Eles não deveriam ter matado os judeus', mas a frase tinha dupla conotação», acentua Volker. «Porque, à época, muitos acreditavam que a derrota era fruto da vingança dos judeus, aos quais os clichês antissemitas atribuíam vastas redes de conexões, principalmente nos Estados Unidos, e que, portanto, melhor seria se tivessem sido deixados em paz.»

Oma costumava acrescentar: «Se o *Führer* soubesse, nada disso teria acontecido». Ela tinha ouvido falar sobre a ignomínia dos campos por meio de uma cigana, Annie, que vivia nas ruínas em frente ao prédio da família. Tornara-se amiga dessa mulher que havia sido presa em um campo de concentração e estuprada inúmeras vezes. Ela tentava sobreviver com uma criança nascida de uma dessas agressões. «Minha mãe costumava convidá-la para a nossa casa para lhe dar algo para comer, uma xícara de café e algum dinheiro. Em troca, Annie lia as cartas para ela.» Essa empatia não impedia que Lydia, vez ou outra, expressasse seu sonho com um regime que lhe permitira fazer um cruzeiro inesquecível pela Noruega.

Às vezes, quando os convidados vinham comemorar aniversários na Chamissostrasse, algum deles mencionava «os bons tempos que passara na França», quando os soldados alemães viviam como reis graças à Ocupação. «Eles contavam que bebiam champanhe e compravam meias de seda para presentear as esposas», diz meu pai. Havia o tio Kurt, que se gabava de ter sido oficial da Marinha e de ter passado a guerra em um navio na Noruega, onde, longe de combater, teve um filho com uma norueguesa. O único que conheceu a verdadeira guerra, a pior, a da Frente Oriental, não dizia nada. Era o irmão mais novo de Karl, tio Willy, a quem ninguém ousava fazer perguntas, por medo de se arrepender de ter despertado lembranças cuja escuridão fazia estremecer.

Afora as anedotas engraçadas nos aniversários regados a álcool, era preferível evitar falar da própria experiência, especialmente se fosse dolorosa. «Nunca se mencionavam os bombardeios à mesa, embora todos tenham sofrido muito em Mannheim. Eles queriam esquecer a guerra.» Quanto ao passado da Alemanha, se havia interesse, era por motivos diferentes dos de Volker. «A questão não era saber quais crimes o Reich havia cometido, mas por que perdera a guerra. Era isso que traumatizava as pessoas», diz ele. «Eles discutiam sobre qual decisão de Hitler havia sido fatal, como se pudessem mudar o curso da história.»

Um dos grandes enigmas era a decisão do *Führer*, tomada em 24 de maio de 1940 contra o conselho de seu Estado-maior, de sustar o avanço de seus tanques que cercavam 370 mil soldados dos exércitos britânico e francês nos arredores de Dunquerque. Essa iniciativa deu aos Aliados tempo suficiente para montar um anel defensivo em volta da cidade a fim de organizar a evacuação de suas tropas pelo mar. Em 26 de maio, Hitler ordenou que os veículos blindados retomassem o ataque, enquanto o ministro da Aviação, Hermann Göring, enviava a Luftwaffe para bombardear os soldados inimigos que esperavam nas praias de Dunquerque um barco que viesse resgatá-los. Apesar dos ataques aéreos, 340 mil deles foram evacuados. Uma grande quantidade de equipamentos militares foi abandonada nas mãos dos alemães, mas, quatro anos depois, muitos desses homens salvos no último minuto voltaram como vitoriosos no desembarque na Normandia em 6 de junho de 1944.

Depois da guerra, os alemães arrancaram os cabelos para compreender aquela oportunidade perdida. «Dizia-se que Hitler poderia ter aproveitado essa catástrofe militar britânica para obrigar Churchill a assinar a paz que ele sempre desejara com a Grã-Bretanha para que o deixasse de mãos livres na Europa continental», explica meu pai. Até hoje, os motivos do *Führer* ainda não foram claramente elucidados.

Outra obsessão foi a Batalha de Stalingrado. A história do isolamento do 6º Exército, cercado pelos soviéticos no final de 1942 e abandonado por Hitler à própria sorte, era um enigma em torno do qual se construía todo tipo de hipóteses. «Meu pai costumava dizer: 'Desde Stalingrado eu sabia que tínhamos perdido a guerra e eu sempre disse isso!'», relata minha tia Ingrid. Na verdade, o vento havia mudado em dezembro de 1941, com a vitória do Exército Vermelho na Batalha de Moscou. Entretanto, foi a de Stalingrado que marcou os espíritos, vendida pela propaganda nazista como o sacrifício heroico dos soldados alemães. Depois da guerra, o mito se perpetuou, alimentado por livros, como o romance de Fritz Wöss *Hunde, wollt ihr ewig leben?* [Cães, vocês querem viver para sempre?], cuja versão filmada, *O inferno de Stalingrado*, de Frank Wisbar, lançada em 1959, foi um estrondoso sucesso. O jornalista alemão Erich Kuby escreveu sobre o assunto: «Todo alemão que sai desse filme se sente inocentado».

Eu assisti ao filme, e a primeira coisa que me impressionou foi o enorme contraste com a representação da Wehrmacht em filmes franceses da mesma época, nos quais vemos soldados nazistas desprovidos de toda humanidade dando ordens em uma linguagem que se tornou hedionda. No filme alemão, eu os descobri metamorfoseados, engraçados, honestos, corajosos, com exceção de um oficial superior cuja covardia servia para acentuar a qualidade dos demais. Quanto a Hitler, ele parecia ser um mísero chefe de guerra, sem coração. A empatia suscitada pelo 6º Exército permitia relegar ao esquecimento sua participação em crimes de guerra e massacres, como o de Babyn Jar, na Ucrânia, onde 33 mil judeus foram assassinados em dois dias. «A Wehrmacht era intocável na época. Nem mesmo eu pensava que ela estivesse envolvida», admite meu pai.

Como escapar da lavagem cerebral alimentada por uma literatura autobiográfica destinada a se justificar e por filmes que ofereciam aos alemães os heróis de que tanto careciam? A estrela mais inexpugnável continuava a ser Erwin Rommel, elevado à categoria de lenda apesar de seu obstinado envolvimento com o Terceiro Reich.

Os anos 1950 foram os da reabilitação incondicional, uma reação à desnazificação conduzida pelos Aliados, que ousaram manchar a reputação de tantos nazistas «honestos». Os jovens da geração de meu pai não podiam contar com muitas pessoas para romper com essa visão edulcorada do passado. Até os jornalistas eram coniventes, já que muitos deles haviam sido nazistas. Sobrava a escola. Mas dali também não se podia esperar compensação pela covardia do resto da sociedade. «No colégio, as aulas de história iam até a República de Weimar», conta meu pai. «A maioria dos professores havia lecionado sob o Terceiro Reich, alguns tinham sido nazistas, e os velhos métodos continuavam a reinar: varada nos dedos e pontapé no traseiro. A Segunda Guerra Mundial fazia parte do currículo de história apenas no secundário, onde uma minoria muito pequena de alunos prosseguia sua educação, mas era mencionada de forma muito superficial e, sobretudo, parcial.»

Alguns termos eram tabus a ponto de desaparecerem do dicionário! Assim, em um texto publicado em 2002, o escritor sérvio de língua alemã Ivan Ivanji conta que procurou em sua enciclopédia *Duden*, datada de 1956, os termos «campo de concentração» e «ss». Não encontrou nada.

Nessa amnésia generalizada, algumas vozes se levantaram para denunciar o revisionismo histórico e a impunidade. Mas foi sobretudo graças à luta obstinada de um promotor que os alemães foram obrigados a encarar a verdade.

Fritz Bauer havia passado a guerra no exílio na Dinamarca e na Suécia depois de ter sido perseguido pelos nazistas que haviam brutalmente encerrado sua carreira como juiz por ele ser judeu e social-democrata. Após a guerra, ele decidiu retornar à Alemanha para participar da construção da democracia. Foi um dos poucos a compreender que, para partir de bases sólidas, a RFA devia arrancar o nacional-socialismo pela raiz, o que passava necessariamente por um confronto honesto com o passado.

Ele assinalou sua primeira vitória em 1952 ao estabelecer juridicamente que o Terceiro Reich havia sido um «Estado de não direito» e que, portanto, as revoltas e ataques contra o regime e seu *Führer* haviam sido legítimos. Ele, assim, reabilitou os combatentes da Resistência contra o sentimento da maioria da sociedade e de muitos soldados que ostentavam sua inabalável lealdade a Hitler como motivo de orgulho. O promotor fez muitos inimigos, mas também alguns aliados de peso que permitiram que ele fosse nomeado promotor do estado de Hesse em 1956. Uma posição na qual Bauer usaria de todos os meios imagináveis para revelar crimes de cuja extensão poucos suspeitavam.

Em 1958, em Ulm, ele iniciou um processo contra dez membros de um *Einsatzkommando* acusados de terem assassinado mais de 5 mil judeus na Lituânia. Os réus, que haviam se reintegrado à vida civil após a guerra, foram condenados a penas que variavam de três a quinze anos de prisão por «participação coletiva em assassinato coletivo». Eles escaparam da prisão perpétua porque os juízes se recusaram a atribuir-lhes um desejo individual de matar, apesar das provas acachapantes de iniciativa pessoal.

Esse processo, que foi o primeiro dessa magnitude contra nazistas em um tribunal alemão, chocou a opinião pública, que descobriu que, no lado oriental, não havia simplesmente uma guerra tradicional, mas massacres que algumas autoridades alemãs-ocidentais procuravam esconder. Diante da indignação, os ministérios da Justiça dos *Länder* criaram o *Zentrale Stelle zur Aufklärung nationalsozialistischer Verbrechen* (Serviço Central de Investigação de Crimes do Nacional-Socialismo) em Ludwigsburg, um centro independente cuja missão era investigar os crimes cometidos fora da Alemanha, especialmente na Europa Oriental. Por muito tempo, as magistraturas regionais se recusaram a colaborar com o *Zentrale Stelle* e arquivaram sistematicamente os processos que este lhes transmitia. Com exceção de Fritz Bauer. Isolado em uma vara do judiciário em que dois terços dos colaboradores eram antigos nazistas, ou até mesmo a totalidade do pessoal de certos departamentos, privado do apoio dos políticos e da Polícia Criminal Federal, ele resistiu às pressões, às ações de sabotagem e a outros obstáculos colocados em seu caminho. Com a ajuda de raros juristas dispostos a defender sua causa, ele se lançou a investigações impossíveis, às vezes à margem da legalidade.

Um dia, entre as muitas cartas anônimas de insultos e ameaças que diariamente inundavam seu escritório, Bauer recebeu um envelope da Argentina. As mãos do juiz devem ter tremido ao ler aquela carta escrita por um certo Lothar Hermann, um judeu que fugira do nazismo. Ele afirmava que em Buenos Aires se escondia, sob um nome falso, Adolf Eichmann, o chefe da logística do genocídio dos judeus da Europa, procurado pela justiça internacional por crimes contra a humanidade. Sem mencionar a carta, Bauer perguntou às autoridades alemãs se, no caso de Eichmann ser encontrado, estariam preparadas para solicitar sua extradição. A resposta foi negativa. Ninguém queria um julgamento retumbante que relembrasse o passado nazista de um país que desejava mostrar uma nova face ao mundo, especialmente contra uma figura-chave do Holocausto que devia conhecer todos os envolvidos, inclusive aqueles que haviam conseguido se reciclar na nova Alemanha democrática. Que constrangimento seria se, no meio do julgamento, Eichmann de repente apontasse o dedo para os juízes e promotores, exclamando: «A propósito! Nós já nos conhecemos antes, então, lembre-se...»

Mas Bauer era um guardião da justiça capaz de contornar a lei quando ela lhe parecesse injusta, sob o risco de ser destituído e levado a um tribunal sob acusação de traição. Ele pediu secretamente ao Mossad, o serviço de inteligência israelense, que capturasse Eichmann em Buenos Aires. Em maio de 1960, os agentes sequestraram o criminoso nazista e o levaram de volta à força no avião de uma delegação do Estado hebreu, debaixo do nariz das autoridades argentinas, para julgá-lo em Jerusalém. Com a notícia de sua captura, o chanceler Konrad Adenauer fingiu nunca ter ouvido aquele nome na vida. De fato, muitos foram os que tremeram com o anúncio do julgamento daquele homem a quem temiam que os denunciasse, em particular o braço direito do chanceler, Hans Globke, coeditor das Leis de Nuremberg.

A RFA exerceu alguma pressão sobre Israel para que o julgamento poupasse este último e não respingasse na jovem República. E, curiosamente, o acusado não revelou nenhum nome de cúmplices da Shoah que ainda não tivessem sido julgados. Embora seu perfeccionismo na missão de extermínio tenha sido fatal para os judeus, ele recusou qualquer responsabilidade: «O assassinato em massa é culpa dos líderes políticos. Minha culpa é minha obediência, minha submissão. [...] Os subordinados também são vítimas. Eu sou uma dessas vítimas». No dia 1º de junho de 1962, ele foi enforcado, tendo proferido estas últimas palavras: «Senhores, em breve nos reencontraremos». Bauer considerou que esse processo, que não permitiu que outros fossem abertos, foi parcialmente um fracasso.

Na verdade, ele havia assinalado um avanço importante: pela primeira vez, uma centena de vítimas se dispôs a testemunhar em canais de televisão internacionais. Em Israel, esses depoimentos foram decisivos entre aqueles que não conheceram o Holocausto e censuravam os sobreviventes por não terem lutado o suficiente e por terem colaborado por intermédio dos *Judenräte*, conselhos formados pelos nazistas e compostos por líderes das comunidades israelitas, forçados a fornecer ajuda logística e organizacional para a guetização, para o trabalho forçado e para a deportação de judeus. O julgamento revelou o inferno pelo qual os judeus haviam passado e a ingênua esperança de melhorar sua sorte através da colaboração.

Na Alemanha, mesmo que o caso Eichmann não tenha tido a repercussão esperada por Fritz Bauer, muitos lares acompanharam o seu desenrolar e ficaram abalados. Minha tia guardou na memória trechos dessas audiências que passavam regularmente no noticiário da televisão. «A figura de Eichmann me deixou uma impressão muito forte. Achei esse homem repugnante, em tudo o que dizia e no modo como dizia, como um robô.» Quanto a meu pai, ele mal consegue se lembrar. Por iniciativa própria, ele já tinha começado a buscar sozinho as respostas para suas perguntas, às quais ninguém queria ou não podia responder.

Em 1958, aos quinze anos de idade, Volker leu *Der ss-Staat* [O Estado ss], do sociólogo alemão Eugen Kogon, a primeira análise histórica do sistema de campos de concentração nazista, publicada em 1946. O trabalho desse ex-interno do campo de Buchenwald descrevia as condições de vida, trabalho e morte nos campos de concentração. Meu pai também tinha lido *Medizin ohne Menschlichkeit* [Medicina sem humanidade], de Alexander Mitscherlich e Fred Mielke, uma crônica do processo de Nuremberg em 1946–1947 contra médicos que realizaram experimentos em seres vivos, judeus detidos, prisioneiros de guerra e doentes mentais. A lista de experiências era longa: hipotermia, pressão negativa, vacinas contra o tifo, transplante ósseo, gases tóxicos, esterilização... Esses homens também haviam participado do programa de eutanásia e tinham validado cada etapa da política eugenista e racial do Reich.

Volker chegou a pedir permissão para ler *Mein Kampf — Minha luta —* a um de seus professores, um homem na casa dos trinta anos que se distinguia por seu discurso sobre a guerra. «Ele tinha servido na Rússia e nos dizia que era possível, como soldado da Wehrmacht, se recusar a participar das execuções de prisioneiros de guerra. Aquilo me marcou.» Ele deu a seu aluno a permissão necessária para tomar emprestado o livro proibido da biblioteca de Mannheim.

A despeito de sua curiosidade, Volker tinha apenas uma visão limitada do Terceiro Reich. «Eu ficava revoltado com o que descobria e, ainda assim, não percebia a extensão do horror e das responsabilidades, era difícil de se dar conta naquela época.»

A partir de suas leituras, meu pai adquiriu um olhar muito crítico sobre o passado de seu país, o que lhe rendeu a reprovação de companheiros que se opunham a seu ponto de vista. «Eles me diziam com frequência: 'Você está atacando a Alemanha!' Algumas pessoas mantiveram essa atitude até bem depois de formados, então lentamente, no decorrer de nossos encontros de ex-alunos (*Klassentreffen*), vi a opinião deles mudar». Encontrei um relatório escrito pelo representante de sua turma após uma excursão escolar em 1956. É a respeito de «Blacky», o apelido de Volker Schwarz, que «conhece a história da região melhor do que o professor». De acordo com os boletins que meu pai guardou, ele sempre se destacou em duas matérias: história e religião.

Lydia tinha identificado essa curiosidade intelectual em seu filho. Foi ela quem insistiu para que o marido permitisse que ele fosse para o Gymnasium (colégio), uma ideia que pouco entusiasmava Karl, pelo custo dos estudos, mas também porque ele estava pensando em levar o filho para trabalhar em sua empresa. Oma, que normalmente preferia ceder a enfrentar a cólera do marido, não desistiu dessa vez, e Opa deve ter percebido em seu olhar determinado o traço daquele amor maternal contra o qual ele sabia que sua autoridade era impotente. Essa lembrança marcou meu pai, que dela extraiu uma gratidão infinita pela mãe e uma certa hostilidade ao pai, que se mostrara disposto a correr o risco de comprometer o futuro do filho para usá-lo em seus negócios medíocres, nos quais ele mesmo definhava. Por outro lado, Ingrid, que Karl tanto adorava, não teve escapatória. Ela teve que trabalhar por um mísero salário na Schwarz & Co. Mineralölgesellschaft como secretária, o que ela sempre considerou uma injustiça.

Ao entrar no ginásio, Volker ingressou na União Democrática Cristã (CDU) regional, da qual se tornou um dos mais jovens membros aos dezesseis anos. Sua escolha foi motivada principalmente por sua admiração pelo ministro da Economia, o pai da economia social de mercado e do milagre econômico alemão, Ludwig Erhard, que o inspiraria a escolher esse campo de estudos. «Entre outros aspectos, eu não concordava com os outros membros do partido, muito conservadores, especialmente em sua abordagem quanto ao passado nazista.»

Meu pai era uma aberração não apenas em sua faixa etária, mas no conjunto da sociedade alemã, na qual poucos eram aqueles que desejavam *saber*. Perguntei-lhe de onde vinha aquele interesse surpreendente, sobretudo para alguém cujos pais tinham um comportamento banal, nem oponentes nem criminosos. «Não sei, mas talvez tenha a ver com o jovem professor que ousou afirmar em sala de aula que às vezes era possível dizer não ao crime.»

Ele ainda teve a sorte de morar em uma cidade cujo prefeito moveu céus e terras para dar uma nova sinagoga à comunidade judaica, reduzida a 120 membros. Mais de 2.200 dos 6.400 judeus morreram assassinados. Aqueles que conseguiram escapar não tinham nenhuma vontade de retomar o percurso de uma vida destruída.

Era raro que a comunidade judaica se exprimisse depois da guerra. Onde quer que estivesse, na Europa ou no exílio na América, os judeus haviam se fechado em um silêncio que duraria décadas, paralisados pelo medo de neles não acreditarem ou de serem novamente estigmatizados, excluídos, maltratados. Havia um misto de necessidade do esquecimento e de uma certa vergonha, a de terem sobrevivido e os outros, não.

Experimentei esse silêncio com Ruth Löbmann, esposa de Hans, que era filho de Siegmund Löbmann, irmão de Julius. Entrei em contato com ela por e-mail por indicação de Lotte Kramer, e ela aceitou que eu lhe telefonasse em Nova York, já me prevenindo em inglês: «Saiba que não tenho certeza se posso ajudá-la». Do passado de Hans, que mudou o nome para John quando chegou aos Estados Unidos, Ruth sabia apenas que ele tinha sido salvo por um transporte de crianças que o levara para Birmingham com sua irmã, Lore, e Lotte Kramer, e que seu pai morrera em Auschwitz. O que sabe ela da infância e da adolescência dele em Mannheim? «Nada, ele só mencionava a sinagoga que a família frequentava.» Ruth conheceu a mãe de seu marido, Irma, que se juntou aos filhos em Nova York. «Uma mulher maravilhosamente gentil e sábia, que teve uma vida muito difícil durante a Shoah.» Sabe como Irma escapou da deportação? «Não faço ideia.» Eu pensava comigo mesma: como é possível que, em sessenta anos de convivência, ela saiba tão pouco do passado trágico do marido? Várias vezes ela deixava escapar um «sinto muito, Géraldine» antes de prosseguir: «Deixe-me lhe explicar uma coisa. Na minha geração, ninguém falava daquela época, da Shoah. Alguns judeus alemães, como John, renunciaram ao primeiro nome e à própria língua por desgosto com a Alemanha».

«E da sua infância na Alemanha, o que restou?», perguntei a ela. Ruth nasceu em Berlim em 1929 e tem apenas boas lembranças de sua infância. As bandeiras nazistas, a propaganda, a preocupação de sua gente, a discriminação aos judeus se apagaram de sua memória. Sua família morava na Ritterstrasse, no bairro de Kreuzberg, uma rua situada a algumas centenas de metros da minha. Em 1938, seus pais a enviaram junto com o irmão para a Palestina. Eles próprios conseguiram exilar-se nos Estados Unidos, onde a família se reencontrou «com grande emoção» após a guerra.

No início da década de 1950, por iniciativa própria, Ruth fez uma viagem a Berlim. «Queria percorrer as ruas por onde andava quando era criança. Enquanto eu estava lá, foi agradável. Mas sempre me perguntei como pude fazer uma coisa tão terrível, voltar para aquela cidade horrível e me sentir satisfeita ali. Cometi um erro que não posso desfazer.» «Por quê?», perguntei. «Eu odeio a Alemanha», disse ela após uma pausa.

Por um instante, fiquei tentada a lembrar a Ruth que eu não era totalmente alemã, mas metade francesa. A vergonha dessa pequena traição me deteve, contentei-me em dizer: «A Alemanha mudou muito, sabe...» De repente, compreendi a coragem que meu pai teve de ter para atravessar a França de carona, aos dezoito anos, e conhecer aqueles franceses que, dizia-se, odiavam os alemães.

«Alguns me convidavam para dormir na casa deles, outros me jogavam para fora do carro quando eu dizia que era alemão, mas eu os entendia. Ficou claro para mim que o Reich havia deliberadamente causado a guerra em toda a Europa, e não para se defender, como muitos afirmavam para se livrar da culpa.» Volker guardou algumas fotos dessa viagem, nas quais o vemos nas ruas de Paris, em Marselha, em Arles, também em Verdun, onde ele posa em frente a uma placa em homenagem aos mortos da batalha mais fatal da Primeira Guerra Mundial. Na estrada, ele conheceu outros alemães que desejavam se aproximar dos franceses. Foi o início da reconciliação franco-alemã e, de maneira geral, de uma tímida mudança de mentalidade na Alemanha.

Um acontecimento acelerou essa evolução. Na véspera do Natal de 1959, em Colônia, dois jovens macularam com suásticas um memorial às vítimas do nazismo e rabiscaram, em uma sinagoga recém-inaugurada, «Os alemães desafiam os judeus». Nas semanas que se seguiram, o gesto foi imitado centenas de vezes em todo o país. Podia-se ler: «Abaixo os judeus! Para as câmaras de gás!» A opinião pública internacional ficou abalada, organizou manifestações em Londres, em Nova York, e convocou um boicote aos produtos alemães. A vergonha do passado alemão fez um retorno retumbante às primeiras páginas da imprensa internacional. Os políticos alemães foram obrigados a agir: o Bundestag aprovou uma lei tornando passível de pena a incitação ao ódio racial, e os governos regionais se dedicaram a uma reforma do ensino sobre o Terceiro Reich. Foram criados programas de intercâmbio com escolas israelenses.

As lacunas memoriais ainda eram muito profundas no início dos anos 1960. Pouquíssimas pessoas sabiam o que era Auschwitz, tanto na Alemanha como em qualquer outro lugar. Foi Fritz Bauer quem, junto com uma equipe de corajosos juristas e o sobrevivente de Auschwitz Hermann Langbein, iria trazer para a consciência coletiva essa invenção *made in Germany*.

Auschwitz-Birkenau foi o único campo de extermínio cujos vestígios a ss não teve tempo de apagar. Era uma gigantesca fábrica de morte que assassinou mais de 1,1 milhão de civis, sobretudo judeus, mas também ciganos dos grupos sinti e rom, adversários políticos, homossexuais, religiosos, intelectuais, a maioria deles submetidos a câmaras de gás e transformados em cinzas. O campo de extermínio de Auschwitz II fazia parte de um vasto complexo, que também incluía um campo de concentração (Auschwitz I, *Stammlager*) e uma enorme fábrica do conglomerado IG Farben (Auschwitz III, *Arbeitslager Monowitz*), onde os detentos eram forçados a trabalhar em condições atrozes ou servir como cobaias em experimentos farmacológicos frequentemente fatais. Além disso, num raio de uma centena de quilômetros existiam cerca de cinquenta anexos (*kz-Aussenlager*) onde os prisioneiros trabalhavam em minas e campos agrícolas, em nome do Estado ou de empresas alemãs que tinham ido aproveitar a mão de obra barata. As famílias dos ss e dos executivos das empresas viviam longe do complexo dos campos de concentração, em áreas residenciais onde o Reich havia planejado construir escolas, um parque, um estádio, um clube de equitação para perpetuar a presença dos alemães naquele novo *Lebensraum* (espaço vital). Em cinco anos, eram mais de 8 mil morando ao lado dos prisioneiros e das câmaras de gás. Que informações teriam eles? Nunca saberemos ao certo. Mas muitos reclamavam do cheiro desagradável que exalava das chaminés.

Em dezembro de 1963, moveu-se, em Frankfurt, uma ação judicial contra 22 colaboradores do campo de Auschwitz. Fritz Bauer foi quem iniciou o processo, mas ele deixou a tribuna para jovens promotores a fim de evitar que seus detratores desacreditassem o julgamento, relacionando-o à vingança de um judeu. O trabalho de preparação foi titânico: foi necessário esquadrinhar dezenas de milhares de documentos de arquivo, interrogar centenas de testemunhas e convencê-las a falar, procurar provas contra os algozes e localizá-los, tudo a despeito da relutância das autoridades alemãs e, particularmente, da polícia. O julgamento foi um verdadeiro evento: centenas de jornalistas foram convidados, uma exposição sobre o campo foi inaugurada em Frankfurt, especialistas foram chamados a descrever o funcionamento do complexo de Auschwitz com a ajuda de desenhos e fotos projetadas nas paredes.

Entre os acusados estavam Robert Mulka, o número dois do campo; Wilhelm Boger, que recorreu às torturas mais perversas para desmantelar supostos planos de fuga; Josef Klehr, enfermeiro-chefe, conhecido por se livrar dos detentos com uma injeção. Quase todos os acusados pertenciam à classe média burguesa, oito tinham ensino superior completo.

Mais de duzentas testemunhas vindas do mundo inteiro se sucederam no tribunal para contar o indizível. Um deles disse sobre Josef Klehr: «Não se podia qualificá-lo como um ser humano. Eu até poderia chamá-lo pelo nome de um animal, mas isso seria um insulto aos animais». Outro disse que Wilhelm Boger o obrigou a engolir cinco pratos de arenque defumado ultrassalgado para em seguida privá-lo de água e pendurá-lo pelos pés. Havia também os bebês que eram afogados em uma bacia de água fria ou cujo crânio era esmagado contra a parede antes de ser empilhado em depósitos onde ratos corriam soltos.

Para Bauer, os acusados importavam pouco enquanto pessoas. O que eles representavam era mais importante: a extensão da culpa alemã. «O julgamento deve mostrar ao mundo que uma nova Alemanha, a Alemanha democrática, tem o desejo de garantir a dignidade humana.»

Ao julgar coletivamente diferentes patentes da hierarquia que haviam ocupado funções variadas no campo, o promotor desejava traduzir a ideia de que somente a cooperação de todos havia permitido tal ignomínia. «Qualquer um que trabalhasse naquela máquina de matar», explicou ele, «tornava-se culpado de homicídio a partir do momento que soubesse o objetivo da máquina. Quanto a isso, não havia sombra de dúvida para quem estivesse nos campos de extermínio ou deles tivesse conhecimento, desde um simples guarda até a alta administração.» Todos são «culpados de homicídio, quer se trate do chefe que, de dentro do seu gabinete, dá a ordem de matar, daquele que distribui as armas, daquele que denuncia, do que atira com as próprias mãos, do que ajuda ou do que executa a tarefa que lhe tenha sido atribuída no âmbito da divisão do trabalho».

Entre as testemunhas chamadas ao tribunal estava quase uma centena de antigos membros da ss. O saldo de sua intervenção foi lamentável: eles não viram nada, não ouviram nada, não fizeram nada. A solidariedade deles na mentira era espantosa, mas permitia compreender o contexto em que se desenrolava o julgamento: uma sociedade que se agarrava à negação de seus crimes. Um homem quebrou o silêncio, Konrad Morgen, um antigo *ss-Sturmbannführer* encarregado de investigar o nível de corrupção em Auschwitz, cujo pessoal se apossava dos bens roubados dos judeus, especialmente os dentes de ouro. Enquanto inspecionava as câmaras de gás e os crematórios, ele se deparou com homens da ss aturdidos que lhe disseram haver passado uma «noite difícil porque tiveram que cuidar de vários transportes seguidos». Ele percebeu que, enquanto dormia no trem de Berlim para Auschwitz, «alguns milhares de pessoas, vários carregamentos de trem haviam sido gaseados e reduzidos a cinzas». «Desses milhares de pessoas, não sobrou nem um fio de cabelo no arcabouço de um forno», ele deixou escapar no tribunal antes de desabar.

Os réus negaram tudo em conjunto, inclusive Robert Mulka, o número dois do campo, que teve a indecência de dizer que nunca tinha ouvido falar das câmaras de gás. Felizmente, graças à tendência dos alemães à burocracia, muitas etapas do extermínio foram documentadas: o transporte do Zyklon B de Dessau para Auschwitz, as comunicações via rádio com Berlim, o número total de judeus na chegada e o número daqueles que receberam «tratamento especial».

«A Alemanha e o mundo inteiro, bem como os descendentes daqueles que foram mortos em Auschwitz, poderão respirar novamente, e o ar estará purificado quando, finalmente, uma palavra humana for dita», declarou Fritz Bauer em um programa de TV. De todos os réus, apenas o mais jovem, Hans Stark, manifestou arrependimento: «Lamento minhas hesitações passadas, mas não posso desfazê-las». No campo, o lema ostentado acima de sua mesa era: «A empatia é uma fraqueza».

Apesar das evidências e dos testemunhos, o resultado do julgamento foi decepcionante: o vice-comandante do campo, Robert Mulka, escapou da prisão perpétua, três dos acusados foram absolvidos e apenas seis foram condenados por assassinato. Os outros foram considerados meros cúmplices porque não haviam matado com as próprias mãos.

A ideia de que esses homens haviam obedecido a uma ordem continuava a ser um fator atenuante, ainda que os especialistas tivessem provado que os membros da ss não corriam o risco de morte caso se recusassem a cumprir a *Vernichtungsbefehl* (ordem expressa de destruição). A obediência incondicional às ordens e às leis ainda era considerada uma virtude na *Bundesrepublik* dos anos 1960. Era uma prioridade para Fritz Bauer imunizar as gerações mais jovens contra esse automatismo cego. Ele dizia: «Ninguém tem o direito de executar uma ordem que contenha um ato criminoso». Há «em nossa vida uma fronteira além da qual não temos mais o direito de participar [...]. É nisso que se baseia toda a ética, é nisso que se baseia o direito».

As cartas de ameaças e de insultos, muitas vezes antissemitas, multiplicavam-se na mesa do promotor. Ele às vezes beirava o desespero, consternado com a parcialidade persistente das autoridades da RFA em favor dos antigos criminosos nazistas e com a lentidão das investigações.

Na verdade, sua obstinação rendeu frutos: o termo «Auschwitz» havia irrompido nos confortáveis salões do milagre econômico alemão. No total, cerca de 20 mil pessoas, muitas delas estudantes e centenas de jornalistas, compareceram às audiências. Oitenta mil pessoas viram a exposição, que percorreu o país, sobre o campo inaugurado em Frankfurt. O retorno à amnésia era inimaginável.

Em 1º de julho de 1968, Fritz Bauer foi encontrado morto em sua banheira em Frankfurt. O coração desse fumante inveterado, de saúde frágil, havia parado após uma grande ingestão de soníferos. Ainda hoje, as circunstâncias de sua morte alimentam especulações sobre um possível suicídio, até mesmo assassinato. Boicotado pelos juristas, Fritz Bauer era amado pela geração mais nova. Aos jovens reunidos em torno de uma mesa redonda de um programa da televisão alemã, ele disse uma vez: «Fizemos coisas, uma democracia, a divisão dos poderes. [...] Você pode escrever parágrafos, redigir artigos, imaginar as melhores leis fundamentais. O que importa é que os homens sejam justos». Ele morreu cedo demais para testemunhar o que ajudara a desencadear: a revolta da nova geração que, iluminada por homens como ele, exigiria uma depuração radical da sociedade alemã.

Capítulo VII.
Da amnésia à obsessão

A primeira vez que meu pai vivenciou pessoalmente uma mudança de mentalidade em seu país foi durante o serviço militar, entre 1963 e 1965. A criação da Bundeswehr, em novembro de 1955, não havia suscitado grandes reações de alegria nem entre os alemães, ainda traumatizados pela guerra, nem na opinião internacional, desconfiada. O novo exército tinha definitivamente que evitar qualquer passo em falso. Era inevitável que a maioria de seus membros tivesse servido na Wehrmacht, alguns na Waffen-ss, mas criou-se um comitê de avaliação para examinar a vida dos candidatos e excluir aqueles cujo passado fosse por demais obscuro. Essas precauções não impediram que ocorresse um incidente embaraçoso em 1956. Em um discurso, um oficial superior da Marinha apresentou dois almirantes-generais do Reich, Erich Raeder e Karl Dönitz, condenados em Nuremberg a longas penas de prisão por crimes de guerra, como mártires que cumpriram a sua missão «adequadamente, com decência e honra». Não apenas os dois homens desempenharam um importante papel na guerra de destruição promovida pelo Reich, como Dönitz tinha sido depositário do testamento de Hitler, que havia reconhecido uma espécie de alter ego nesse oficial antissemita da Marinha, obcecado com a guerra contra os bolcheviques e exigindo de seus homens sacrifícios frequentemente inúteis. Após esse escândalo, foi enfaticamente recomendado aos militares que se abstivessem de qualquer manifestação de nostalgia em relação ao Terceiro Reich. «Nunca ouvi oficiais fazendo apologia do nacional-socialismo», salienta meu pai. «Não acho que lhes faltasse vontade, mas isso seria então malvisto e por si só representaria uma pequena revolução.»

Pouco inclinado ao exercício físico, Volker foi rapidamente eleito «homem de confiança» pelos soldados, graças ao seu talento como orador e ao seu nível de instrução. Ele ficou encarregado da comunicação entre os oficiais e seus subordinados, mas também devia encorajar estes últimos a refletir sobre sua missão. Tinha à sua disposição um grande quadro-negro no qual podia afixar os textos e artigos de sua escolha para serem lidos pelos jovens convocados. Ele dispunha de uma liberdade incrível. «Eu quase sempre escolhia textos antiguerra. Lembro de ter pendurado um artigo da *Paris-Match* sobre 'O açougue de Verdun', e eles permitiram! À época, no novo exército alemão, os soldados tinham muito mais direitos do que na França, por exemplo.» Construir um exército num país abalado pelas consequências fatais da obediência incondicional às ordens não devia ser fácil. Era preciso ensinar aos soldados a lealdade e a disciplina, estimulando-os, ao mesmo tempo, ao pensamento crítico e à independência de espírito. Meu pai interferia na segunda parte. «Percebia-se bem que os oficiais estavam tensos, porque no fundo continuavam muito conservadores. Mas eles não tinham escolha, deviam se adaptar ao espírito da época.»

Um movimento antimilitarista e antinuclear particularmente popular entre os jovens havia acompanhado o nascimento da Bundeswehr. Dele participaram o futuro líder do levante estudantil, Rudi Dutschke, e, sobretudo, a jornalista Ulrike Meinhof, futura editora-chefe do principal jornal de extrema esquerda, *Konkret*. O passado nazista assombrava essa filha de um historiador da arte admitido no NSDAP em 1933 e que havia colaborado na censura de centenas de obras de arte consideradas *entartete Kunst* («arte degenerada»).

Seu inimigo declarado era o ministro das Questões Nucleares, posteriormente Defesa, Franz Josef Strauss, que desejava equipar a Alemanha com armas nucleares. Em 1958, Meinhof justificou sua luta contra o armamento atômico nestes termos: «Não queremos novamente ser culpados de 'crimes contra a humanidade' perante Deus e os homens». Em maio de 1961, em um editorial intitulado «Hitler em você» e publicado na *Konkret*, ela comparou Franz Josef Strauss a Adolf Hitler. O ministro apresentou queixa, mas, em vez de obter ganho de causa, possibilitou que a jovem se tornasse uma das jornalistas mais famosas do país. Strauss foi um demagogo que considerava a necessidade de lançar luz sobre o passado uma perversão sadomasoquista. Sua relação ambígua com a democracia veio à tona em 1962, quando ele mandou prender por alta traição não só o fundador e diretor, mas também vários jornalistas da revista *Der Spiegel*, que revelara que a Bundeswehr estava mal preparada para o caso de uma guerra com a União Soviética. A opinião pública protestou tão fortemente que Strauss teve de renunciar e o governo, ser reformado.

Na esteira dessa crise espetacular que ajudou a acelerar a liberalização política e social da RFA, a transparência tornou-se obrigatória dentro da Bundeswehr. Meu pai lembra que toda semana havia uma «hora das notícias», durante a qual um oficial vinha comunicar aos soldados os últimos acontecimentos políticos e militares, entre outros, que poderiam ser objeto de um debate aberto. Volker nunca perdia essas ocasiões. «Os oficiais não gostavam que eu lhes dissesse:

'A guerra de Hitler foi uma guerra de agressão!' O ataque à Wehrmacht pegava mal, eles a protegiam com unhas e dentes, como se fosse um exército limpo, livre dos crimes da ss. Havia um pastor da Bundeswehr que usava sua pregação para nos passar o sermão de que era errado acusar a Wehrmacht.» Meu pai às vezes contradizia seus superiores a respeito do genocídio dos judeus. «Alguns respondiam: 'Não foram 6 milhões de judeus, mas apenas 3 milhões!' Eu podia dizer-lhes diretamente o que pensava, nenhum deles iria correr o risco de punir o 'homem de confiança'. Era um grande avanço, mas ao mesmo tempo, indiretamente, acho que foi por isso que não fui promovido.»

No Bundestag, uma mudança também estava começando a tomar forma. Um evento emblemático dessa evolução seria o debate de 1965 a respeito da votação do Bundestag sobre a prorrogação do tempo de prescrição para os crimes de homicídio, anteriormente fixado em vinte anos. Essa decisão era muito importante porque se aplicava aos crimes nazistas, datados oficialmente em 8 de maio de 1945 e que, portanto, expirariam de acordo com a lei então vigente. As pesquisas revelaram que, por uma pequena margem, a população era favorável à manutenção do prazo.

Na véspera do debate, o *Spiegel* publicou um longo debate entre seu fundador, Rudolf Augstein, e o filósofo Karl Jaspers, com o provocativo título «Para o genocídio, não há prescrição». Jaspers estava convencido de que essa decisão tinha um significado fundamental para o futuro do país, que mediria o nível de consenso dos alemães sobre a condenação do Terceiro Reich como um Estado de «não direito» envolvido em crimes sem precedentes. Um por um, o filósofo de renome internacional desmontou os argumentos daqueles, numerosos na Alemanha, que procuravam minimizar os crimes nazistas. Há uma «diferença radical» entre «crimes de guerra», igualmente cometidos por outros Estados, e «crimes contra a humanidade», sublinhou. «O crime contra a humanidade é a presunção de ter o poder de decidir quais grupos de homens ou povos têm o direito de viver ou não nesta terra e colocá-lo em prática por meio do extermínio.»

Jaspers rejeitava ainda o argumento da «obediência a ordens em situação de emergência» porque, na maioria dos casos, recusar-se a matar sob comando não implicava em risco de morte, mas de sacrificar a própria carreira ou de ser enviado para a Frente Oriental. O fato de ter atuado no âmbito de uma função dentro do aparelho do Estado não era de forma alguma circunstância atenuante da culpa, considerava o filósofo. «Que o Estado era um Estado criminoso deveria ter ficado evidente [para o executor] a partir do momento em que esse Estado dava ordem para a prática de um crime [...]. A desculpa de ter agido a serviço do Estado não é aceitável. [O executor] deu apoio, foi cúmplice do Estado criminoso.» Augstein e Jaspers acusavam a RFA de ter se preocupado, desde sua criação, somente em riscar, *Schlussstrich*, o passado. «O Parlamento é a última esperança», alertou o filósofo.

No dia do debate no Bundestag, 10 de março de 1965, em todos os partidos ergueram-se vozes pedindo o fim do silêncio e da impunidade. No âmbito da CDU-CSU, tradicionalmente favorável ao *Schlussstrich*, 180 dos 217 deputados votaram pela prorrogação da prescrição. Os social-democratas aderiram maciçamente. Como Adolf Arndt, que dez anos antes clamava pelo fim da «caça ao homem», mas mudara de ideia: «Eu também sou culpado. Porque não saí para a rua e não gritei ao ver judeus sendo transportados em massa. Não coloquei a estrela amarela para expressar 'eu também!' [...]

Não se pode dizer: 'eu não era nem nascido, essa herança não me diz respeito'.»

O Parlamento alemão acabava de demonstrar a importância de sua função. Diante de um governo que não aproveitara a oportunidade para pôr fim à ambivalência da RFA em relação ao passado nazista, deixou claro aos alemães que o fundamento incondicional da nova República era a rejeição ao nacional-socialismo.

Depois de deixar o exército em 1965, meu pai começou a estudar economia na Universidade de Mannheim. Ele foi eleito presidente local da AIESEC, a Associação Internacional de Estudantes de Economia, e tornou-se membro da Asta, uma espécie de «governo estudantil» que existe na maioria das universidades alemãs. Essas participações lhe rendiam algum dinheiro, o suficiente para pagar as aulas no clube de equitação e litros de cerveja nos muitos bares de Mannheim. «Discutíamos política, economia, capitalismo, Guerra do Vietnã, tínhamos a impressão de aprender mais no balcão do que na aula. Nossos olhos estavam pregados nos Estados Unidos, onde se desenvolvia um movimento de protesto nas universidades.» Essa revolta criou uma profunda divisão cultural e intergeracional na sociedade americana. Nascia uma jovem contracultura, para a qual música, drogas e liberdade sexual eram sinônimos de desobediência civil, de rejeição ao imperialismo, de igualdade de raça e gênero, de rejeição à cultura de consumo.

Pouco a pouco, movimentos semelhantes surgiam nos quatro cantos do mundo, inclusive na Alemanha. Volker se distanciou da CDU, na qual ingressara aos dezesseis anos. «Esse partido tinha uma visão extremamente conservadora da sociedade, se opunha ao aborto, à homossexualidade, e claramente não havia percebido as grandes mudanças que perturbavam a sociedade.» Ele não entrou para a SDS, a Federação Alemã de Estudantes Socialistas, que pertencia ao SPD, até que a direção do partido se decidisse a excluí-la, porque ele a considerava radical demais. A falta de afiliação não impediu Volker, como muitos estudantes, de se envolver.

Especialmente depois de 2 de junho de 1967, quando, durante protestos estudantis em Berlim Ocidental contra a visita de Estado do xá do Irã Reza Pahlavi, o estudante Benno Ohnesorg, um pacifista de 26 anos, foi morto por um policial alemão que mirou na sua nuca a cerca de um metro e meio de distância, sem nenhuma justificativa. «Foi um choque para todos, era a primeira vez que um policial matava um civil desde a guerra, eu acho», disse ele. A manipulação das autoridades para fazer parecer um acidente só fez aumentar a raiva dos jovens. Enquanto estava de plantão na Asta, meu pai recebeu um telefonema do órgão equivalente da Freie Universität Berlin: «O colega me disse: 'Precisamos imediatamente promover ações. As universidades têm de se articular'.» Volker foi à Câmara dos Sindicatos para se encontrar com as «forças do progresso» e organizar uma manifestação em Mannheim.

Além da morte de Benno Ohnesorg, o que mobilizava os estudantes era a violência da intervenção militar norte-americana no Vietnã. Em 18 de fevereiro de 1968, mais de 10 mil pessoas foram às ruas de Berlim por ocasião de um congresso contra a Guerra do Vietnã. As adesões à SDS cresceram e as ações se multiplicaram em todo o país.

Os estudantes contestadores questionavam o que consideravam ser a ordem burguesa: militarismo, autoridade, hierarquia, consumismo, capitalismo. Eles se inspiravam em particular nos pensadores da Escola de Frankfurt, ou seja, o Instituto de Pesquisa Social, inaugurado em 1923, do qual participaram intelectuais de todas as esferas, como o economista Friedrich Pollock, o psicanalista Erich Fromm, os filósofos Max Horkheimer, Theodor W. Adorno, Walter Benjamin e Herbert Marcuse.

Diante do fracasso da revolução comunista na Alemanha e das tendências totalitárias da União Soviética, esses intelectuais propunham uma nova crítica ao capitalismo e à burguesia, longe do dogmatismo dos partidos alinhados a Moscou. Chamada de «teoria crítica», essa escola acreditava que a abordagem de Karl Marx não era suficiente para analisar a sociedade capitalista. Ela preconizava uma abordagem multidisciplinar incluindo outros pensamentos, particularmente a psicanálise de Sigmund Freud e a sociologia de Max Weber. Em 1933, o instituto foi fechado pelos nacional-socialistas e transferido para a Columbia University, em Nova York, sob a direção de Max Horkheimer.

Em 1944, Adorno e Horkheimer publicaram uma de suas principais obras, *A dialética do esclarecimento*. O fascismo é ali descrito como o resultado de uma racionalização descomedida — na esteira do legado do Iluminismo — da tecnologia e da burocracia, transformadas em instrumentos de dominação do homem sobre si mesmo e sobre a natureza. Os homens são reduzidos a robôs disciplinados, fanáticos por desempenho, desprovidos de sensibilidade e capazes da barbárie.

O «assassinato administrativo» do Terceiro Reich foi sua expressão mais cruel, já que se tratava da organização de massacres a partir de gabinetes, friamente, segundo procedimentos divididos em uma infinidade de etapas, permitindo que cada um evitasse pensar sobre o objetivo final de sua tarefa. O vocabulário codificado ajudava a mascarar o crime: *Sonderzug* («trem especial»), *Sonderbehandlung* («tratamento especial»), *Himmelsweg* («caminho para o céu»), *Gesundpille* («pílula da saúde»)... O método usado nas fábricas de morte que foram os campos de extermínio era uma reminiscência da linha de montagem da era industrial: a repetição mecânica pelos algozes de uma tarefa precisa, cronometrada e limitada, destinada a reduzir a cinzas um amontoado de gente em poucas horas.

Após a guerra, Horkheimer, Adorno e Pollock decidiram retornar à Alemanha para reabrir o instituto em Frankfurt e tentar contribuir para a democratização do país. Raros eram os exilados alemães, especialmente de origem judaica, a fazer essa escolha. Eles rapidamente se tornaram o epicentro de uma reflexão profunda sobre a sociedade capitalista e o fascismo.

Havia muito trabalho a ser feito. De acordo com um estudo do instituto de Frankfurt realizado na década de 1950, dois terços da população declaravam ter reservas quanto ao modelo democrático. Mas, com o tempo, o pensamento de Frankfurt viria a ser uma forte influência, notadamente por meio de intelectuais que serviriam de multiplicadores, como Hans Magnus Enzensberger, Alexander Mitscherlich ou Jürgen Habermas.

Em 1959, Horkheimer entregou as rédeas do instituto a Adorno, que se tornou referência essencial, presente como nenhum outro intelectual na televisão, no rádio, nos jornais, e lotando as salas da universidade com suas aulas. A princípio, o filósofo simpatizou com o movimento estudantil, mas depois o rejeitou. Ele o via como uma tentativa de sair de um impasse a qualquer custo, desprovido de lógica interna e fadado ao fracasso. Horkheimer se opunha ainda mais radicalmente. Herbert Marcuse, por outro lado, o apoiou e se tornou a nova inspiração dos jovens com seu *best-seller*, *O homem unidimensional*. Em 1969, estudantes ocuparam o Instituto, e a polícia foi alertada. A ruptura entre os mestres e os discípulos estava consumada.

«Nós nos reuníamos em salas de aula para discutir a má distribuição da riqueza no mundo ou o absurdo de termos dezenas de marcas de dentifrício quando bastariam duas», conta meu pai. «Eu me interessava por essas questões, mas não era um anticapitalista. Estudava economia e admirava o ministro Ludwig Erhard, que havia tirado a Alemanha da ruína e conduzido a reconstrução do país oferecendo-lhe um milagre econômico em velocidade recorde. […] Por trás de seu anticapitalismo, alguns estudantes atacavam a figura paterna que havia participado do milagre econômico. No meu caso, eu não corria esse risco, pois teria dificuldade em identificar meu pai com aquele milagre.» Ao conversar com minha tia, me perguntei se os reveses de Karl Schwarz nos negócios não haviam encorajado o filho a seguir uma carreira no mundo da indústria, como reação ao fracasso do pai.

Todo ano, Opa tinha que desembolsar grandes somas para pagar a hipoteca da casa. Ele também continuou a quitar o *Lastenausgleich*, um imposto destinado a sustentar os alemães cujas propriedades haviam sido totalmente destruídas durante a guerra. «Minha mãe dizia que teria sido melhor para nós se a casa tivesse sido destruída, por causa desse dinheiro!», relata minha tia Ingrid. Era ela quem cuidava das transferências na empresa de Opa desde que deixara a escola. «Com as pedras provenientes das ruínas da guerra, meu pai construiu um novo prédio para substituir o que havia sido destruído em 1943. Mas era tão mal impermeabilizado e úmido que a pintura desbotava a olhos vistos. Quando um cliente ligava, fingíamos ser uma grande empresa, eu fazia de conta que era a secretária e dizia: 'Secretaria Schwarz & Co... Um momento, estou encaminhando sua ligação para o escritório do sr. Schwarz'. Na verdade, ele estava sentado bem ao meu lado e eu apenas lhe entregava o telefone.» Havia também centenas de cartões de visita com uma letra elegante, em itálico, que se amontoavam por falta de clientes a quem entregá-los. Quando pequena, eu os encontrava por toda parte, nas gavetas da Chamissostrasse, amarelados pelo tempo.

Em meados da década de 1960, quando começava a se reerguer, Opa teve que enfrentar novos dissabores. «Grandes petroleiras, como a Esso, baixariam os preços com a condição de que os clientes concordassem em comprar tudo diretamente deles.» Esse comércio agressivo era a sentença de morte para pequenas empresas como a Schwarz & Co. Mineralölgesellschaft. «Dois ou três clientes que estimavam meu pai tiveram compaixão e aceitaram um esquema que permitia que ele continuasse entregando alguns barris para eles pelas costas da grande petroleira», continua minha tia. «Ele tinha que pintar seus barris com as mesmas cores do fornecedor principal, para que este não percebesse a artimanha ao visitar os depósitos de clientes.» Durante seus estudos, meu pai passou vários sábados repintando os barris de Karl Schwarz, mas, assim que adquiriu algum conhecimento em contabilidade, propôs colocar as finanças em ordem. «Foi uma catástrofe, ele não sabia fazer conta, tinha despesas demais, a empresa não era nada rentável. Ele não tinha vocação para os negócios.» Àquela altura, não havia mais nenhum conflito em relação ao passado entre Volker e seu pai; cada um sabia o que o outro pensava e tentava normalizar o relacionamento.

Mas, para muitos jovens, o confronto com o passado estava no cerne do movimento estudantil. Eles perguntaram aos pais: e vocês, o que fizeram sob o Terceiro Reich? Não se tratava mais só de acusar os piores criminosos nazistas, os altos funcionários, os assassinos, os monstros, mas de levantar o véu sobre a atitude dos outros, aquelas dezenas de milhões de *Mitläufer* que se deixaram esquecer aproveitando-se do tabu que pesava sobre o fato de que a grande maioria do povo alemão havia sido solidária com o *Führer*. Os estudantes acusaram a geração do milagre econômico de ter enterrado os crimes do passado sob uma montanha de confortos materiais.

Os jovens exigiam a verdade dos pais, mas também dos professores, a quem acusavam de edulcorar o passado. Uma nova geração de educadores estava de pleno acordo com eles, também contestando a maneira como os mais velhos ensinavam o período de Hitler. Organizavam-se leituras para relembrar a atitude das universidades sob o nacional-socialismo. Lançar luz sobre as sombras do passado tornou-se uma característica importante do movimento estudantil alemão, resumida no bordão principal, «*Unter den Talaren — Muff von 1000 Jahren*» [Sob as togas, o ranço de mil anos], uma censura dirigida à complacência dos professores para com o Terceiro Reich, que se apresentava como o «Reich de mil anos».

Em geral, os estudantes questionavam a legitimidade de um Estado que havia protegido os piores carrascos em vez de se alinhar com as vítimas. A força dessas críticas é que elas não vinham mais do exterior, mas de dentro do próprio país, cujos filhos agora se propunham a controlar eventuais abusos. Dezenas de milhares deles foram às ruas de Bonn em maio de 1968 para protestar contra as leis que previam a restrição das liberdades fundamentais em caso de estado de emergência, medidas conhecidas como «leis nazistas» e «segunda 1933».

Poucos meses depois, durante o congresso da CDU em Berlim Ocidental, uma jovem se aproximou da tribuna e deu um tapa no chanceler democrata cristão Kurt Kiesinger na frente das câmeras, gritando: «Nazista! Nazista!» A jovem era Beate Klarsfeld. Ela se tornaria uma famosa militante antinazista ao lado do marido, Serge Klarsfeld, um advogado francês judeu que perdera o pai em Auschwitz.

Sob o Terceiro Reich, Kiesinger havia sido membro do NSDAP desde 1933 e ativo em uma organização paramilitar próxima à SA antes de se tornar vice-presidente da radiodifusão do Reich durante a guerra. O escritor Günter Grass publicou uma carta no jornal *Frankfurter Allgemeine Zeitung* (FAZ), pedindo-lhe que desistisse de se tornar chanceler. Heinrich Böll apoiou esse apelo, Karl Jaspers e sua esposa devolveram seu passaporte alemão em sinal de protesto. Na esteira do tapa dado por Beate Klarsfeld, os estudantes circularam um folheto que clamava por «uma verdadeira desnazificação [...] para reduzir a nada todo o aparato de Estado desta sociedade podre, porque ela é em grande parte constituída, vale salientar, por antigos nazistas».

Em 1969, pela primeira vez desde a criação da RFA, o SPD chegou ao poder, com o chanceler Willy Brandt à frente. Ele anunciou desde o início que era «chanceler não mais de uma Alemanha derrotada, mas de uma Alemanha libertada». Durante uma visita oficial à Polônia, ele se ajoelhou em frente ao monumento aos heróis do gueto de Varsóvia para expressar seu desejo de acabar com a ambiguidade de seus antecessores em relação ao passado.

«Foi uma época boa», relembra meu pai. «O horizonte se expandia a uma velocidade sem precedentes. A gente se sentia próximo dos jovens do mundo inteiro através das viagens, da música pop, dos novos estilos de roupas que chegavam da Grã-Bretanha e dos Estados Unidos, havia um clima de festa e tolerância.» Uma forma de abolir aquelas fronteiras que alimentaram as fantasias dos nacionalismos do século xx. Graças aos programas de intercâmbio, Volker partiu para explorar a Europa. Durante um estágio em Paris, ele fez amizade com uma israelense com quem partiu para conhecer a Espanha. «Não havia tensão, talvez porque fosse claro para ela que condenávamos o nazismo. Ela falava pouco sobre o passado de sua família, como a maioria dos israelenses que encontrei», lembra ele. «Queríamos formar uma comunidade de povos, quebrar os velhos valores patrióticos e conservadores. Tudo estava revirado, a visão de família, casamento, educação, ensino, tudo parecia possível.»

Volker não fora privado de liberdade em sua adolescência. Karl Schwarz, embora autoritário, deixou que ele fosse dono do próprio nariz. Quando Volker tinha quatorze anos, o pai o instalou em um quartinho no sótão da Chamissostrasse onde ele poderia fazer quase tudo o que quisesse. Por tê-la provado tão plenamente, Opa tinha um certo respeito pela liberdade, sobretudo em matéria de sexualidade. «Ele não se encantou muito com as novas modas da década de 1960, exceto pela pílula anticoncepcional. Ele me dizia: 'Com isso, você pode evitar engravidar uma moça e ter que pagar o equivalente a um Porsche'.»

Na década de 1960, na Alemanha Ocidental, era proibido alugar um apartamento ou quarto de hotel para um homem e uma mulher que não fossem casados. Por isso, «meu pai me proibiu de trazer moças para o meu sótão, não por preocupação moral, mas por medo de ser denunciado, porque ele poderia ir para a prisão e ter que pagar uma multa». Karl costumava se ausentar em viagens de trabalho, para entregar barris aos clientes a bordo do seu furgão, ou de férias, quando gostava de praticar nudismo na costa do Adriático. Era Lydia quem cuidava do filho, com quem ela tinha uma complacência infinita. No entanto, as mudanças na sociedade iam além da sua compreensão. «Minha mãe ficou muito chocada com essa nova liberdade de expressão perante os pais, professores e políticos. Se escutávamos um esquete satírico sobre o então chanceler, ela dizia: 'Mas também não precisa falar assim do *Führer*...'»

Na primavera de 1968, meu pai foi a Berlim Ocidental para passar uns quinze dias em um dos muitos apartamentos comunitários de Kreuzberg, um bairro alternativo popular entre militantes de esquerda. A atmosfera era tensa. Pouco antes, em 11 de abril de 1968, em frente ao escritório berlinense da Federação Alemã de Estudantes Socialistas, a SDS, um representante da cena neonazista havia atirado três vezes no líder do movimento estudantil Rudi Dutschke, ferindo-o gravemente na cabeça. A SDS, que já estava em processo de radicalização, endureceu ainda mais sua linha de ação. «Os jovens que conheci em Berlim eram muito mais radicais do que em Mannheim, eles derivaram para a anarquia. Eu não me reconhecia nesses grupos. Eles eram tão dogmáticos que começavam a se parecer com aqueles que criticavam.» Estes últimos foram acusados de *Linksfascismus* (fascismo de esquerda) por uma parte da sociedade alemã, incluindo militantes de esquerda como o filósofo Jürgen Habermas, que expressavam seus temores quanto a uma radicalização dos métodos.

O círculo dos pretensos inimigos do antifascismo não parava de crescer. «A nova forma de fascismo», declarou o líder do movimento estudantil, Rudi Dutschke, em 1968, «não é mais encarnada por um partido ou uma pessoa, mas por todas as instituições do capitalismo tardio». Essa definição voltava a relativizar os crimes do nacional-socialismo, comparando o Terceiro Reich com a RFA. Com essa lógica, a única solução aos olhos deles era a derrubada do sistema político e social. Volker não se envolveu mais na revolta estudantil. Ela tomava um rumo que não correspondia nem às suas orientações políticas nem ao seu caráter independente.

Em oposição, o Estado e alguns meios de comunicação também endureceram. Eles viam os militantes do movimento estudantil como comunistas semeando a desordem, cujas possíveis ramificações em Berlim Oriental e Moscou tinham de ser vigiadas.

Os estudantes tinham, de fato, vários pontos em comum com a RDA. As críticas ao capitalismo, é claro, mas também a estabilidade de funcionários públicos entre o Terceiro Reich e a RFA. A impunidade e a reintegração de antigos criminosos nazistas em postos de responsabilidade estavam no cerne da propaganda antiocidental de Berlim Oriental. Em 1965, Berlim Oriental apresentou à imprensa internacional um livro intitulado *Braunbuch : Kriegs- und Naziverbrecher in der Bundesrepublik : Staat, Wirtschaft, Armee, Verwaltung, Justiz, Wissenschaft* [Livro marrom: criminosos de guerra e criminosos nazistas na República Federal — Estado, economia, exército, administração, judiciário, ciência], que listava 1.800 membros dirigentes do Estado, da economia, do exército, da justiça e das ciências. As autoridades da Alemanha Ocidental apreenderam o livro, classificado como um instrumento de propaganda. Na verdade, a maioria dos dados estava correta. As ações da RDA, ainda que motivadas por cálculos políticos mais do que por dever moral, ajudaram a forçar a RFA a enfrentar seu passado.

Porém, para o movimento estudantil, essas convergências eram nocivas, pois, em meio à Guerra Fria, ser suspeito de conivência com o comunismo era fatal, particularmente na Alemanha Ocidental, onde o partido comunista KPD fora proibido em 1956 e mais de 10 mil supostos simpatizantes, condenados. A legitimidade dessa medida permanece bastante controversa até hoje.

O poderoso grupo de imprensa Axel Springer, editor do diário mais lido da Alemanha Ocidental, o *Bild Zeitung*, explorou essa suspeita de proximidade com o lado oriental para travar uma violenta campanha contra os estudantes, apresentados como «líderes» acusados de desestabilizar a RFA. «Parem com o terror dos jovens vermelhos», apelava, dirigindo-se aos leitores. «Não temos o direito de deixar que a polícia e seus canhões de água façam o trabalho sujo.» O jornal foi acusado de ser indiretamente responsável pelo atentado contra Rudi Dutschke. As tensões culminaram em 11 de abril de 1968, quando muitos milhares de pessoas atacaram a sede da Springer em Berlim Ocidental. Coquetéis *molotov* foram lançados em veículos de entrega de jornais. Quarenta anos depois, documentos revelariam que estes últimos foram distribuídos por um agente provocador da inteligência alemã que desejava desencadear a violência para justificar as prisões.

A ruptura atingiu um ponto sem volta quando uma pequena minoria de jovens extremistas se outorgou o direito de impor sua visão de mundo por meio do terror. As constantes analogias com o nacional-socialismo a partir das quais alguns grupos de extrema esquerda se basearam para apontar para a RFA ou para os Estados Unidos acabaram por legitimar a violência para vencer a «opressão». Organizações terroristas brotaram por toda parte: a Fração do Exército Vermelho (RAF), as Células Revolucionárias, Zora la Rouge, o Movimento 2 de Junho, assim chamado devido à data da morte do estudante Benno Ohnesorg. O jovem Estado da Alemanha Ocidental, pouco preparado, reagiu com uma repressão policial excessiva que gerou o temor de uma tendência autoritária.

Não testemunhei essa década, mas me lembro, quando peguei o trem na Alemanha com minha mãe na década de 1980, de que grandes cartazes tinham sido pendurados nas estações com uma palavra impressa em negrito que imediatamente atraía a atenção — *Terroristen*. À medida que nos aproximávamos, podíamos distinguir um mosaico de fotos em preto e branco, retratos de homens e mulheres com uma legenda especificando seu nome e sobrenome, sua idade, sua altura, a cor de seus olhos e características físicas que permitissem identificá-los. Embaixo, um aviso dizia: «Cuidado com as armas de fogo!» E, em minúsculas, mencionava-se uma recompensa de 50 mil marcos por qualquer informação que possibilitasse a captura de um daqueles terroristas. Para a criança que eu era, esse anúncio parecia vir de um cenário de faroeste ou de *Lucky Luke*, um «*WANTED!*» colado na entrada do *saloon*. Na verdade, os homens e mulheres dos cartazes pendurados nas estações de trem encarnavam um dos mais difíceis desafios para a jovem democracia alemã.

Uma das figuras centrais do terrorismo de extrema esquerda alemão era a jornalista Ulrike Meinhof, que havia desempenhado um papel importante no movimento estudantil. Em 14 de maio de 1970, essa brilhante intelectual aderiu definitivamente ao terrorismo ao ajudar a fugir da prisão Andreas Baader, um jovem delinquente requalificado como rebelde anticapitalista ao atear fogo a lojas de departamentos em Frankfurt. A transformação da jornalista alimentou todo tipo de hipóteses, alguns se perguntando se a operação cerebral a que ela se submetera em 1962 teria alterado seu equilíbrio mental. O motivo de seu gesto irreversível talvez esteja nesta declaração do movimento negro americano Black Panther Party, que ela havia citado no *Konkret*: «Protestar é quando eu digo que isso ou aquilo não me convém. Resistir é quando eu garanto que o que não me convém pare de acontecer. Protestar é quando eu digo que eu saí do jogo. Resistir é quando eu garanto que os outros não joguem mais».

De certa forma, a RAF se via como uma resistência compensatória ao que havia faltado durante o Terceiro Reich. Não é por acaso que os únicos países onde protestos estudantis degeneraram em terrorismo foram os antigos aliados do Reich: a Itália, com as Brigadas Vermelhas, e o Japão, com o Exército Vermelho Japonês.

O crédito intelectual de Ulrike Meinhof foi decisivo para a projeção do grupo. Em 5 de junho de 1970, ela publicou *Der Aufbau der Roten Armee* [Construindo o exército vermelho], texto fundador da Fração do Exército Vermelho. Dirigido a «elementos potencialmente revolucionários do povo», o manifesto preconizava «o fim da dominação pelos agentes de polícia» e o início da «resistência armada para preparar o proletariado para a luta de classes». Em abril de 1971, em um artigo intitulado «O conceito de guerrilha urbana», ela declarou guerra ao imperialismo dos EUA e da Alemanha. O Estado declarou Ulrike Meinhof sua «inimiga número 1». Muitos militantes da revolta estudantil e intelectuais de esquerda estavam seduzidos pela intransigência desse movimento e sensíveis aos alertas contra o «novo fascismo» da sociedade da RFA. Alguns estavam dispostos a ajudar os terroristas colocando à disposição apartamentos, esconderijos ou carros.

Paradoxalmente, a reação das autoridades parecia justificar por algum tempo essas suspeitas de transformação da RFA em estado policial. «Eu morava na França, mas lembro que fiquei chocado ao ver tantos policiais armados nos aeroportos», conta meu pai. «Dava uma sensação muito estranha.» O país valeu-se de medidas contundentes que culminaram com o recurso a um estado de emergência velado. Os direitos dos cidadãos foram restringidos, os da polícia e do judiciário, significativamente ampliados. O Estado instaurou uma vigilância rigorosa sobre o território e seus cidadãos com a presença maciça da polícia, controles agressivos, bloqueios que provocavam caos no trânsito e buscas que eram acionadas pelas mais leves suspeitas. Criou arquivos que violavam a proteção da privacidade. A imprensa sensacionalista, especialmente o *Bild Zeitung*, semeou ódio e desconfiança, destruindo a vida de simples suspeitos e atacando personalidades que se recusavam a se colocar incondicionalmente ao lado das autoridades.

Alguns meios de comunicação e o próprio poder sentiam-se cercados por «simpatizantes» do terrorismo, cuja caça assumiu sérias proporções. Em 1º de junho de 1972, dia da prisão de Andreas Baader, a polícia desembarcou na casa de campo de Heinrich Böll e pediu a dois de seus convidados que se identificassem. O Prêmio Nobel de Literatura estava sob vigilância desde que publicara no *Der Spiegel* uma carta aberta ao *Bild*, a quem acusou de apelar à «justiça de linchamento» e de violar sistematicamente a presunção de inocência em relação ao grupo Baader-Meinhof: «A cobertura jornalística não é nem mesmo mais criptofascista, ou mesmo fascistoide, é simplesmente fascista: excessos, mentiras e sujeira». Ele também denunciou a histeria geral de uma guerra de «6 contra 60 milhões» e comparou o destino dos antigos nazistas, «que passaram sem dificuldade e sem esforço do fascismo para uma ordem democrática e liberal», ao de Ulrike Meinhof, que deve esperar «ser entregue à mais total crueldade».

Muitas personalidades criticaram Böll por fazer apologia do terrorismo e por se basear na mesma retórica da RAF. Mas o escritor contava com o apoio de outra parte da sociedade que, após a longa amnésia do pós-guerra, saía em uma verdadeira caça aos «fascistas», que acreditava ver em quase toda parte, em uma grande confusão de gêneros: por trás do capitalismo, dos bancos, dos templos de consumo, dos militares, da mídia e até da democracia parlamentar. «Nazista» havia se tornado uma denúncia aplicável a tudo e a qualquer coisa, no mundo inteiro.

Em maio de 1972, a RAF acelerou repentinamente o ritmo de seus atentados. Em um mês, ela cometeu seis, matando quatro pessoas e deixando setenta com ferimentos graves. As bombas tiveram como alvo tropas americanas, prédios da polícia, o carro de um juiz cuja esposa ficou gravemente ferida e uma gráfica da editora Axel Springer. A polícia alemã se mobilizou e, no final de junho, todos os líderes da RAF haviam sido detidos e transferidos para a prisão de Stammheim, perto de Stuttgart, uma fortaleza totalmente nova, considerada inviolável. Em vez de acabar com o movimento, essas prisões deram vida nova ao grupo, que desenvolveu uma política de comunicação bastante eficaz graças a apoios externos.

A aura da RAF se estendia para além das fronteiras da Alemanha. Ela tinha contato com uma série de movimentos terroristas internacionais, desde o IRA irlandês até o ETA espanhol, incluindo as Brigadas Vermelhas italianas e a Ação Direta na França, mas foi com os terroristas palestinos que ela cooperou mais estreitamente. Então, em 5 de setembro de 1972, nos Jogos Olímpicos de Munique, quando um comando da organização terrorista palestina Setembro Negro fez reféns nove membros da delegação olímpica israelense, os sequestradores não exigiram apenas a libertação de mais de duzentos militantes palestinos detidos em Israel, mas também de Ulrike Meinhof e Andreas Baader. Após um dia de negociações entre o comando e as autoridades alemãs, a situação saiu do controle e todos os reféns foram mortos.

Da prisão, Ulrike Meinhof parabenizou os terroristas e acusou Israel de ter «queimado seus atletas como os nazistas fizeram com os judeus — combustível para a política imperialista de extermínio». Pouco depois, ela foi ainda mais longe: «Auschwitz significa que 6 milhões de judeus foram assassinados e enviados para o aterro sanitário da Europa por causa daquilo pelo qual eram tomados: judeus com grana. O antissemitismo era inerentemente anticapitalista». Essa retórica, nada incomum nos círculos antissionistas de extrema esquerda, não era a única contradição da RAF. O grupo não hesitava em equiparar Auschwitz aos bombardeios aliados em Dresden ou à intervenção americana no Vietnã para justificar seus atentados contra as tropas americanas na Alemanha.

A despeito dessas posições, as simpatias pelos detidos redobraram entre os militantes e intelectuais de esquerda. Em 1974, Heinrich Böll publicou *A honra perdida de Katharina Blum*, romance que trata da relação crítica entre a extrema esquerda radical e a mídia de massa e no qual os cineastas Volker Schlöndorff e Margarethe von Trotta basearam um audacioso filme.

Böll não foi o único intelectual a ficar tão alarmado com os métodos autoritários do Estado federal a ponto de adotar uma atitude ambígua em relação ao terrorismo de extrema esquerda. Ninguém ultrapassou a linha vermelha tanto quanto Jean-Paul Sartre. Em fevereiro de 1973, em entrevista ao Spiegel, o filósofo francês justificou parcialmente as ações da RAF. Em 4 de dezembro de 1974, ele visitou Andreas Baader na prisão para verificar as condições de detenção depois que o advogado do prisioneiro, Klaus Croissant, alegou que ele estava vivendo sob tortura em confinamento solitário. Ele conversou com Baader por meia hora e, ao sair, declarou à imprensa que os prisioneiros eram mantidos em celas isoladas, à prova de som e sob luz permanente. Não é «uma tortura como a dos nazistas», mas «outra forma de tortura, uma tortura que pode causar transtornos mentais», afirmou. Essas acusações eram falsas. Sartre nunca viu a cela de Baader, e os prisioneiros da RAF não estavam em confinamento solitário. Eles podiam se visitar, inclusive entre sexos opostos, um privilégio com relação aos outros prisioneiros, tinham toca-discos, televisores, centenas de livros e recebiam jornais regularmente.

Há alguns anos, a *Der Spiegel* obteve o protocolo do diálogo entre Jean-Paul Sartre e Andreas Baader na prisão. Num ambiente bastante tenso, o filósofo censura o prisioneiro por ter «empreendido ações com as quais o povo claramente não concordava» e tenta dissuadi-lo de recorrer ao assassinato como meio político. O prisioneiro repete como um autômato os preceitos de sua organização, sem conseguir aprofundá-los, quando o intelectual francês o questiona. «Que imbecil esse Baader», Sartre teria dito após a reunião, segundo seu intérprete, Daniel Cohn-Bendit.

As denúncias de um intelectual influente entre militantes internacionais de esquerda produziram no exterior uma imagem desastrosa da Alemanha Ocidental, suspeita de não ter se curado do nazismo e de tratar seus prisioneiros como nos campos. Acima de tudo, ao apresentar Andreas Baader como uma vítima daquela Alemanha, o filósofo legitimou o terrorismo de extrema esquerda. Parece que, além de uma certa desonestidade intelectual, Sartre e outros intelectuais de esquerda não entenderam o perigo de um terrorismo de um novo tipo: um poderoso empreendimento internacional, com ramificações no mundo todo, no qual todas as causas pareciam se misturar em um amálgama bastante confuso.

A evolução do terrorismo de extrema esquerda a partir de 1975 confirmou sua periculosidade. Enquanto o julgamento dos terroristas ainda não havia começado, uma segunda geração assumiu, com uma violência ampliada pelo desejo de exercer a máxima pressão para que os prisioneiros fossem libertados. Começou tomando como reféns os ocupantes da embaixada alemã em Estocolmo e executando dois diplomatas. Após uma série de atentados, o terrorismo de extrema esquerda atingiu seu auge em 1977.

Em 7 de abril, um homem na traseira de uma motocicleta disparou uma metralhadora contra o carro do procurador-geral Siegfried Buback, aliás também membro do NSDAP sob o Reich, que morreu com seu motorista e um de seus empregados. Em 30 de julho, o presidente do Dresdner Bank, Jürgen Ponto, esperava a irmã de sua afilhada, Suzanne Albrecht, que havia marcado um encontro com ele em sua casa para o chá, quando ela apareceu à frente de um comando da RAF que viera sequestrá-lo. Diante de sua resistência, eles o mataram. No dia 5 de setembro, foi a vez de o presidente da Federação dos Empregadores, Hanns Martin Schleyer, ser sequestrado por um grupo que não hesitou em assassinar as quatro pessoas que o acompanhavam. Além do cargo, a RAF tinha como alvo o homem, que havia ingressado na SS em 1933 e no NSDAP em 1937, e se casado com a filha de um médico e político nazista favorável ao programa de eutanásia de Hitler. Os sequestradores exigiam a libertação dos prisioneiros da RAF.

O chanceler alemão Helmut Schmidt convocou o gabinete de crise e passou semanas acordado dia e noite, fumando um cigarro após o outro, dividido entre o dever de não ceder às demandas dos sequestradores e de proteger o Estado contra tais chantagens e o desejo muito humano de salvar a vida do refém. Em 13 de outubro de 1977, enquanto Schleyer apodrecia em cativeiro, um avião da Lufthansa que ligaria Palma de Maiorca a Frankfurt desviou-se de sua rota. Da aeronave, um homem anunciou que a FPLP, Frente Popular para a Libertação da Palestina, havia sequestrado o avião com seus 86 passageiros e 5 tripulantes, e ameaçava matá--los se os prisioneiros da RAF e outros detentos palestinos não fossem imediatamente libertados. O avião pousou em Mogadíscio. Em 18 de outubro, um comando das forças especiais alemãs GSG 9 lançou um ataque à aeronave em terra e resgatou os reféns.

Ao saber do fracasso da operação da FPLP, Andreas Baader e Jan-Carl Raspe deram um tiro na cabeça com armas que entraram clandestinamente na prisão. A companheira de Baader, Gudrun Ensslin, enforcou-se em um cabo pendurado no teto e Irmgard Möller esfaqueou-se quatro vezes no peito, mas sobreviveu. Um ano e meio antes, Ulrike Meinhof havia se enforcado na janela com um pedaço de pano. Em 19 de outubro, os sequestradores de Schleyer enviaram uma mensagem ao jornal francês *Libération* indicando que seu corpo estava no porta-malas de um carro estacionado em Mulhouse. A RAF continuou a operar por cerca de quinze anos, mas havia perdido toda a simpatia da população.

Na França, por outro lado, intelectuais de esquerda continuavam a consagrar o inaceitável. Em 2 de setembro de 1977, três dias antes do sequestro de Hanns Martin Schleyer, o *Le Monde* publicou um texto do escritor Jean Genet de uma violência sem precedentes contra a Alemanha, crivado de alegações totalmente inventadas. «A Alemanha, que aboliu a pena de morte, leva à morte por greve de fome e de sede, isolamento pela 'depreciação' do menor ruído, exceto o ruído do coração do prisioneiro.» Ele continuava: «Foi a própria brutalidade da sociedade alemã que tornou necessária a violência da RAF». A animosidade e o melodrama de Jean Genet beiravam o absurdo, especialmente porque ao mesmo tempo ele elogiava o «heroísmo» dos terroristas que, segundo ele, mostravam que «de Lênin até agora, a política soviética nunca deixou de apoiar os povos do Terceiro Mundo».

Uma terrível má-fé em relação aos crimes soviéticos, comum entre os intelectuais franceses dessa época. A imagem que faziam da Alemanha era ainda pior por ter sido o único país da Europa a proibir o partido comunista, junto com a Espanha de Franco. O *Libération* começou declarando guerra ao vizinho do outro lado do Reno; a *FAZ* e o *Der Spiegel* responderam chamando a esquerda francesa de «chauvinista» e «antialemã». Uma guerra midiática eclodiu entre a França e a Alemanha.

A solidariedade de alguns intelectuais e meios de comunicação franceses para com os terroristas redobrou em julho de 1977, dia em que Klaus Croissant foi preso na França. O advogado da RAF, contra quem a Alemanha emitira um mandado de prisão por ele ter transmitido instruções de detentos a seus cúmplices no exterior, fugiu para a França, onde as autoridades lhe recusaram asilo político. Contra sua prisão, organizou-se uma campanha apoiada por filósofos como Michel Foucault e Jean-Paul Sartre. Em 2 de novembro de 1977, Gilles Deleuze e Félix Guattari assinaram uma coluna no *Le Monde* para denunciar uma sociedade em que «muitos esquerdistas alemães, em um sistema organizado de delações, veem sua vida na Alemanha se tornar insuportável». Eles alertaram contra «a perspectiva de toda a Europa cair sob esse tipo de controle reivindicado pela Alemanha». A França extraditou Croissant para a Alemanha Ocidental, que o condenou a dois anos de prisão por apoiar uma organização terrorista.

Na França, a germanofobia e as alusões ao «caráter» nazista dos alemães foram por muito tempo uma constante. Temia-se que a Alemanha voltasse aos velhos padrões. Na verdade, a RFA enfrentou os desafios da década de 1970, mostrando que sua democracia era mais sólida do que alguns haviam previsto. De forma lenta mas segura, seu trabalho de memória começava a dar frutos. Ao mesmo tempo, a França acordava de trinta anos de amnésia.

Capítulo VIII.
Doce França…

Minha mãe, Josiane, era uma aluna brilhante, uma das poucas de sua escola de formação de professores a ingressar na Sorbonne graças a uma bolsa de estudos, o orgulho de seu pai policial e de sua mãe dona de casa, com quem ela morava em um pequeno apartamento em Le Blanc-Mesnil, nos arredores de Paris. Ela havia escolhido estudar inglês depois de uma estadia na Inglaterra com sua amiga Françoise em uma pequena cidade irmã de Le Blanc-Mesnil onde ela, que praticamente nunca saíra da França, havia achado os ingleses «exóticos».

Era um longo trajeto para ir e voltar da faculdade, um bom tempo perdido para os estudos. Além disso, à noite, Josiane se dedicava aos livros em vez de sair com os alunos da Sorbonne, burgueses, filhos de médicos e advogados com quem ela nunca tinha conseguido se sentir à vontade. Nem por isso Josiane levava uma vida monástica; sua bolsa permitia-lhe passar as férias numa estação de esqui, na Bretanha ou no Mediterrâneo, onde as fotos muitas vezes a mostram rodeada de rapazes. Era uma menina bonita, muito morena, sempre sorridente e vestida com muito capricho, uma vaidade que herdara da mãe, costureira de mão cheia. «Eu nunca pensava na guerra, era jovem, queria leveza. Além disso, não acho que isso preocupasse muita gente, nem na imprensa nem na universidade. Quando eu ouvia os relatos, era principalmente sobre a Resistência ou histórias monstruosas, como aquela do dr. Marcel Petiot...»

Esse médico parisiense havia explorado o sofrimento dos judeus perseguidos durante a Ocupação, alegando que poderia retirá-los do país e enviá-los para a Argentina. Ele os convidava a se apresentar em seu consultório munidos de todos os seus objetos de valor para saqueá-los, assassiná-los e queimar-lhes o corpo. Famílias inteiras passaram por suas mãos. O caso arrebatava a França. Como Josef Mengele na Alemanha e todas aquelas figuras marcadas pelo «mal absoluto», Petiot permitiu que se desviasse a atenção de outro mal, menos espetacular, mais sutil, mais assustador porque muito mais comum, diluído entre milhões de pessoas, o da atitude de parte dos franceses sob a Ocupação.

Todos os dias, para chegar a Paris, Josiane cruzava de ônibus a cidade vizinha de Drancy, onde, durante a guerra, a grande maioria dos 76 mil judeus deportados da França — franceses, mas sobretudo estrangeiros — havia sido detida em condições execráveis antes de ser enviada pelos alemães aos campos de extermínio. Embora sob a autoridade da Gestapo, o campo de Drancy, localizado em um grande complexo moderno, a cidade de La Muette, havia sido administrado até o verão de 1943 pela prefeitura de Paris, que colocara à disposição guardas franceses para a vigilância do campo, tanto externa quanto interna. Na Libertação, sobreviventes apresentaram queixa contra esses guardas, e uma dezena deles foram acusados. Eles alegaram obediência às ordens recebidas, e apenas dois foram condenados à prisão em regime fechado, antes de receberem indulto ao final de um ano. «Eu não tinha ideia do que era Drancy, nem na década de 1950 nem na de 1960», minha mãe me diz com uma expressão um tanto culpada. Eu fiquei imaginando como ela conseguiu ignorar que, ao lado de sua casa, havia se passado um dos maiores dramas de Vichy apenas poucos anos antes da chegada de sua família à região.

Na França, ninguém estava interessado em Drancy naquela época. Depois da guerra, as associações religiosas começaram a organizar cerimônias discretas no local e então, no início dos anos 1960, placas rememorativas foram afixadas na entrada da cidade de La Muette. Foi somente a partir da década de 1970 que, muito aos poucos, criou-se um memorial. Portanto, não é de admirar que minha mãe tenha ouvido falar sobre isso tão tardiamente. Dando sequência às minhas pesquisas, descobri que parte das torres da cidade de La Muette tinha continuado a servir de caserna para os antigos guardas do campo. Ora, Josiane vivia em uma caserna onde os policiais deviam manter contato com seus colegas da cidade vizinha de La Muette. Seu pai, Lucien, tinha necessariamente, por causa de sua profissão, mantido relações com a antiga equipe de Drancy. Seria possível que não tenham falado sobre isso, que nunca lhes tenha escapado um comentário, uma pergunta, uma anedota, uma maledicência, um arrependimento?

O campo ficava na cidade. Em frente, havia um hotel onde os parentes dos detidos alugavam quartos a um preço exorbitante para vê-los e acenar para eles. Já a estação Bourget-Drancy, de onde partiram 42 comboios entre março de 1942 e junho de 1943, ficava exatamente na divisa entre Drancy e Le Bourget, uma região em que circulava muita gente porque era ali que se localizava o principal aeroporto da Europa depois do de Berlim-Tempelhof. A partir de julho de 1943, o transporte foi transferido por razões de logística e de discrição para a estação de Bobigny, mais afastada, de onde partiram 21 comboios. Pouco antes da libertação de Paris, dois transportes foram enviados na última hora a Auschwitz e Buchenwald, sob a insistência do então comandante de Drancy, o *ss-Hauptsturmführer* Alois Brunner, que conseguiu que outras 1.327 crianças judias fossem detidas no último minuto em Paris no final de julho.

Os moradores de Drancy certamente viram esses homens, essas mulheres e essas crianças empilhados às centenas em vagões de gado, sobre a palha molhada de urina, com um tambor de água e uma balde à guisa de latrina. Será que nunca evocaram esse episódio depois da guerra, no balcão do café, na igreja, nas lojas? Parece-me inimaginável, mas provavelmente estou subestimando a força da lei do silêncio na França do pós-guerra. «O passado não era mencionado em casa», diz minha mãe. «Eu me dava bem com meu pai, mas ele não contava quase nada.»

Vovô fora um policial sob as ordens de Vichy durante a Ocupação. Ao longo da guerra, ele tinha estado alocado em Mont-Saint-Vincent, um vilarejo com algumas centenas de habitantes em Saône-et-Loire, localizada em zona «livre». Dessa época, vovô gostava de contar uma história, apenas uma, mas que repetia sem parar. Em novembro de 1942, os alemães invadiram a zona livre com o objetivo, entre outros, de controlar a costa mediterrânea para enfrentar o desembarque de americanos e britânicos no Norte da África. A região de Mont-Saint-Vincent foi ocupada pelos alemães, que exigiram que os policiais entregassem suas armas, mas Lucien e seus colegas tiveram um acesso de coragem e esconderam algumas delas.

Um dia, quando os combatentes da Resistência cometeram um atentado, os alemães invadiram feito loucos as casernas das redondezas, prometendo executar reféns caso encontrassem uma única arma. Meu avô deve ter passado um péssimo quarto de hora enquanto revistaram o alojamento dele, mas estranhamente eles não pensaram em algo tão simples como um esconderijo contra a parede atrás do armário. Do contrário, provavelmente teriam saqueado o vilarejo, talvez até o tivessem incendiado e matado reféns para isolar os habitantes dos maquis da Resistência, como fizeram em Oradour-sur-Glane em 10 de junho de 1944. Esse povoado no Limousin foi completamente destruído e a maioria dos seus habitantes, mais de seiscentas pessoas, foi assassinada com grande brutalidade por uma companhia ss que queria se vingar dos sucessos militares de membros da Resistência na região. Esse massacre foi um dos piores perpetrados contra civis não judeus na Europa Ocidental durante a Segunda Guerra Mundial.

Vovô morreu quando eu tinha dez anos, e não tive tempo de conhecê-lo mais. Mas um amigo da família, Claude, nascido em 1929, me propôs um dia contar como ele havia vivido essa época de guerra e ocupação. Claude cresceu em uma família mais abastada que a de minha mãe, numa casa com um grande jardim e uma garagem, localizada a cerca de vinte minutos de Paris. Sua família era muito antialemã. Seu avô já havia presenciado duas invasões da França pela Alemanha, em 1870 e 1914, e três de seus tios haviam sido convocados na Primeira Guerra Mundial. Nunca falavam nisso, como muitos de seus companheiros, devastados pelo que haviam passado nas trincheiras, linhas de defesa cavadas na terra e interligadas ao longo de centenas de quilômetros. Soldados de ambos os lados ficaram encurralados por quatro anos, enfrentando-se face a face em condições terríveis, esperando que a morte chegasse a qualquer hora e em qualquer lugar. A França emergira da guerra muito enfraquecida moral, demográfica e economicamente. Gritava-se: «Nunca mais. É a 'última das últimas'!»

Vinte e um anos depois, a Europa começava tudo de novo. «Senti mesmo a guerra se aproximar», diz Claude, que tinha dez anos em 1939. «Havia cartazes de mobilização por toda parte e colavam-se tiras de papel nos ladrilhos para diminuir as vibrações dos bombardeios. Na escola distribuíam máscaras de gás, isso me marcou.» A região em que ele morava foi afinal bastante poupada pelas bombas, mas um de seus amigos que vivia em Paris falava de mortos e feridos que pavimentavam as ruas. «Em maio de 1940, com a aproximação da Wehrmacht, meus pais decidiram fugir. Fechamos a casa e deixamos cachorro e gato. As estradas estavam muito congestionadas, todos estavam com medo dos alemães e fugiam.» Sua família refugiou-se no casarão de um parente na foz do Loire. Um mês depois, oficiais alemães requisitaram o andar térreo. «Eles foram muito corretos. A atitude dos alemães tranquilizou muitos franceses que voltaram para casa, como nós.»

Diante da derrota do seu exército, considerado um dos mais poderosos do mundo, o Estado francês pediu socorro ao marechal Philippe Pétain, «vencedor da Batalha de Verdun» e herói da guerra de 1914–1918, que pediu a capitulação. Em Londres, na BBC, o general De Gaulle lançou seu lendário Apelo de 18 de junho, instando os franceses a continuarem na luta, selando o ato fundador da resistência gaullista, a França Livre. Quatro dias depois, Pétain assinou um armistício com Adolf Hitler, prevendo que a França fosse dividida em duas partes por uma linha de demarcação, sendo uma zona ocupada pelo exército alemão ao norte e ao longo do

Atlântico e uma zona «livre» ao sul do Loire. A França teria que pagar o preço da ocupação alemã e aceitar — o que foi o primeiro passo para a perda de sua integridade moral — «entregar os refugiados políticos alemães ou austríacos presentes em seu solo».

O novo governo francês deixou Paris e se estabeleceu em Vichy. Na teoria, seu poder era exercido sobre todo o país e sobre o império colonial. Na prática, ele era subserviente à Alemanha nazista. Em 24 de junho, a França assinou um armistício com a aliada do Reich, a Itália, que obteve uma pequena zona de ocupação ao longo da fronteira italiana, na Côte d'Azur e nos Alpes Marítimos, zona que depois iria se expandir.

«De volta do Loire», continua Claude, «comecei a bater de porta em porta com colegas do colégio para vender retratos de Pétain, em benefício do programa nacional de auxílio a militares, suas famílias e vítimas civis. Não me lembro de baterem a porta na minha cara. Naquela época, o marechal tinha uma imagem muito boa. A gente pensava: este é o sujeito que vai salvar minimamente o dia!» Pétain foi glorificado com um enorme prestígio. Os franceses eram gratos a ele por ter evitado outro banho de sangue ao assinar o armistício. Eles se tranquilizavam dizendo a si mesmos que Hitler era o melhor baluarte contra o temido avanço dos bolcheviques.

O parlamento votou por esmagadora maioria a atribuição de plenos poderes ao marechal, encarregado de redigir uma nova constituição. Era a morte do parlamentarismo da Terceira República, acusada de ter enfraquecido o país econômica, militar e diplomaticamente. A mudança para um regime autoritário em desacordo com os valores da República não parece ter incomodado a maioria dos franceses, que permaneceram impassíveis diante da prisão de notórios gaullistas e antigos líderes da Terceira República.

Em 24 de outubro de 1940, enquanto o *Führer* cruzava a França de trem, voltando da Espanha, onde havia estado com Franco, o velho marechal foi ao seu encontro na estação de Montoire-sur-le-Loir e, com um aperto de mão bastante divulgado, comemorou oficialmente a entrada da França «na via da colaboração».

«Aquele aperto de mão mudou tudo. Eu parei de distribuir retratos de Pétain», explica Claude. Uma nova página estava se abrindo para a França, que iria se atolar na cumplicidade ativa com os crimes do Reich contra os combatentes da Resistência e os judeus. Vichy se enganou em seus cálculos. Apesar de suas promessas de boa vontade, os alemães não passaram a tratar melhor a França.

As requisições desmesuradas do Reich por dinheiro, alimentos e matérias-primas estrangulavam o país. Em Paris, onde Claude ia todos os dias ao colégio, «muitas lojas fecharam e, diante das que continuavam abertas, havia longas filas». Muitos residentes viviam com menos de 1.500 calorias por dia, a eletricidade era racionada, o carvão para aquecimento era escasso e a falta de combustível tornava os deslocamentos praticamente impossíveis. No campo, a vida era menos dura do que na cidade. «Sofríamos menos privações graças às nossas árvores frutíferas, nossa horta, nosso galinheiro, a amizade da família com um dono de mercearia. Uma ou outra permuta nos permitia ter carvão para aquecer dois cômodos no inverno», acrescenta Claude. «Mas a sensação era de estar em um barco à deriva, sem capitão a bordo. Na minha região, as autoridades francesas eram invisíveis: por exemplo, o prefeito do meu município nunca aparecia em lugar algum, em nenhum momento.»

Na zona sul, por outro lado, as autoridades francesas eram bem visíveis. Com a escalada da resistência, o regime passara da ofensiva de charme para a repressão. Após o ataque da Alemanha à União Soviética em junho de 1941, em violação do tratado de não agressão assinado pelos dois países em agosto de 1939, os comunistas franceses deixaram sua neutralidade para aumentar o número de atentados, sabotagens e assassinatos, primeiro independentemente dos gaullistas, depois em conjunto. Os alemães contra-atacaram mandando executar reféns às dezenas, selecionando-os um pouco ao acaso nas prisões. Pétain tentou se interpor. Mas a única coisa que conseguiu foi que o regime de Vichy assumisse o trabalho sujo, perseguindo os combatentes da Resistência e executando reféns franceses.

Quanto aos alemães, mesmo na zona de ocupação, a presença deles não era a mesma em todos os lugares. «Raramente eu via algum, não havia nenhum na minha cidade. Vivíamos em uma bolha, como outros franceses. Por outro lado, aqueles que viviam em Paris foram confrontados com a Ocupação.» Claude não sabia nada sobre a Resistência, exceto pelos cartazes sobre os fuzilados que os alemães penduravam no trem para dissuadir aqueles que pudessem se sentir tentados. Seu pai ouvia a BBC porque era anglófono e anglófilo. «Ele havia aberto um grande mapa da Europa e, de acordo com as informações que ouvia, fazia os peões avançarem ou recuarem.»

A partir de novembro de 1942, quando o Reich invadiu a zona «livre», a popularidade do regime de Vichy declinou rapidamente. A paz prometida estava fora do alcance da vista. As privações e a pressão para enviar franceses para trabalhar na Alemanha sob o acordo do Serviço de Trabalho Obrigatório (STO) tornaram-se insuportáveis.

A Ocupação, ainda que tenha sido dura para todos, tinha muitas faces, dependendo das relações, se a pessoa era politizada ou não, se vivia em zona livre ou em zona ocupada, no campo ou na cidade, se havia na família combatentes da Resistência, colaboradores, prisioneiros. Em 6 de junho de 1944, os Aliados desembarcaram nas praias da Normandia. Ao final de agosto, Paris foi libertada.

Depois da guerra, por muito tempo, minha mãe, como a grande maioria de seus compatriotas, foi embalada pela história oficial que afirmava que seu país havia majoritariamente resistido aos alemães e se libertado de seu jugo à força de combates. Será que, no fundo, os franceses acreditavam nessa versão da história? No círculo de Claude, que era estudante após a Libertação, «sentíamos que não havia nada de muito glorioso nesse episódio. Preferíamos não falar sobre isso».

Oficialmente, o mito se enraizou desde as primeiras horas da Libertação de Paris, em 25 de agosto de 1944, quando o general Charles de Gaulle exclamou: «Paris libertada! Libertada por si mesma, libertada por seu povo com a ajuda dos exércitos da França, com o apoio e a ajuda de toda a França [...] da verdadeira França, da França eterna». Na verdade, Paris não fora libertada pela Resistência, que lutou, mas estava exaurida demais para tal desafio. Foi o exército americano quem havia concedido permissão a De Gaulle para colocar na linha de frente a divisão do general Leclerc.

O presidente americano, Franklin D. Roosevelt, e outros líderes aliados duvidavam que a França pudesse se tornar um aliado confiável e democrático. Ela não só tinha renunciado ao combate e abandonado a Grã-Bretanha diante da Alemanha nazista, como fora o único país não aliado do Reich a ter colaborado tão estreitamente com o inimigo. No entanto, graças ao engajamento dos combatentes da Resistência no novo exército francês, reconstituído ao lado dos Aliados após a Libertação, graças à sua adesão à democracia e sobretudo graças à obstinação do general De Gaulle, Roosevelt acabou concordando em associar a França à vitória de 1945. A França evitou assim a humilhação de ser tratada como um país derrotado. Mesmo não tendo sido considerada uma vencedora da linha de frente nem convidada para conferências aliadas sobre o destino do Reich derrotado, ela paradoxalmente obteve uma pequena zona de ocupação na Alemanha e um assento no Conselho de Segurança Permanente da ONU.

Sobre essa mentira original de uma «França vitoriosa» iria se construir o mito de uma «França resistente». Por um decreto em 9 de agosto de 1944, o general De Gaulle, que conduziu o país à Libertação, decretou o regime de Vichy «nulo e sem efeito», considerando que este nunca havia representado a França, pois «a República nunca deixou de ser» encarnada pela «França livre, a França combatente, o Comitê Francês de Libertação Nacional», ou seja, a Resistência.

Assim nasceu a interpretação a que o Estado francês se agarraria durante meio século: ao contrário da RFA que, sob Konrad Adenauer, aceitaria «oficialmente» o pesado legado de responsabilidade pelos crimes do Terceiro Reich, a França desvencilhava-se de uma herança incômoda, como se Vichy tivesse sido imposto à força por um pequeno grupo de criminosos a uma população que a ele se opunha ferozmente. Até a polícia nacional foi celebrada como «resistente», apesar de ter participado maciçamente nas incursões contra os judeus e na vigilância dos campos.

«De repente, começou a aparecer um monte de pretensos combatentes da Resistência... Nós os tomávamos por fantoches», diz Claude. O oportunismo reinava. As pessoas lutavam para conseguir um cartão dos Combatentes Voluntários da Resistência. Foram distribuídos entre 220 mil e 300 mil deles, recompensando às vezes menos um envolvimento sob risco de vida do que o talento de se fazer passar por algo que nunca se havia sido. A vaga noção de «serviços prestados à Resistência» foi invocada para garantir a impunidade de colaboradores que, por oportunismo, negaram seu posicionamento no último minuto. Mesmo entre aqueles que realmente pegaram em armas contra os alemães, forjava-se a memória da Resistência para aproximá-la de si.

O campo do general De Gaulle competia com o partido comunista, que se definia como o «partido dos 75 mil executados», aludindo ao suposto número de comunistas sacrificados, cifra bastante exagerada, segundo os historiadores. O partido glorificava a grande família antifascista, da qual se atribuía o papel de liderança, e explorou esse filão para avançar de forma espetacular nas eleições que o catapultaram a líder na França. É verdade que os comunistas desempenharam um papel central na Resistência, mas eles pareciam esquecer que, por causa de sua obediência ao pacto germano-soviético, esperaram até o verão de 1941 antes de considerarem os nazistas inimigos, em vez de se juntarem à Resistência desde o início.

No entanto, na Libertação, o partido comunista teve a elegância de homenagear todas as vítimas, prisioneiros de guerra, veteranos, judeus, civis, trabalhadores forçados, enquanto o general De Gaulle preferia ignorá-los e enaltecer os únicos heróis da Resistência para vender a imagem de uma França combativa e fazer esquecer que ela havia capitulado. O cinema foi um maravilhoso disseminador dessa propaganda. Já em 1944, o Comitê para a Libertação do Cinema Francês, criado por artistas da sétima arte, foi incentivado pelas autoridades a fortalecer uma identidade nacional «positiva». Um filme emblemático dessa orientação é *A batalha dos trilhos*, de René Clément, lançado em 1946, que reconstrói as operações de sabotagem dos ferroviários franceses para prejudicar a circulação dos trens durante a ocupação nazista.

No entanto, esse floreio do papel da França foi bem-vindo. Mesmo que a situação fosse menos extrema do que na Alemanha, os franceses sofreram duramente com as consequências da guerra: infraestruturas e cidades destruídas, racionamento de alimentos, escassez de carvão… Ainda mais porque o ambiente era bastante tóxico em uma sociedade em que as pessoas se olhavam como cães de briga, à espera de saber, no acerto de contas com os colaboradores, quem seria o denunciador e quem seria o denunciado.

Depois da Libertação, dezenas de milhares de franceses ficaram sob a ameaça de retaliação popular. Ao desejo de justiça e vingança, misturavam-se outros tipos de acerto de contas. Oportunistas reuniam evidências para poder se livrar de um concorrente ou se apropriar de bens cobiçados; à menor dúvida, indivíduos podiam ser linchados. Aproximadamente 9 mil pessoas foram sumariamente executadas. Cerca de 20 mil mulheres acusadas de «colaboração horizontal», isto é, de terem dormido com alemães, tiveram a cabeça raspada no meio da rua e foram entregues em cortejo a uma multidão enfurecida. Elas foram reféns de uma virilidade patriótica de outra época, que exigia que os corpos femininos pertencessem à nação. «Perto do vilarejo de sua infância, minha mãe conhecia uma mulher cuja cabeça havia sido raspada junto com a de algumas outras na praça central por elas terem 'frequentado' alemães», relata Josiane. «Minha mãe, que a visitava, desaprovava abertamente sua conduta, mesmo dez anos depois, mas ainda assim considerava que a sentença havia sido dura demais.»

A violência da depuração popular acelerou a organização dos processos legais. Foi instituído um novo crime, o de «indignidade nacional», passível de pena de destituição nacional, visando àqueles que participaram das atividades do regime, de suas organizações e partidos políticos e na propagação de suas ideias. Cerca de 100 mil pessoas foram afetadas por essa pena, que implicou a privação de direitos cívicos e a proibição do exercício de determinadas funções ou profissões (advogado, banqueiro, professor...). Segundo o especialista desse período Henry Rousso, uma centena de ministros e políticos foram levados a um tribunal especial, o Superior Tribunal de Justiça. Metade foi condenada a penas de prisão e vários à pena de morte, três dos quais foram executados. Ao todo, de acordo com Henry Rousso, foram proferidas cerca de 7 mil condenações à morte, das quais 1.600 foram levadas a termo, ou seja, mais do que em outros lugares e entre seis e sete vezes mais do que na Alemanha.

Criaram-se comissões dentro das administrações departamentais, dos ministérios e das empresas nacionais que aplicaram sanções a dezenas de milhares de funcionários públicos e empregados. As depurações afetaram também a Igreja, o exército e a mídia. Mas muitos peixes grandes escaparam dos julgamentos: os magistrados, embora tenham contribuído amplamente para a aplicação das leis de Vichy, os técnicos dos grandes órgãos do Estado e muitos empresários, com algumas raras exceções, incluindo Louis Renault, fundador do império automobilístico que leva seu nome, que morreu na prisão antes de ser julgado.

Os mais duramente atingidos foram os ideólogos de Vichy e os intelectuais próximos aos círculos colaboracionistas. O escritor Louis-Ferdinand Céline, brilhante autor do pacifista *Viagem ao fim da noite* e de panfletos antissemitas, conseguiu fugir para a Dinamarca, de onde retornou em 1951 após ser anistiado. Pierre Drieu la Rochelle, um romancista dândi e conquistador, amigo dos dadaístas e dos surrealistas, depois adepto de uma espécie de «socialismo fascista», título de uma de suas obras, suicidou-se. Jornalistas foram fuzilados, entre eles o influente escritor e crítico de cinema Robert Brasillach, editor-chefe do jornal colaboracionista e antissemita *Je suis partout*. Numerosos escritores se mobilizaram em vão para pedir o indulto do general De Gaulle. «O talento é um título de responsabilidade» e, portanto, uma circunstância agravante porque amplia a influência do escritor, avaliou o chefe de Estado.

Todos aguardavam ansiosamente o julgamento dos principais atores. Em julho de 1945, teve início o do marechal Philippe Pétain, então com 89 anos, que partiu para uma linha de defesa audaciosa, para dizer o mínimo: «Fiz uso desse poder como um escudo para proteger o povo francês [...]. Todos os dias, com uma faca no pescoço, lutei contra as exigências do inimigo. A História contará tudo de que eu os poupei, ao passo que meus adversários só pensam em me recriminar pelo inevitável [...]. Enquanto o general De Gaulle, fora de nossas fronteiras, continuava sua luta, eu preparei o caminho para a Libertação, ao mesmo tempo em que preservava uma França sofrida mas viva.» Seus advogados chegaram a afirmar que, devido à sua idade avançada, o líder de Vichy havia sido explorado pela segunda figura mais importante do regime depois dele, Pierre Laval, que o teria arrastado para uma crescente colaboração com o inimigo. O marechal foi condenado à morte, mas o general De Gaulle comutou sua pena para prisão perpétua. Para a paz interna da França, mais valia não melindrar os velhos pétainistas, já que eram muito numerosos.

Mas alguém tinha que pagar. E esse alguém foi Pierre Laval, o último dirigente do governo de Vichy que, em 22 de junho de 1942, proferiu uma frase chocante em um discurso de rádio: «Desejo a vitória da Alemanha porque, sem ela, o bolchevismo, amanhã, se estabeleceria por toda parte». Durante o julgamento, Pétain afirmou ter ficado indignado com essa declaração. Na verdade, como revelou o historiador Marc Ferro, o marechal a tinha genuinamente endossado e até substituído a versão inicial «acredito na vitória da Alemanha» por «desejo a vitória da Alemanha». O julgamento de Laval foi um desastre. Constantemente vaiado pelo público, ameaçado por um júri parcial, linchado pela imprensa, ele foi condenado à morte por alta traição e executado uma semana depois por se recusar a pedir indulto. Em suas *Memórias de guerra*, De Gaulle escreveu: «Laval havia jogado e havia perdido. Ele teve a coragem de admitir que se responsabilizava pelas consequências».

Com esses julgamentos nasceu uma nova lenda, a das «duas Vichy», uma representada por Laval, de corpo e alma a serviço dos alemães, e outra, a de Pétain, que, sob a aparência de colaboracionismo, teria servido de «escudo» da França à espera da intervenção da «espada», encarnada por De Gaulle.

Alguns anos depois da grande ira dos franceses durante a Libertação contra os supostos colaboradores, a poeira assentou e abriu-se caminho para o que os historiadores chamam de «des-depuração». A França não podia se privar de todos os seus oficiais superiores; muitos dos combatentes da Resistência não haviam sido treinados para cumprir as funções de técnicos especializados dentro do aparelho de Estado. A reintegração maciça de funcionários de Vichy e a anistia de condenados se desenrolaram sob indiferença geral e, sem dúvida, foram facilitadas pela ausência do general De Gaulle, que havia renunciado à liderança do país em 1946.

Em dezembro de 1948, 69% dos condenados haviam sido anistiados. Em 1953, uma nova lei de anistia concluiu a legalização da impunidade e possibilitou a libertação da grande maioria dos presos ligados a Vichy. Sob a presidência de René Coty, a partir de 1953 integraram o governo antigas personalidades do regime de Vichy, como André Boutemy, cuja nomeação, no entanto, suscitou inúmeros protestos, principalmente da parte dos comunistas. Em 1965, Jean-Louis Tixier-Vignancourt, responsável pela propaganda e pela censura sob Vichy, adepto de Pétain mas antialemão, obteve 5,2% dos votos nas eleições presidenciais. A continuidade entre os dois regimes foi mais forte ainda nos bastidores da administração e dos grandes órgãos de Estado, nos quais entre dois terços e 98% dos servidores públicos já tinham ocupado cargos sob Vichy.

«Na escola, praticamente não se falava sobre a guerra», destaca minha mãe. «Aprendíamos sobre a Antiguidade e as etapas gloriosas da França: Luís XIV, a Revolução Francesa, Napoleão, depois a influência colonial da França, benfeitora e portadora de civilização. Ficávamos orgulhosos de ver tudo o que possuíamos em todos os lugares.» Claude, aluno da Sciences-Po, em Paris, uma escola destinada notadamente a formar futuros altos funcionários, também é categórico: «As aulas paravam em 1939. Os problemas da guerra e do período imediatamente anterior à guerra não estavam na ordem do dia. Por outro lado, falava-se muito sobre o comunismo, te-mia-se que a Europa fosse invadida».

Rapidamente, uma notícia de outra natureza iria mo-nopolizar a atenção dos franceses: a perda do império colo-nial, onde movimentos de emancipação se desenvolviam gra-ças ao enfraquecimento do poder colonial durante a guerra. Em poucos anos, a França teve que abrir mão da Indochina e depois da Tunísia, do Marrocos e de seus territórios na África Subsaariana. Mas o mais traumático para ela foi a Guerra da Argélia, país que tinha estatuto de departamento francês e era vista como uma extensão natural da França do outro lado do Mediterrâneo. «Os jovens tremiam com a ideia de serem convocados», conta minha mãe. «Lembro-me do dia em que vieram buscar alguns deles em Le Blanc-Mesnil para enviá-los ao combate. Todo mundo dizia: eles não vol-tarão jamais.»

Em 1958, quando a França passava por uma grande crise por causa da Guerra da Argélia, vários líderes france-ses lançaram um apelo ao general De Gaulle, que, após uma década de «travessia do deserto», aceitou assumir as rédeas do poder. Ele obteve a aprovação por referendo da cons-tituição da Quinta República e foi então eleito presidente da República. Ele pavimentou o caminho para a indepen-dência da Argélia, provocando a ira dos *Pieds-Noirs*, cerca de 800 mil a deixar uma terra em que viviam havia muitas gerações por um país que mal conheciam. O conflito arge-lino também abalou a crença em uma França respeitadora dos direitos humanos, sabendo-se que o exército francês fazia uso sistemático da tortura para extrair informações de seus prisioneiros. Antigos combatentes da Resistência e intelectuais, como Jean-Paul Sartre e sua companheira,

Simone de Beauvoir, compararam essas práticas com as da Gestapo e dos nazistas. A aura de uma França afrontando a barbárie nazista e imunizada contra tal crueldade havia empalidecido.

Mas De Gaulle resistia em seu mito nacional. Uma vez no poder, apressou-se em revitalizar a memória dos «franceses combatentes» e, em 1960, inaugurou um memorial em Mont-Valérien, onde mais de mil combatentes da resistência haviam sido executados. Em 1964, transferiu-o para o Panteão de Paris, onde se encontra o túmulo dos «grandes homens» da França, além das cinzas de Jean Moulin, líder do Conselho Nacional da Resistência, torturado até a morte pela Gestapo. Sob a presidência do general, o cinema sobre a resistência voltou com força, com *A linha de demarcação* (1966), de Claude Chabrol, ou *O exército das sombras* (1969), de Jean-Pierre Melville, para citar apenas dois. Esses filmes celebravam a competência e os sacrifícios daqueles heróis sem que jamais se dissipasse a imagem consensual da França unida em torno de seus combatentes da resistência.

Em 1962, durante um piquenique com uma amiga no gramado do parque Saint-James, em Londres, Josiane viu aproximar-se um jovem esguio, com o cabelo mais louro que o trigo e os olhos mergulhados em azul. Em um francês hesitante mas encantador, ele perguntou se podia se juntar a elas. Por causa dos queijos, do salame e do vinho dispostos sobre a toalha, Volker entendeu que se tratava de francesas que se preocuparam em levar consigo mantimentos para não morrer de fome em um país cuja reputação gastronômica era catastrófica. Ninguém sabe quais dos prazeres em perspectiva fizeram meu pai sucumbir ao se aproximar das moças, mas, ao se despedir, ele partiu com o endereço de Josiane no bolso.

Dois anos depois, de passagem por Paris, ele a procurou e lhe ofereceu um buquê de violetas ao beijá-la.

A primeira vez que ela visitou Volker em Mannheim, em 1966, ao volante de seu Citroën 2 CV, Josiane ficou impressionada com a infraestrutura viária, a «onda verde» que permitia encadear a abertura dos semáforos nos limites de velocidade, as setas direcionais no solo, os cruzamentos, as grandes pontes modernas, as intersecções complexas e, claro, as rodovias. O milagre econômico alemão estava à frente do da França. «Foi atordoante, achei tudo mais moderno do que na França. E também ter nas mãos o *Deutsche Mark* era o máximo, comparado ao franco, constantemente desvalorizado.» Minha mãe se sentiu imediatamente à vontade na Alemanha. «Nunca tive esse reflexo de ver um nazista atrás de cada alemão. Nós, os jovens, éramos bastante positivos, havia agora a Comunidade Econômica Europeia, esquecíamos tudo e recomeçávamos juntos, confiantes no futuro e na solidariedade.»

É preciso dizer que Josiane já conhecia o país. Ela havia morado, entre 1947 e 1949, em Lindau, uma bela cidade do Sul, às margens do lago de Constança, localizada na zona de ocupação francesa para onde seu pai havia sido transferido. Eles moravam em um apartamento requisitado pelos franceses, cuja residente, alemã, servia de ajudante doméstica, embora minha avó, que não estava acostumada a ter empregados, preferisse cuidar ela mesma da casa. Josiane se lembra de festas, fogos de artifício e fartura de comida em uma época em que os alemães lutavam para não cair na miséria.

Em Mannheim, minha mãe admirou a gentileza da família do seu noivo, principalmente porque ela podia trocar algumas frases com eles. Quando ela voltou de Lindau aos oito anos, sua professora francesa convenceu seus pais a contratarem aulas particulares de alemão. «Essas despesas sobrecarregavam muito o já modesto orçamento familiar, mas meus pais sempre apertaram o cinto para nos dar a educação que não tiveram.» Karl Schwarz ficava orgulhoso ao desfilar pelas ruas com aquela beleza latina, e Lydia Schwarz, feliz por ter uma nova admiradora de seus lendários bolos. Mesmo assim, Oma ficou um pouco abalada quando o filho lhe disse que queria ficar noivo de «uma francesa católica». Ela respondeu: «Com todas as moças honradas que existem na Alemanha, você não poderia ter encontrado uma alemã?»

Mais do que a nacionalidade, era a religião que devia ser difícil de engolir, porque para ela, que era uma protestante fervorosa, o catolicismo, com seus bispos enfeitados com cores e fios de ouro, suas missas insuportáveis com vapores de incenso e seus rituais em que o padre mergulha os lábios em um cálice de vinho, tinha tudo de uma «seita», cujos seguidores ela duvidava fortemente que pudessem um dia entrar no paraíso. Como consolo, ela conseguiu que o casamento, que seria celebrado na França, fosse realizado em uma igreja protestante. Meus pais tiveram que se preparar com meses de antecedência em Paris, participando de intermináveis sessões de oração com um pastor pietista, um ramo muito severo do protestantismo. Mas o que mais entristeceu Oma foi ver seu filho, seu «Deus na terra», partir para um país desconhecido onde seus netos cresceriam longe dela.

Em 1971, para a virada do Ano-Novo, decidiu-se que Volker iria a Paris com sua mãe e sua irmã para conhecer o pai de Josiane e sua nova esposa, Geneviève, e conversarem todos juntos sobre os preparativos do casamento. A mãe de Josiane havia morrido alguns anos antes, sem ter conhecido Volker. A viagem devia ser feita de carro saindo de Mannheim, e foi sem preocupação que Oma, que conhecia a qualidade das rodovias alemãs, embarcou. Mas depois da fronteira era preciso se contentar com a Nacional 3, que ligava Metz a Paris, uma perigosa via de mão dupla congestionada de caminhões que, ainda por cima, fica toda coberta de gelo e neve nessa época do ano. Eles cruzaram a região deserta e desprovida de infraestrutura de Champagne, onde quase ficaram sem gasolina, antes de chegar a Paris depois de dez horas de viagem, exaustos, com fome e com sede. Oma tinha ficado perplexa com aquelas estradas cheias de buracos, com a ausência de restaurantes e banheiros públicos no percurso e com aquelas paisagens de Champagne sem vestígios de construções no horizonte, um contraste enorme com a densidade urbana da região de Mannheim. Ela certamente sentira saudade da *Autobahn*, porque nisso, e era indiscutível, os alemães estavam vários «trens» à frente dos franceses, e graças a quem? Pena que Hitler não tenha tido tempo de construir uma na França durante a Ocupação!

Em Paris, Volker havia dado uma volta de carro com a mãe e a irmã para mostrar a elas a Sorbonne, aquele nobre edifício onde sua noiva havia estudado e que impressionava, quando Oma exclamou: «Esses franceses são uma gentalha (*Lumpenpack*), eles não têm nenhum pudor!» Do carro, ela notara de relance a sigla de Presses Universitaires de France, PUF, em uma vitrine da qual não tivera tempo de ver o conteúdo. Ela havia lido *Puff*, que significa «bordel», convencida de que, no térreo, a Sorbonne tinha uma casa de prazeres própria para que os alunos pudessem ir se divertir entre uma e outra aula magistral, o que confirmou por um momento a ideia que ela fazia daquele país de católicos com costumes indignos.

Na noite de Ano-Novo, minha mãe, vovô e sua nova esposa se desdobraram para preparar uma refeição digna de rei que não deveria ser servida antes das 22 horas, a fim de que a sobremesa chegasse exatamente à meia-noite. Com fome, Ingrid e a mãe, que costumavam jantar às 18h30, se consolaram com os aperitivos e, quando finalmente soou a hora do jantar, tiveram que enfrentar bravamente as ostras e os *escargots* que lhes foram servidos, para elas um desafio equivalente ao de um francês comendo uma aranha frita no Camboja. Naquela noite elas não falaram nada, mas depois não hesitaram mais em criticar a comida da minha mãe, distante dos padrões alemães, tão reconhecidos por seus talentos culinários... No início, Josiane levava a sogra aos mercados franceses, mas esse turismo alimentar durou pouco, porque ela não havia pensado no desconforto que era, para um não iniciado, a visão da exposição de carnes ao ar livre, de línguas de boi penduradas em ganchos, de cérebros de cordeiro em bandejas, de rins banhados em sangue. Curiosamente, eram sobretudo os legumes e verduras cheios de terra espalhados em jornais sobre o chão que indignaram Oma: «Um alemão nunca comeria isso, esses espinafres sujos!»

Minha mãe não procurava saber o que o pai de seu noivo havia feito durante a guerra. Volker lhe assegurara que ele não havia se filiado ao partido nazista. «Se eu soubesse que ele esteve no partido, não teria mudado a minha decisão, mas teria me incomodado um pouco... O filho de um nazista...», ela diz hoje. Lucien também não fazia perguntas, mas não se privava de fazer comentários depreciativos sobre Volker. «Ele dizia: 'O que você está trazendo pra gente? Não há franceses suficientes aqui? Um menino talhado a foice, sem pescoço, como todos os alemães. Eu me pergunto o que você viu nele'. Depois começou a gostar dele, achava que ele era inteligente.» Com outras pessoas da família de Josiane, a recepção às vezes era bem fria, porque alguns franceses haviam sofrido terrivelmente com a brutalidade dos alemães.

Para anunciar o casamento, Josiane e Volker viajaram de carro para o Jura, região natal de Lucien, a fim de visitar o irmão dele, Prosper, e sua esposa, Madeleine. Durante a guerra, os alemães haviam invadido a propriedade de Madeleine em busca de seu irmão, um combatente da Resistência que havia sido denunciado, mas fugira a tempo de se juntar aos maquis, poderosos naquela área de montanhas e florestas propícias à camuflagem. Enquanto viravam a casa de cabeça para baixo, a família de Madeleine temia que descobrissem os vestígios de um paraquedas inglês que havia sido encontrado em um campo próximo e trazido para casa para fazer lençóis, um achado precioso para aqueles pobres camponeses. Furiosos porque o irmão, resistente, havia escapado deles, os alemães atearam fogo na propriedade. Se eles tivessem reconhecido a textura do tecido do paraquedas entre os lençóis, provavelmente teriam deduzido que estavam lidando com uma família de combatentes da Resistência e talvez os tivessem fuzilado na hora. Quando Josiane se sentou na sala de estar com Volker e seu forte sotaque alemão, Madeleine e Prosper devem ter se contorcido. Eles, que eram sempre tão acolhedores com a sobrinha, não lhe ofereceram nenhuma hospitalidade.

A parada seguinte deveria ser Bellegarde-en-Forez, um pequeno vilarejo idílico não muito longe de Lyon de onde vinha sua mãe e onde Josiane tinha uma tia da qual era muito próxima, com quem passava todas as férias. Quando eu era pequena, dormíamos na casa dela em viagem ao Sul; ela não tinha banheiro e nunca lavava nossos copos, mas, em contra-partida, tinha um viveiro e uma enorme gaiola com canários, um equilíbrio que convinha perfeitamente a mim e a minha irmã Nathalie.

«Tia Jeanne nunca dizia 'alemão', mas sim 'chucrute' ou 'gringo'», lembra minha mãe. «Quando eu lhe contei que ia me casar com um alemão, ela disse: 'Era só o que faltava! Ah, se sua mãe estivesse aqui...'»

Na verdade, a tia Jeanne falou muito mais do que isso, ela até escreveu uma carta que Josiane havia esquecido e que encontrei, e, quando a li para a minha mãe e para o irmão dela, ele pensou que fosse uma farsa, tamanho era o ódio que ela exalava. Segue aqui um trecho, com menos erros or-tográficos: «O que acabei de ficar sabendo, que você vai se casar com um chucrute, é uma vergonha para a família, eu sabia que havia gente simplória na família, mas não sabia que havia uma louca, seu pai é tão maluco quanto você, vocês realmente perderam a razão, acho que há franceses suficientes para que você não tenha que se casar com essa raça imunda. [...] Se a sua pobre mãe estivesse viva, o que ela diria, ela que soube o que é a guerra, ela que tanto sofreu, suportou fome e tudo, e você que se oferece a esses *hulans*». Eu não conhecia este último termo que ela escreveu incorretamente no lugar de *uhlan*, que significa «cavaleiro armado com uma lança nos exércitos eslavos e germânicos». Tia Jeanne termina com estas palavras: «Estou expulsando você da minha família como uma pestilenta. [...] Pegue um francês, nem que seja um pastor de ovelhas, mas que seja um francês».

Tia Jeanne não tinha sofrido especialmente com a ocupação em Bellegarde-en-Forez, um vilarejo localizado na zona livre que não enfrentara nenhuma perturbação, mas ela era uma daquelas francesas que, após a saída dos alemães, despejaram um ódio feroz contra aqueles que se suspeitava terem feito um pacto com o ocupante. «Ela contava muito mais coisas da guerra do que meu pai, ficava martelando na nossa cabeça a respeito dos colaboradores e principalmente das mulheres locais que haviam dormido com o ocupante.»

Na década de 1970, a mitologia que a França tentava manter sobre seu papel durante a guerra foi pelos ares. A brecha foi aberta por um documentário, *A tristeza e a piedade*, de Marcel Ophuls, revelando o comportamento ambíguo dos franceses em relação aos alemães sob a França de Vichy a partir de entrevistas com moradores de Clermont-Ferrand e com antigos soldados alemães da guarnição. O filme foi censurado pela Agência Estatal de Radiodifusão Francesa, a ORTF, e teve que se contentar em ser lançado em uma pequena sala do 5º *arrondissement* de Paris no final de 1971, mas a censura e a polêmica lhe deram muita publicidade. Ophuls conta que o diretor-geral da ORTF, a princípio bastante favorável, foi se encontrar com o general De Gaulle, já aposentado em sua casa de campo em Colombey-les-deux-Églises, onde vivia depois de ter renunciado à Presidência da República em 1969, para pedir sua opinião sobre aquele filme que contava «verdades desagradáveis». «De Gaulle respondeu: 'A França não precisa de verdades, precisa de esperança'.»

Quem melhor do que o general De Gaulle sabia que, no verão de 1940, apenas alguns milhares de franceses haviam respondido ao seu chamado ao combate e que a Resistência não começara a se manifestar de fato até o final de 1942, graças ao afluxo de novos candidatos que fugiam, antes de tudo, do serviço obrigatório na Alemanha? O general morreu antes do colapso do mito que ajudara a construir.

O abalo ocorreu em 1973, com o lançamento em território francês de *Vichy France* [A França de Vichy], do historiador americano Robert O. Paxton, que, com a ajuda de arquivos alemães e americanos, pintou um retrato notável e inédito desse episódio sobre os quais os arquivos franceses ainda estavam fechados. Uma por uma, ele desmontou as lendas que se acumulavam desde o fim da guerra. Ele revelou que a Resistência ativa nunca reuniu mais de 2% da população adulta francesa, combatentes de coragem muitas vezes exemplar que pagaram um preço alto diante da repressão exercida pelas forças de Vichy e pelo exército alemão. A maioria dos historiadores estima o número de combatentes ativos da Resistência entre 200 mil e 300 mil. A eles juntaram-se simpatizantes entre a população, que Paxton estima em 10%, dispostos a assumir riscos mais ou menos importantes, como retransmitir mensagens, fornecer alguma ajuda logística, mentir para os alemães ou ler jornais proibidos.

Paxton mostrava, aliás, que a colaboração havia sido uma proposta de Vichy, que acreditava na vitória da Alemanha e queria garantir um lugar na futura Europa hitlerista, enquanto a Alemanha, de sua parte, se mostrou reticente, pelo menos a princípio, porque Hitler não via na França um potencial aliado, mas unicamente uma fonte de butins e uma base militar contra a Grã-Bretanha. O historiador explicava que a decisão do governo de apoiar o Reich, em vez de se limitar às cláusulas do armistício que exigia uma simples administração do território, havia tornado muitos franceses cúmplices em medidas e atos criminosos. Ela permitiu aos alemães conduzirem com mais facilidade seus projetos: a pilhagem econômica e alimentar, o exílio forçado de mão de obra francesa na Alemanha e, acima de tudo, a repressão sangrenta dos combatentes da Resistência e a deportação de 76 mil judeus da França. Com sua falta de tropas e pessoal, os alemães teriam tido dificuldade em controlar um país tão desenvolvido e vasto como a França.

A respeito de outra questão primordial, Paxton explicava que a política de Vichy não tinha sido apenas uma reação pragmática à Ocupação — que acabaria se provando ruim. Ela respondia igualmente a uma aspiração política, até mesmo ideológica, de parte dos franceses. O historiador desmontou assim o mito segundo o qual os alemães queriam impor sua ideologia à França. Na realidade, Pétain havia procurado associar-se à nova ordem dos nazistas com seu projeto de Revolução Nacional, que tinha pontos em comum com o fascismo e o nacional-socialismo: a rejeição do parlamentarismo e da República, do modernismo cultural e das elites intelectuais e urbanas; a supressão de sindicatos e a interdição do direito de greve; a apologia dos valores tradicionais de Trabalho, Família, Pátria; o antissemitismo estatal; o culto à personalidade do líder — a efígie do marechal era onipresente, em moedas, selos, nas fachadas de prédios públicos ou em forma de bustos, enquanto o famoso *Maréchal, nous voilà !* [Marechal, aqui estamos!] tornou-se o hino nacional não oficial.

O projeto de Revolução Nacional despertou muito entusiasmo em numerosas famílias políticas cuja luta contra a República havia começado muito antes da chegada de Vichy.

No início da década de 1930, diante da impotência de sucessivos governos republicanos e da influência crescente do bolchevismo, multiplicaram-se as organizações políticas e paramilitares denominadas ligas, que eram nacionalistas ou fascistas e em parte compostas por veteranos. Uma das mais influentes foi a Action Française, movida pelo carisma do escritor Charles Maurras, um monarquista contrário às forças liberais, que ele associava aos judeus, os quais pretendia excluir da França. Em 6 de fevereiro de 1934, os membros das ligas estavam na linha de frente de uma manifestação contra o parlamento que reuniu cerca de 40 mil pessoas. Alguns pensavam que poderiam derrubar a República. Mas a manifestação se degenerou em um combate de rua mortal e, dois anos depois, as ligas foram dissolvidas. Vichy assinalava a vitória de suas ideias.

O livro de Paxton abalou a sociedade francesa. No cinema, a Resistência perdeu seu *status* de culto intocável. Em *Lacombe Lucien* (1974), Louis Malle ousou pôr em cena um jovem camponês bastante rude que, depois de ser recusado pela Resistência local, torna-se colaborador, por despeito, e comete atrocidades antes de fugir com uma judia por quem se apaixona. O diretor levantou uma nova questão para os franceses: em 1940, que lado eu teria escolhido?

Quando o casamento de Josiane e Volker foi celebrado em maio de 1971, regado a muito champanhe e vinhos, todos se deram maravilhosamente bem: os muitos amigos do meu pai que tinham ido sem as esposas e impressionaram o vovô ao beberem toda a sua reserva de Ricard num só gole e sem água, como se fosse Schnapps, a família Schwarz, a da primeira esposa de Lucien e a de sua nova esposa. Essa mistura explosiva acabou em uma grande baderna em que todos dançavam embriagados e alegres, riam, faziam mímicas e gesticulavam na tentativa de se fazer entender pelo vizinho, cuja língua não falavam. «Tínhamos um pouco a impressão de estar quebrando as regras, desafiávamos aqueles ódios antigos», lembra minha mãe. «Era uma pequena provocação, o símbolo de um novo espírito europeu, era emocionante.»

Vovô tirou Oma para dançar, e ela o achou encantador. Não acho que ele tenha lhe contado sobre seus anos com as forças francesas de ocupação em Lindau. E não creio que ela tenha repetido para ele o que dissera a Josiane, levantando muito a voz um dia quando a convidou para ir a um restaurante na Lorena: «Isso aqui era nosso, vocês nos tomaram mesmo sem ter necessidade; somos nós que não temos espaço suficiente!» A velha fobia hitlerista da falta de *Lebensraum* (espaço vital) havia deixado marcas.

Capítulo IX.
Holocausto? Desconheço.

Na casa de Oma, o cômodo que sempre havia me impressionado mais era a sala de jantar, cuja mobília pesada, escura e entalhada irradiava uma nobreza intimidante sem relação alguma com o resto do apartamento. Um aparador imponente de quase três metros de comprimento com portas decoradas com um labirinto de finos arabescos floridos ficava em frente a uma cristaleira esculpida em madeira igualmente cinzelada, apoiada sobre pés altos e curvos, onde Oma guardava as pérolas de sua porcelana fina, objeto para mim de um delicioso fascínio ao qual não me cansava de sucumbir cada vez que entrava naquela sala. Ela havia começado sua coleção na década de 1930, quando a moda da *chinoiserie* andava a todo vapor e as senhoras arrematavam peças raras em leilões dos quais gosto de imaginar o burburinho febril e a histeria de golpes de guarda-chuva e saltos altos que um copo em miniatura com pinturas delicadas poderia causar.

Minha avó se saía bem, porque sua cristaleira era cheia de xícaras de uma variedade fabulosa, diferentes em tamanho e forma, às vezes semiesféricas, às vezes hexagonais ou cilíndricas, e cujas asas também variavam, parecendo acompanhar as curvas caligráficas de um misterioso alfabeto. O que tornava aqueles objetos tão enlouquecedores eram as cenas pintadas com perfeição na superfície da porcelana, uma viagem de canoa em um rio repleto de peixes com ares de dragão, um campo de arroz verde e macio sob um sol incandescente... E as pessoas! Quanta graça no desenho de suas amplas roupas bordadas das quais emergiam rostos pintados, semelhantes às máscaras de alguma criatura mitológica.

O grande dia em que as xícaras dali saíam era domingo à tarde, quando Oma convidava família e amigos para o *Kaffee und Kuchen*, evento para o qual ela se preparava desde a manhã de sábado assando formas inteiras de bolos, transformando a cozinha em um campo de batalha onde, a cada passo, corria-se o risco de ter os pés enfiados em açúcar cristal ou em compota de ameixa, e minha mãe, maníaca, fugia logo cedo para a cidade e só retornava muito depois da hora convencional do almoço na Alemanha, para grande desânimo de minha avó, que lamentava ter uma nora emancipada que «deixava seus netos morrerem de fome».

Eu me lembro de alguns daqueles domingos em que se recebia na Chamissostrasse, em que nos reuníamos em torno da grande mesa oval talhada na mesma madeira do resto dos móveis da sala de jantar e que tinha a particularidade de ter garras de leão no lugar dos pés e um tampo tão alto que até os alemães, tão compridos, tinham que se esticar inteiros para não enfiar o queixo no bolo de creme. As velhas amigas de Lydia, com o cabelo recém-arrumado e o pescoço cheio de colares para a ocasião, riam das últimas fofocas, alguns viúvos fumavam cachimbo em silêncio, e eu passava o tédio desses rituais adultos inspecionando de perto os tesouros das xícaras que Oma tinha tirado da cristaleira, agora ao alcance da mão, sobre a mesa, e que era preciso esperar que se esvaziassem para avaliar sua infinita elegância: porque era dentro que escondiam seu segredo supremo, minúsculos desenhos que só poderiam ser obra do trabalho de dedos celestiais. E enquanto eu estava distraída observando aquelas cenas de um mundo maravilhosamente enigmático ou imaginando a mesa com os pés em garras se metamorfoseando em um verdadeiro leão que nos devoraria a todos, nós e os nossos bolos, meu pai, sentado à mesa ao meu lado, via nessa herança de móveis e porcelanas uma história totalmente diferente dos meus devaneios exóticos.

Volker começou a observar a sala de jantar de seus pais sob uma nova perspectiva depois de ver em fotos como o apartamento era antes da guerra. Os móveis eram muito diferentes, mais rústicos, vindos do dote de casamento de Lydia. Outra sala também sofrera uma grande mudança com a guerra, o *Herrenzimmer* (o salão reservado aos homens), onde de repente apareceram belos móveis *art déco*, como uma estante de livros, uma grande escrivaninha e uma mesa. «Esse mobiliário, em particular o da sala de jantar, que exalava a grande burguesia, não correspondia à classe social dos meus pais naquela época, e como eles não tinham necessidade de comprá-los porque já tinham móveis, o motivo da compra deve ter sido o preço realmente baixo. Ora, durante a guerra, eram os bens judaicos que se vendiam assim, a preço de banana, e isso se sabia», diz meu pai. Entre essas novas aquisições estavam também tapetes e provavelmente algumas das deliciosas xícaras chinesas de Oma.

Meu pai jamais falou de suas suspeitas a seus pais. «De que serviria? Só de eu pronunciar o nome de Löbmann, a cara do meu pai ficava vermelha, ele se levantava, fechava a janela para que os vizinhos não escutassem e começava a gritar tão alto que dava para ouvi-lo lá no fim da rua.»

A pilhagem, a perseguição e a deportação de judeus foram o aspecto do trabalho de memória mais difícil de ser enfrentado pelo povo alemão. Se era fácil encontrar desculpas para ter sucumbido ao suposto magnetismo de Hitler e saudado suas reformas sociais e econômicas, que de imediato trouxeram um conforto muito bem-vindo após anos de escassez de alimentos, era bem mais difícil justificar a cumplicidade passiva de milhões de cidadãos diante da perseguição aos judeus da Alemanha e do aprisionamento em plena luz do dia, às vezes debaixo do próprio nariz, de mais de 130 mil deles.

Assim, muito embora desde a amnésia da década de 1950 o trabalho de reconstituição da memória na Alemanha tivesse feito grande progresso, o genocídio dos judeus ainda era um tabu no final da década de 1970. Certamente, Auschwitz era agora conhecido de todos, assim como o fato de que os ss cometeram atrocidades à margem da guerra no Leste, mas esses fatos não eram percebidos como parte de um mesmo todo, de um projeto monstruoso cuja dimensão ainda escapava à consciência coletiva. «Havia pouca empatia em relação aos judeus, era chocante», diz meu pai. «Às vezes ouvíamos pessoas dizendo: 'Foram os ingleses que inventaram os campos de concentração na África do Sul'. Ou então: 'Nós também sofremos!' Mas, na maior parte do tempo, elas se esquivavam da questão.»

Dos 500 mil judeus que se contavam no país em 1933, aproximadamente 165 mil morreram durante a Shoah. Apenas 15 mil decidiram continuar na Alemanha depois da guerra. Eles estabeleceram um Conselho Central de Judeus na Alemanha, reconstruíram sinagogas e casas comunitárias com ajuda do Estado, mas sofreram o desprezo das comunidades judaicas em Israel e nos Estados Unidos, onde não se compreendia por que eles permaneciam no país de seus algozes. Eles estavam destruídos demais por dentro, paralisados demais pelo medo para conseguir fazer alguma coisa, enquanto os alemães afogavam sua memória junto com a de todas as vítimas da guerra e do nazismo, sobretudo para não terem que enfrentar a realidade do genocídio.

Muitos historiadores trataram a Shoah apenas de passagem. Um dos poucos a atacá-la frontalmente foi o austríaco-americano Raul Hilberg, autor de *A destruição dos judeus europeus*, uma obra magistral que descreve em cerca de mil páginas como uma das sociedades mais industrializadas e modernas do mundo mobilizou todos os seus recursos com o objetivo de matar um povo com os meios da racionalização econômica e técnica. Raul Hilberg teve a maior dificuldade do mundo para ser publicado, inclusive nos Estados Unidos, onde foi rejeitado por três editoras antes de ser publicado em 1961, ao final de uma longa odisseia. Até mesmo a cientista política Hannah Arendt aconselhou a editora da Universidade de Princeton a não publicar a obra, entre outros motivos por não concordar com a tese de que os judeus colaboraram com os nazistas nos conselhos judaicos, os *Judenräte*, por terem aprendido, desde a Antiguidade, a não resistir para melhor se integrar nas sociedades. O memorial israelense da Shoah, o Yad Vashem, também rejeitou o manuscrito porque Hilberg se recusara a cortar as passagens sobre os *Judenräte*. Na Alemanha, a publicação de *A destruição dos judeus europeus* só aconteceu em 1982, após vinte anos de recusas diante de um livro cuja precisão cirúrgica sobre o funcionamento da Solução Final, passo a passo, questionava muitos setores da sociedade que dela tinham participado.

Uma das manifestações da força da negação foi a incapacidade dos altos funcionários nazistas julgados após a guerra de confessar, mesmo após sua libertação, que sabiam sobre a Solução Final. Albert Speer, o antigo arquiteto e ministro das Armas de Adolf Hitler condenado a vinte anos de prisão, sempre disse que não sabia de nada. Nos julgamentos de Nuremberg, ele foi o único líder do Reich de sua hierarquia a escapar da pena de morte, porque foi um dos raros a reconhecer uma corresponsabilidade formal pelos crimes nazistas. «O julgamento é indispensável, há uma responsabilidade geral, inclusive em um regime autoritário», escreve ele. Essa meia confissão era parte da estratégia para salvar sua pele. Na prisão, ele forjou seu próprio mito, o do «nazista correto», minimizando habilmente seu papel ao expressar remorso suficiente para ganhar credibilidade: classificou Hitler como criminoso, colaborou com historiadores e jornalistas, reverteu anonimamente seus direitos autorais para instituições de caridade judaicas. Na verdade, Albert Speer tinha milhões de vidas pesando em sua consciência.

O *Führer* havia se entusiasmado com esse jovem arquiteto refinado e charmoso a quem confiou a concepção arquitetônica do congresso anual do partido em Nuremberg. Speer projetou, de acordo com o gosto de seu patrocinador, estruturas monumentais inspiradas na arquitetura greco-romana, porém mais maciças e frias, supostamente para suscitar admiração e temor. Mais tarde, ele diria sobre si mesmo: «Por uma grande obra, eu teria, como Fausto, vendido minha alma. E eu tinha encontrado meu Mefisto». Juntos, eles conceberam a Germânia, um projeto megalomaníaco que pretendia converter Berlim em «uma capital mundial» que abrigaria o maior mercado do mundo, com capacidade para 180 mil pessoas, e um palácio para o *Führer*, no qual o visitante deveria ter a sensação de adentrar a casa do «Senhor do mundo», Hitler.

Para liberar espaço demolindo prédios, Speer, nomeado Inspetor Geral de Obras, começou a expulsar judeus de seus apartamentos e a fazer listas de deportação com a Gestapo. Além disso, deu sua autorização para a expansão do campo de Auschwitz, colocando à disposição um orçamento de 13,7 milhões de reichsmarks. A descrição dos trabalhos que a ss lhe apresentou não podia ser mais clara: especificava o tipo de material necessário à construção das «instalações de desinfecção para o *tratamento especial*», ou seja, as câmaras de gás, bem como os «necrotérios com fornos crematórios».

Em janeiro de 1942, o *Führer* promoveu seu protegido a ministro das Armas. O poder de Albert Speer não parava de crescer e ele obteve plena liberdade para decidir sobre a destinação de trabalhadores forçados, chegando a 8 milhões em 1944. Sob sua liderança, graças a esses escravos, a produção de armamentos atingiu um nível inesperado em plena guerra, o que lhe rendeu a admiração do *Führer*. Sem Speer, a guerra não teria durado tanto e milhões de vidas teriam sido poupadas. Em um notável documentário de Marcel Ophuls datado de 1976, *A memória da justiça*, infelizmente um tanto esquecido, o diretor tem um longo encontro com Albert Speer depois de sua libertação da prisão e acaba por lhe fazer a pergunta que lhe queimava os lábios: «Sr. Speer, o que o senhor sabia?» O ex-ministro responde: «Mesmo que ele [Hitler] nunca tenha dito diretamente o que estava acontecendo com os judeus a partir de 1942, havia indícios suficientes para entendermos, se quiséssemos entender, para que eu entendesse, se eu quisesse entender». Mentindo e se esquivando da própria responsabilidade, embora não mais corresse o risco de nenhuma ação legal, Speer encorajou a desculpabilização de toda uma nação. Pois se o amigo mais próximo de Hitler, um dos ministros mais poderosos do Reich, não sabia, como os outros alemães poderiam saber?

Raul Hilberg estima em várias centenas de milhares o número de pessoas envolvidas com conhecimento de causa na organização logística e na execução da Shoah: os mais altos dirigentes do Reich, burocratas em praticamente todos os ministérios, os torturadores nos campos, os *Einsatzgruppen*, uma parte da Wehrmacht, ferroviários, médicos, especialistas da IG Farben, as empresas alemãs que exploravam os trabalhadores forçados dos campos... Quanto ao número daqueles que, sem saber a finalidade exata de sua participação criminosa, prepararam o terreno para a Solução Final, é algo avassalador. A administração e a burocracia «não eram neutras», escreve o historiador Dietmar Süss, «mas eram atores responsáveis, seja no setor do trabalho, da saúde, das relações exteriores, da justiça, da alimentação, da economia ou da educação, funcionários normais que participaram da expropriação dos judeus, da pilhagem dos territórios ocupados ou da legislação tributária antissemita e que puseram em marcha, com o rigor alemão, a máquina de extermínio».

A população não podia saber que os judeus eram mortos em câmaras de gás como insetos ao final de seu *Umsiedlung* («reassentamento»). Até um obstinado oponente do nazismo como o filósofo Karl Jaspers afirmou nunca ter ouvido falar das câmaras de gás antes de 1945. Judeus detidos em campos de concentração, que viam seus companheiros partirem a bordo de trens rumo ao Leste e ouviam rumores sinistros circulando, não acreditavam neles. Sobreviventes, tanto vítimas como algozes, afirmaram: os judeus não sabiam o que os esperava quando a porta dos vagões para gado em que haviam sido amontoados ao longo de dias, às vezes mais de uma semana, se abria em uma rampa onde guardas ferozes os chicoteavam em direção aos galpões, gritando *Schnell Laufschritt!* («Rápido, em ritmo de corrida!»).

No imenso documentário de Claude Lanzmann, *Shoah*, uma testemunha, cabeleireiro de profissão, designado para a tarefa de cortar o cabelo das mulheres antes que elas fossem para as câmaras de gás, conta como ele reconheceu mulheres de sua cidade natal polonesa, Częstochowa. «Quando me viram, elas começaram a se agarrar em mim, 'Abe, e isso, e aquilo, o que você está fazendo aqui, o que vai acontecer com a gente?' O que poderia eu lhes dizer? Um amigo meu também trabalhava como cabeleireiro, também era um bom cabeleireiro na minha cidade natal, quando a esposa e a irmã dele [...] chegaram à câmara de gás...» A testemunha para de falar por um longo momento, tomada pela emoção. «É difícil demais», ele deixa escapar antes de continuar, incentivado pelo diretor. «Eles não podiam falar nada [...] porque atrás deles havia nazistas alemães, da ss, e eles sabiam que, se dissessem uma só palavra, não apenas as mulheres, já condenadas, mas eles também compartilhariam o mesmo destino que elas. De certa forma, eles faziam o que podiam por elas, ficavam com elas um segundo a mais, um minuto a mais, apenas para abraçá-las, apenas para beijá-las, porque sabiam que nunca mais as veriam.»

Não revelar o segredo era condição *sine qua non* para o bom funcionamento da Solução Final. Outra vítima explica no filme: «O conjunto da máquina de extermínio só poderia funcionar com uma condição: a de que as pessoas que chegassem a Auschwitz não soubessem para onde estavam indo nem com que propósito. Os recém-chegados supostamente caminhavam calma e ordenadamente em direção às câmaras de gás. Se alguma mulher ou criança entrasse em pânico, poderia ser perigoso. Também era importante para os nazistas que nenhum de nós transmitisse qualquer tipo de mensagem que pudesse causar pânico, até o último momento. Qualquer um que tentasse fazer contato com os recém-chegados era espancado até a morte ou puxado para trás de um vagão e executado. Porque, se o pânico se instalasse, ocorreria um massacre já na rampa, e isso seria uma falha no mecanismo. Não se pode descarregar um transporte quando há cadáveres e sangue por toda parte, isso aumenta o pânico. Os nazistas estavam concentrados em uma coisa: tudo tinha que transcorrer de maneira ordenada e desimpedida para que não houvesse perda de tempo.»

O desconhecimento do objetivo preciso das deportações de judeus não exime a maioria do povo alemão de sua responsabilidade por ter permitido o saque e a expropriação de seus vizinhos, colegas, comerciantes do bairro, de ter às vezes participado deles e de ter assistido às deportações sem protestar. «Se o povo alemão não foi informado de todos os crimes e foi deliberadamente mantido na incerteza quanto à sua especificidade, os nazistas se certificaram de que cada alemão tivesse conhecimento de pelo menos uma história horrível», escreve Hannah Arendt. «Ele não precisava, portanto, conhecer de maneira precisa todos os crimes cometidos em seu nome para compreender que se tornara cúmplice de um crime inominável.»

Quem quer que tivesse prestado um pouco de atenção às declarações de Hitler devia ter se perguntado: «Mas até onde ele irá com os judeus?» Em 30 de janeiro de 1939, durante o discurso de aniversário de sua chegada ao poder, Adolf Hitler proferiu esta frase perturbadora: «Hoje quero ser um profeta: se o judaísmo financeiro internacional, na Europa e no exterior, conseguir novamente mergulhar os povos em uma guerra mundial, então o resultado não será a bolchevização de nosso planeta e a vitória do judaísmo, mas a destruição da raça judaica na Europa».

Se era difícil imaginar Auschwitz, era impossível não ter «visto nada, ouvido nada» e, para alguns também, «feito nada», como pretendeu até a morte a geração dos meus avós. Recentemente, meu pai visitou os arredores do prédio de seus pais em Mannheim. Ele descobriu um único *Stolperstein*, aqueles pequenos cubos de latão com nomes de vítimas do nazismo incrustados na calçada defronte sua antiga casa na Alemanha como em outros lugares da Europa. Havia aparentemente muito poucos judeus no bairro de Karl e Lydia Schwarz, mas a comunidade de Mannheim era uma das maiores da região e não estava isolada em um gueto, mas assimilada e espalhada pela cidade.

Para meus avós, bastava cruzar a ponte sobre o Neckar, a poucos minutos da Chamissostrasse, e chegar ao vasto calçadão do centro, repleto de lojas, e ver fachadas de lojas judaicas cobertas de estrelas de Davi. É impossível que eles tivessem ignorado a propaganda antissemita onipresente. Será que essas pessoas tão rodeadas de judeus nunca ouviram falar que tal médico, advogado, funcionário público estava na rua depois de anos de serviço leal? Elas nunca ouviram dizer que uma mãe de família viu a escola de seus filhos expulsar alguns de seus alunos?

Ingrid lembra que um dia em que ela estava com Oma, elas cruzaram com um homem que levava uma estrela amarela na roupa, medida inspirada em uma prática da Idade Média, imposta pelo Terceiro Reich a partir de 1º de setembro de 1941 para distinguir e humilhar os judeus. «Eu perguntei a ela: 'Mãe, o que é aquele símbolo que esse senhor tem?' Repeti a pergunta várias vezes, ela acabou falando: 'Não tem importância'. Mas o que mais poderia ela dizer para uma menina?» Quanto a Karl Schwarz, ele estava ainda mais ciente das perseguições por ter feito inúmeras viagens com Julius Löbmann, justamente num momento em que a situação se deteriorava rapidamente para os judeus. Era inevitável que ele tivesse visto os estragos da Noite de Cristal em seu retorno de uma viagem de negócios em 10 de novembro, e o esqueleto da sinagoga incendiada localizada bem no centro da cidade, perto do grande mercado, não poderia ter escapado a Oma. Aliás, nem a ninguém.

Foi especialmente em 22 de outubro de 1940 que a população deveria ter tido uma explosão de humanidade, de compaixão, de revolta, quando cerca de 2 mil judeus de Mannheim foram arrancados de casa, reunidos em vários diferentes pontos de encontro na cidade e depois transferidos a pé e de ônibus até a estação para serem deportados. Alguns cruzaram o centro da cidade em procissão sob o olhar dos habitantes que, ao verem aquelas famílias expulsas assim da sua própria cidade, mantendo uma dignidade exemplar, calmas e eretas em seus trajes de domingo, deveriam ter acorrido para levantar uma menina que tropeçara ou para ajudar os velhos a andar, aqueles velhos que eram tão numerosos, por falta de coragem para ir embora ou de um visto. Que país ia querer um velho judeu?

As pessoas de Mannheim deveriam ter intervindo, perguntado à polícia: mas com que direito vocês levam nosso colega com quem lutamos a guerra de 1914–1918, nosso irmão aos olhos de Deus, nosso cabeleireiro a quem confiamos todos os nossos infortúnios, nosso amigo de faculdade, os vizinhos cujos filhos brincam com os nossos, o alfaiate que confecciona nossas roupas há três gerações? Mas o espetáculo foi bem diferente, como descreveram testemunhas judias: «Uns aplaudiam, outros observavam, alguns se viravam, visivelmente envergonhados».

Para preparar a população, o filme de propaganda antissemita *Jud Süß* [O judeu Süss], de Veit Harlan, havia anteriormente sido exibido nas salas de cinema alemãs. Era a história de um judeu que insidiosamente ascende ao comando de um Estado e, graças à armadilha de um empréstimo usurário, consegue impor o domínio dos judeus sobre os cristãos e estupra uma jovem cristã, que se suicida. Isso certamente havia ajudado a atiçar os ânimos. Mas não o suficiente para explicar aquela renúncia a um sentimento de humanidade algumas semanas depois.

A deportação dos judeus de Mannheim e de outros 4.500 do sudoeste da Alemanha foi a primeira dessa magnitude no Reich e serviu como um teste para avaliar a reação dos cidadãos. Se tivessem sido muitos a protestar, se as grandes figuras da cidade, se os clérigos tivessem intercedido, talvez Adolf Hitler recuasse, como havia feito com o programa de eutanásia de deficientes. A operação «correu sem sobressaltos nem incidentes», comentou em um relatório Reinhard Heydrich, chefe do RSHA, o Ministério da Segurança do Reich.

Encontrei duas fotos de arquivo daquele dia sombrio para Mannheim: numa delas, vemos um grupo de cerca de vinte judeus esperando na frente de um ônibus vazio, sentados em malas ou de pé, com cobertores debaixo do braço, elegantemente vestidos, os homens de terno completo, gravata, sobretudo e chapéu de feltro, as senhoras com longos casacos escuros adornados com lenço, algumas usando chapéu *cloche*. Na outra foto, em frente a uma parede de tijolos, um policial uniformizado, de barriga proeminente, parece explicar o procedimento a três mulheres e três homens em fila indiana ao seu lado, como se esperassem sua vez. O último homem da fila, um pouco escondido pelos outros, tem os olhos fixos na câmera, a expressão alarmada. Sua boca parece prestes a articular um pedido de socorro a quem olha para a foto. Procuro por Julius e Siegmund Löbmann nessas fotografias — eles também foram deportados naquele dia com a família —, mas de nada adianta, eu nem sei qual a aparência deles. Além das três irmãs, Mathilde, Irma e Sophie, e dos pequenos Franz e Otto, filhos de Izieu, nunca encontrei nenhum outro rosto dessa família desaparecida.

Não sei se meus avós viram os judeus sendo levados para os pontos de encontro e depois para a estação de trem, mas quando Karl Schwarz foi trabalhar na manhã seguinte, quando saiu para almoçar e Lydia desceu para passear com a filhinha de quatro anos, não sentiram aquele dilaceramento no ar, aquele pesar no rosto dos transeuntes, mais apressados que de costume? À noite, teriam eles conversado sobre o aprisionamento em massa durante o jantar ou com os vizinhos da Chamissostrasse? Teria isso sido assunto na manhã seguinte com colegas, comerciantes, amigos? Esse episódio provavelmente foi vivido em silêncio, como um pesadelo que esquecemos poucos minutos depois de acordar.

Por muito tempo me demorei nesse dia para saber se era possível intervir naquele contexto de ditadura e se eu não estava sendo injusta com os meus avós. Então li uma passagem marcante do livro da pesquisadora Christiane Fritsche e me ocorreu que a data-chave para avaliar o envolvimento dos *Mitläufer* de Mannheim não era 22 de outubro, mas logo depois.

Assim que os judeus foram deportados, seus apartamentos foram lacrados. A cidade enviou a polícia para retirar os bens mais valiosos, como casacos de pele, e recolher algumas roupas e sapatos para os alemães em necessidade. Então, após as primeiras operações na cidade de Mannheim em 16 de dezembro de 1940, decidiu-se usar essas moradias para acomodar aqueles que haviam perdido o teto sob as bombas. A ideia era deixar para eles o mínimo, alguns móveis, colchões e lençóis, e vender o restante em leilões depois de alguns meses: louças, porcelanas, tapetes, livros, prataria, móveis… Essas vendas eram anunciadas nos jornais, e ficava claro que se tratava de bens de judeus, já que o anúncio às vezes não hesitava em esclarecer: «conteúdo de apartamentos de propriedade não ariana».

O que tornava esses leilões realmente nauseantes era que a maioria deles ocorria dentro dos próprios apartamentos dos judeus. Os compradores, portanto, sabiam muito concretamente a quem as coisas haviam pertencido. Tendo em vista as enormes dimensões de seus móveis, meus avós também devem tê-los adquirido no local. Teriam eles conhecido os antigos proprietários? Provavelmente não, mas eu os imagino, ou pelo menos Opa, penetrando como ladrões naqueles lares abandonados na urgência de uma partida de última hora onde ainda talvez houvesse roupas no varal, xícaras de café na mesa da cozinha e alguns fios de cabelo na pia do banheiro. Como é possível que a visão de um quarto de criança com brinquedos largados e sapatinhos aguardando a volta de seu jovem dono, que a visão de fotos de família nas paredes, dessas existências selvagemente interrompidas, não os tenha agarrado pelo pescoço e feito com que desistissem?

A ganância e a avidez os tornavam impiedosos. Mesmo que não saibamos o valor das transações, devem ter sido grandes negócios, dado o clima descrito por observadores em todo o país: uma verdadeira «atmosfera de garimpeiros de ouro». Joseph Goebbels dizia que seus companheiros arianos se lançaram «como abutres sobre as migalhas ainda quentes dos judeus». Os interessados não hesitavam em pedir às autoridades que lhes reservassem esse ou aquele bem que tinham achado, por vezes antes mesmo da deportação do seu proprietário.

Esse comportamento me parece fundamental, porque, na minha opinião, invalida a principal desculpa daquela geração: não saber nada sobre o destino final dos judeus. Será que aqueles que compravam bens nesse ambiente de redistribuição dos frutos de uma pilhagem digna da Idade Média não suspeitavam que os proprietários jamais voltariam nem teriam a possibilidade de reclamá-los porque estariam mortos, ou quase?

No trem que partiu de Mannheim em 22 de outubro de 1940 com os Löbmann a bordo, a ansiedade era grande entre os judeus, que ignoravam para onde estavam sendo deportados. Uma testemunha contou sobre o grande alívio que os passageiros sentiram ao perceber que o comboio ia na direção oeste, e não leste, um destino que eles já suspeitavam não anunciar nada de bom.

Eles não sabiam que a França de Vichy, por sua vez, caíra na histeria das leis antissemitas. Ao final de uma viagem de três dias, os deportados chegaram aos pés dos Pireneus, no campo de internamento de Gurs, em zona livre, inteiramente administrado pelo regime de Vichy.

A perseguição aos judeus da França e sua deportação para os campos de extermínio são a maior vergonha da guerra. Nenhuma outra questão relativa a esse período desencadeou tantas paixões na França, e também questionamentos, injúrias, debates, tentativas de relativização. Nada era mais insuportável do que aceitar o que Robert Paxton havia revelado: a imensa maioria dos 76 mil judeus deportados havia sido presa pela polícia civil e militar francesa e, em muitos casos, as autoridades francesas entregaram mais judeus do que os alemães exigiam, especialmente crianças.

Meu avô Lucien não está mais aqui para testemunhar. Além da história das armas escondidas debaixo do nariz dos alemães, nada mais passou pelas duas gerações que nos separam. É certo que ele era apenas um minúsculo peão do regime, alocado em um posto perdido no sul da Borgonha. Tive vontade de ir até lá ver esse pequeno vilarejo de Mont-Saint-Vincent empoleirado no topo de uma colina, que se esconde quando seguimos lentamente pelas curvas sinuosas, antes de se revelar incrivelmente charmoso com suas casas de pedra onde nascem flores silvestres, a sua igreja românica e as suas muralhas medievais, que oferecem uma vista panorâmica sobre os vales ao redor. O prédio da polícia ainda está lá, pelo menos é o que indicam as letras pintadas em preto em uma grande casa clara localizada próxima ao estacionamento.

Do que poderiam se ocupar esses policiais naquele lugar isolado sob a Ocupação? A resposta se encontra logo abaixo da encosta norte do povoado. Ali ficava a linha divisória entre a zona «livre», onde se situava Mont-Saint-Vincent, e a zona ocupada. Era por ali que passavam os clandestinos em fuga, os judeus e os combatentes da Resistência do baluarte da região montanhosa de Morvan, localizada não muito longe na zona norte. Será que meu avô os deteve? Será que os mandou de volta para o outro lado e os entregou aos alemães? Será que atirou nos fugitivos? Nunca saberei, mas minha mãe e meu tio lembram que, depois da guerra, o pai deles dizia que, sempre que podia, fechava os olhos. E, pelo que sei sobre ele, tendo a acreditar nisso.

Lucien nasceu em uma propriedade remota no Jura, de onde era preciso caminhar duas horas para ir à escola, e Deus sabe como são rigorosos os invernos naquelas montanhas cobertas de neve e varridas pelo vento que corta o rosto. De volta à casa, tarefas pesadas o aguardavam, como cortar lenha, ordenhar as vacas, maltratar as costas no campo antes de ir para a cama após um minguado jantar. Mas, já moço, o meu avô tinha um sonho, a URSS, aquela «terra da abundância» da qual falava a seus filhos, um país em que os camaradas não permitiam que ninguém ficasse na miséria, uma doce ilusão de que ele precisava para, ao final de suas jornadas extenuantes, ainda ter coragem de se preparar para obter o diploma escolar a fim de se tornar funcionário público, policial, o melhor que um sujeito na condição dele poderia esperar.

Então ele conheceu Jeanne. Ela se apaixonou por aquele homem muito distinto em seu uniforme, muito alto, magro e de porte altivo. Ele se enamorou daquela mulher pequena que lhe batia na altura do peito, elegante, usando roupas que ela mesma confeccionava, a bolsa e os sapatos sempre combinando. Eles se casaram um ano depois do armistício, aliviados como a maioria dos franceses pelo fato de a guerra ter chegado ao fim, caso contrário, meu avô provavelmente teria sido mobilizado. Em seguida, Lucien foi transferido para Mont-Saint-Vincent, e Jeanne ficou grávida de minha mãe no verão de 1942.

Esse feliz acontecimento coincide com um episódio sinistro na região. Em 13 e 14 de julho de 1942, em Montceau-les-Mines, a cidade mais próxima do vilarejo, situada a uma dezena de quilômetros de distância, 34 judeus, ou um terço da comunidade, foram presos e deportados. Encontrei um estudo precioso, *La Tragédie des juifs montcelliens* [A tragédia dos judeus de Montceau-les-Mines], realizado por Georges Legras e Roger Marchandeau, que entrevistaram testemunhas. Montceau-les-Mines ficava do outro lado da linha de demarcação, em zona ocupada, mas os depoimentos são categóricos: quem realizou as prisões foram policiais civis e policiais militares franceses.

Os judeus devem ter ficado tristemente surpresos por serem tratados assim por homens a quem conheciam bem. Tinham-lhes costurado os uniformes, aconselhado as esposas na loja de ferragens ou distribuído as cartas para jogarem juntos no bar.

Entre eles estavam judeus alemães que haviam escapado das perseguições sob o nazismo, mas sobretudo mineiros poloneses, alguns que chegaram nos anos 1920–1930, outros no final do século xix, expulsos pela pobreza e pelos *pogroms* em seu país. Os mais velhos talvez tivessem se beneficiado da lei de naturalização de 1927, que havia ampliado o direito à nacionalidade francesa, um sonho para muitos imigrantes, o de ser francês. Sarah Pulvermacher, uma sobrevivente das detenções em Montceau-les-Mines, nascida na França, revelou aos autores do estudo citado acima que seus pais «teriam ficado terrivelmente orgulhosos de obter a nacionalidade francesa» e faziam de tudo para se comportar como franceses. Eles não pensaram em fugir pois «não suspeitavam de nada». Muitos ficaram infinitamente gratos à França por tê-los acolhido e continuaram a vê-la como a pátria dos direitos humanos que jamais quebraria sua promessa de protegê-los contra a discriminação.

Deve ter sido um grande choque para eles quando a polícia de Montceau-les-Mines executou a ordem em plena luz do dia, não recuando diante de nada. De acordo com os testemunhos recolhidos por Georges Legras e Roger Marchandeau, eles arrancaram da cama mulheres doentes, prenderam homens na frente de seus colegas no local de trabalho, não hesitaram em algemar os recalcitrantes, como criminosos, e abandonaram crianças ao desespero, sozinhas sem os pais. Na estação, um trem aguardava as vítimas, vagões de gado com palha no chão e claraboias com grades. Agentes da polícia local escoltaram o comboio até o campo de trânsito de Pithiviers, de onde foram deportados diretamente para Auschwitz pelo comboio número 6, que se pôs em marcha em 17 de julho, às 6h15 da manhã, com 928 detidos a bordo, essencialmente originários da Polônia e da Rússia.

O comboio, que era o primeiro a transportar tantas mulheres e crianças, foi escoltado até a fronteira por guardas franceses que devem ter ouvido os gritos dos passageiros, apinhados como bois, privados de água e comida, com uma única latrina por vagão. Quando fecharam as portas dos vagões para a partida, a última imagem que viram dos judeus foram rostos de crianças, mulheres e homens devorados pela angústia, os corpos espremidos em um espaço confinado, ostentando a estrela como gado marcado a ferro, com roupa de trabalho, oficialmente para se tornarem escravos do Reich, bem longe, no Leste, onde a imprensa britânica já vinha dizendo havia vários meses que os alemães estavam exterminando à bala dezenas de milhares de judeus. Essa visão e essa informação deveriam ter sido suficientes para suspender imediatamente qualquer colaboração por parte da França.

Mas as batidas policiais se multiplicaram. Amigos dos meus pais, Moïse e Jacqueline, de origem polonesa, nascidos respectivamente em 1932 na Polônia e em 1933 na França, viveram esse pesadelo. Na noite de 15 para 16 de julho de 1942, um vizinho que era policial foi alertar a família de Moïse em Paris. «Ele nos disse: 'Deem o fora daqui, amanhã vamos prender todos os judeus'. Minha mãe respondeu: 'Você é engraçado, estamos sob toque de recolher, não podemos sair à rua ou vamos levar um tiro dos alemães!'» Foi na véspera da incursão do Velódromo de Inverno. No dia 16 de julho, ao meio-dia, a polícia francesa bateu na porta deles. «Eu estava com meu irmão mais novo, minha mãe e minha avó. Obviamente, não abrimos. Ainda os ouvi dizer: 'Não importa, voltamos para buscá-los às duas horas, agora vamos comer'. A pausa para o almoço é sagrada na França! Foi assim que nos salvamos.»
Moïse e sua família refugiaram-se na casa de um vizinho que fora morar com a filha e deixara a chave com eles. «Não se podia fazer barulho, dar descarga, porque o

apartamento supostamente estava vazio. Os policiais voltaram, foram na nossa casa e na de uma vizinha e arrombaram as portas, dava para ouvi-los. Lembro que era uma quinta-feira, que fazia muito calor.»

Por dois dias, eles não se moveram. «Esperamos até sábado, dia em que a zeladora ia ao mercado. Os policiais haviam prometido a ela quinhentas pratas por cabeça, então você deve imaginar que ela nos teria denunciado. Ainda mais porque ela era uma notória antissemita.» Graças à ajuda de um comunista que tinha lutado na Guerra Civil Espanhola, a família conseguiu escapar do prédio. Naquela mesma noite, Moïse e seu irmão já estavam em um trem rumo à Normandia. «Minha mãe não podia ir, as estações estavam sob vigilância, mas para as crianças era menos arriscado. Não sabíamos se um dia a veríamos novamente.» Durante a viagem, os alemães fizeram o controle de passageiros duas vezes, mas não se interessaram pelos dois irmãos. «Era Vichy que queria deportar as crianças, o Reich não dava a mínima na época.»

Após a batida, Moïse voltou a fazer xixi na cama, aos onze anos de idade. «Não tem como controlar esse medo. Você tem que ver que eu era um menino ingênuo, tímido, o mundo desmoronou naquele dia.»

Sua esposa, Jacqueline, é fruto de um milagre. Poucos dias antes da batida do Velódromo de Inverno, ela partiu em um caminhão com a irmã mais nova e a mãe para se juntar ao pai, refugiado em Lyon. «Estávamos escondidas com outros dois sujeitos no nível das baterias do veículo, em uma espécie de caixa onde havia palha. Na linha de demarcação, eles subiram com cães farejando por toda parte; nós estávamos no esconderijo, eles não nos encontraram porque o ácido sulfúrico das baterias atrapalha o olfato dos cães.

Depois que eles foram embora com os cachorros, comecei a vomitar. Havia passantes que entregavam as pessoas. Você sabe, existem coisas desse tipo... Eu tinha nove anos.»

Durante a batida do Velódromo de Inverno, mais de 13 mil judeus, dos quais quase um terço eram crianças, foram presos em Paris e na região parisiense com a participação de 6 mil policiais franceses sob as ordens de René Bousquet, o chefe da polícia de Vichy, que tinha autoridade sobre a polícia francesa em todo o território. Oito mil prisioneiros foram trancados sob vigilância francesa no Velódromo de Inverno de Paris durante cinco dias, sob um calor e um cheiro terríveis, sem comida e com apenas um ponto de água.

Adolf Eichmann havia exigido um primeiro contingente de 40 mil judeus da França, mas, como o Reich não tinha pessoal suficiente na França, ele conseguiu de Vichy que essas prisões fossem realizadas pela polícia francesa. A Prefeitura de Paris colocou à disposição mais de 27 mil fichas pessoais de «judeus apátridas» vivendo na região de Paris, com seus respectivos endereços. Famílias inteiras foram internadas, apesar de os alemães não terem exigido crianças menores de dezesseis anos. Era Pierre Laval, chefe do governo de Vichy, quem desejava se livrar delas, porque não queria se encarregar dos futuros órfãos. Em vão, o pastor Marc Boegner havia intervindo para lhe sugerir que elas fossem adotadas por famílias francesas.

Cenas terríveis aconteceram nos campos. Enquanto aguardavam a resposta de Eichmann, mães eram arrancadas de seus filhos para que se deportassem primeiro os adultos. Três mil crianças ficaram sem os pais, mergulhadas em terrível sofrimento moral e material, até serem deportadas assim que Berlim deu luz verde. Nenhuma sobreviveu.

Para atingir o contingente, René Bousquet havia proposto aos alemães entregar 10 mil judeus estrangeiros da zona «livre» a fim de limitar as prisões de judeus franceses da zona ocupada. A alegada proteção aos judeus da França é uma desculpa com que acenam ainda hoje alguns franceses para defender Vichy. Que diferença isso faz? Continuar com esse argumento é afirmar que as vidas humanas não se equivalem e assim passar ao largo do essencial, uma vez que, sem a mobilização massiva da polícia francesa e o fornecimento de arquivos para a administração francesa, os alemães nunca poderiam ter prendido e deportado 76 mil judeus tão rapidamente. O argumento é ainda mais truncado pelo fato de que, entre seu contingente de judeus «estrangeiros», Vichy também entregou crianças nascidas na França de pais estrangeiros, bem como franceses de origem estrangeira que ela teve o cuidado de desnaturalizar previamente.

A família de Moïse sofreu essa humilhação. Em maio de 1940, enquanto os alemães se precipitavam sobre a França, um policial francês bateu à porta deles com um certificado de naturalização e uma ordem de mobilização dirigida ao pai. «Minha mãe disse a ele: 'O que o senhor está pensando? Ele não esperou ser naturalizado para se alistar, foi lutar voluntariamente'.» A recompensa foi amarga: em 20 de julho de 1940, o regime de Vichy desnaturalizou todos os membros da família de Moïse, junto com um grande número de outros judeus que se tornaram apátridas e que, portanto, poderiam ser deportados com mais facilidade do que os judeus «franceses». Que golpe deve ter sido infligido aos naturalizados essa medida que o ministro da Justiça Raphaël Alibert justificou da seguinte forma: «Os estrangeiros não devem esquecer que a categoria de francês deve ser conquistada».

Na primavera de 1941, como muitos judeus agora «apátridas», o pai de Moïse recebeu uma intimação ordenando-o a comparecer à delegacia distrital para «regularizar» sua situação. «Eu me lembro de que todos os homens da família se reuniram. Alguns diziam: 'É melhor não ir, é uma armadilha pra gente idiota'. Outros diziam: 'Não, veja bem, são as autoridades francesas que estão nos convocando, não os alemães'. Mas Vichy já estava desacreditada por todo tipo de medida antissemita. Meu pai não foi e acabou entrando para a Resistência.» A família não o via mais em casa, até que um dia ele veio abraçá-los às escondidas. Alguém deve tê-lo visto e o denunciou. Quando a polícia percebeu que ele não era apenas combatente da Resistência, mas também judeu, mandou-o para Auschwitz.

O pai de Jacqueline recebeu a mesma convocação, mas compareceu, confiando nas autoridades francesas. «Éramos pequenas, minha irmã e eu, então mamãe nos levou à delegacia onde papai estava. Eles disseram: 'Por favor, senhoras, preparem uma pequena mala para seu homem com roupa e produtos de higiene pessoal'. Voltamos para casa para fazer a mala e levá-la para ele.» No dia seguinte, seu pai foi internado no campo de Beaune-la-Rolande. Certo dia, trabalhando na administração do campo, viu passar uma lista anunciando o início das deportações para Auschwitz. Com um amigo da Resistência, convenceu um camponês que estava limpando o acampamento a retirá-los em seu veículo, escondidos sob uma montanha de lixo, e então conseguiu chegar a Lyon, onde se engajou ativamente na Resistência, participando de atentados contra os alemães.

Por muito tempo, a população francesa ficou indiferente às prisões iniciadas em 1940. Mas a batida do Velódromo de

Inverno, por sua magnitude e porque ameaçava igualmente os judeus franceses, tocou a opinião pública. Um relatório policial observou: «Embora a população francesa seja, como um todo e em geral, bastante antissemita, ela julga com enorme severidade essas medidas que qualifica como desumanas». Daí até passar à ação... Ninguém interveio quando os ônibus carregados de judeus ostentando a estrela amarela cruzaram Paris em plena luz do dia rumo ao velódromo. Em Pithiviers e Beaune-la-Rolande, onde se situam os campos de trânsito, «é com indiferença, na maior parte do tempo, que os habitantes veem passar os comboios de internos», observa o administrador público regional de Loiret.

Houve, no entanto, fortes protestos, especialmente da parte de representantes da Igreja que expressaram abertamente sua indignação. O episcopado protestou formalmente, e instituições religiosas e de caridade se organizaram para proteger os judeus e apoiar organizações judaicas como a Œuvre de Secours aux Enfants. A Resistência, que incluía judeus e um bom número de corajosos cidadãos, se organizou para esconder e ajudar os fugitivos. Assim, Moïse e seu irmão conseguiram sobreviver por dois anos em um vilarejo normando graças ao acolhimento de uma mãe adotiva que cuidava de órfãos e fazia com que parecessem residentes habituais. E também graças ao apoio da polícia local, que avisava o orfanato assim que se anunciava uma fiscalização pelas autoridades. «Os agentes vinham dizer à camponesa: 'A senhora sabe, amanhã é melhor que os novos meninos vão buscar lenha na floresta, que não sejam vistos...'»

Jacqueline, a única que portava a estrela amarela na classe, lembra que sua professora era muito amável com ela. Ela se ofereceu para hospedar a ela e à irmã em sua quitinete. «Nem todos eram canalhas», diz ela. Havia até mesmo alguns heróis. Como o chefe do serviço de estrangeiros da delegacia de Nancy, Édouard Vigneron, que organizou com seus homens a fuga de trem de 350 judeus, dando-lhes passes para chegar à zona livre. Édouard Vigneron ficou preso por alguns meses, depois foi solto e demitido do cargo.

Em 9 de outubro de 1942, uma nova onda de prisões levou dezessete judeus de Montceau-les-Mines. Dessa vez, procuravam-se também as crianças, se necessário até nas escolas. E isso já sabendo, pelo menos em parte, do destino que as aguardava, uma vez que, nesse ínterim, a polícia de Montceau-les-Mines, que havia escoltado o primeiro comboio em julho, devia ter contado na volta o que vira e ouvira em Pithiviers. Depois de serem transferidas para Drancy, as novas vítimas partiram em 6 de novembro no comboio número 42 para Auschwitz. Outros membros da comunidade conseguiram se esconder ou fugir, mas dez deles foram presos posteriormente. Dos deportados, apenas quatro voltariam vivos dos campos.

Para escapar das prisões, os judeus de Montceau-les-Mines tentaram fugir da zona ocupada cruzando clandestinamente a linha de demarcação, lá onde meu avô estava alocado. Lucien os teria ajudado ou detido? Ele devia saber que, se os mandasse de volta para Montceau-les-Mines, eles iriam diretamente para um campo de trânsito com condições de vida nada invejáveis, e de lá seriam deportados para o Leste, em direção a horizontes sombrios.

Não encontrei nenhum vestígio de batidas policiais em Mont-Saint-Vincent, certamente porque não havia judeus naquele pequeno vilarejo. Com exceção de um fugitivo, Georges Levy, dono de uma grande loja de ferragens na rua Carnot em Montceau-les-Mines, que se refugiava desde agosto de 1940 em Mont-Saint-Vincent, onde tinha uma casa. Ele foi deportado para Auschwitz em 7 de março de 1944 após ser preso em seu domicílio. Por quem? E por que tão tarde? Todo o vilarejo, incluindo o posto policial, devia saber que Georges Levy era judeu e provavelmente o protegia desde 1940. Deve ter havido um traidor, porque os arquivos especificam que Georges Levy foi «denunciado».

Se Moïse e Jacqueline foram salvos, foi sobretudo porque tanto o pai dele quanto o dela faziam parte da Resistência, de cujas impressionantes redes eles puderam se beneficiar. E mesmo que, fora desses círculos, muitos franceses tenham demonstrado corajosa solidariedade para com os judeus, eles não eram em número suficiente. Faltava à maioria aquele impulso humano espontâneo que, por exemplo, permitia aos cidadãos búlgaros barrar a deportação de judeus de seu país e às autoridades italianas recusarem-se em bloco a entregar aos alemães os judeus de sua zona no sudeste da França.

Que risco corria um agente francês caso desobedecesse às ordens antissemitas? Este telegrama do administrador público regional de Saône-et-Loire antes das detenções dá uma ideia das sanções: «A negligência nas execuções» das batidas policiais «acarretará cassação imediata». Não se tratava de execução, nem de prisão, nem de multa, mas de perder o emprego ou as oportunidades de carreira. Havia também diretrizes mais severas, como as de René Bousquet, que previam a detenção administrativa de «pessoas cujas atitudes ou atos obstruíssem a execução de minhas instruções a respeito de agrupamentos israelitas» e mandavam «apontar funcionários cuja indiscrição, passividade ou má vontade complicassem sua tarefa». Mas essas ordens raramente eram seguidas à risca.

Talvez, se a população francesa tivesse reagido desde o início às perseguições contra os judeus, Vichy não teria se tornado cúmplice de assassinatos em massa. Ela permaneceu impassível por muito tempo, não apenas em face da captura de judeus estrangeiros, mas ainda em relação a toda uma série de leis antissemitas dirigidas também aos judeus franceses, instauradas por iniciativa única de Vichy: introdução de um *numerus clausus* para limitar sua presença em diversos setores profissionais; proibição de pertencer a órgãos eleitos, de ocupar cargos de responsabilidade na administração pública, na magistratura, no exército e na cultura; autorização para internar judeus estrangeiros em campos especiais...

Ninguém protestou também quando Vichy deu início ao processo de arianização de bens judaicos — menos por convicção do que para impedir que os alemães assumissem o controle sozinhos. Na França, a arianização beneficiou muito menos a população do que na Alemanha. Mas o Estado não se incomodou em roubar divisas, dinheiro em espécie, metais preciosos, joias e obras de arte dos judeus quando de sua prisão. E na sociedade havia toda uma série de aproveitadores: dezenas de milhares de administradores provisórios franceses de empresas espoliadas, compradores que reduziam preços, concorrentes que se livravam de um rival, sem falar de tabeliães, leiloeiros, galeristas, colecionadores e museus envolvidos nesses saques. Também não faltam testemunhos relatando como os vizinhos iam aos apartamentos dos deportados para se servirem de seus armários depois de sua partida.

Essas medidas antijudaicas não suscitavam apenas indiferença, mas às vezes também apoio. Robert Paxton acredita que, muito antes do advento do Terceiro Reich, dominava na sociedade francesa, como em outras partes da Europa, a ideia de um «problema judaico» que precisava ser resolvido. Nas últimas décadas do século XIX, a imprensa e editoras francesas estiveram entre as mais violentamente antijudaicas da Europa, e um dos berços mais vívidos desse ressentimento foi a Argélia Francesa, onde a concessão da nacionalidade francesa aos judeus em 1870 (decreto Crémieux) havia desencadeado um ódio feroz contra essa comunidade.

O antijudaísmo francês atingiu seu ápice na época do caso Dreyfus, um capitão judeu do exército francês condenado à prisão em uma ilha de clima infernal, na costa da Guiana, por supostamente ter entregado documentos secretos aos alemães, embora as evidências apontassem para outro homem. O caso foi um escândalo, e muitas personalidades se envolveram em um braço de ferro violento entre aqueles que apoiavam Dreyfus e aqueles que eram contra ele. No primeiro grupo, estavam escritores como Marcel Proust e Émile Zola, no outro, homens de letras nacionalistas como Maurice Barrès e especialmente Charles Maurras, futura figura de liderança da liga de extrema direita Action Française.

De acordo com Robert Paxton, diferentemente dos nazistas, o antissemitismo de Vichy não era racial, mas cultural e nacional. O regime não via o assassinato de judeus como uma solução e era reticente quanto às deportações. Pétain conseguiu impedir a instauração da estrela amarela na zona livre e, no verão de 1943, Pierre Laval se recusou obstinadamente a ceder à pressão dos alemães, que, para facilitar a deportação, desejavam retirar a nacionalidade francesa de todos os judeus que a houvessem adquirido após 1933. O regime, porém, não era menos antissemita e, preocupado em arrancar dos alemães tanto quanto possível uma aparência de primazia, acabou por organizar por si próprio a aplicação do Holocausto na França.

Graças à ajuda da Resistência, a mãe de Moïse conseguiu pular de esconderijo em esconderijo e escapar da deportação. Seu pai teve menos sorte. Depois de trabalhar como um animal para uma empresa de cimento em Auschwitz, ele foi enviado para uma *Todesmarsch* (marcha da morte) pela ss em janeiro de 1945, quando os Aliados se aproximavam. Ele morreu nas estradas caóticas do fim da guerra, enquanto a ss se retirava. «Acho que ele morreu livre», diz Moïse.

Na Libertação, sua mãe foi até a administração pública regional. «Ela disse: 'Quero ser reintegrada à minha nacionalidade francesa'. Os rapazes lhe disseram: 'Ah, vai demorar, é melhor fazer um novo requerimento. Com sua declaração de serviço na Resistência, deve ser fácil'. Ela disse: 'Não, eu quero ser reintegrada, e que reconheçam o erro e a culpa da França...' Isso nunca aconteceu.» Oficialmente, Moïse e sua mãe são franceses apenas a partir de 1947. Eles não receberam nenhuma pensão ou indenização do governo francês por terem sido considerados apátridas à época dos fatos. Tiveram que esperar as medidas de reparação dos alemães, que indenizaram os judeus apátridas da França.

Depois da guerra, havia pouquíssimos sobreviventes judeus para testemunhar sobre a Shoah na França, já que apenas 2.500 retornaram dos campos, ou 3% dos deportados. As palavras dos presos políticos — de 85 mil, 60% sobreviveram — suplantaram as deles. Ouviam-se com mais boa vontade relatos de oponentes políticos e combatentes da Resistência que confirmavam a imagem de uma França resistente do que os de vítimas de perseguição racial. Mas a experiência deles não era a mesma. Os presos políticos suportaram o calvário dos campos de concentração, mas não passaram pelo horror dos campos de extermínio. Os sobreviventes do inferno, fantasmas espoliados de tudo, preferiam guardar silêncio para não serem marginalizados por uma sociedade que evidentemente optara por seguir em frente. Até o tão celebrado documentário *Noite e neblina*, de Alain Resnais, lançado em 1956, consegue tratar do universo dos campos de concentração nazistas pronunciando apenas uma única vez a palavra «judeu», perdida na enumeração de uma lista de vítimas.

Essa amnésia era compartilhada por toda a comunidade internacional. A atitude dos Aliados durante a guerra em relação ao sofrimento dos judeus da Europa pouco fez para encorajá-los a refrescar sua memória. Informados do genocídio, os britânicos e os americanos evitaram usar essa causa como uma justificativa para a guerra contra Hitler. Afinal, suas respectivas sociedades também não estavam isentas de antissemitismo.

Em maio de 1944, representantes judeus lhes pediram para bombardear as linhas ferroviárias que conectavam Budapeste a Auschwitz a fim de estancar as deportações de judeus da Hungria e destruir as câmaras de gás e crematórios em Auschwitz. Os Aliados, que dispunham de fotos precisas do campo, responderam que seus aviões estavam todos mobilizados em esforços prioritários de guerra. Um dos argumentos era o medo de matar prisioneiros. Para o historiador americano Walter Laqueur, ao contrário, «centenas de milhares de vidas poderiam ter sido salvas».

Os soviéticos também não intervieram para apoiar os judeus. Nem os combatentes da Resistência: durante o levante da resistência polonesa em Varsóvia, no verão de 1944, o Exército Vermelho, que se encontrava às portas da cidade, nada fez para socorrer os insurgentes.

Por mais surpreendente que possa parecer, o evento que quebrou os bloqueios da repressão na Europa e nos Estados Unidos foi uma série de televisão americana, *Holocausto*, de Marvin J. Chomsky e Gerald Green, que foi ao ar em 1978 nos Estados Unidos. É a história cruzada de uma família judia, os Weiss, sobre quem os crimes do Terceiro Reich vão se abater um após o outro, e de um casal de nazistas, os Dorf, do qual o marido, inicialmente relutante em relação ao nacional-socialismo, mas pressionado pela mulher, com pressa de subir na escala social, acaba por ingressar na ss, na qual logo se destaca em suas novas funções. Como os Weiss, Erik Dorf acabará em Auschwitz, mas ao lado dos algozes.

A história desses dramas individuais de repente tornou o inimaginável imaginável para o grande público e desencadeou um terremoto internacional na consciência coletiva. Nos Estados Unidos, onde um em cada dois americanos assistiu à série, anunciou-se o projeto de um enorme Museu Memorial do Holocausto em Washington, D.C., dotado de um centro de documentação, com dinheiro afluindo de todos os lados para financiar sua construção. Proliferaram conferências e exposições sobre o tema.

Em 1979, a série *Holocausto* foi transmitida na Europa. Na Alemanha Ocidental, onde um terço dos cidadãos, ou seja, 20 milhões de pessoas, assistiram a ela, uma raiva surda se apoderou dos cidadãos contra as autoridades públicas, acusadas de não terem cumprido o seu dever de memória. Houve uma certa vergonha também, a de ter negligenciado um crime cuja memória estava tão próxima. Após cada episódio de *Holocausto*, milhares e milhares de telespectadores ligavam para o canal de televisão onde, ao final da transmissão, uma bancada de historiadores trazia seus pontos de vista e respondia às perguntas dos telespectadores. A central telefônica era inundada por demandas insistentes de pessoas perplexas, incrédulas. Algumas choravam, outras se indignavam: «Como pudemos permitir uma coisa dessas?» De acordo com uma pesquisa, 65% diziam estar perturbados, 45% «envergonhados» e 81% afirmavam que o programa havia gerado discussões entre as pessoas ao seu redor.

Holocausto foi eleita a «palavra alemã do ano» pela Sociedade para a Língua Alemã. Três meses após a transmissão da série, o Bundestag decidiu tornar imprescritíveis o assassinato e o crime de genocídio. Pouco depois, em 1982, o monumental livro de Raul Hilberg, *A destruição dos judeus europeus*, finalmente foi publicado na Alemanha, tendo sido traduzido para o francês em 1988, para o italiano em 1999 e para o espanhol em 2005. Tornou-se uma referência incontornável.

Na França, a série *Holocausto* foi lançada logo após a publicação, por Serge Klarsfeld, do *Mémorial de la déportation des Juifs de France* [Memorial da deportação dos judeus da França], uma obra que desfiava um por um o nome dos deportados da França. Ato contínuo, o filme de Marcel Ophuls, *A tristeza e a piedade*, censurado dez anos antes, foi finalmente lançado em 1981 e atraiu de 15 milhões a 20 milhões de espectadores. Mas foi sobretudo um documentário lançado em 1985 que, depois da série, abalou as consciências na França: *Shoah*, de Claude Lanzmann, um filme com dez horas de duração, resultado de doze anos de trabalho.

Os últimos sobreviventes, por quem ninguém nunca havia se interessado, emergiram repentinamente do esquecimento, seus testemunhos se tornaram prioridade absoluta.

As línguas se soltaram; os judeus, que haviam permanecido em silêncio por tanto tempo, começaram a falar. Claude Lanzmann foi aos quatro cantos do mundo em busca de sobreviventes do Holocausto para reconstituir passo a passo, através de seus depoimentos, a Solução Final.

Eu já assisti a *Shoah* duas vezes, mas sempre em pequenos trechos, de tanto que é insuportável a intensidade dos depoimentos. Jamais esquecerei a voz melodiosa daquele homem que canta diante da câmera, como os nazistas lhe pediram, ainda criança, a fim de distraí-lo enquanto, bem perto dele, sua família e todo o seu povoado agonizavam em caminhões de gás. Nem o relato daquele interno de Treblinka que conta como, ao desenterrar corpos nus de valas comuns que os nazistas queriam queimar em grandes piras, ele reconheceu seus parentes em meio à massa de corpos em decomposição.

Um dos imensos méritos do filme é, graças às descrições cruzadas dos lugares, das pessoas envolvidas, dos métodos, das datas e dos procedimentos, ter demonstrado diante dos negacionistas que a organização industrial do extermínio em massa dos judeus da Europa em câmaras e caminhões de gás de fato existiu.

Nesse sentido, uma das principais testemunhas do filme *Shoah* é o sargento da ss Franz Suchomel, designado durante a guerra para a *Aktion T4*, depois para o campo de extermínio de Treblinka, condenado a seis anos de prisão em 1965. Ele é um dos raros carrascos que descreveram voluntariamente, com extrema precisão, o funcionamento do campo com a ajuda de um grande mapa pendurado na parede.

Na sua chegada, em agosto de 1942, as câmaras de gás de Treblinka funcionavam a plena capacidade: «Em duas horas, duas horas e meia, tudo era liquidado, entre a chegada e a morte, um trem inteiro…», ele explica. «Os trens chegavam um atrás do outro, e sempre tinha um novo afluxo de gente, compreende? [...] Alguns judeus tinham que esperar dois dias porque as pequenas câmaras de gás não davam conta de tudo, ainda que trabalhassem dia e noite.» Os homens passavam primeiro, as mulheres tinham que esperar, nuas, tanto no verão como no inverno, sob temperaturas que chegavam a -15°C. «Elas ouviam os motores das câmaras de gás, talvez ouvissem também as pessoas gritando lá dentro e rezando. E enquanto esperavam, o *Todesangst* (medo da morte) se apoderava delas.»

Capítulo X.
O pacto

Não conheci Opa. Em 20 de setembro de 1970, enquanto caminhava pelo centro da cidade de Mannheim, ele caiu no chão, fulminado por um ataque cardíaco, aos 67 anos de idade. «Meu pai sabia que no final do ano teria que desocupar o terreno de sua empresa, que pertencia à cidade», conta tia Ingrid. «Tudo seria destruído para a renovação do bairro. Minha mãe lhe dizia: 'Não faz mal, na sua idade você já trabalhou o bastante!' Mas acho que pesou para ele ver o desaparecimento da empresa pela qual se matara de trabalhar: acabou morrendo por causa dela.» Em dezembro de 1970, os edifícios da empresa Schwarz & Co. Mineralölgesellschaft foram derrubados e sua dolorosa história desapareceu sob o asfalto de uma rua toda nova. Até que comecei a reunir os restos da memória tanto dela quanto de meu avô, de quem por muito tempo só conheci os retratos pendurados na parede em Mannheim. Ali o vemos aos sessenta anos, com os cabelos totalmente brancos e burlesco em seus óculos grossos, retangulares e pretos que lhe dão um ar severo.

Hoje, tenho a impressão de conhecê-lo melhor. Minha tia sempre o defendeu quando eu a entrevistei, ela desculpava suas ações exagerando suas aflições, como se tivesse medo de que eu sujasse sua memória. Quanto a meu pai, ele tem uma visão bem diferente a respeito de Karl Schwarz: «No plano material, ele cuidou para que nada nos faltasse, mas, fora isso, não foi um modelo para mim. Ele não procurava se aproximar de mim. Tudo o que aprendi, aprendi sem ele. Ele não procurou me ensinar as coisas da vida», confidencia ele. Ingrid diz que, na verdade, seu pai tinha orgulho por seu filho ter passado nos exames da faculdade.

Se eu perguntasse à minha tia sobre o passado nazista de seus pais, ela respondia: «Não podemos nos colocar no lugar de pessoas de uma época que não vivemos, quando tudo era tão diferente». Ela não confrontou os pais, provavelmente reprimida por sua empatia por eles no difícil contexto do pós-guerra e por esse respeito cego que os jovens de então preservavam pela autoridade parental.

Quando Volker, que era sete anos mais novo que a irmã, estava no auge da adolescência, a situação financeira de sua família tinha melhorado, deixando-lhe o campo livre para outras reflexões. Seus estudos no Gymnasium, suas leituras e seu caráter foram propícios à emergência de uma mente crítica que o levou a considerar a atitude de seus pais sob um novo ângulo. «Eu dizia a eles: 'O que me incomoda não é que vocês o tenham abraçado porque, quem sabe, talvez eu também o tivesse feito, por entusiasmo ou por covardia. O que me incomoda é que, mesmo depois da revelação de que esse regime cometeu os piores crimes que se possa imaginar, vocês ainda não o condenem de verdade.'»

A divergência entre irmão e irmã também pode se dever ao fato de que, ao contrário de Volker, minha tia, nascida em 1936, se lembra muito bem da angústia dos bombardeios em Mannheim, da fuga para o campo e do retorno traumático para uma cidade devastada, povoada por fantasmas errantes. Mais do que o irmão, que era uma criança, ela foi marcada pelo conflito do pai com Julius Löbmann que, através do filtro do amor filial, ela via como uma injustiça.

Enquanto eu pesquisava para este livro, uma questão complexa não parou de me atormentar. Em que medida era possível para homens e mulheres comuns como meus avós não serem nazistas sob o Terceiro Reich? Dizer não sem possuir as qualidades de um herói? Sem arriscar a vida ou a deportação para um campo de concentração? Em que medida era possível não ser um *Mitläufer*?

O regime nazista era uma faca de dois gumes: por um lado, exibia um arsenal de sedução que despertava admiração; por outro, dispunha de um tremendo sistema repressivo que inspirava medo e desencorajava qualquer dissidência. Imagino que fosse difícil não se deixar intimidar pela violência das SA, pelo assassinato e pelo envio de comunistas e social-democratas para os campos de concentração. E ainda com mais forte razão quando a repressão começou a se estender aos «antissociais» e aos «inimigos da comunidade», fazendo pairar a ameaça de prisão sobre muitas cabeças suscetíveis de caírem nessas categorias de contornos muito fluidos.

Durante a guerra, à medida que o Reich dava sinais crescentes de fraqueza, as sanções endureceram terrivelmente. Os tribunais especiais tornaram-se antecâmaras da morte. A pena capital era proferida por qualquer motivo. Para quem teve a infelicidade de tropeçar em um juiz fanático, o fato de ter feito uma declaração derrotista, ainda que para um grupo restrito, era algo passível de pena de morte, da mesma forma que o furto de algumas pobres galinhas podia passar por «sabotagem». Entre 1940 e a capitulação, 16 mil sentenças de morte foram proferidas contra cidadãos alemães.

Por outro lado, antes da guerra, a margem de manobra não era assim tão estreita para a população. A adesão a uma organização nazista era preferível para quem pretendia acelerar a própria carreira, mas não era obrigatória. Preferir o *Grüss Gott* (graças a Deus) à saudação hitlerista ou criticar o regime acarretava poucas consequências se a pessoa não fosse uma figura pública. Há uma foto na qual, no meio de uma multidão agitando os braços durante a inauguração de um barco em Hamburgo, em 1936, na presença de Adolf Hitler, vemos um homem cruzando ostensivamente os braços. Esse gesto corajoso não foi reprimido. Mas, por outro motivo, esse mesmo homem foi condenado a três anos de prisão em 1938: ele «envergonhara» sua «raça» ao manter um relacionamento fora do casamento com uma judia, com quem tinha dois filhos.

Se a maioria dos alemães se conformou aos moldes nazistas, era também porque muitos não eram necessariamente contrários à violência. Alguns acabaram por se habituar à ela, deixando-se convencer da necessidade de que reinasse uma nova ordem contra a pretensa ameaça bolchevique e o retorno de uma ultrajada república no modelo de Weimar. Outros foram seduzidos pelo que perceberam como a exaltação da força viril e a superioridade dos alemães ou a oportunidade de um trampolim profissional ou material. A violência ficava mais fácil de tolerar à medida que os juristas se apressavam em lhe conferir uma legitimação legal. Proporcionava àqueles que eram poupados a satisfação narcisista de se sentirem privilegiados por pertencer à *Volksgemeinschaft*, como se fosse um seleto clube privado.

Entre tolerar o crime e dele participar, não havia mais que um passo que, no entanto, era possível não dar: recusar-se a assumir o cargo de um colega demitido por ser judeu e não fazer parte da arianização. Também era possível por muito tempo continuar comprando de comerciantes e empresários judeus, na falta de uma lei decretando o contrário.

Quanto a salvar judeus durante a guerra, isso era mais arriscado, mas não impossível. Cerca de 10 mil cidadãos alemães fizeram isso, por empatia ou para enriquecer. Em caso de denúncia, seu destino divergia: eles podiam ser enviados para um campo ou poupados, sendo que a pena capital ainda era rara num tempo em que, na Polônia, os salvadores de judeus realmente corriam risco de vida.

No *front*, se um soldado da Wehrmacht ou da ss desertasse, ele se arriscava a ser executado. Se relutasse em matar um judeu, um civil ou um prisioneiro soviético, perdia prestígio entre os colegas, recebia uma advertência da hierarquia ou era transferido. Mas, até agora, os especialistas não encontraram um só caso em que um soldado tenha pagado tal recusa com a vida.

É certo que tudo o que sabemos hoje não era conhecido na época, por isso nem sempre era fácil avaliar os riscos. Ainda hoje é difícil fazer um julgamento. «Meus pais viviam sob uma ditadura», diz minha tia. «Para resistir às exigências do partido ou proteger judeus, você tinha que ser um herói. As pessoas que faziam isso colocavam sua vida em perigo, era preciso ter uma coragem que muito poucas pessoas têm.» Volker é menos tolerante. «Meu pai entrou no jogo sem ser obrigado a isso. Ele pegou a carteira do partido e comprou um negócio de um judeu que ele sabia que estava com a faca no pescoço.» Em algumas situações, era óbvio que era possível e até preferível dizer não. Como diz meu pai: «Se, desde o início, as pessoas se recusassem a jogar o jogo do regime em cada etapa, os nazistas provavelmente não teriam chegado ao ponto a que chegaram».

Muitas vezes me pergunto o que eu teria feito. Nunca saberei. O que importa é o que entendi lendo estas linhas do historiador Norbert Frei: o fato de não sabermos como teríamos nos comportado «não significa que não saibamos como deveríamos ter nos comportado». E como devemos nos comportar no futuro.

Outro assunto sobre o qual Volker e Ingrid absolutamente também não concordam é a importância que deve ser dada à transmissão da memória do passado nazista. Na mesinha de cabeceira de meu pai ou ao lado da banheira, há sempre um livro sobre o Terceiro Reich. Recentemente, era uma biografia de Joseph Goebbels, a enésima, o que não o impede de ser um *bon vivant*. Sua irmã afirma «preferir viver o presente e diz estar farta dessas histórias», embora passe o tempo contando-as, mas as pequenas histórias, as das pessoas, não a grande, com a qual se identifica menos.

Ingrid está espremida entre duas gerações: a de meu pai, nascida durante ou depois da guerra, que na década de 1960 se rebelou contra a amnésia da sociedade alemã, e aquela nascida na virada dos anos 1930, que passou a infância e a adolescência sob o Terceiro Reich, na *Hitlerjugend*, e recrutada à força para a defesa antiaérea. Os que pertencem a esta última têm uma ligação particular com o nacional-socialismo. São ao mesmo tempo vítimas do sistema e atores, certamente inocentes em sua maior parte, mas inevitavelmente marcados. Foram eles que, quando ainda muito jovens para assumir responsabilidades sob o Terceiro Reich, tiveram que enfrentar o pesado legado da «culpa alemã» após a guerra. Décadas depois, alguns não conseguiam mais suportar esse peso e exigiram riscar o passado.

Quando, após treze anos de poder social-democrata, o democrata-cristão Kohl chegou à chancelaria em 1982, ele imediatamente expressou seu desejo de representar um «ponto de inflexão moral e espiritual»: um fortalecimento da autoconfiança dos alemães no cenário internacional, autoconfiança que deveria passar por uma libertação do passado nazista. Esse anúncio caiu mal, pois a transmissão da série *Holocausto* havia reforçado na opinião pública internacional a necessidade de entender como o genocídio havia sido possível. Em vez de dar mostras de boa vontade para corresponder a essas expectativas, Helmut Kohl reagiu na defensiva. Ele quis intervir no projeto de construção do Museu Memorial do Holocausto em Washington, tentando incluir um painel sobre a resistência alemã e o desenvolvimento democrático de seu país.

Mas foi sobretudo sua declaração perante o parlamento israelense, o Knesset, em 1984, que deixou marcas. «Eu falo a vocês como alguém que não pode ser culpado pelo nazismo porque teve a sorte de nascer mais tarde e ter pais excepcionais», disse Helmut Kohl, nascido em 1930. O chanceler foi acusado de tentar isentar seu país da responsabilidade histórica em relação a Israel.

Ele também foi criticado por tentar reduzir a atenção dada ao Terceiro Reich, mudando o foco para a Primeira Guerra Mundial, cuja memória havia sido esmagada na Alemanha pela onipresença da Segunda Guerra Mundial. Ainda hoje, estremeço diante daquela cena filmada em 22 de setembro de 1984 em Verdun, um dos locais mais mortíferos da Grande Guerra, onde mais de 310 mil soldados foram mortos em dez meses: François Mitterrand e Helmut Kohl imóveis aos pés do ossuário em que jazem os restos mortais de 130 mil soldados alemães e franceses, o hino alemão termina, as mãos deles se erguem, se unem e permanecem assim unidas enquanto ressoa *La Marseillaise*. O colosso e o homenzinho, ligados por esse gesto de uma humildade avassaladora, tinham os mortos como testemunha para dizer «Nunca mais».

Em sua aspiração por virar a página nazista, Helmut Kohl teve o apoio de parte da população, mas muitos, chocados com a proliferação de testemunhos pungentes sobre a Shoah, precisavam com urgência da verdade, especialmente pessoas nascidas após a guerra que tinham colocado em movimento o trem da memória.

O confronto entre esses dois campos se agravou quando, em 1985, por ocasião da visita do presidente americano Ronald Reagan no 40º aniversário do fim da guerra, Helmut Kohl convidou o visitante a prestar homenagem aos soldados do Reich no cemitério militar alemão em Bitburg, onde repousam também membros da Waffen-ss. A visita, que deixou o presidente americano desconfortável e foi percebida como uma tentativa de relativizar os crimes nazistas, gerou uma acalorada polêmica. A revista americana *Time* apelou a Ronald Reagan para que se abstivesse de visitar qualquer cemitério de guerra alemão. Günter Grass acusou Kohl de se refugiar na postura da inocência por ignorância. «A maioria sabia que existiam campos de concentração… Nenhuma autoabsolvição apaga esta realidade: todos sabiam, podiam saber, deveriam ter sabido.»

O chanceler queria lançar as bases para uma relação de igual para igual com os antigos vencedores da guerra, que ainda dispunham de tropas alocadas na Alemanha. Mas seu gesto despertou velhos temores no exterior e trouxe água para o moinho dos revisionistas alemães.

Três dias depois da visita ao cemitério militar, no aniversário da vitória dos Aliados sobre a Alemanha nazista, o presidente democrata-cristão alemão Richard von

Weizsäcker, com um discurso lendário, poria um freio decisivo a essa política. Eu reexaminei sua intervenção filmada de quase 45 minutos e, se houvesse apenas uma coisa para mostrar às gerações mais novas, seria essa. Naquele dia, Weizsäcker, filho de um diplomata e secretário de Estado do Terceiro Reich, selou as bases de um consenso memorial que iria transcender a divisão direita-esquerda.

«O 8 de maio foi um dia de libertação», afirmou ele, em uma modesta aparição atrás de um pequeno púlpito diante do Bundestag. «Ele nos libertou a todos do sistema nacional-socialista de dominação baseado no desprezo pelo homem.» Uma declaração que parece óbvia hoje em dia, mas que não o era em 1985, com muitos ainda lutando para expressar e ouvir certas verdades históricas. «Nós precisamos e dispomos da força para enfrentar a verdade tanto quanto possível, sem floreios nem parcialidade», insistiu.

Ao mesmo tempo em que homenageava o sofrimento dos alemães durante a ditadura, Weizsäcker lembrou que suas provações deveriam ser atribuídas ao Terceiro Reich, e não aos Aliados. «Não temos o direito de ver no fim da guerra a causa do exílio, da expulsão e da falta de liberdade. Ela reside muito mais na sua deflagração e no início da tirania que levou à guerra.» Da mesma forma, «sem a guerra iniciada por Hitler [...], a Europa não teria se dividido em duas».

Richard von Weizsäcker, que lutara nas frentes oriental e ocidental, onde teria sido ferido duas vezes, enumerou com gravidade a longa série de vítimas da barbárie nazista e teve a coragem bastante inédita para um homem de Estado dessa envergadura de criticar frontalmente a atitude do povo alemão sob o nazismo: «Quem poderia permanecer ingênuo após o incêndio das sinagogas, os saques, a estigmatização da estrela judaica, a privação de direitos, a profanação contínua de dignidade humana? A quem abrisse os olhos e os ouvidos, a quem quisesse se informar, não escapava o fato de que circulavam trens de deportados. [...] Era fácil recusar a consciência, não se responsabilizar, desviar o olhar, guardar silêncio. No final da guerra, quando a indizível verdade do Holocausto emergiu, fomos muitos a invocar a desculpa de nada ter sabido ou nada ter pressentido.»

O presidente alemão encerrou seu discurso com uma advertência. «Nossa história nos permite saber do que o homem é capaz. Não devemos imaginar que somos diferentes e melhores. [...] Nossa memória histórica [deve ser] o fio condutor de nossa atitude [e nos permitir] cumprir as tarefas que temos pela frente.»

Seu discurso, aclamado em todo o mundo, traduzido para pelo menos 13 idiomas e impresso em mais de 2 milhões de cópias, permitiu restaurar uma confiança internacional na Alemanha que Helmut Kohl havia prejudicado. O *New York Times* reproduziu-o na íntegra, e mais de 60 mil cidadãos alemães escreveram ao presidente. Richard von Weizsäcker selou um pacto entre a política alemã e a moral extraída de sua história.

Nem todos os intelectuais e historiadores alemães aderiram a esse consenso político. A maioria dos especialistas certamente concordava que as pesquisas sobre os crimes nazistas eram muito incompletas. Mas, enquanto alguns consideravam urgente fazer do genocídio o coração da memória alemã e sensibilizar a opinião pública por meio da criação de museus, monumentos e comemorações, outros se opunham e contestavam a singularidade do Holocausto, exigindo o direito de comparar os crimes nazistas com os dos bolcheviques sob Stálin.

Dezoito milhões de pessoas conheceram o inferno dos *gulags*. Testemunhas relataram o seu cotidiano: cavar o gelo em busca de minerais para um Estado que roubava sua força de trabalho, lutar contra o vento assassino das grandes planícies, com o rosto lacerado, com a pele dos pés grudada pelo gelo na sola dos sapatos, dormir com o corpo contorcido de frio no chão de concreto e morrer de fome. Os mortos dos *gulags* se contam aos milhões. A eles, devem-se adicionar mais de 10 milhões de vítimas da fome causada pelas políticas soviéticas, 6 milhões de pessoas deportadas e inúmeras vidas destruídas por um regime impiedoso. Por trás desses números desmedidos, está antes de tudo Josef Stálin, pai da pátria, apaixonado por Tchaikóvski e pelos dançarinos do *Lago dos cisnes*, que, nos anos 1936–1938, não teve dificuldade em executar de uma só vez, com uma canetada, praticamente todos os seus colegas bolcheviques que desempenharam um papel de liderança durante a Revolução Russa de 1917. Um monstro em cuja honra o presidente russo Vladimir Putin, falsário-mor da história, ergueu em 2017 um busto em Moscou.

Em 1986, divergências historiográficas culminaram na «briga dos historiadores» após a publicação, no jornal diário *FAZ*, de um texto do historiador alemão Ernst Nolte intitulado «O passado que não quer passar». É preciso «se permitir fazer uma pergunta incontornável: [...] O arquipélago do *gulag* não precedeu Auschwitz? O 'assassinato de classe' dos bolcheviques não era o pré-requisito lógico e factual para o 'assassinato racial' dos nacional-socialistas?» Ao fazer essas perguntas, o historiador avançou a tese segundo a qual o assassinato de classe dos bolcheviques seria ao mesmo tempo o modelo e o espectro que teria empurrado Hitler para o genocídio dos judeus.

A resposta não demorou a chegar, liderada por Jürgen Habermas. Em artigo publicado no semanário *Die Zeit*, o filósofo denunciou «as tendências apologéticas da historiografia alemã». Nolte, escreve ele, «mata dois coelhos com uma cajadada só: os crimes nazistas perdem sua singularidade porque se tornam, pelo menos aos seus olhos, compreensíveis como uma reação à ameaça da destruição bolchevique».

Vários historiadores contra-atacaram, acusando o filósofo de impor censura de ordem moral à obra deles. Muitos intelectuais tomaram o seu partido. Eberhard Jäckel apontou que o problema não era a comparação entre os crimes bolcheviques e nazistas, mas a relação de causa e efeito entre o *gulag* e o Holocausto que sugeria «a tese do assassinato preventivo» e era historicamente falsa. «O ariano não tinha medo do 'subumano' eslavo e judeu», escreve Jäckel no *Die Zeit*. Hitler havia «perfeitamente» compreendido «como canalizar para seu próprio interesse o medo da burguesia em relação ao bolchevismo».

Longe de ser um debate científico, observou o historiador Hans Mommsen, esse conflito revelava a tendência da historiografia alemã de «reabilitar ideias favoráveis a um Estado autoritário pela relativização histórica do nacional-socialismo».

Essa tentativa fracassou e contribuiu para que se impusesse a ideia de que o Holocausto era um ponto central da identidade alemã.

Em novembro de 1989, a queda do Muro confirmaria ainda mais o imperativo da memória do nacional-socialismo. O desaparecimento da RDA retirou um forte argumento daqueles que acusavam o trabalho de memória da RFA de alimentar a propaganda antifascista do inimigo comunista. O caminho estava aberto para lembrar os crimes nazistas sem medo de que fossem instrumentalizados pela RDA. Por ocasião do quinquagésimo aniversário do fim da guerra em 1995, uma verdadeira «maratona comemorativa» festejou sem constrangimentos a «libertação» do povo alemão. «Passado superado», proclamou o *Der Spiegel* na capa. Um ano depois, o presidente alemão Roman Herzog fazia de 27 de janeiro, data de aniversário da libertação do campo de Auschwitz, o dia para homenagear as vítimas do nacional-socialismo.

A queda do Muro tornou obsoletos os últimos mitos que a RFA tinha conseguido preservar sobre o passado nazista. Como aquele de uma Wehrmacht limpa que conseguira sair ilesa de todas as tormentas memorialísticas. A lenda nascera nos julgamentos de Nuremberg, quando o tribunal decidiu não incluir a Wehrmacht na lista das «organizações criminosas». Essa decisão passou como uma absolvição aos olhos de muitos alemães, reforçados em sua impressão pela anistia a muitos membros da Wehrmacht durante a década de 1950. Em seguida, a proliferação de autobiografias, testemunhos, filmes e livros alimentando o floreio da Wehrmacht conseguiu arraigar na opinião pública a imagem do «soldado correto» e de um exército poupado da ideologia nazista e dos massacres de civis e judeus.

Em 1995, uma exposição organizada pelo Instituto de Pesquisa Social de Hamburgo, intitulada *Vernichtungskrieg: Verbrechen der Wehrmacht 1941 bis 1944* [Guerra de extermínio: Crimes da Wehrmacht, 1941–1944], foi o golpe de misericórdia nessa lenda. Graças à ajuda de historiadores, a exposição demonstrou que, embora a Wehrmacht inicialmente desaprovasse as ações da ss, acabou por ceder, colaborando com elas ativamente. Ela tinha até, independentemente da ss, dado de livre e espontânea vontade inúmeras e criminosas ordens contra judeus, civis e prisioneiros de guerra, pois também era atormentada pelo antissemitismo e pelo racismo contra os *Untermensches* eslavos. A exposição gerou tamanha polêmica que, em algumas cidades, eclodiram debates acalorados, e alguns municípios se recusaram a recebê-la. Houve até mesmo manifestações. O Bundestag dedicou a ela um debate de grande repercussão. Essas divisões não impediram que o evento tivesse um estrondoso sucesso entre um público de todas as idades, todas as classes sociais e profissionais, com quase 1 milhão de pessoas no total dispostas a aguardar em longas filas.

Outro cúmplice importante dos crimes nazistas, que tinha conseguido passar despercebido, ressurgiu por sua vez. Além dos benefícios da arianização e de negócios fechados com o regime nazista, muitas empresas alemãs, públicas e privadas, lucraram muito com os mais de 10 milhões de trabalhadores forçados no Reich. Após a guerra, essas empresas aproveitaram-se do fato de que a maioria de suas antigas vítimas vivia atrás da «cortina de ferro» para não as indenizar. A queda do Muro pavimentou o caminho para acordos de reparação entre o Estado alemão e alguns antigos países do Leste e a Rússia, no mesmo modelo daqueles concluídos com países ocidentais após a guerra, mas as negociações para compensar especificamente antigos trabalhadores forçados se arrastaram longamente. No entanto, havia urgência. As vítimas que não morreram estavam muito velhas e precisavam muito desse dinheiro, devido à pobreza reinante no lado oriental. Finalmente, em 2000, a Fundação Memória, Responsabilidade e Futuro, criada para indenizar antigos trabalhadores forçados, veio à luz dotada de mais de 10 bilhões de marcos pagos em partes iguais pelo governo federal e mais de 6 mil empresas privadas.

Além disso, sob a pressão da opinião pública, que começava a se interessar por esse aspecto pouco conhecido da história nazista, e sob a pressão de denúncias diante dos tribunais, grandes empresas e bancos abriram seus arquivos para historiadores ou comissões independentes encarregadas de esclarecer suas atividades sob o Terceiro Reich, incluindo o uso massivo de trabalho forçado. Algumas foram mais reticentes do que outras, como a Quandt, a Flick e a Oetker, que se decidiram apenas sob a pressão da mídia. Ainda hoje, algumas arrastam a questão, entre elas a Siemens e a Bayer, ou não fazem nada, como a Henkel, a Röchling ou a Wella. No entanto, esses exemplos são exceções e, em geral, a maioria das grandes empresas alemãs acabou, ainda que muito tardiamente, apostando na transparência.

Esse era o contexto memorial quando, em 2000, instalei-me em Berlim para trabalhar como correspondente em uma agência de notícias francesa. Eu me senti imediatamente à vontade nessa cidade desfigurada por guerras e ditaduras, mas animada por uma contagiante sede de vida e de liberdade. Em Berlim, a memória do século XX é incontornável, ela convive com o presente e está escrita tanto nos muros como na ação cidadã. É a própria imagem da Alemanha, impossível de decifrar se não olharmos sob uma perspectiva histórica suas ações políticas e as sensibilidades de sua sociedade.

Minha chegada coincidiu com o começo de um novo desdobramento na relação da Alemanha com sua história, iniciado pelo governo de coalizão Verdes/Social-Democratas, que chegara ao poder em 1998. Talvez porque esses partidos sejam tradicionalmente pouco suspeitos de visadas revisionistas, eles alcançaram sucesso naquilo em que Helmut Kohl falhara: impor uma certa normalização do *status* de seu país no cenário internacional.

Em 1999, pela primeira vez desde 1945, a Alemanha participou de uma intervenção militar liderada pela OTAN em Kosovo. O governo teve sucesso nessa demonstração de força apesar do profundo pacifismo da sociedade alemã, sinalizando a ameaça de um genocídio na ex-Iugoslávia. «Guerra nunca mais» tinha sido varrido por «Auschwitz nunca mais». Um passo tinha sido dado no retorno da Alemanha ao cenário mundial, o que iria se confirmar quando o chanceler Gerhard Schröder se recusou terminantemente a seguir seu aliado de longa data, os Estados Unidos, durante a invasão militar do Iraque, em 2003, e liderou uma campanha para tentar garantir a seu país um assento permanente no Conselho de Segurança da ONU.

Um dos símbolos mais fortes dessa «normalização» foi a primeira participação de um chanceler alemão nas festividades anuais do Desembarque. Em junho de 2004, fui enviada para cobrir as celebrações do sexagésimo aniversário, das quais Gerhard Schröder tinha aceitado participar, completando o gesto iniciado vinte anos antes por Richard von Weizsäcker.

Calvados, onde eram esperados 22 chefes de Estado ou de governo, havia se transformado em uma fortaleza de segurança para impedir qualquer atentado que pudesse deixar mais de vinte países órfãos de líder. Nesse tumulto, encontrei um grupo de idosos alemães vindos de Nuremberg para orar sobre os túmulos de entes queridos mortos em combate durante a Batalha da Normandia. Três irmãs faziam parte do grupo, haviam perdido o irmão, Hans, de quem me mostraram uma foto: o rosto mal saído da adolescência, grandes e cândidos olhos castanhos e um sorriso um pouco tímido, contrastando com o uniforme escuro com botões de metal polido e o emblema da Waffen-ss na gola, dois s talhados como raios. O ônibus delas estava prestes a levá-las ao grande cemitério alemão de La Cambe, e eu propus acompanhá-las.

Descobri um cemitério magnífico, semelhante a um vasto campo de golfe, forrado de relva impecável, brilhante, quase fosforescente, cortada rente ao solo, onde milhares de lápides colocadas no chão na horizontal se alinhavam a perder de vista. Aqui e ali, pequenas cruzes de granito surgiam em conjuntos de cinco, coladas umas às outras como se estivessem de mãos dadas, uma última homenagem à camaradagem contra a solidão da morte. Mil e duzentas árvores de bordo refrescavam o santuário com seus ramos largos, um símbolo de paz financiado por doadores internacionais.

Percorri as aleias e vi meu grupo em frente a um conjunto de lápides mais floridas do que as outras, o túmulo do temível ss Michael Wittmann, o comandante de blindados mais condecorado da Alemanha, um herói da propaganda nazista que havia pulverizado nada menos que 138 tanques antes de morrer em seu Tigre 007, explodido na Normandia. Em um vaso de flores colocado perto de sua lápide, flutuava uma pequena bandeira preta na qual se destacava o desenho de uma chave branca, a insígnia da *Leibstandarte-ss-Adolf Hitler*, a divisão blindada dos guarda-costas ss do *Führer*. Quando eu estava prestes a perguntar aos senhores alemães por que haviam escolhido justamente aquele túmulo, eles entoaram em coro uma canção de guerra alemã. Devo dizer que fiquei aliviada por eles não estenderem o braço direito na horizontal. Terminado o canto, decidi ir em frente e perguntei às três irmãs, que enxugavam os olhos úmidos com um lenço, se elas sabiam estar diante de um túmulo da ss. «Nosso irmão também era da Waffen-ss, o que isso muda?

Eles também foram soldados valorosos», responderam. Aos olhos das irmãs e de vários outros alemães de sua geração, o fim da guerra não foi um dia de libertação.

No dia seguinte, eu estava entre outros jornalistas no cemitério anglo-canadense de Ranville, onde Gerhard Schröder deveria depositar duas coroas, uma para os mortos aliados e a outra em uma pequena praça reservada aos soldados alemães. Todos prenderam a respiração diante dessa delicada coreografia de um chanceler alemão caminhando sozinho em meio a um oceano de cruzes, sabendo que cada um de seus gestos, cada uma de suas expressões seria examinada, comparada, interpretada. Schröder completou o exercício com perfeição, nem muito grave nem muito leve. Ele transmitiu a imagem de uma Alemanha à qual não se podia mais pedir que se sentisse culpada, que havia feito do trabalho de memória um fundamento incontornável de sua identidade.

Nesse clima de apaziguamento, as pessoas começaram a se permitir quebrar novos tabus na Alemanha. Acompanhei pela agência de notícias o fascinante debate que cercou o lançamento, em 2002, de um romance de Günter Grass, no qual o autor trilha um caminho muito inusitado para ele, o do sofrimento dos alemães durante a guerra. Combinando realidade e ficção, passado e presente, *Passo de caranguejo* conta a história do drama do *Wilhelm Gustloff*, um navio alemão enviado, em janeiro de 1945, ao porto de Gotenhafen, no mar Báltico, para tirar as fileiras de refugiados alemães das garras do Exército Vermelho da Prússia Oriental. Grass descreve a luta deles para conseguir um lugar no *Gustloff*, sua única garantia de sobrevivência, uma vez que ficar em terra significava ser encurralado pelo Exército Vermelho. Havia rumores de que seus soldados matavam os homens, estupravam as mulheres e degolavam as crianças na frente das mães, em parte para responder à política de terra arrasada da Wehrmacht ao deixar a Rússia. Mas o destino dos que embarcaram não foi muito melhor: torpedeado por um submarino soviético que sabia que uma maioria de civis estava a bordo, o *Gustloff* naufragou nas águas geladas do Báltico, levando consigo 10.500 refugiados, dos quais muito poucos sobreviveram. Os torpedos tinham o nome de «Por Leningrado», «Pelo povo soviético» e «Por Stálin». Era o mesmo barco que havia levado minha avó, em 1938, para visitar os fiordes da Noruega, na euforia geral que caracterizava a Alemanha nazista daqueles anos.

Na época do lançamento de *Passo de caranguejo*, sem dúvida influenciado por esse romance, o *Der Spiegel* publicou uma grande série chamada «O exílio» sobre a expulsão de alemães da Europa Oriental, com uma análise intitulada «Os alemães como vítimas». Esses debates alimentaram um novo interesse pelos crimes do Exército Vermelho. Em 2003, a reedição do livro autobiográfico de Marta Hillers, *Uma mulher em Berlim*, que narra a vida diária de uma mulher relegada a objeto de caça sexual sob a ocupação soviética em Berlim, tirou do esquecimento a infâmia do estupro em massa de mais de 1,4 milhão de mulheres alemãs por soldados russos.

Para uma entrevista, encontrei duas vítimas desses estupros: Elizabeth e Martha, originárias da Silésia, uma província alemã hoje polonesa, de onde tiveram que fugir durante o inverno de 1945 diante do avanço do Exército Vermelho. Elas me receberam em seu pequeno apartamento em Berlim, onde moravam juntas desde a morte de seus respectivos maridos. «Nós duas passamos por tanta coisa», Martha me diz com um sorriso incerto. Os olhares tão doces de uma para a outra, a gentileza de seu acolhimento, a mesa posta com capricho para me servir chá com bolinhos me trouxeram lágrimas aos olhos, antes mesmo de eu começar a entrevistá-las.

Uma tinha quinze, a outra dezesseis anos. Depois de perderem contato com a família no caos da fuga, elas pularam em cima de uma carroça no meio de uma interminável fileira de refugiados, já carregada com tudo o que se podia pegar às pressas de um parco patrimônio. Os animais, cavalos de tração, estavam fracos demais para percorrer no frio do inverno os seiscentos quilômetros que os separavam de Berlim, e as estradas eram ruins porque era necessário pegar vias secundárias para evitar dar de cara com os russos, cuja simples evocação paralisava as moças. Elas se sobressaltavam toda vez que avistavam vultos humanos, até que um dia foram mesmo os russos que apareceram. Elas foram jogadas ao chão, arrastadas para dentro da floresta, os soldados rasgaram-lhes as calças e, sobre a terra gelada, estupraram aqueles corpos já feridos pela fome, pelo medo e pelo frio — quantas vezes, elas nem sabem mais. «Lembro-me de ter uma ideia fixa na cabeça: que estava menstruada e que haveria sangue por toda a minha roupa», conta Elizabeth, se desfazendo em soluços. Martha começa a chorar, mas consegue acrescentar: «Nesses momentos, o instinto de sobrevivência ordena que você pense em outra coisa para afastá-la do horror pelo qual está passando.»

Uma vez consumado o prazer, os soldados se interessaram pelo carregamento da carroça e, enquanto vasculhavam, bebiam e aterrorizavam a família de camponeses, as duas moças abandonadas no chão, um pouco mais afastadas, aproveitaram-se da desatenção deles para fugir. Mas elas ainda não estavam livres do seu suplício. No caminho, encontraram um transporte de alemães em fuga que as acolheu. Novamente o Exército Vermelho os parou, novamente elas foram estupradas e brutalizadas. Na Alemanha, Martha e

Elizabeth reencontraram a família na zona americana e reconstruíram sua vida, mas por muito tempo mentiram sobre suas origens para colegas, namorados, vizinhos. «Todos sabiam que vir do Leste, para uma mulher, significava ter sido violentada pelos russos. Tínhamos vergonha.»

Durante meus anos em Berlim, como muitos jornalistas, entrevistei numerosas testemunhas. Nós sabíamos: eram os últimos sobreviventes. Quem iria assumir o lugar deles no registro da memória?

Para lutar contra o esquecimento, construíram-se monumentos. O Memorial aos Judeus Mortos da Europa foi inaugurado em 2005 perto do Portão de Brandemburgo, com 2.711 estelas de concreto cinza-escuro que se estendem a perder de vista e formam um labirinto de lápides cuja variação de altura chega a dar vertigem. São os túmulos aos quais os mortos da Shoah não tiveram direito. Vários intelectuais, pouco suspeitos de revisionismo, denunciaram essa construção em pleno coração de Berlim. O escritor Martin Walser insurgiu-se contra uma «instrumentalização do Holocausto», reclamando o direito de «olhar para o outro lado».

Outros monumentos se seguiram em homenagem às vítimas do nacional-socialismo que permaneceram nas sombras. No meio de uma clareira do grande parque central de Berlim, o Tiergarten, uma bacia escura de forma circular, cheia de água, simboliza as lágrimas derramadas pelos ciganos dos grupos rom e sinti. Não muito longe dali, sob as árvores, há um bloco de concreto com uma abertura pela qual se pode ver um filme projetado em homenagem aos homossexuais perseguidos. No perímetro do parque, um longo vidro azul transparente, colocado sobre as ruínas do casarão onde foi elaborado o programa *Aktion T4*, evoca a memória dos mártires da eutanásia. Os trabalhadores forçados têm seu memorial em Leipzig.

Outro escudo contra o esquecimento, os arquivos. Desde 2005, um após o outro, ministérios e instituições públicas têm solicitado a comissões de historiadores independentes que pesquisem sobre seu papel no nacional-socialismo, mas também sobre as primeiras décadas do pós-guerra marcadas por continuidades pessoais e ideológicas entre o Terceiro Reich e a RFA. Até mesmo o serviço secreto da Alemanha Ocidental, o BND, no qual muitos nazistas trabalharam após a guerra, sob a presidência do ex-general da Wehrmacht Reinhard Gehlen, abriu seus arquivos por um período que se estendeu até a década de 1970. Uma medida totalmente inédita na Europa.

Agora que as testemunhas já morreram, tanto as vítimas como os algozes, resta a lembrança de suas palavras e de seu rosto, os monumentos e os livros de história, para lembrar aos vivos o que a Alemanha não quer mais ser. Resta também a memória familiar. Eu quis tecer os fios da grande história com os da pequena, representar esses vestígios com pinceladas na minha tela imaginária, cruzá-los e sobrepô-los, até que emergisse um quadro do mundo de outrora, com seu cenário, seu espírito, sua vida de então, suas porções de sombra e de luz. Meu pai e minha tia conheceram essas existências do passado. A emoção filtra-lhes a memória, a raiva de uma infância conturbada, a lembrança de um sentimento de injustiça, a chaga de uma decepção, a tristeza de não mais poder falar com aqueles que se foram para sempre, e o amor, a lealdade apesar de tudo.

Meus avós são fantasmas para mim. Opa morreu antes de eu nascer, e Oma, seis anos depois. Posso refletir com a cabeça fria, privilegiar a busca pela verdade em detrimento da emoção. Mas os fatos por si só não abrem a porta para a realidade, é preciso se valer da força da representação, da intuição e da psicologia. E deixar que viva a minha empatia por essas vidas destruídas pela megalomania de um punhado de homens, por Lydia e Karl, que tiveram a infelicidade de nascer no limiar de um século maldito.

Um dia, ninguém sabe quando, Oma começou a ser devorada por crises de angústia, convencida de que ficaria sem dinheiro e afundaria na pobreza, que teria que se humilhar, na sua idade, mendigando dinheiro aos outros. Depois da morte do marido, ela continuou a morar sozinha na casa da família. Ainda que seus filhos e amigos lhe dissessem que, com a renda do aluguel dos apartamentos do prédio herdado de seu pai, ela não tinha nada a temer, tudo era em vão. «Ela me dizia: 'Sem dinheiro a vida não vale a pena'», lembra tia Ingrid, que continuou muito próxima dela até o fim. Quem pode compreender os traumas de uma mulher alemã nascida em 1901 que só conheceu guerras e pós-guerras, para quem o futuro só podia ser pior que o presente?

Depois de ter percorrido meio século como quem caminha sobre brasas, ela dirigiu toda a energia que lhe restava para cuidar da filha até que ela se casasse e para lutar para que o filho estudasse, contrariando a opinião de Karl. Depois esperou com impaciência que seu filho lhe desse netos para acarinhar, adorar.

Quando Oma finalmente achou que poderia descansar, se deu conta de que não conseguia. Os espinhos do passado que ela carregara por toda a sua existência, como uma mala que nunca se tem tempo para apoiar e abrir, cresceram numa velocidade fulgurante, destilando implacavelmente o veneno da lembrança. As crises só faziam piorar e a angústia irracional de acabar pobre mergulhou minha avó numa espiral terrível, da qual nem os remédios nem ninguém conseguiu salvá-la. Ela sofria profundamente, repetindo sempre esta oração a Deus: «Se ao menos ele viesse me buscar».

Uma noite, apesar de sua profunda fé protestante que a proibia de determinar o dia de sua morte, ela decidiu não mais esperar por Deus. Uma amiga que morava perto fora assistir à televisão com ela. Por volta das 23 horas, ela foi embora, dizendo: «Você está me assustando esta noite, Lydia, vá para a cama». Oma fechou a porta, tranquilizando-a, então saiu no patamar e subiu a escadaria até a última janela. Devia ser bastante tarde para não ter corrido o risco de chamar a atenção dos vizinhos. Ao abrir a janela de batente duplo, Oma abarcou com o olhar os focos de luz e de vida penetrando a penumbra distante e saudou a silhueta sombria do grande carvalho no pátio que a vira crescer. Então, saltou no vazio.

Capítulo XI.
Memórias de uma franco-alemã

Até a idade adulta, acredito ter passado todos os natais de minha infância em Mannheim, no prédio herdado de meus avós. Esse ritual imutável fazia parte de uma educação dupla franco-alemã que meus pais observavam rigorosamente. Como morávamos na França, era dado como certo, por uma questão de equilíbrio, que todas as férias escolares seriam dedicadas à imersão na sociedade alemã, com exceção de três semanas no verão, quando partíamos para uma longa viagem pela Europa para descobrir outras culturas.

Quando, aos vinte anos, passei o Natal na França pela primeira vez, fiquei surpresa com a transformação desse acontecimento grave e solene, o nascimento de Jesus, em uma festa que beirava uma orgia pagã. Nada menos que oito ou dez pratos, ostras, *foie gras*, capão recheado, salmão defumado, vieiras, pato com laranja, torta de Natal desfilaram sobre a mesa, afogados em litros de champanhe, vinhos e digestivos, em um redemoinho de luzes multicoloridas e piscantes em torno de um pinheiro escondido sob uma avalanche de decorações. No dia seguinte, as conversas do 25 de dezembro giravam em torno da qualidade dos pratos da véspera, os quais, depois de amplamente comentados na noite anterior, eram submetidos a novo exame, justificado pelo distanciamento que a noite proporcionara.

Em Mannheim, celebrávamos a noite de Natal numa igreja protestante à luz de velas, uma construção fiel à tradição luterana, sóbria e severa, que a oscilação das chamas e a música límpida de Bach e Händel tornavam sublime por uma noite. Esse serviço religioso era um ingrediente indispensável à magia do Natal, e jamais minha irmã e eu teríamos renunciado a essa ardente e solene introdução ao mistério do cristianismo que renovávamos a cada ano na mesma data e na mesma hora. Com exceção do sermão e de alguns trechos da Bíblia lidos por membros da comunidade, a cerimônia era toda música, copiosa, poderosa, das flautas do órgão, elevando-se das profundezas da criação para nos unir, purificada das contingências terrenas ao canto exorcizante do coral.

Percebo nessa cerimônia natalina, tão diferente da celebração francesa, uma busca por pureza e essência que me agrada associar à alma alemã. Sob o risco de ser acusada de clichês, é assim que vivo essa cultura enquanto francesa e a sinto enquanto alemã: o desprezo pela leveza, a inclinação pelo absoluto, tanto no infame como no belo. No amor também, em que Goethe e os românticos alemães deixaram um legado indelével, a visão de um amor místico e predestinado, único, torturado e irracional, um valor absoluto que prescinde de reciprocidade para existir, ainda que leve ao desespero e à morte. É o do jovem herói do romance epistolar de Goethe, *Os sofrimentos do jovem Werther* (1774), cujo sucesso — a febre wertheriana — foi tamanho que ele foi acusado de ser responsável por um aumento repentino de suicídios entre homens jovens.

Que contraste com a «maneira de amar» tal como descrita nos textos libertinos franceses do século XVIII! No romance epistolar de Pierre Choderlos de Laclos, *As relações perigosas*, a sedução é elevada a arte psicológica e estratégica destinada a satisfazer o orgulho, a sensualidade e o prazer do jogo. No século XIX, o amor conforme definido por Stendhal,

Flaubert e Balzac, torna-se menos cínico, mas ainda assim permanece um «amor cerebral», quando se pensa antes de sentir. Em *Do amor*, Stendhal propõe o conceito de «cristalização amorosa», o amor como uma ilusão: «Em uma palavra, basta pensar na perfeição para vê-la em quem amamos».

Li tardiamente *Da Alemanha*, que Madame de Staël publicou em 1813 após uma longa viagem à Alemanha. Fiquei espantada ao ler aquelas linhas que ecoavam tão bem minhas próprias ideias: na França, «o homem sedutor, dos quais o século passado nos forneceu tantos exemplos, escolhe as mulheres para vítimas de sua vaidade; e essa vaidade não consiste apenas em seduzi-las, mas em abandoná-las. É preciso que ele seja capaz de indicar com palavras leves e em si mesmas inatacáveis que tal mulher o amou e que ele não mais se importa com ela. [...] O espírito de cavalaria ainda reina entre os alemães, por assim dizer, passivamente; eles são incapazes de enganar, e sua lealdade está presente em todas as relações íntimas».

Após a cerimônia religiosa de Natal, voltávamos para o apartamento da família, onde meu pai, que sempre dava um jeito de sair da igreja mais cedo, havia transformado a sala em um ambiente feérico cheio de presentes, uma metamorfose que minha irmã e eu, mesmo esclarecidas sobre o mistério do Natal, fingíamos atribuir à visita de *Christkind*, que todos os anos se aproveitava da nossa ausência para ir entregar presentes e guloseimas, acender velas e colocar um disco de cantos solenes. Lembro que, não tendo o direito de entrar na sala antes da chegada de minha tia Ingrid e de meu tio, ficávamos esperando, batendo os pés com impaciência em frente à porta de mosaico de vidro que fragmentava a luz das velas em uma galáxia de estrelas, aumentando ainda mais a deliciosa hipnose do momento.

Quando o sino tocava sinalizando o início das festividades, corríamos para dentro, maravilhadas diante de uma caverna de Ali Babá deslumbrante em vermelho, verde e dourado, com uma grande árvore coroada de velas e figurinhas vermelhas que mesclavam seu aroma resinoso com o dos biscoitos de canela, amêndoas e raspas de frutas cítricas que meus pais confeccionavam em pequenos moldes em forma de lua, estrela e coração todos os sábados de outono anteriores ao Advento. Esse encantamento de brilhos e aromas era acompanhado pelo som galvanizante de um oratório de Natal que a tradição nos mandava acompanhar. Só a voz da minha mãe, que tem aptidão para o canto, não era um insulto cacofônico à música sublime, e guardo comoventes lembranças dessa união íntima com o sagrado, rara para nós que éramos tão pouco praticantes.

Nossa celebração não era, no entanto, menos consumista, e embora meu tio, um autêntico melômano, já tivesse encontrado seu lugar favorito, recostando-se para mergulhar na música com os olhos semicerrados, os lábios cantarolado e os dedos batendo furtivamente nos braços do sofá, minha irmã Nathalie e eu desembrulhávamos os presentes. O maior prazer de meu pai era nos ver descobrir as surpresas que ele havia escolhido com carinhosa atenção. Quando já tínhamos idade para ler, ele procurava introduzir romances que, para além de sua qualidade literária, permitissem aprofundar nossa consciência sobre o trauma nazista.

Ele tinha dificuldade de escolher, tantos eram os autores de língua alemã a tratarem essa página sombria de sua história até o ponto da obsessão. Logo no dia seguinte à guerra, surgiu um movimento literário denominado *Trümmerliteratur* («literatura das ruínas»), caracterizado por uma ruptura completa com o vocabulário, os valores e o sentimentalismo da «velha Alemanha» em prol de uma literatura realista e não psicológica que aspirava à apreensão da realidade tal como ela é. Essas histórias contam a luta pela sobrevivência na Alemanha do pós-guerra, a miséria e o caos nas cidades destruídas, a errância desesperada de milhões de alemães desabrigados e o retorno traumático dos soldados a uma pátria irreconhecível, destruída física e moralmente.

Uma das figuras do movimento era Heinrich Böll, que, depois de servir a contragosto na Wehrmacht, retornou à sua cidade natal, Colônia, onde o aguardava um espetáculo apocalíptico que o assombraria por toda a vida. Quando li com a idade de doze anos seu conto «Wanderer, kommst du nach Spa...» [Viajante, se você for a Spa...], o cruel absurdo da guerra se revelou para mim pela primeira vez sob o rosto de um adolescente que tinha a idade de minha irmã Nathalie, três anos mais velha que eu, e que, no território europeu onde eu vivia minha infância inocente, pegou em armas, matou e viu morrerem seus companheiros e uma parte de si mesmo. Fiquei perturbada pelo monólogo interior desse soldado muito jovem, gravemente ferido numa *Volkssturm*, aquelas unidades recrutadas no último minuto pelo Reich entre adolescentes e idosos para forçá-los a defender as cidades alemãs, sem armas adequadas, em batalhas totalmente inúteis contra os Aliados. Acamado, o narrador aos poucos se dá conta de que está no colégio que deixara três meses antes, usado agora como hospital improvisado, e trava uma luta interna para negar aquela dolorosa ironia. No dia de sua operação, transportado para uma antiga sala de aula transformada em bloco cirúrgico, ele reconhece sua própria caligrafia no quadro. Forçado a se confrontar com a realidade, ele percebe no mesmo instante que não tem mais braços e que lhe resta apenas uma perna. O que escrevera ele no quadro logo antes de ser enviado para a linha de frente? *Wanderer, kommst du nach Spa...*, o início de um epitáfio da Grécia antiga em memória dos espartanos que, em 480 a.C., haviam sacrificado até o último homem para defender a passagem estratégica das Termópilas contra os persas. Essa história milenar, ensinada em sala de aula durante o Terceiro Reich, devia servir de modelo aos alemães para que, desde a infância, tomassem gosto pelo sacrifício total exigido por Hitler.

Na esteira da *Trümmerliteratur*, que se extinguiu no início da década de 1950, cada vez mais escritores de língua alemã aprofundaram essa crítica aos valores do heroísmo e do sacrifício patriótico e refletiram sobre o perigo do conformismo. Em 1947, alguns deles lançaram o Grupo 47, uma plataforma de discussões e leituras informais que se tornaria uma instituição literária da segunda metade do século xx.

O autor Günter Grass foi um dos faróis do grupo. *O tambor*, romance publicado em 1959, com milhões de cópias vendidas no mundo todo e adaptado para o cinema por Volker Schlöndorff, conta com exuberância e fantasia a vida de Oskar Matzerath, nascido na cidade livre de Danzig em 1924, que decide parar de crescer para não ter que entrar no mundo hipócrita e medíocre dos adultos. Oskar assiste à conversão ao nazismo dos habitantes de sua cidade, menos por cegueira do que por conformismo, e, levado pelo egoísmo e pelo oportunismo, acaba também se perdendo na banalidade nazista. Como eu, milhões de alemães de todas as gerações leram esse romance, cujo painel de costumes usuais acusa a pequena burguesia alemã de ter cedido, sem procurar compreender as dramáticas consequências do encadeamento de pequenas renúncias. No momento em que Oskar acaba por «se adaptar», apesar de sua lucidez sobre a imoralidade do regime, quem não se atormentou com a pergunta: o que teria eu feito em seu lugar?

Em 2006, Grass revelou que, aos dezessete anos, em outubro de 1944, ele havia se alistado na Waffen-ss. Que o guardião da moralidade alemã tenha demorado tanto para fazer tal declaração foi algo que causou indignação, mas também conferiu nova profundidade ao trabalho edificante desse intelectual que, como ninguém, questionou e cruzou memórias, coletivas e pessoais, e descreveu o emaranhado de culpa, negação e confissão que caracteriza a Alemanha desde a Segunda Guerra Mundial.

Até os dez anos de idade, frequentei a escola primária francesa no vilarejo onde morávamos, na região parisiense. Nunca me integrei de verdade e, sem conseguir lembrar as causas exatas desse incômodo que pode ser de natureza múltipla nessa idade, tenho certeza de que uma delas foi a diferença a que me expôs minha dupla cultura.

Na década de 1980, a Alemanha não estava na moda na França. Abundavam ideias negativas a seu respeito, desde a mediocridade da culinária até a falta de graça no vestir-se — as famosas sandálias com meias brancas —, passando pela ausência de charme de seus centros urbanos reconstruídos às pressas depois da guerra, cujos clichês, é verdade, nem sempre eram desprovidos de uma certa verdade. Os propagadores desses lugares-comuns ignoraram a incomparável galáxia de filósofos, compositores e outros gênios que a civilização alemã havia produzido. Mas essas zombarias eram bastante inofensivas quando comparadas com a suspeita muito difundida na França de que atrás de cada alemão se escondia um nazista em potencial, pelo menos uma espécie de robô obedecendo mecanicamente a ordens, destituído de sentimentos e incapaz de se rebelar contra a hierarquia, uma concepção que tinha a vantagem de explicar um sucesso econômico que secretamente invejávamos.

Não me lembro de minha família ter sido pessoalmente objeto de uma germanofobia exacerbada, mas, no dia em que um professor exibiu um filme sobre a Primeira Guerra Mundial em sala de aula e exclamou «Viva! Pegamos esses chucrutes sujos!», fazendo o V da vitória, fiquei paralisada, sozinha no meio dos meus colegas, que gritavam viva em coro. Outro momento difícil foi durante a Copa do Mundo França-Alemanha, em 1982, à qual minha irmã e eu assistimos com duas primas francesas. A noite tomou um rumo indesejado quando o goleiro alemão, Toni Schumacher, atingiu o francês Patrick Battiston com tamanha violência que ele perdeu três dentes e teve que ser imediatamente retirado de campo, inconsciente. A chocante atitude do jogador alemão, visivelmente impassível diante do estado de Battiston, foi uma publicidade muito negativa para a Alemanha, e a mídia francesa regozijou-se em despejar todo o seu ódio contra os alemães — uma vez monstruoso, sempre monstruoso.

Toni Schumacher certamente não teve nenhuma responsabilidade nisto, mas, logo depois, parei de falar alemão com meu pai. Eu tinha oito anos e impus a ele o francês. Paradoxalmente, foi minha mãe, francesa, cuja noção de autoridade divergia da de meu pai, quem me obrigou a estudar alemão, com o apoio de cadernos de gramática, conjugação e vocabulário, embora suas noites já estivessem bem cheias. Disputávamos uma queda de braço feroz todas as noites, minha mãe, uma professora de inglês treinada para domar umas trinta crianças insuportáveis, e eu, tenaz, pouco intimidada pela autoridade graças à educação paterna, cedendo

284

apenas quando suas ameaças eram colocadas em prática. Essa atitude, que estrategicamente não apresentava nenhuma vantagem, deve ter me custado uns bons tapas e bastante tempo. Mas foi por causa da perseverança e da generosidade de minha mãe diante da criança raivosa e teimosa que fui, que passei no exame de admissão na sexta série do colégio internacional de Saint-Germain-en-Laye.

Apesar do inconveniente da longa viagem de ônibus, logo me senti em harmonia com o espírito liberal daquele estabelecimento que acolhia filhos de casais binacionais ou expatriados, oriundos de países do bloco ocidental. Italianos, portugueses, espanhóis, escandinavos, alemães, britânicos, holandeses e americanos eram assim alegremente misturados em classes que seguiam o currículo francês e ainda estudavam a literatura e a história dos seus respectivos países. Era assim que eu completaria minha educação antinazista.

O currículo alemão era calcado naquele do outro lado do Reno, e meus professores, alemães com idade entre 35 e 50 anos, imbuídos do dever de memória, davam um grande espaço às reflexões nascidas do passado nazista, tanto em história como em literatura. Havia *Andorra*, de Max Frisch, que descreve passo a passo o mecanismo de criação de um bode expiatório, ou *A visita da velha senhora*, de Friedrich Dürrenmatt, a história de uma senhora que virou bilionária e que retorna à sua cidade de origem, cuja comunidade enfrenta dificuldades financeiras e espera que ela lhe dê dinheiro, o que é prometido por ela, com a condição de que matem um deles, seu amor de juventude, que a renegou depois de tê-la engravidado. Chocados com a proposta, os cidadãos pouco a pouco vão mudando seu discurso e se lançam em uma terrível caça ao homem.

A natureza dessas obras, que eram objeto de debates muito abertos em classe, convidava a uma exploração de nossa própria integridade e encorajava a independência de espírito e a coragem em nossas opiniões. Foi na aula de alemão que ouvi pela primeira vez uma professora explicar que a desobediência à autoridade poderia ser legítima quando atendia à convicção íntima de estar diante de uma injustiça.

Nas aulas de francês, que seguiam o currículo das escolas francesas, não me lembro de alguma vez ter tratado desses temas. Depois da guerra, os romancistas franceses pouco abordaram o papel ambíguo de seu país e de sua sociedade sob a Ocupação, com algumas exceções — Marcel Aymé, em *Le Chemin des écoliers* [O caminho dos gazeteiros], ou Jean Dutourd, em *Au bon beurre* [A melhor manteiga]. Nas décadas que se seguiram à Libertação, a Segunda Guerra Mundial não foi tema de uma literatura tão abundante como a Primeira nas décadas de 1920 e 1930. Não houve equivalente real de Louis-Ferdinand Céline, Henri Barbusse, Blaise Cendrars, Roland Dorgelès, Jean Giono, Pierre Drieu la Rochelle, que tinham relatado o horror das trincheiras: vermes e ratos roendo os cadáveres de amigos em decomposição, a morte que ocorria a qualquer momento, o sofrimento atroz dos feridos, amputados sem morfina, desfigurados, surdos, cegos, condenados a reviver o fogo apocalíptico da guerra todas as noites. Ao todo, cerca de 1,4 milhão de soldados morreram em uniformes franceses durante a guerra de 1914–1918 e 3,5 milhões ficaram feridos. Em 1914, tirou-se a vida de 36% dos homens com idade entre 19 e 22 anos. Cerca de 36 mil monumentos aos mortos foram erguidos em quase todos os municípios da França. Desse ponto de vista, ao contrário da Alemanha, o trauma da Primeira Guerra Mundial na França foi por muito tempo mais profundo do que o da Segunda, muito menos custosa em número de vidas.

Um ano após a queda do Muro, em 1990, minha turma viajou para Berlim para descobrir uma cidade de uma displicência surpreendente que contrastava com as feridas onipresentes da Segunda Guerra Mundial e da Guerra Fria. De lá, prosseguimos para Weimar, que, antes de ser a sede de um breve hiato democrático na década de 1920, fora o coração do classicismo alemão e da poesia de Johann von Goethe e Friedrich von Schiller.

Após essa ascensão ao topo da civilização alemã, a queda foi dura quando chegamos ao campo de Buchenwald, onde nos aguardavam as imagens cruas de um filme rodado pelos Aliados quando da libertação dos campos. Os versos do poema «Todesfuge» [Fuga da morte], de Paul Celan, que havíamos estudado em sala de aula, assumiram todo o seu significado. Celan, um poeta maldito, cuja família judia havia morrido nos campos, nunca deixou de acusar a língua e a cultura alemãs de terem preparado o terreno para aquela abominação: «A morte é um mestre senhor da Alemanha seu olho é azul / ele te atinge com uma bala de chumbo ele te acerta em cheio / um homem habita a casa teus cabelos de ouro Margarete / ele solta em nós seus cachorros ele nos oferece um túmulo no ar / ele brinca com as serpentes e sonha a morte é um mestre senhor da Alemanha // teus cabelos de ouro Margarete / teus cabelos de cinzas Sulamita.»

Em abril de 1970, Paul Celan foi encontrado morto no Sena.

Depois de terminar o ensino médio, decidi ir atrás das minhas raízes paternas e passar um ano em Mannheim, que eu só conhecia através do filtro das férias. Meu pai me ajudou com a mudança para o apartamento na Chamissostrasse e me acompanhou na matrícula em sua antiga universidade, visivelmente feliz pela inesperada germanofilia da parte de uma garota que havia repudiado sua língua durante a crise pré-adolescente. Isso — eu me dou conta hoje em dia — deve ter deixado triste meu pai, que já tinha que viver em uma língua e uma cultura diferentes das suas, ainda que tivesse sido aceito por uma família que o achava simpático e «original». Volker nunca se integrou verdadeiramente e sempre manteve um vínculo imutável com a Alemanha através de sua fidelidade à imprensa e à literatura alemãs e uma lealdade inabalável a seus amigos de juventude. Ele conseguiu dar à família uma marca decididamente alemã que poderia ter sido facilmente perdida, uma vez que vivíamos na França.

Em Mannheim, passei um ano agradável, apesar de ser um centro reconstruído às pressas, segundo um projeto todo quadriculado. Eu adorava as margens verdejantes do Reno e do Neckar e seus arredores, que têm um charme que a cidade não deixava prenunciar. A universidade, instalada num vasto castelo barroco e ladeada por anexos modernos, espaçosos e bem equipados, oferecia cursos nos quais os alunos tinham amplo direito à palavra, mesmo em caso de divergências com os professores, que nos tratavam como adultos a plenos direitos. Fiz amizade com Tina, uma garota mais velha cuja loura cabeleira encaracolada e loquacidade nas aulas de ciências políticas me impressionavam. Ela me colocou debaixo de sua asa e me iniciou no funcionamento democrático da universidade em que ela participava como membro do parlamento eleito pelos estudantes. Esse órgão legislativo, que elegia os integrantes do «governo» estudantil, a Asta, tinha por missão, particularmente, defender os alunos contra eventuais abusos de poder, por exemplo, se um conflito de opiniões se traduzisse em uma nota baixa.

Foi embebida na educação alemã que decidi, em 1993, prosseguir meus estudos de história na Sorbonne, minha primeira experiência com o sistema escolar francês desde o ensino fundamental. Escolhi fazer um curso sobre a Século de Ouro Espanhol (século XVI). Durante as aulas de trabalho supervisionado, eu presenciava, pasma, a efusão do professor a respeito do tratamento dado aos nativos pelos conquistadores espanhóis, que ele considerava um «mal necessário intrínseco às conquistas». Ele até se permitiu uma pequena digressão sobre a tortura, às vezes inevitável, dizia ele, porque era um dos que defendiam seu uso pelo exército francês durante a Guerra da Argélia. Em uma prova escrita, ao descrever o esplendor da Espanha naquela época, sublinhei as sombras, o «obscurantismo religioso» da Inquisição sanguinária contra a «heresia» e especialmente o «massacre dos nativos americanos». Recebi um muito medíocre 4,5, acompanhado do seguinte comentário: «Visão marxista da história». Eu nunca tinha lido Karl Marx, e atribuir à minha desajeitada análise de iniciante qualquer visão inspirada no grande filósofo era um grave insulto a ele.

Desconcertada mas encorajada pela lembrança do engajamento de minha amiga Tina em Mannheim, comecei a procurar uma autoridade capaz de transmitir as queixas dos alunos contra a discriminação e o viés ideológico em aula. Não encontrei nenhuma naquele berço da educação francesa, símbolo do Iluminismo e dos direitos humanos. Em última instância, fui ver o superior encarregado dos trabalhos supervisionados, um professor titular, especialista em história militar da época moderna, para lhe expor minhas reclamações e a minha intenção de prestar queixa. Ele me recebeu sem levantar os olhos do alto da sua cátedra e, quando terminei meu relato, dizendo-lhe que pretendia prestar queixa, ele respondeu: «Quem você pensa que é? Podemos acabar com você a qualquer momento».

Além da formulação questionável, esse tom infantilizador e esse abuso de autoridade seriam um traço que eu encontraria em várias fases de meus estudos e de minha carreira profissional na França. Nesse ínterim, outra decepção me aguardava na Sorbonne.

Eu estava matriculada no curso de geopolítica, uma matéria fascinante mas fácil de ser instrumentalizada para fins ideológicos e cujo apelo permanecia visivelmente limitado, já que éramos apenas cerca de sessenta alunos em uma sala de tamanho médio ouvindo um homenzinho com os cabelos quase brancos. Na verdade, só assisti à aula uma vez, pois reconheço que aquele professor teve o mérito de dar imediatamente o tom do seu curso, permitindo-me cancelar a inscrição naquele mesmo dia, sem perder tempo. Ele fez uma pergunta retórica para saber por que a África Subsaariana era «o único continente que não teve uma grande civilização», uma vez que, com exceção do Saara, a natureza e os solos de lá são ricos, enquanto outros povos, desde os do Himalaia até os Incas, tiveram sucesso «apesar das condições climáticas e geográficas muito difíceis». «Estou apenas colocando a questão», esclareceu ele de forma maligna, orgulhoso do que devia provavelmente tomar por audácia: sua referência indireta aos argumentos das teorias raciais do século XIX, desenvolvidas para justificar o colonialismo. Nenhum aluno, inclusive eu, deu um pio nem deixou a sala em sinal de protesto.

Eu mal tinha gravado o nome desse professor quando tive a surpresa de encontrá-lo em um daqueles grandiosos anfiteatros da Sorbonne, impregnado de história e dignidade. Da tribuna de honra, ele ministrava um curso sobre a

França de Vichy. Ele apresentava uma tese oposta à de Robert Paxton, reabilitando uma ideia antiga, embora amplamente contrariada pelos arquivos desde então, segundo a qual o marechal Pétain e sua comitiva teriam trabalhado em segredo contra o ocupante alemão. Ele vangloriava igualmente a política econômica de Vichy, que havia preparado, segundo ele, o advento dos Trinta Gloriosos. Foi edificante. No decorrer do semestre, o anfiteatro foi se esvaziando de seus alunos, revoltados por lhe servirem tal xarope em um estabelecimento de tão nobre reputação, o que não impediu que as autoridades universitárias renovassem o curso, sem levar em conta a desaprovação da maioria da comunidade de historiadores franceses que haviam criticado, por suas imprecisões e falta de rigor intelectual, uma *Histoire de Vichy* [História de Vichy], publicada por aquele professor emérito em 1990. Ele era, aliás, membro do Club de l'Horloge, um círculo de pensadores políticos franceses próximo da extrema direita.

Esse período, entretanto, coincidia com mudanças importantes na França no que diz respeito ao trabalho de memória. Foi logo após o fim do reinado de François Mitterrand, que, como todos os seus antecessores, impedira uma investigação honesta do passado, rejeitando toda a responsabilidade da França pelos crimes de Vichy. «Vichy não é a França», dizia ele ao levar flores ao túmulo de Pétain na Île d'Yeu em 11 de novembro, até 1992.

Em 1995, dois meses após sua posse, o novo presidente, Jacques Chirac, decidiu romper com essa política da amnésia. Durante a cerimônia comemorativa do aprisionamento no Velódromo de Inverno em 16 de julho, ele foi o primeiro chefe de Estado francês a reconhecer que Vichy e seus crimes faziam parte da história da França: «[...] Essas horas sombrias mancham nossa história para sempre e são um insulto ao nosso passado e às nossas tradições. Sim, a loucura criminosa do ocupante foi secundada pelos franceses, pelo Estado francês [...] A França, pátria do Iluminismo, pátria dos direitos humanos, a França naquele dia realizou o irreparável. Quebrando sua palavra, ela entregou seus protegidos aos algozes». Jacques Chirac estava respondendo a uma demanda urgente da sociedade francesa que, desde a década de 1980, exigia mais transparência e a cabeça dos algozes.

A primeira a cair foi a de Maurice Papon, secretário-geral da Gironda no governo de Vichy. Em maio de 1981, o semanário satírico *Le Canard enchaîné* publicou documentos assinados por ele que tendiam a provar sua responsabilidade na deportação de 1.690 judeus de Bordeaux para o campo de Drancy, incluindo 130 crianças menores de treze anos. Essas revelações chegaram em péssima hora: em 1981, Papon era ministro do Orçamento sob a presidência de Valéry Giscard d'Estaing. Dois anos depois, ele foi acusado de crimes contra a humanidade, uma novidade na França. Ele próprio deve ter ficado muito surpreso, pois nunca antes tivera que esconder seu passado, tendo feito uma bela carreira no serviço público depois da guerra. Em 1998, ao final de uma longa jornada judicial, foi condenado a dez anos de reclusão por «cumplicidade em crimes contra a humanidade». Fiel à tradição, o acusado manteve até o fim a posição de que não sabia de nada e dizia condenar a Solução Final. O que pensavam, então, Maurice Papon e seus acólitos do serviço público francês quando os alemães pediram a eles que lhes entregassem os judeus para jogá-los em trens para o Leste? Que interesse poderia ter o ocupante em constituir uma França *judenrein* senão para servir a uma pura loucura genocida?

Em sua petição civil, o advogado Arno Klarsfeld, filho de Serge e Beate, explicou assim o mecanismo que progressivamente fez desse sólido republicano um criminoso: «Acreditando que ceder nas pequenas coisas não traz consequências. Tudo acaba se acumulando, de raminho em raminho, de concessão em concessão. Nos vemos na encruzilhada entre o bem e o mal. Aceitamos, aceitamos. Cedemos a nós mesmos. Esquecemos o homem que fomos, o homem que deveríamos ser. Consideramos a nós mesmos espectadores quando já somos protagonistas. E é muito naturalmente que aceitamos o irreparável».

Em 1989, foi a vez de Paul Touvier, o antigo chefe da Milícia de Lyon, ser preso. A Milícia Francesa, uma organização paramilitar criada pelo regime de Vichy para ajudar a Gestapo em sua perseguição aos combatentes da Resistência e aos judeus, semeou o terror e recorreu à tortura e às execuções sumárias em grande número. Depois da guerra, duas vezes condenado à morte à revelia, Touvier iniciou uma fuga que duraria mais de quarenta anos, passando de um esconderijo a outro graças à generosidade de certos círculos eclesiásticos católicos que se emocionavam com a fé desse homem que tinha as mãos cobertas de sangue. Ao longo de seu trepidante percurso, ele também se beneficiara de um surpreendente perdão presidencial concedido por Georges Pompidou em novembro de 1971, um gesto que desencadeou uma tempestade tão grande que Touvier foi forçado a voltar para a clandestinidade. Em 1994, ele foi condenado por crimes contra a humanidade.

No mesmo ano era lançado *Une jeunesse française* [Uma juventude francesa], de Pierre Péan, que revelou os laços que François Mitterrand mantivera com a extrema direita e com Vichy antes de se juntar à Resistência em 1943, bem como sua amizade com René Bousquet, secretário-geral da polícia do regime de Vichy a partir de abril de 1942. Na Libertação, como que por milagre, Bousquet tinha conseguido passar pelas malhas das redes da depuração. Ele havia começado uma carreira no mercado financeiro, homem influente perante a nata da política francesa, que seu passado parecia não incomodar. Apanhado pela história, ele foi denunciado por crimes contra a humanidade em 1989, mas a fase de instrução se arrastou consideravelmente, e Mitterrand foi acusado de intervir para retardar o procedimento. Em 1993, René Bousquet foi assassinado por um desequilibrado.

Em seguida, chegou a vez de um alemão ser julgado, Klaus Barbie, um ex-líder da Gestapo de Lyon que se escondia sob o nome de Klaus Altman na Bolívia, onde as autoridades o protegeram por muito tempo. Graças aos esforços de vários atores, incluindo o casal franco-alemão Beate e Serge Klarsfeld, ele pôde ser extraditado em 1983. O julgamento, no qual muitas vítimas testemunharam em detalhes as sevícias infligidas por Barbie e seus homens — esmagar órgãos genitais, arrancar unhas, administrar choques elétricos, golpear com barras de ferro —, permitiu aos franceses acompanhar mais de perto o inferno que os alemães e seus aliados franceses fizeram os judeus e os combatentes da Resistência passar sob a Ocupação. Em 4 de julho de 1987, Barbie, que não havia expressado nenhum remorso, foi considerado culpado por dezessete crimes contra a humanidade e condenado à prisão perpétua.

Além do reconhecimento político e jurídico das responsabilidades históricas da França, viria somàr-se um aspecto financeiro com a criação da comissão Mattéoli (1997), encarregada de avaliar os danos vinculados à espoliação de bens judaicos.

Confirmando esse interesse por um passado que os franceses tinham a sensação de desconhecer, o trabalho dos historiadores se multiplicou, abordando aspectos até então negligenciados, como os órgãos do Estado, o exército, as empresas, a universidade sob Vichy... Os arquivos da Segunda Guerra Mundial tornaram-se mais acessíveis, o Estado providenciou alterações no currículo escolar e fez construir monumentos em Paris — o Memorial e o Museu da Shoah, e o monumento Velódromo de Inverno, uma escultura que representa civis aflitos e relembra a vergonha da França.

Esse desejo de esclarecer e rememorar o passado também respondia à escalada de uma nova ameaça: a ofensiva eleitoral de um político e seu partido que cultivavam uma relação ambígua com Vichy. Lembro-me das aparições de Jean-Marie Le Pen na televisão nas décadas de 1980 e 1990, quando ele vibrava após cada uma de suas vitórias eleitorais, brandindo no ar os punhos cerrados como os campeões de boxe, com um brilho de aço nos olhos e o sorriso predador. Ainda o vejo, esse personagem carismático e astuto, manejando réplicas como ninguém, nada temendo, menos ainda a provocação e o clichê, os quais nutria com devoção, pois era também a eles que devia o seu sucesso.

Em 1972, ele havia criado o Front National, uma reunião das ovelhas desgarradas da extrema direita que se dispersaram após o fim da guerra. Vários funcionários do Front National colaboraram ativamente com o regime de Vichy. Uma parte deles havia encontrado uma causa com a Guerra na Argélia, defendendo até o fim o domínio colonial francês sobre aquelas terras ocupadas desde 1830. Jean-Marie Le Pen havia trabalhado lá como oficial de inteligência e mais tarde foi acusado de ter recorrido à tortura, o que ele negou, ainda que legitimasse a prática. Um dos cofundadores do Front National fora mais longe: ele havia sido membro da Organisation de l'Armée Secrète (OAS), um grupo terrorista pró-colonialista que cometeu atentados mortais na Argélia e na França — incluindo um ataque fracassado contra o general De Gaulle — a partir de 1961, quando a independência já estava praticamente conquistada.

Depois de um começo difícil, Jean-Marie Le Pen multiplicou seus sucessos eleitorais a partir da década de 1980, aproveitando o surgimento de novas preocupações: o desemprego em alta constante, a falta de segurança e a imigração nos grandes centros urbanos. Durante a década de 1990, seu partido assumiu um lugar cada vez mais importante na vida política francesa, realizando ofensivas no eleitorado popular, no qual muitos se viram órfãos devido ao declínio do partido comunista em consequência do colapso da União Soviética.

Jean-Marie Le Pen nunca escondeu sua filiação histórica. Ele defendeu o marechal Pétain, a quem via como um grande chefe de Estado que havia defendido os franceses e cujo retrato exibia em manifestações do partido. Ele também parecia cultivar um certo prazer em manter uma ambiguidade quanto à sua posição em relação ao nacional-socialismo e à Shoah. Em setembro de 1987, questionado por jornalistas sobre a contestação da existência das câmaras de gás pelos negacionistas, Jean-Marie Le Pen respondeu: «Não estudei especificamente a questão, mas acredito que seja um pormenor na história da Segunda Guerra Mundial». Essa declaração gerou uma onda de choque, inclusive dentro de seu partido, o que não o impediu de repeti-la em diversas ocasiões.

Na França, havia uma clientela para esse tipo de provocações, na extrema direita e na extrema esquerda, nas quais ia de vento em popa uma tese que pretendia que as câmaras de gás fossem uma invenção. O objetivo era difamar as testemunhas, desacreditar os trabalhos históricos sérios, revisar consideravelmente para baixo o número de vítimas do genocídio e, por fim, questionar a Shoah. Infelizmente, até a década de 1990, essa tese totalmente infundada encontrou um eco desmedido entre certos políticos e a mídia francesa, que lhe deu publicidade.

Foi nesse contexto que, em maio de 1990, 34 sepulturas judaicas foram profanadas no cemitério de Carpentras, no sudeste da França, causando considerável comoção. Dois meses depois, foi aprovada a chamada Lei Gayssot, destinada a reprimir a negação dos crimes contra a humanidade.

Ela marcava o início de uma série de leis sobre a memória. Em 2001, uma lei reconheceu o genocídio contra os armênios e a escravidão como crimes contra a humanidade. Depois, em 2005, uma nova lei memorial jogou lenha na fogueira por causa de um artigo que instava os currículos escolares a insistirem no «papel positivo da presença francesa ultramarina». Historiadores, juristas, escritores, professores acusaram o Estado de instrumentalizar a história com fins políticos, assinaram petições e fizeram o presidente Jacques Chirac se curvar e anunciar pessoalmente a revogação do polêmico parágrafo.

A intervenção em prol da memória nacional e a multiplicação dos testemunhos sobre Vichy inquietaram os historiadores franceses, que alertaram para uma confusão entre história, justiça e memória. Eles temiam que políticas memoriais e testemunhas às vezes entregues à «competição memorial», até mesmo à «competição vitimária», desvalorizassem sua posição de especialistas. Além disso, denunciaram o interesse «obsessivo» pela França de Vichy, uma «superabundância» da memória, uma «hipermnésia da lembrança» que «invadiu o espaço público e científico», para usar as palavras do especialista nesse período Henry Rousso. O historiador Pierre Nora fala inclusive de uma «tirania da memória». O filósofo Paul Ricoeur, morto em 2005, fundamental nessa questão, acredita que «tornar imperativa a memória é o início de um abuso». Ele também diz: «Sou prudente quanto ao dever de memória [...]. Prefiro chamá-lo trabalho de memória».

Em minha opinião, essa reflexão de Ricœur fornece uma chave central para entender uma diferença primordial entre a maneira como a França e a Alemanha enfrentam seu passado. Na França, a terminologia para descrever esse processo é limitada e é sobretudo a expressão «dever de memória» que se utiliza. Na Alemanha, a variedade semântica é compatível com o interesse gerado por essa missão: gestão do passado (*Vergangenheitsbewältigung*), trabalho sobre a história (*Geschichtsaufarbeitung*), cultura memorial (*Erinnerungskultur*), política histórica (*Geschichtspolitik*), política do passado (*Vergangenheitspolitik*)...

Na Alemanha, o trabalho de memória foi obra de uma multiplicidade de atores. Na França, durante muito tempo foi realizado principalmente pelo Estado, pelos historiadores e pelos grupos de vítimas. «Questionamos, como sociólogos, a força da influência das autoridades políticas sobre o comportamento dos indivíduos», escrevem Sarah Gensburger e Sandrine Lefranc em seu livro, publicado em 2017, *À quoi servent les politiques de mémoire?* [Para que servem as políticas de memória?]. «Para fundar valores duradouros e amplamente difundidos», as políticas de memória «precisam contar com atores numerosos e fortes», continuam elas, preferindo estimular o espírito crítico do indivíduo em vez de impor uma memória de cima para baixo.

Se o trabalho de memória alemão é bem-sucedido, é porque não apenas foi realizado por muitos atores, mas enfatiza o processo que transforma um cidadão normal em um perseguidor (*Täter*), ou pelo menos em um *Mitläufer*. «Na França, nos colocamos muito menos essa questão, se é que chegamos a colocá-la, preferindo antes a questão de como nos tornamos heróis, e mascaramos a responsabilidade de cada um», avalia Alain Chouraqui, presidente-fundador da Fondation Camp des Milles, de onde milhares de judeus, muitos deles crianças, foram enviados para os campos de extermínio.

Naturalmente a França não conheceu o fenômeno de uma comunidade de fanáticos em comunhão com seu *Führer* e conta muito mais do que a Alemanha com combatentes da Resistência e cidadãos que os ajudaram e esconderam judeus — até porque, ao contrário da Alemanha, era um país ocupado. Mas uma maioria apoiou Pétain, pelo menos até a invasão da zona livre pelos alemães em novembro de 1942, e permitiu que se instalasse um regime liberticida, repressivo e antissemita. Os denunciantes e aproveitadores foram numerosos, e a impressão dominante continua sendo a de uma certa apatia da população para com as vítimas e a evolução política do país. A atitude daqueles que não eram nem resistentes nem colaboradores, isto é, a grande maioria, não foi objeto de pesquisas tão aprofundadas como na Alemanha.

«Não bastam os fatos históricos, é preciso focar no comportamento individual e mostrar que cada um tem uma parcela de escolha e de responsabilidade incontornável [e pode] resistir ou pelo menos não permanecer passivo», afirma

Alain Chouraqui. «O museu memorial do Camp des Milles é o primeiro na França a ter adicionado à questão 'o quê?' a questão 'como?'», enfatizando o estudo dos mecanismos psicológicos e sociais que, num contexto de crise, levam um indivíduo e uma sociedade a sucumbir às engrenagens identitárias e a tornar-se cúmplice de crimes por medo, oportunismo, cegueira ou indiferença.

Não há dúvida de que a diferença no trabalho de memória em cada um dos lados do Reno se deve em grande parte ao fato de que o trauma não foi o mesmo para a França que para a Alemanha, não tendo sido seus crimes comparáveis às atrocidades cometidas pelo Reich. Mas a consequência disso foi a França não ter explorado inteiramente a oportunidade apresentada por esse trabalho para fortalecer a democracia em suas instituições e em sua sociedade.

Na época em que eu cursava jornalismo em Paris, um professor nos levou em uma viagem de estudos para Bonn, pouco antes de o governo se mudar para Berlim. Lembro-me de ter ficado impressionada com a facilidade com que entramos na Chancelaria, um prédio de vidro e aço, funcional e sem afetações, onde um alto funcionário nos recebeu sem cerimônia em um escritório simples. Que contraste com a decoração do Palácio do Eliseu, do Matignon e dos ministérios franceses, esses palácios com dourações, espelhos e lustres que envolvem o Estado em uma aura de inacessibilidade monárquica e onde altos funcionários ocupam salas suntuosas nas quais o visitante se sente muito pequeno sob tetos intermináveis.

Essa oposição arquitetônica reflete inúmeras diferenças institucionais entre os dois países. Na França, o sistema presidencialista personaliza o poder, encarnado pelo presidente da República, que às vezes tende a reinar como soberano. Na Alemanha, o poder é muito mais dividido, com uma importância central dada ao Bundestag, que controla a ação do executivo e serve de arena para debates substantivos, transmitidos pela televisão. A centralização ao estilo francês deixa pouco espaço para as regiões, enquanto o sistema federativo alemão concede muitas prerrogativas aos *Länder*, o que aproxima o poder dos cidadãos. Além disso, o sistema de voto por maioria francês elimina os pequenos partidos e, por conseguinte, as temáticas que eles apresentam, enquanto o sistema de voto proporcional alemão permite que eles estejam presentes no Bundestag. A combinação desses vários elementos obriga os representantes políticos ao diálogo, à argumentação, à busca de um acordo, e os impede de impor uma visão, ao contrário do que um presidente pode fazer na França. De modo geral, existem mais canais institucionais para expressar insatisfação na Alemanha, enquanto na França os conflitos eclodem nas ruas.

Outro contrapoder eficaz é a imprensa alemã, de uma variedade e de uma qualidade excepcionais na Europa. A relação entre jornalistas e o poder não é a mesma na França e na Alemanha. Quando eu era jornalista de uma agência de notícias francesa, entre 2000 e 2009, diversas vezes fui confrontada com tentativas de intimidação ou corrupção disfarçada, que variava desde almoços orgíacos oferecidos por um político mediante a exigência de uma certa complacência, do secretário de imprensa de um ministro me prometendo mais informações do que aos outros em troca de um artigo lisonjeiro, até um telefonema direto de um agente do Estado me intimando a escrever um despacho sobre alguma atuação ministerial, passando por uma embaixada que se recusou a me informar o exorbitante preço de construção de seu novo prédio, pago com dinheiro dos contribuintes, porque «isso não é da conta da imprensa».

A transparência ganhou força nessas relações, os jornalistas franceses não se deixam mais intimidar e o pessoal do serviço público francês parece ter mudado: estão mais abertos, mais acessíveis, menos arrogantes. Mas os símbolos persistem, particularmente a espera infinita no pátio do Eliseu, aguardando os ministros saírem de seu conselho semanal para persegui-los a fim de que se dignem a atendê-los. Em Berlim, os ministros ficam sentados e equipados com um microfone em um prédio dedicado à imprensa e, três vezes por semana, seus porta-vozes respondem a todas as perguntas dos jornalistas. Além dessas conferências regulares, os jornalistas podem optar por convidar políticos para ir falar com eles em ocasiões especiais: são eles que viajam e se submetem às regras dos jornalistas, e não o contrário, como na maioria dos países. Um poderoso símbolo de liberdade de imprensa.

Na Alemanha, a democracia também é exercida na vida empresarial. Na tomada de decisões, os empregadores envolvem o sindicato, que tem assento no conselho de fiscalização e acompanha mais de perto os negócios. Isso lhes permite ser mais realistas e construtivos do que na França, onde a relação entre empregadores e sindicatos é conflituosa. Um amigo consultor, que ajudava executivos anglo-saxões e estrangeiros transferidos para Paris a entender o *french touch* nos negócios, me falou de sua surpresa diante do acentuado senso de hierarquia, que torna interminável a cadeia de tomada de decisões. Ocupando um mesmo posto, esses estrangeiros tinham mais poder do que os seus interlocutores franceses, que tinham que consultar seu chefe, que tinham que consultar seu chefe, que tinham que… Esta diferença, eu a sinto muitas vezes nos restaurantes, numa loja, ao telefone com um serviço de pós-venda: na Alemanha, a margem de manobra dos funcionários é maior e, portanto, também o seu espírito de iniciativa e a sua flexibilidade em relação ao cliente, o que leva minha mãe a dizer que «os alemães têm tino para os negócios».

Esse contraste é também o resultado de uma diferença primordial na relação com a autoridade e o prestígio social, e isso desde a escola. Graças ao colégio internacional, escapei por muito tempo dessa educação, até experimentá-la na Sorbonne e na minha escola de jornalismo parisiense. Muitos dos meus amigos franceses foram pressionados por seus pais a se preparar para exames de admissão nas grandes universidades e treinados por professores que testavam sua determinação humilhando-os publicamente quando suas notas eram ruins. Os diplomas, as condecorações e os prêmios, literários entre outros, são objeto de um verdadeiro culto na França, às vezes beirando a submissão. É comum um interlocutor rapidamente garantir que você saiba que ele estudou em uma grande universidade, inclusive em qual delas, mesmo décadas depois de formado. Dito isso, se o sistema de grandes universidades perpetua uma espécie de aristocracia com reações de clã e um espírito às vezes formatado, as mentalidades estão mudando. O culto ao segredo que há muito acompanha o exercício do poder não é mais tolerado, as grandes universidades estão se questionando, algumas delas inclusive revendo seus concursos de admissão para identificar personalidades mais criativas.

Desde a minha adolescência, sempre experimentei a relação saudável dos alemães com a autoridade, com a hierarquia, como uma grande liberdade, uma fonte de inspiração para a autoconfiança. O confronto honesto de várias gerações de alemães com seu passado permitiu forjar um certo senso de responsabilidade moral individual e um espírito crítico que é salutar para a democracia: prudência diante de homens providenciais que prometem resolver todos os problemas, rejeição a discursos inflamados de ódio contra um grupo, desconfiança para com os extremismos da direita e da esquerda, consciência da necessidade de uma sociedade civil forte. Toda uma educação extraída da observação escrupulosa de um dos exemplos mais bem-sucedidos de manipulação e cegueira coletiva de multidões, o Terceiro Reich.

Adolf Hitler nunca fez mistério sobre sua estratégia de manipulação de massas. «A capacidade de absorção das massas é muito limitada, seu entendimento restrito, em contrapartida sua capacidade de esquecimento é grande», lê-se em *Mein Kampf*. «Com base nesses fatos, uma propaganda eficaz deve se limitar a pouquíssimos pontos que é preciso repetir à exaustão, como um bordão», até que todos estejam convencidos de que sempre quiseram aquilo e nada mais. Seu ministro da Propaganda, Joseph Goebbels, recomendava «impregnar o cidadão com as ideias da propaganda sem que ele se dê conta de estar sendo impregnado».

Um dos grandes inspiradores desses métodos foi o sociólogo e psicólogo francês Gustave Le Bon, cuja obra *Psicologia das multidões* foi aclamada pelo ditador italiano Benito Mussolini e insuflou Joseph Goebbels e certamente Hitler. Publicado na virada do século, o livro não perdeu nada de sua atualidade. Ele analisa a metamorfose do indivíduo que se funde em uma multidão, o que reduz consideravelmente suas faculdades de reflexão e vontade próprias: «Desaparecimento da personalidade consciente, predomínio da personalidade inconsciente, orientação por via de sugestão e contágio de sentimentos e ideias numa mesma direção, tendência a transformar imediatamente em ações as ideias sugeridas, essas são as principais características do indivíduo na multidão. Ele não é mais ele mesmo, ele se tornou um autômato que sua própria vontade não guia mais».

Diante desses mecanismos, um líder pode facilmente manipular uma multidão. Ele deve usar termos que façam emergir imagens fortes, enfatiza Gustave le Bon, deve impressionar, lisonjear as paixões e os desejos daqueles que o escutam, satisfazer o gosto das multidões pela lenda, borrar as fronteiras entre o implausível e o real e, sobretudo, renunciar a todo pensamento lógico. Assim obtém deles abnegação, sacrifício próprio, sentido de dever, renunciando inclusive a valores humanos profundamente arraigados, a ponto de considerar o assassinato de crianças, mulheres e idosos um ato heroico.

O Terceiro Reich se destacou nesse exercício de inversão moral. Em outubro de 1943, em Posen, na Polônia, o chefe absoluto da ss, Heinrich Himmler, declarou em um discurso diante dos *ss-Führer*: «A maioria de vocês sabe o que significa quando cem cadáveres se amontoam, ou mesmo quinhentos, mil. Termos aguentado firme, termos nos mantido decentes, exceto em momentos excepcionais de fraqueza humana, tornou-nos sólidos. É um capítulo glorioso do qual nunca se falou nem jamais se falará».

A história da minha ligação com a Alemanha é a de uma relação febril e ambígua, na qual a exaltação compete com a irritação, a confiança com a apreensão, o respeito com o dissabor. Em Berlim, sinto falta da arte da conversação francesa, daquele «tipo de eletricidade que solta faíscas», como a definia Madame de Staël, que observa em outro momento: «A lealdade dos alemães não lhes permite nada parecido [...] porque não ouvem uma palavra sem tirar dela uma consequência e não concebem que se possa tratar a palavra como arte liberal, que não tem propósito nem resultado além do prazer que nela se encontra».

Tenho nostalgia também de uma particularidade da identidade francesa, a «cultura geral», esse conhecimento das humanidades clássicas e das artes muito valorizado na França. Ele é percebido como uma base comum destinada a forjar um «espírito francês», que pode se permitir ser ligeiramente superficial desde que brilhe e se desdobre em um humor ácido e divertido, às vezes à custa de uma certa maldade. Na França, ser culto é um atributo dificilmente contornável para quem deseja fazer parte da elite. No entanto, na Alemanha, minha admiração pelo geral supera meu aborrecimento com o particular, e saboreio a tranquilidade de viver em um país no qual o discernimento, o senso de coletividade e a honestidade intelectual me parecem mais profundos do que em muitos outros países, mesmo que às vezes eu me pergunte se não há um reverso da medalha no trabalho de memória, por exemplo, sua influência abusiva sobre a criação artística.

Foi um amigo pintor italiano que vive entre a Itália e Berlim, Flavio de Marco, que me deixou com a pulga atrás da orelha quando me disse: «Tenho a impressão de que existe na Alemanha, mais do que na Itália, na França ou na Grã-Bretanha, uma tendência a fazer da arte uma espécie de bordão. Como se o artista tivesse a obrigação moral de provar seu engajamento político e torná-lo bem visível por meio de sua arte em vez de se elevar acima dessa realidade para desenvolver uma nova visão e inventar um novo mundo através da arte».

Sobre essa questão, interroguei o editor-chefe da seção de Arte do *Franfkurter Allgemeine Zeitung*, Niklas Maak. Ele acredita que a arte contemporânea alemã foi fortemente influenciada por artistas como Anselm Kiefer e Georg Baselitz, que usaram o Terceiro Reich como estratégia de *marketing* para se estabelecer internacionalmente. Como se «a mera invocação do nazismo bastasse para dar profundidade a uma pintura». Segundo ele, essa arte tem mais prejudicado do que ajudado o trabalho de memória «porque ela despolitiza o que afirma revelar». Também teria prejudicado a qualidade do discurso artístico na Alemanha, esmagado pelo imperativo de uma mensagem político-social.

Quando eu disse à minha irmã que estava escrevendo este livro, ela não se surpreendeu. Ela frequentou a mesma escola que eu, leu os mesmos livros e recebeu a mesma educação. «Isso é a influência do papai», ela me disse. É estranho porque sempre acreditei me considerar mais francesa do que alemã. Quando pequenas, nosso pai costumava se ausentar em viagens de negócios e, no momento em que estava conosco, não era para nos atordoar com o Terceiro Reich. A transmissão foi feita de outra forma. Talvez porque ele nunca nos passasse sermões nem nos julgasse. Desde muito cedo nos deixou livres para fazer nossas escolhas e semeou em nós a vontade de cultivar uma liberdade de espírito baseada não na inconsciência, mas na memória de uma ditadura.

Capítulo XII.
O Muro está morto, viva o Muro

No dia em que o Muro de Berlim caiu, 9 de novembro de 1989, eu era jovem demais para pedir a meu pai que me levasse a Berlim para vivenciar aquela revolução que tinha a bênção de não ser manchada de sangue. Lamento não ter sido testemunha desse triunfo da liberdade, com multidões se abraçando sem se conhecer, chorando e rindo enquanto abriam buracos com uma picareta no muro que os havia separado por décadas. Nas imagens filmadas, não vejo amargura no rosto dos alemães-orientais, encarcerados por meio século em um país que não haviam escolhido, nem hostilidade no rosto dos alemães-ocidentais diante daqueles novos compatriotas com quem tudo deveria ser compartilhado.

Quanta emoção deve ter se apoderado de Helmut Kohl um mês depois, durante um discurso em Dresden, quando dezenas de milhares de alemães-orientais o aclamaram com o grito de «Helmut, Helmut!», «Unidade, unidade!», agitando as bandeiras da RFA! O chanceler diria mais tarde que foi naquele momento que entendeu que não poderia, que não deveria haver outra opção senão a reunificação. A primeira-ministra britânica Margaret Thatcher e o presidente francês François Mitterrand discordavam. Eles temiam o retorno de uma grande Alemanha no coração da Europa.

Na RFA, alguns intelectuais também estavam reticentes. «Por causa de Auschwitz, nada de reunificação» era sua palavra de ordem. Em dezembro de 1989, no congresso berlinense do SPD, Günter Grass declarou: «Um Estado cujos torturadores infligiram, por 45 anos, a outros e a nós mesmos sofrimentos, ruínas, derrotas, milhões de refugiados, milhões de mortos, e inscreveram na história o peso de crimes impossíveis de expiar não deve ser renovado». Iria o passado nazista, já responsável por dividir a Alemanha depois da guerra, comprometer a união? Kohl decidiu que não e confiou em sua intuição.

Em 3 de outubro de 1990, dois países que haviam experimentado desdobramentos diametralmente opostos desde o Terceiro Reich foram reunificados. De um lado, uma democracia baseada no sucesso econômico e no confronto crítico com o passado nazista. Do outro, uma ditadura construída sobre o mito de que os cidadãos haviam todos sido antinazistas, quando na realidade aderiram amplamente ao regime, como em toda parte. Por toda a sua vida, a RDA negou qualquer responsabilidade histórica pelos crimes do Terceiro Reich, e por consequência qualquer trabalho de reflexão sobre as faltas do passado.

Meio século após o fim da guerra, a Alemanha mais uma vez enfrentou o desafio maior de ancorar a democracia em uma sociedade que conhecera apenas a ditadura. Munidos da experiência da RFA, os alemães confiaram no desenvolvimento econômico e no trabalho de memória.

No dia da reunificação, ao final de um discurso fervoroso do diretor do colégio internacional dirigindo-se a nós, estudantes de todas as nações, como a «nova esperança de paz na Europa», entendi que esse evento seria um dos mais poderosos que a vida me daria a conhecer. E no início do inverno, transportada por um novo ardor pelas grandes odisseias da história, fui com minha mãe visitar meu pai em Berlim Oriental.

Ele tinha uma missão de oito meses na Treuhandanstalt, um órgão criado pelo conselho ministerial da RDA que, com a luz verde do primeiro parlamento alemão-oriental votado livremente em março de 1990, devia privatizar pelo interesse geral cerca de 8.500 empresas na RDA onde trabalhavam mais de 4 milhões de pessoas. O Estado alemão-ocidental pediu a grandes empresas do país que «emprestassem» especialistas capazes de realizar essa vasta conversão.

Nós morávamos na região parisiense, onde meu pai trabalhava para a sede francesa de uma montadora alemã, quando o conselho lhe propôs a missão. Ele aceitou de imediato, feliz por participar da reunificação de seu país, que ele só conhecera dividido. «Eu tinha um interesse profissional misturado a um sentimento patriótico. Eu queria ajudar os alemães-orientais. Achava injusto que eles tivessem pagado muito mais caro pela derrota do Terceiro Reich do que os alemães-ocidentais, ao aterrissarem no lado errado, no oriental, onde sofreram com a ditadura do ponto de vista político e econômico. Para mim, era uma honra ajudá-los.»

Meu pai foi um dos primeiros a se envolver, antes mesmo da reunificação. Dentro da Treuhandanstalt, ele era diretor de projetos, encarregado da venda de grandes empresas do setor industrial. «Quando cheguei, havia quase somente alemães-orientais, éramos apenas um punhado do lado ocidental. Bonn não havia previsto orçamento para o material de escritório. O equipamento era péssimo, faltavam máquinas de escrever e canetas. Diante dessa estreia, disse a mim mesmo: o certo é que não estamos nem perto de construir esse Quarto Reich tão temido pelos franceses», ele brinca. Não havia mais do que seis linhas telefônicas, um número ridículo considerando a enormidade da tarefa.

A essas dificuldades se somava a relutância de muitas grandes empresas da Alemanha Ocidental em apoiar a Treuhandanstalt, pelo menos inicialmente. «Eles não estavam dispostos a nos enviar profissionais de qualidade, especializados na venda de grandes empresas. Tínhamos que insistir, tivemos que pressioná-los. Ligávamos para avisar: se não liberarem ninguém, não venderemos nada. Eles acabaram cooperando.»

Na RDA prevalecia um clima de fim de reinado e insegurança. A autoridade do partido SED vacilava, seus membros haviam caído de 2,3 milhões para 700 mil, muitos de seus líderes haviam sido destituídos. Nos bastidores, caciques partidários tentavam salvar o que ainda havia para salvar, notadamente os cofres do partido, um dos mais ricos da Europa — uma fortuna adquirida de forma duvidosa. Centenas de milhões de marcos evaporaram misteriosamente.

Um Estado desaparecia, o novo ainda não estava pronto. As forças de manutenção da ordem do antigo sistema perdiam o controle. O mercado paralelo florescia, os pequenos delitos se espalhavam, uma forma de anarquia se instalava, cheia de incerteza e exaltação. As estruturas estatais periclitavam, rixas violentas estouravam entre *punks*, *skinheads* e neonazistas sem que as autoridades alemãs-orientais interviessem. Após serem banidos pela RDA, grupelhos de extrema direita proliferaram e ditaram as regras em alguns centros urbanos no lado oriental, enquanto nos estádios os *hooligans* disseminavam uma violência inaudita sob o olhar passivo da polícia.

Em seu romance semiautobiográfico intitulado *89/90*, o escritor Peter Richter, de Dresden, que tinha naquela época dezessete anos e era *punk*, põe em cena uma geração em busca de identidade, indo de um extremo a outro no espectro político, um dia *punk*, no dia seguinte neonazista, depois vice-versa, dependendo das roupas, dos acessórios e das músicas da vez. «Nós éramos os bons, porque o que os outros diziam ou faziam era claramente ruim, e eles até podiam ser mais numerosos que nós, mas a moral estava do nosso lado. Isso nos entusiasmava e nos tornava destemidos, mesmo que ser mesquinho, racista, cretino, nazista parecesse um pouco mais legal» naquele momento.

Havia também um furor pela vida. Bares, concertos, festas, locais de cultura brotavam em todo e qualquer lugar, sem autorização nem interdição. Extravasava-se, bebia-se aquela liberdade de que se havia sido privado por quarenta anos. Em Berlim Oriental, casas inteiras foram alvo de ocupações selvagens, e uma frenética cena tecno *underground* criava raízes nas ruínas das áreas desertas da cidade.

Em dezembro de 1989, criou-se um *runder Tisch* (mesa redonda) para reunir delegados de grupos cívicos e religiosos que desempenharam um papel fundamental no levante, bem como representantes do partido SED da Alemanha Oriental, da CDU e o do partido liberal-democrático LDPD. Eles se reuniam regularmente para discutir o futuro econômico de seu país. O que fazer com os grandes complexos industriais da RDA, as médias empresas, lojas, restaurantes, farmácias, consultórios médicos? Na RDA praticamente tudo pertencia ao Estado e era visto pelos cidadãos como propriedade do povo.

Alguns sonhavam com uma terceira via, entre a economia planificada e a economia de mercado, mas a ideia era de difícil conciliação com o desejo de uma maioria da população alemã-oriental que, após décadas de privação, queria lucrar com os frutos do capitalismo e aspirava a um marco forte e aos produtos do lado ocidental. Além disso, o nível econômico da RDA era desastroso demais para contemplar uma reforma suave. Entre 1980 e 1989, a produtividade das empresas da Alemanha Oriental havia caído cerca de 50% e, após a queda do Muro, a situação tornou-se catastrófica com o colapso dos países do bloco oriental, que representavam a maioria dos clientes da RDA. No primeiro semestre de 1990, a atividade industrial degringolou, levando a ondas de demissões e um êxodo maciço para o lado ocidental.

Os participantes da mesa redonda também debatiam o futuro político do país: o fim do partido único e da Stasi, a organização de uma reforma democrática e de eleições livres. Logo, dois campos se estabeleceram. Alguns queriam a reunificação, outros preferiam preservar a independência de seu país, reformando-o. A questão foi decidida nas primeiras eleições parlamentares livres na RDA, em 18 de março de 1990, quando a CDU, bastante pró-reunificação, conseguiu uma folgada liderança, com mais de 40% dos votos. Foi um choque para aqueles que esperavam preservar uma RDA autônoma. As formações de cidadãos estavam longe de conseguir os 5% dos votos necessários para ingressar no Parlamento, pelo que ficaram impedidas de tomar nas mãos o destino do seu país, embora tivessem contribuído enormemente para enfraquecer o regime. Seus compatriotas preferiram o marco, simbolizado pelo voto na CDU.

Não era hora de festa para a velha elite. Contrariando os princípios de um «Estado de operários e camponeses», a RDA tinha uma classe privilegiada, formada pelos hierarcas do partido que abusavam de seu poder para se outorgar privilégios: obter uma vaga na universidade para um filho, uma carreira para a esposa e tudo aquilo que era raro — uma *datcha*, um carro ou uma linha telefônica. O fim da RDA significava um declínio em seu *status*. Meu pai contava com um certo número de altos funcionários em sua equipe, incluindo dois antigos ministros. Às vezes, ele os convidava à noite para tomar uma taça de vinho e ouvi-los falar sobre sua vida cotidiana na RDA e seu medo do futuro. Acabou por simpatizar com eles: «Apesar de tudo, havia uma certa coerência entre o seu modo de vida e o seu ideal socialista. Eles tinham um padrão de vida relativamente modesto para personalidades de sua posição. Dizia-se que um açougueiro no lado ocidental tinha uma casa melhor que a de Erich Honecker, o chefe de Estado da RDA! O privilégio deles era ter poder, mais do que dinheiro, e a diferença de padrão de vida entre um ministro e seu secretário era muito menor do que no lado ocidental».

Uma colega que havia sido membro do Politburo, o órgão mais poderoso da RDA, cumprimentou meu pai nos seguintes termos: «Sr. Schwarz, já vou avisando, estudei em Leningrado, sou uma marxista convicta». «Minha cara senhora», meu pai respondeu, «eu sou protestante, mas teremos mesmo que trabalhar juntos». Sua equipe tinha uma imagem negativa da proteção social no lado ocidental. «Eu disse a eles: 'Vocês têm uma imagem errada de nós, vão dar uma olhada em nossas empresas'. Eles voltaram surpresos de ver a seguridade social no lado ocidental. A forma como os assalariados eram tratados não correspondia ao que eles pensavam.» Um deles, desanimado depois de visitar uma fábrica da Alemanha Ocidental, confessou a meu pai: «Eu sabia que vocês estavam à nossa frente, mas não achava que fosse tanto».

Esses colaboradores alemães-orientais ajudaram bastante meu pai porque conheciam perfeitamente o funcionamento e as estruturas internas das empresas na RDA. Por outro lado, eles ignoravam o *marketing*, as noções de produtividade e competitividade, e tinham pouca noção do valor financeiro das coisas de acordo com os padrões ocidentais. «Alguns estavam prontos para vender um terreno numa ilha do Báltico a um marco por metro quadrado.» Na

Treuhandanstalt, apenas 10% dos cargos de gestão eram ocupados por alemães-orientais.

Volker trabalhava arduamente todos os dias de manhã cedo até tarde da noite, esquadrinhando duas pilhas, de um lado os arquivos das empresas à venda e, de outro, os dos potenciais candidatos à aquisição, a fim de identificar correspondências pertinentes entre os dois. Ele passava dias negociando com potenciais compradores, geralmente alemães-ocidentais, para chegar a um acordo sobre o conceito, o preço, os subsídios e os empregos. «Havia uma espécie de diretriz vinda de cima, segundo a qual devíamos tentar preservar os empregos. Eu tentava escolher o candidato que preservasse mais empregos, mas não impunha nada», diz ele.

Às vezes, os candidatos tentavam fazer pressão. Um dia, o herdeiro de uma dinastia de proprietários de lojas de departamentos quis comprar uma concessionária em Berlim Oriental; os representantes dos assalariados procuraram meu pai para lhe pedir: «Por favor, não nos venda para esse homem. Temos a impressão de que só o terreno lhe interessa, ele vai despedir a todos nós». Meu pai transmitiu isso aos seus colegas alemães-orientais. «Eles me trouxeram um Livro Branco que explicava que aquele senhor havia comprado empresas alemãs-ocidentais antes de desmembrá-las para revendê-las e embolsar a diferença.» Ele mostrou o documento ao interessado, que se defendeu assim: «Ouça-me com atenção, sr. Schwarz, estou pronto a usar minha agenda telefônica para obrigá-lo a ser mais dócil». Vários políticos intervieram, mas sem ameaçá-lo. Por fim, meu pai vendeu a concessionária para outro comprador.

Tanto no lado oriental quanto no ocidental, esperava-se que as privatizações trouxessem ganhos significativos que permitiriam financiar novas infraestruturas na antiga RDA. Questionado por jornalistas sobre o valor total estimado das empresas da Alemanha Oriental, o presidente da Treuhandanstalt, Detlev Rohwedder, respondeu: «O bazar todo vale seiscentos bilhões» de marcos. Estimativa infundada, pois ninguém tinha condições de mensurar o valor daquele legado. «Nunca acreditei nessa avaliação», disse meu pai, «e não fui o único na Treuhandanstalt. Acho que Rohwedder queria atrair investidores para facilitar a venda, o que era do interesse dos alemães-orientais. Ele não podia dizer: as empresas estão em um estado catastrófico, não valem nada».

As privatizações renderam afinal apenas entre 60 bilhões e 70 bilhões de marcos, e a Treuhandanstalt contraiu uma dívida de 260 bilhões. Ainda hoje, essa diferença em relação à estimativa inicial gera dúvidas a respeito da gestão dos recursos da organização, principalmente entre os alemães-orientais. Na realidade, a Treuhandanstalt teve uma avalanche de despesas para administrar: as dívidas das empresas, os novos financiamentos para sua retomada, os planos sociais e o custo astronômico do saneamento ecológico que ela assumiu quase que integralmente.

Muitos erros de gestão, corrupção e fraude infelizmente também ocorreram. A organização foi criticada por sua negligência e acusada de vender as empresas rápido demais. «É verdade que tivemos que tomar decisões muito rapidamente», admite meu pai. «Não tínhamos tempo para nos aprofundar nos arquivos das empresas e não podíamos descartar a hipótese de que os interessados estivessem mentindo ou tentando nos enganar.» Alguns só se interessavam pelo terreno, não davam a mínima para a empresa que tinham pressa em liquidar, deixando os trabalhadores na rua. Se Bonn tivesse mobilizado recursos adequados e enviado mais funcionários de qualidade desde o início, teria havido menos erros. «A situação era muito complicada, Helmut Kohl tinha se envolvido muito. Mas lembro que a indiferença para com o destino do lado oriental por parte de alguns tomadores de decisão no lado ocidental, pelo menos no início, me chocou profundamente.»

Em 3 de outubro de 1990, a reunificação foi celebrada com toda a pompa e circunstância em Berlim, mas não em frente à sede da Treuhandanstalt, na Alexanderplatz. «Uma multidão de alemães-orientais veio se manifestar. As coisas saíram de controle, eles jogaram coquetéis *molotov* na sede, tivemos que sair sob escolta policial. Eles nos acusavam de destruir sua economia, principalmente seus empregos», lembra meu pai. Os alemães-orientais não acreditavam mais na promessa de Helmut Kohl de que acordariam em meio a «paisagens florescentes».

O desemprego havia atingido um nível explosivo por causa da união monetária. Em 1º de julho de 1990, o *Ostmark* (marco da Alemanha Oriental) fora substituído pelo *Deutsche Mark*, seguindo uma taxa de câmbio de um para um para os salários, bem como as pensões, os aluguéis e parte da poupança. Essa conversão excessiva foi exigida pelos cidadãos da RDA, que queriam ter o máximo possível de *Deutsche Marks*, símbolo do milagre econômico. Mas, como consequência, tornou exorbitante o custo da força de trabalho na RDA, sobretudo quando medida pela sua produtividade, que de saída já era três vezes menor que na RFA. Isso porque a RDA preferia criar empregos não produtivos em vez de reconhecer o fracasso de uma de suas pretensões: o pleno emprego.

Inevitavelmente, as privatizações de empresas do lado oriental foram acompanhadas de significativos cortes de postos de trabalho. A Treuhandanstalt se tornou bode expiatório. Foi acusada de estar a serviço do lado ocidental e de vender as joias da indústria da Alemanha Oriental, crítica que ainda hoje vigora. «Não foi o que alguns imaginam, uma mina de ouro», defende-se meu pai. «Por muito tempo, a maioria dos compradores alemães-ocidentais teve que se contentar com uma lucratividade bastante medíocre de seus investimentos no lado oriental. Alguns tiveram sérias dificuldades financeiras. Se tivéssemos proibido o corte de empregos, nenhum investidor teria se apresentado.»

Em 1991, as manifestações contra a Treuhandanstalt estavam num crescendo. Em 1º de abril, Detlev Rohwedder foi assassinado por um atirador da Fração do Exército Vermelho em uma emboscada diante de sua casa em Düsseldorf. Foi o último atentado mortífero da RAF antes de sua autodissolução em 1998. Detlev Rohwedder era visto por seus detratores como ponta de lança de um capitalismo desenfreado. Na verdade, esse social-democrata preocupava-se bastante com as consequências sociais da transformação econômica.

Os alemães-orientais tiveram a sorte, sem dúvida ambivalente, de ter um «irmão rico» que pagou generosos fundos de desemprego. O choque não foi menos devastador para aqueles que nunca conheceram o desemprego na RDA. O desespero tomou uma dimensão particularmente pungente em 1993, quando mineiros ocuparam por vários meses Kaliwerke, as minas de potássio da Turíngia cujo fechamento havia sido anunciado. Imagens desoladoras percorreram a mídia, com crianças agitando cartazes implorando «Preservem o trabalho de nossos pais!» e esposas chorando. Alguns mineiros fizeram greve de fome.

Em 1994, quando a Treuhandanstalt foi dissolvida conforme planejado, dois terços das empresas da RDA haviam sido privatizados e um terço, liquidado. Dos 4,1 milhões de empregos, entre 1,1 milhão e 1,5 milhão foi salvo.

Uma das lembranças mais vívidas de minha visita a meu pai em Berlim Oriental é do hotel em que nos hospedamos, que abrigava muitos dos colaboradores da Treuhandanstalt. O Palasthotel, local lendário sob a RDA, paroxismo do luxo comunista exclusivamente reservado a estrangeiros, ficava ao sul de Alexanderplatz, às margens do Spree. O térreo era um enorme espaço vazio ao longo do qual havia um grande restaurante com um ambiente marrom — essa é a primeira característica que me vem à mente de tanto que a cor parecia dominar tudo: chão, paredes, janelas, uniformes de funcionários, cardápios, até o conteúdo dos pratos, a ponto de ser fácil perder a referência naquele mar monocromático que absorvia os relevos, uma metáfora do regime comunista que tinha diluído as diferenças na ditadura da uniformidade.

Para chegar aos mais de seiscentos quartos daquele edifício, era necessário passar por um andar intermediário e um saguão intimidante que levava a um labirinto de corredores no qual o cliente que voltasse tarde da noite, após um jantar de negócios regado a *schnaps*, o único gênero alimentício superabundante na RDA, teria um ataque de claustrofobia antes de conseguir encontrar a porta de seu quarto. Dezenas de câmeras escondidas o observavam desde a entrada do hotel, e até mesmo em sua cama, se ele fosse um dos ilustres hóspedes a quem a bela recepcionista designara um dos quartos especiais, aqueles cujas tapeçarias eram crivadas de microfones e câmeras instaladas pela Stasi. A ironia da história é que o cliente sabia disso, assim como sabia que a mulher charmosa que sorria para ele no bar ou pedia para acompanhá-lo de volta ao quarto estava a serviço da Stasi. Afora a equipe, o Palasthotel era proibido para os cidadãos da RDA, para que não sucumbissem ao decadente charme do lado ocidental: não apenas lhes seriam oferecidos uísque escocês, cigarros americanos e vinhos franceses, mas os clientes arriscariam sobretudo entrar em contato com o inimigo…

Meu quarto parecia ter saído diretamente de um filme de James Bond. Tinha móveis dos anos 1970, um rádio embutido na mesinha de cabeceira, uma velha televisão em um cubo de plástico branco e uma enorme *bay window* arredondada cor de cobre que dava a impressão de poder tocar a cúpula coberta de neve do Dom, uma igreja de estilo neorrenascentista localizada bem em frente, do outro lado do Spree.

Enquanto meu pai saía para trabalhar, minha mãe e eu visitávamos os arredores do hotel. A paisagem urbana era dividida entre belas passagens bordeadas por edifícios e prédios históricos elegantes mas deteriorados e amplas artérias tão desproporcionais quanto os blocos de concreto gelado que as margeavam. O conjunto dava uma sensação de vazio opressor, com carros ridiculamente pequenos e raros em relação ao tamanho das ruas e estabelecimentos comerciais tão esparsos que não ousávamos nos aventurar muito longe naquela cidade fantasma coberta de neve. Havia alguns restaurantes e alguns bares, mas cheiravam a tabaco úmido ou repolho cozido.

Mais tarde, eu veria charme naquele desvalido cenário em preto e branco, mas na época, quando cruzava com jovens alemães-orientais na Alexanderplatz, considerava-os como sobreviventes do pior, e a ideia de que eles também poderiam ter acesso às cores do lado ocidental, aquelas do dinheiro, do consumo, da oferta delirante de entretenimento, quinquilharias e comida, derretia meu coração de filha do capitalismo. Eu não entendia que, naquele mundo demonizado pelo lado ocidental, também houvesse felicidade e emoções, as da juventude, do primeiro amor e do primeiro filho; prazeres simples que haviam desaparecido no nosso país, onde a abundância tornava as pessoas indiferentes — flertar com o proibido, ler jornais ocidentais, ouvir às escondidas os sucessos americanos com amigos, desafiar a polícia andando de *skate*, proibido por ser *made in USA*... Percebi isso mais tarde, lendo esta frase de Roland Jahn, um antigo dissidente, hoje comissário federal encarregado dos arquivos da Stasi: «Sob a ditadura o sol também brilha, mas não a qualquer momento nem para todos».

Os alemães-orientais foram obrigados a aprender tudo. Jana Hensel, que era adolescente, descreveu essa reviravolta em seu livro *Zonen Kinder* [Zona de crianças]: «Nos primeiros anos, usávamos cada minuto livre para observar o lado ocidental, ver e compreender. Queríamos imitá-los a ponto de sermos confundidos com eles. Eu estava cansada de chamar a atenção, no supermercado por causa do meu mau gosto ou no restaurante porque havia um prato que eu não conhecia. Eu queria saber de tudo. Uma máquina girava em minha cabeça, esquadrinhando tudo ao meu redor e registrando os gestos, as saudações, a maneira de falar, as expressões, os penteados e as roupas dos meus concidadãos da Alemanha Ocidental».

Os padrões alemães-ocidentais faziam ir pelos ares todos os hábitos do lado oriental: as leis, os sistemas de pensão, os impostos, a seguridade social, os contratos de trabalho, os aluguéis... Era preciso se adaptar muito rapidamente. As referências desapareciam: a linguagem, o humor, os códigos de comportamento, os jeitos de se vestir, os estilos de decoração de interiores, os programas de televisão, os desfiles, as celebrações, os produtos alimentares... Surgiam os primeiros painéis publicitários da Ikea, abriam-se os primeiros McDonald's.

Era preciso se habituar aos novos preços, à publicidade, ao desempenho, à concorrência. Em vez de ficar na fila por uma mercadoria escassa, era preciso aprender a escolher em meio à abundância de oferta. «No lado oriental, as pessoas tinham o hábito de funcionar de forma coletiva, o que evitava ter que fazer escolhas», explica meu pai. «Penso nesse detalhe que me marcou: em muitos edifícios, era impossível regular o aquecimento individualmente ou mesmo desligá-lo! Se alguém estivesse com muito calor, abria as janelas. Era tudo mais ou menos assim, na vida social e profissional, havia muito pouco espaço de manobra para a responsabilidade pessoal, o Estado organizava quase tudo. De repente, houve uma grande reviravolta, as pessoas foram chamadas a agir, a escolher, a dar sua opinião.» O mais difícil era para os idosos. Eles estavam totalmente ultrapassados. Houve uma onda de suicídios. «O lado ocidental poderia ter acompanhado as pessoas no início, auxiliando-as, explicando as coisas para elas, a fim de tornar a transição menos dolorosa», avalia meu pai.

A reunificação foi vivida por muitos alemães-orientais como uma humilhação, até mesmo como uma colonização da Alemanha Oriental pela Ocidental. A impressão foi reforçada pelo fato de mais de 85% das empresas alemãs-orientais terem sido adquiridas por alemães-ocidentais, contra 6% por compatriotas do lado oriental. Estes não tinham os meios para adquirir grandes empresas nem a experiência para gerenciá-las. No entanto, com o apoio de um crédito do lado ocidental, eles poderiam ter tido acesso aos 25 mil pequenos estabelecimentos comerciais da RDA. «Tentamos vendê-los para eles, mas não era fácil», diz meu pai. «As pessoas tinham passado quarenta anos servindo a um sistema extremamente hierarquizado, sem ter que tomar iniciativas. Não se podia pedir que se tornassem empreendedoras da noite para o dia.»

O desafio da reunificação não era apenas passar de uma economia planificada para uma economia de mercado, mas também depurar o aparelho estatal. Ao contrário do período que se seguiu ao Terceiro Reich, essa depuração foi iniciada rapidamente, condição *sine qua non* da democratização. Os mais ameaçados, os hierarcas do partido SED e do Ministério da Segurança do Estado, a Stasi, se apressaram para destruir os arquivos em segredo. Quando os militantes dos direitos civis tomaram conhecimento disso, ocuparam agências da Stasi em toda a antiga RDA. Ao chegarem, o chão estava coberto de papéis rasgados e queimados, arquivos fragmentados em milhares de pedaços enchiam dezenas de milhares de sacos; felizmente, quilômetros de arquivos ainda continuavam intactos.

Antes da queda do Muro, a Stasi contava com 91 mil agentes oficiais, aos quais se somavam 180 mil não oficiais, chamados IM. No total, em seus quarenta anos de existência, além de seu pessoal, a Stasi se beneficiou da colaboração sucessiva de mais de 620 mil IM, alemães recrutados na sociedade civil. O regime era tão paranoico que havia informantes da Stasi por toda parte: era seu amante, sua sogra, sua colega de trabalho, o dono da mercearia da esquina, o entregador de jornal, a menina bonita que paquerava você no café, seu cônjuge. A desconfiança reinava no trabalho, entre amigos, nos momentos de lazer e até no interior das famílias.

À noite, depois do trabalho, meu pai às vezes convidava seus colegas alemães-orientais para uma taça de vinho. «Eles tinham dificuldade para se liberar. Estavam acostumados demais a prestar atenção ao que diziam. Com o vinho, a língua às vezes se soltava. Os funcionários falavam menos ainda do regime, sem dúvida porque o medo da delação era mais profundo entre eles.»

A Stasi condenava suas vítimas à esquizofrenia permanente e à reclusão, quando muitas delas não eram inimigas da RDA e simplesmente ansiavam por mais liberdade. Qualquer um que caísse nas garras da Stasi corria o risco de ser psicologicamente abusado e trancado em uma cela individual sem aquecimento. Os detidos eram espancados e torturados para serem forçados a falar e obrigados a trair seus amigos, a tornar-se informantes ou a assinar declarações falsas. Também eram explorados como trabalhadores forçados, por exemplo, sendo obrigados a manusear produtos perigosos em locais contaminados, como no conglomerado da indústria química de Bitterfeld.

Como costuma acontecer após a queda de uma ditadura, os espíritos estavam divididos entre aqueles que exigiam que se lançasse toda a luz sobre o passado e aqueles que clamavam por riscá-lo. Os primeiros queriam que os arquivos da Stasi fossem abertos e os outros, que permanecessem fechados, seja para salvar a própria pele ou por temerem que o acerto de contas e atos de vingança dividissem e desestabilizassem a sociedade. O governo Kohl inicialmente se opôs à abertura, mas, depois de uma greve de fome de militantes dos direitos civis, acabou cedendo. Em novembro de 1991, o Bundestag aprovou com esmagadora maioria uma lei nesse sentido, e uma nova autoridade federal responsável pelos arquivos da Stasi foi criada, um órgão que ainda não encontrou outro igual no mundo.

Seu atual presidente, Roland Jahn, um ex-dissidente que, em 1983, a RDA expulsou para o lado ocidental, onde se tornou jornalista, esteve presente no primeiro dia de abertura dos arquivos. «Era uma vitória poder dizer a si mesmo: 'Eles não têm mais o direito de fazer o que quiserem com você, agora é você quem tem o seu arquivo em mãos'. Ao mesmo tempo, era deprimente, porque tudo de que você suspeitava — que eles haviam se infiltrado em sua intimidade, que queriam destruí-lo — de repente você via assim, preto no branco. Era assustador», diz ele. Em uma reportagem para a televisão alemã, Roland Jahn encontra várias vítimas da Stasi que foram consultar seus arquivos pela primeira vez. Uma dissidente se depara com relatórios escritos por seu marido, que a espionava sob o codinome Donald. Um poeta descobre que uma das figuras emblemáticas da cena literária alternativa que ele frequentava, Sascha Anderson, espionava todo o seu meio. Uma mulher ainda está em choque por ter sido traída por aqueles que ela pensava serem seus melhores amigos. «É muito doloroso, confiança traída é a pior coisa», diz ela. Para evitar os dramas familiares, a polícia política incentivava seus espiões a recrutarem membros de sua própria família, especialmente seus filhos.

Alguns colaboradores oficiosos não tiveram escolha. Eles caíram em uma armadilha preparada pela Stasi para forçá-los a espionar pessoas visadas no trabalho ou entre seus amigos. Foram injustamente acusados após a reunificação. Mas outros se envolveram voluntariamente, movidos por suas convicções ideológicas, como Monika Haeger, de quem Roland Jahn colheu um depoimento impressionante. Ela conseguiu se infiltrar nos círculos mais íntimos da dissidência, participando de suas discussões, reuniões e manifestações para depois reportar tudo a um agente da Stasi, tarde da noite, em um apartamento anônimo. Ela estava orgulhosa, convencida de combater «o inimigo», de contribuir para o sonho «do socialismo, da humanidade, do humano». «Ocultei uma realidade no entanto muito clara: o regime era tudo menos humano, era na realidade profundamente desumano», ela confidenciou em lágrimas.

A doutrinação começava desde a mais tenra idade, na escola, onde os professores tinham a missão de ensinar história, geografia, cultura e economia pelo prisma da ideologia comunista. Os alunos eram solicitados a citar Erich Honeker em seus deveres de casa, e uma das notas mais importantes em seu boletim era aquela que avaliava seu compromisso ideológico. A *Freie Deutsche Jugend* fazia o resto: era uma organização de massa à qual quase todos os jovens aderiam a partir dos quatorze anos, sob pena de se arriscarem a ser discriminados na universidade e no trabalho.

Muitos atos cometidos sob esse regime ditatorial eram difíceis de julgar no âmbito do direito penal da RFA. Não se podia levar a julgamento todos os que colaboraram. Já era difícil identificar os culpados entre a velha classe dominante. «Nunca os comparei aos dignitários nazistas», disse meu pai, que trabalhava com antigos ministros e membros do Politburo. «Não era de maneira alguma a mesma coisa. Eles não tinham cometido massacres nem iniciado guerras ofensivas. Em 1989, eles finalmente cederam às reivindicações dos cidadãos sem derramar uma gota de sangue nem envolver o exército.»

Desde que me mudei para Berlim, encontro com frequência alemães que cresceram sob a RDA. Sua percepção do regime diverge muito, dependendo do fato de terem ou não sido vítimas da Stasi, mas a maioria afirma ter acreditado no sonho de uma sociedade melhor, mais igualitária, mais solidária. Alguns até acham difícil falar em ditadura, que associam ao Terceiro Reich, a uma ideologia e a crimes muito mais bárbaros do que os da RDA.

Após a reunificação, os alemães-ocidentais não queriam dar a impressão de praticar o *Siegerjustiz*. Deveria haver acusações concretas. O assassinato de fugitivos na fronteira era uma delas. Em 1991, a justiça da Alemanha Ocidental abriu o primeiro de uma longa série de processos que se estenderiam até 2004 contra guardas de fronteira acusados da morte de várias centenas de alemães-orientais. Esses julgamentos suscitavam o mesmo dilema dos seguidores do Terceiro Reich: como condenar uma pessoa por um ato considerado legal no momento de sua execução, sabendo que ela corria o risco de ser punida por desobediência?

A justiça decidiu: a execução deliberada de fugitivos equivalia a homicídio e violava o direito natural, norma jurídica universal que não poderia ser revogada pela legislação de um Estado. A lembrança da impunidade da qual se beneficiaram os criminosos nazistas após a Segunda Guerra Mundial certamente pesou na consciência. Foi assim que a Alemanha não hesitou em condenar a maioria dos guardas de fronteira por «cumplicidade em assassinato», mesmo que obedecessem a uma ordem. Na realidade, essas condenações tinham acima de tudo um significado simbólico, pois eram acompanhadas de penas muito leves. Nenhum acusado, ou quase nenhum, foi condenado à pena de prisão.

A prioridade dos processos não eram os guardas de fronteira, mas os figurões do regime, aqueles que tinham dado a ordem de disparar e instalar um dispositivo de segurança implacável na fronteira: minas no solo, arame farpado cortante e detectores de calor humano que acionavam metralhadoras automáticas ao menor sinal. Entre 1960 e 1989, emitiram-se várias portarias que obrigavam a atirar. Em 3 de maio de 1974, Erich Honecker, o número um da RDA de 1971 a 1989, afirmou em reunião: «Como tem sido até agora, deve-se fazer um uso implacável das armas de fogo em caso de tentativa de passagem forçada pela fronteira, e convém recompensar os camaradas que as usarem com sucesso». A *Republikflucht* («fuga da República») estava no centro das preocupações do regime, pois revelava as falhas de um sistema que não tinha nenhuma base democrática.

No total, cerca de quarenta sentenças de prisão foram proferidas, inclusive contra ministros e membros do Politburo. Egon Krenz, que sucedera a Erich Honecker pouco antes da queda do Muro, foi condenado a seis anos e meio de prisão. Erich Honecker, entregue em julho de 1992 à polícia alemã pela Rússia, onde se refugiara, obteve a interrupção de seu julgamento devido a problemas de saúde e foi autorizado a se exilar no Chile, onde morreu pouco depois. Quanto a Erich Mielke, que havia desenvolvido e dirigido por mais de trinta anos um dos mais temidos sistemas de vigilância generalizada do mundo, a Stasi, as provas não conseguiram condená-lo no âmbito das regras de um Estado de direito. A justiça contornou o problema condenando-o a seis anos de prisão por um fato que data de 1931: membro de uma organização paramilitar comunista, ele tinha participado do assassinato de dois policiais. As sentenças de prisão acabaram sendo limitadas em número, mas foram, em si, bastante severas.

Além do trabalho do judiciário e do departamento dos arquivos da Stasi para esclarecer o passado, o Bundestag criou uma comissão de inquérito sobre «a história e as consequências da ditadura do regime SED». Composta por deputados e especialistas, essa comissão deveria contribuir para a reconciliação da sociedade e estabelecer um diálogo com a opinião pública para fortalecer a consciência democrática e fomentar uma cultura política comum.

A batalha pela memória era travada também no campo da arquitetura e dos símbolos. No lado oriental, a paisagem urbana se metamorfoseou. Ruas e fachadas foram reformadas, limpas, polidas, bilhões e bilhões foram investidos em infraestrutura. Como muitas vezes após a queda de uma ditadura, emblemas e estátuas foram arrancados, nomes de ruas trocados, edifícios demolidos. Foi preciso remover as estátuas de Lênin que invadiam o país, sendo a mais impressionante delas um colosso de dezenove metros de altura erguido em Berlim no centro de uma praça Lênin. Os berlinenses se opuseram, cobrindo a estátua com painéis. «Vocês, ocupantes da RFA, têm medo até de um Lênin de pedra?», lia-se. Num dia de novembro de 1991, os habitantes do bairro viram surgir no céu de Berlim a gigantesca cabeça do ícone da revolução bolchevique puxada por um guindaste.

Os nomes de Stálin e de Lênin, dois ditadores sanguinários, dificilmente poderiam ser homenageados em uma democracia, mas a grande limpeza da história às vezes ia longe demais. Alguns procuravam apagar todos os vestígios da RDA com uma energia que beirava a histeria, como se tudo tivesse de ser amaldiçoado naquele país. Os nomes de Karl Marx e de Engels foram quase banidos. Não muito longe da torre de televisão de Berlim, grandes esculturas representando os autores do *Manifesto do Partido Comunista* foram ameaçadas, mas finalmente poupadas graças a defensores obstinados.

A guerra de símbolos atingiu seu paroxismo com o Palácio da República, um bloco de vidro espelhado construído no coração de Berlim Oriental na década de 1970 para entreter as pessoas e oferecer-lhes um refúgio de luxo: lojas, restaurantes, salas de espetáculos, boliche, discotecas, bares... Um pequeno templo do consumo à moda ocidental, uma pequena traição ao dogma comunista. O Palácio da República também abrigava o *Volkskammer*, o parlamento que, sob a ditadura, não tinha absolutamente nenhum poder. Em 1990, o prédio foi fechado para passar por uma longa operação de remoção de amianto, e seu destino foi colocado em questão, desencadeando um longo debate entre os defensores da demolição e os da renovação. Na RDA, toda uma geração associava parte de sua juventude a esse amplo espaço de entretenimento. Ao final de uma longa queda de braço, o Bundestag votou pela destruição do edifício em 2003 e pela reconstrução da residência do imperador bombardeada durante a guerra, o castelo barroco Hohenzollern, que a RDA destruíra completamente em 1950. Na restauração do palácio, preferiu-se um simulacro de castelo, de duvidosa e anacrônica elegância, com o qual ninguém se identificasse, como se fosse negado aos alemães-orientais o direito de ter vivido momentos felizes apesar da ditadura.

Como resposta, alguns anos após a reunificação surgiu uma onda de nostalgia pela RDA batizada de «Ostalgia». Antigos produtos do lado oriental reapareceram nas prateleiras dos supermercados; móveis, luminárias e todo tipo de artigos do cotidiano tornaram-se objeto de um culto inesperado; *Ostalgie-Parties* eram organizadas em lugares cobertos de retratos, bandeiras, flâmulas da RDA... A tendência era mais profunda do que parecia, e esse distanciamento aberto com a Alemanha reunificada foi confirmado nas eleições federais de 1994, quando o novo partido comunista conquistou trinta cadeiras no parlamento. Alguns alemães-orientais reagiam ao que muitos consideravam a demonização da RDA pelo lado ocidental. «Apesar de tudo, as pessoas conseguiram construir uma existência sob a RDA», explica Roland Jahn, «até o dia em que tudo desabou. Uma vez mais, elas tiveram que se recuperar. Estavam consumidas pelo medo de perder o que haviam reconstruído. E as primeiras vítimas desse medo foram os estrangeiros».

Depois da queda do Muro, as incursões de *skinheads* e neonazistas para linchar estrangeiros em plena rua e gritar insultos diante das casas de refugiados tornaram-se rotina no lado oriental. Já se contavam os primeiros mortos. O ódio culminou em um dia de agosto de 1992, em Rostock, à beira do mar Báltico, quando cerca de mil pessoas tomaram de assalto um albergue de refugiados vietnamitas, gritando: «Vamos pegar vocês!», «Vamos fritar todos vocês!» Os agressores tentaram abrir à força as portas do albergue, quebraram as janelas e lançaram coquetéis *molotov* sob os aplausos de 3 mil espectadores. O albergue pegou fogo. Lá dentro, onde também estava uma equipe de televisão, o desespero tomou conta dos refugiados, presos em meio a chamas e fumaça. As crianças gritavam, as mulheres choravam, outros corriam à procura de uma saída que acabaram por encontrar forçando uma porta que levava ao telhado.

Os agentes policiais, alertados a tempo, foram de uma incompetência desastrosa. Estacionados nas proximidades, eles intervieram apenas uma hora após o início do incêndio, abrindo caminho para que os bombeiros apagassem o fogo e retirassem os feridos. A Alemanha foi tomada pelo terror. O mais chocante foram os milhares de moradores a aclamar ou até mesmo ajudar os agressores: cidadãos comuns de várias idades. O albergue em chamas abrigava vietnamitas que haviam sido convidados pela RDA para fazer trabalhos que os alemães-orientais se recusavam a fazer. Rostock tinha 1.640 estrangeiros para 240 mil habitantes.

Também no lado ocidental a violência xenófoba começou a se multiplicar a partir de 1990, com o afluxo de refugiados do Leste, em particular da Iugoslávia, onde havia estourado uma guerra civil. Em 1992, o número de pedidos de asilo ultrapassou a cifra de 440 mil. A taxa de concessão de direito de asilo era muito baixa, o que não impediu a CDU, a CSU e os partidos de extrema direita de lançar uma campanha virulenta contra os refugiados.

Foi nesse contexto que, em novembro de 1992, em Mölln, no Schleswig-Holstein (Norte), dois neonazistas atearam fogo a uma casa onde viviam famílias turcas: duas meninas e sua avó morreram nas chamas. Alguns meses depois, ainda no lado ocidental, em Solingen, na Renânia do Norte-Vestfália, quatro neonazistas incendiaram uma casa onde também viviam famílias turcas: uma mulher e seu filho pequeno morreram pulando da janela, um jovem e duas crianças foram queimados. O chanceler Helmut Kohl não compareceu a nenhum dos funerais, preferindo enviar o ministro das Relações Exteriores. Seu porta-voz justificou-se dizendo que o governo queria evitar o «turismo de condolências».

Essa indiferença não era do hábito dos cidadãos. No lado ocidental, mais de 1 milhão de pessoas saíram às ruas do país para dizer: «Nunca mais!» Em Mannheim, onde eu era estudante, participei de uma longa, luminosa e silenciosa corrente de união contra o ódio racial. Em pé, durante duas horas, entre uma velha senhora que segurava uma vela nas mãos trêmulas e um jovem *punk*, ambos determinados a proteger aquela corrente que simbolizava muito mais do que o luto por duas famílias turcas, senti a força da memória diante do ódio.

No lado oriental, porém, as expressões de solidariedade para com as vítimas de xenofobia eram raras. As cenas de Rostock não despertaram uma indignação tão virulenta quanto no lado ocidental, onde foram comparadas aos *pogroms* antissemitas do nazismo. A leste, os ataques muitas vezes ocorriam abertamente, os perpetradores não se escondiam ao ver as câmeras, como se presumissem ter o apoio da maioria da população. Na verdade, não era incomum que uma multidão viesse encorajá-los.

Os alemães-ocidentais tiveram que se render às evidências: o trabalho de memória do nacional-socialismo, tão central para a construção de sua identidade, havia sido ignorado na RDA, deixando à Alemanha reunificada um legado explosivo.

Durante quarenta anos, o regime comunista mantivera seu povo na negação, cultivando o mito segundo o qual ele representava apenas os alemães comunistas, aqueles que haviam lutado contra o nazismo. Isso era verdade para os governantes que construíram a RDA depois de pagar caro por sua oposição ao Terceiro Reich. Mas essa elite antifascista projetava sua experiência sobre o conjunto da sociedade alemã-oriental, embora a maioria da população tivesse sido nazista. Era necessário, portanto, incutir o antifascismo de forma artificial, por meio de comemorações, monumentos, desfiles, discursos, rituais e uma educação direcionada. A Resistência, o comunista, o soldado do Exército Vermelho estavam no coração dessa memória coletiva, e muito pouco os judeus ou outras vítimas do nazismo. «Já no ensino fundamental, os alunos tinham que visitar o campo de concentração de Buchenwald, transformado em um gigantesco memorial», explica Roland Jahn. «O tema eram os heróis comunistas, mas nunca nos pediam para refletir sobre as razões pelas quais o fascismo teve sucesso e por que tantas pessoas se tornaram *Mitläufer*.»

O assunto também não era debatido nas famílias. O lado oriental não viveu o levante estudantil na década de 1960, os jovens não cobraram dos pais uma explicação a respeito de seu papel no Terceiro Reich. O pai de Roland Jahn havia sido prefeito de um povoado pelo NSDAP. «Minha família jamais criticou meu pai por seu passado», diz ele. «Em vez disso, ela o defendeu. Eu também não fazia perguntas.» Jana Hensel compartilha o mesmo tipo de pequenas conciliações com o passado em *Zonen Kinder*: «Nas aulas de história, éramos todos antifascistas. Nossos avós, nossos pais, os vizinhos, todos tinham sido antifascistas».

A RDA havia decidido oficialmente que a RFA era a única responsável pelos crimes nazistas, então cabia a ela se desculpar e indenizar os judeus. Ela se arrogou até o direito de denunciar a continuidade — real — entre os dirigentes políticos do Terceiro Reich e os da Alemanha Ocidental, fazendo desse tema o cerne de sua propaganda antiocidental.

A ausência de responsabilização moral individual pelos crimes racistas e antissemitas dos nazistas, somada à falta de contato com outras culturas e etnias, favoreceu uma visão do estrangeiro carregada de clichês, preconceitos e medos. Os alemães-orientais viviam em uma bolha dominada pelo pensamento único. Nada penetrava do exterior. Se saíam do próprio país, era para ir a países comunistas com dinâmica semelhante, à beira do mar Negro, na Bulgária ou às margens do lago Balaton, na Hungria.

Inversamente, era difícil para um ocidental viajar para a RDA, mesmo com visto. O número de estrangeiros não ultrapassou os 200 mil, e eles eram compartimentados: os soldados soviéticos, odiados porque vistos como ocupantes, viviam em quartéis, enquanto os trabalhadores de países comunistas da África ou da Ásia, recrutados por um salário muito inferior ao dos alemães-orientais, viviam em albergues.

A ditadura controlava todas as formas de contato com estrangeiros. Contrariando a retórica comunista internacionalista, o partido SED explorava o melodrama patriótico para moldar um nacionalismo exclusivamente alemão-oriental.

Em 1988, Roland Jahn produziu para a televisão alemã-ocidental uma reportagem sobre a ascensão de grupos neonazistas e *skinheads* na RDA, considerada um fenômeno ocidental. Ele mostrou imagens de cabeças raspadas gritando «Fora estrangeiros» em um estádio, filmou sepulturas judaicas profanadas e interrogou jovens, um dos quais explicou: «Muitos de nós aqui carecem de modelos políticos [...] que nos ajudem a construir nossa vida». As autoridades alemãs-orientais sempre minimizaram um desenvolvimento que pudesse contradizer o mito fundador do país, falhando em enfrentar o problema a tempo.

Hoje, trinta anos após a queda do Muro, o lado oriental nada tem a ver com aquele que meu pai conheceu. Quando recebo amigos estrangeiros em Berlim, eu os encorajo a visitar aquelas belas regiões imortalizadas pelo mestre da pintura romântica alemã, Caspar David Friedrich. Ao norte, deve-se atravessar um grande planalto com lagos de águas límpidas, refúgio de uma infindável variedade de pássaros, povoados históricos e castelos, antes de chegar à costa do mar Báltico, onde a arquitetura *fin de siècle* das cidades litorâneas oferece uma viagem no tempo. Ao sul, a melhor maneira de admirar as paisagens é embarcar no trem que liga Berlim a Praga e ver desfilarem florestas banhadas por lagos, o Elba, que serpenteia entre as colinas verdejantes de onde emergiu, e, pouco antes da fronteira tcheca, um vertiginoso conjunto de picos rochosos que parece ter saído de um conto de fadas. Em algumas áreas, especialmente na Saxônia e na Turíngia, a economia está em pleno crescimento, a indústria progride e o desemprego não para de cair. No Norte, o turismo se desenvolveu bastante. É certo que ainda existem áreas negligenciadas, mas no geral as disparidades econômicas e sociais em relação à antiga RDA diminuíram consideravelmente nos últimos anos, a tal ponto que algumas regiões da antiga RDA superam as do lado ocidental.

No entanto, se alguém visitar Dresden ou Leipzig em um dia de concentração do movimento cidadão Pegida (patriotas europeus contra a islamização do Ocidente) ou do partido de extrema direita Alternative für Deutschland (AfD), necessariamente vai constatar que uma parte nada desprezível dos alemães-orientais está com raiva: do governo, dos partidos políticos tradicionais, dos jornalistas, do lado ocidental, dos intelectuais, da União Europeia e, acima de tudo, dos refugiados. Com a chegada de refugiados escapando notadamente da guerra na Síria a partir de 2014, a xenofobia do lado oriental ganhou uma nova dimensão. Cidadãos começaram a se reunir em Dresden sob a bandeira do Pegida, entoando bordões agressivos contra a «invasão» do Islã na Europa e agitando bandeiras alemãs e cruzes cristãs. Na sequência, o movimento cresceu e se propagou por outras cidades.

As agressões contra os refugiados se multiplicaram. Em 2014, elas foram quatro vezes mais frequentes no lado oriental do que no ocidental, em relação ao número de habitantes.

A decisão da chanceler democrata-cristã Angela Merkel de abrir as fronteiras aos refugiados em setembro de 2015 eletrizou ainda mais essa violência. Uma cena filmada por um anônimo ficou impregnada em minha mente: no pequeno vilarejo de Clausnitz, ao sul da Saxônia, numa noite fria de fevereiro de 2016, um ônibus de refugiados é parado, está escuro. Um bando bloqueia seu acesso ao centro de refugiados e grita palavras racistas; a atmosfera é opressiva. A polícia tenta desembarcar os passageiros. Um menino resiste, tem dez ou onze anos, ele chora, tem medo, se refugia junto do motorista, um policial sobe e o puxa de maneira brusca para fora sob os aplausos da horda estimulada por essa violência. Na primeira fila de assentos, duas mulheres se agarram, apavoradas.

Em setembro de 2017, pouco antes das eleições federais, fiz uma reportagem sobre a campanha eleitoral da AfD para uma revista francesa. Estamos em Jena, uma bonita cidade universitária da Turíngia. Algumas centenas de pessoas estão reunidas em frente a uma tribuna na praça do mercado, cercadas por barreiras vigiadas pela polícia. No palanque, Stephan Brandner, que encabeça a lista da AfD na Turíngia, pega o microfone e começa a insultar os partidos do Bundestag: os Verdes, associados a «fanáticos do clima, narizes de cocaína e estupradores de crianças»; o FDP, «uma espécie de mistura entre um manequim de roupas íntimas e um anúncio de perfume barato»; o SPD, «aquela pilha de escombros». Atrás das barreiras, uma contramanifestação provoca um alvoroço com a intenção de perturbar o encontro. A sociedade civil de Jena, incluindo muitos estudantes e simpatizantes da esquerda radical Die Linke, tinha se mobilizado e agitava faixas clamando por «Resistir ao ódio!»

Brandner termina com um ataque *ad hominem* contra Angela Merkel, «essa tirana que devemos eliminar». Um helicóptero das forças de segurança surge no céu, seu ruído encobre a voz do locutor, que aponta para ele e pergunta: «Podemos abatê-lo?» Em seguida, é a vez de Alice Weidel, candidata do partido a nível federal, que ataca os refugiados. «Depois de doze anos de Merkel, basta ir ao Google e digitar as palavras-chave 'homem' e 'faca', seguidas de 'notícias', para descobrir as tragédias da semana anterior: são páginas inteiras», ela afirma, citando exemplos nebulosos. A violência e a vulgaridade desses dirigentes não chocam o público, uma maioria de homens que nada têm da aparência estudada dos neonazistas. Eles tinham vinte, trinta anos quando o Muro caiu.

Duas semanas depois, nas eleições legislativas federais, a pontuação da AfD alcançou quase 22% dos votos na antiga RDA, contra 10,7% no lado ocidental, e o partido Die Linke obteve 17,8% dos votos no lado oriental contra 7,4% no ocidental, um radicalismo de mau agouro para a democracia. Hoje, o movimento Pegida entrou em declínio, mas a AfD está em todos os parlamentos regionais.

Em Jena, me deparo com Roland Jahn, que fora convidado para uma conferência intitulada «Stasi: o esquecimento nos ameaça?» Dois terços da ocupação da sala é de aposentados. Um espectador se levanta e diz que ao seu redor as pessoas estão oprimidas pelo «politicamente correto», mais ou menos como «sob a ditadura na RDA». «Só que hoje ninguém acaba na prisão por dar sua opinião», responde Roland Jahn. «Cuidado para não confundir ódio com liberdade de opinião.»

Na plateia, uma mulher toma a palavra: «Éramos covardes. A maioria de nós participou da ditadura comunista de uma forma ou de outra». Roland Jahn, autor de um livro intitulado *Wir Angepassten: Überleben in der DDR* [Nós, os adaptados: sobrevivência na RDA], concorda. «Após a reunificação», explicou-me mais tarde, «o debate foi dominado pelo confronto entre vítimas e algozes, enquanto a maioria das pessoas não se identificava nem com aquelas, nem com estes. Nós nos concentramos na Stasi em vez de tentar entender como essa sociedade pôde funcionar, como a ditadura pôde se fortalecer apoiando-se nos muitos *Mitläufer*.»

Após a conferência, ele me levou para conhecer Jena, a cidade onde crescera. Ele conhece dela cada muro, cada rua, a história de suas cicatrizes ocultas que um dilúvio de reformas apagou. Ali estava a universidade da qual foi afastado depois de ter criticado num seminário a expulsão do popular compositor Wolf Biermann. Com exceção de um único, todos os seus colegas de classe votaram pela exclusão de Roland, amigos que tiveram medo. Ele ficou profundamente magoado. Em seu livro, ele escreve: «Existem muitas maneiras de se adaptar, do silêncio ao servilismo. Mas a adaptação também tem um preço. Ela traz legitimidade para aqueles que, em nome da razão de Estado, cometeram injustiças». Claro, não podemos esperar que todos sejam heróis, ele reconhece, mas «quem quer que se adapte quase sempre também dispõe de algum espaço de manobra». Uma das razões do sucesso da AfD na antiga RDA — Roland Jahn está convencido disso — é uma grave lacuna de memória, e não apenas em relação ao passado nazista: «Até hoje, muito poucas pessoas se colocam a questão da responsabilidade individual dos cidadãos na consolidação da ditadura na RDA».

Outra amnésia que ainda traz consequências diz respeito ao período logo após a queda do Muro, anos traumáticos para muitos alemães-orientais. A falta de empatia do lado ocidental pelos destinos individuais no lado oriental e o mito, ali tão vivo, de uma corrida dos alemães-ocidentais pelos supostos tesouros da RDA ainda dividem a Alemanha.

De passagens obscuras a atalhos secretos, Roland Jahn cruza Jena com a desenvoltura de um rapaz que sempre tinha que correr para escapar da polícia. «Cada vez que venho aqui, imagens antigas me voltam à cabeça, e eu digo a mim mesmo: que caminho percorrido, que liberdade conquistada!»

Talvez seja precisamente essa a memória que deveria ser devolvida aos alemães-orientais, o orgulho de pertencer a um povo que acabou tendo a coragem de dizer não à ditadura e conquistar sua liberdade e sua dignidade com o suor do próprio rosto.

Capítulo XIII.
Áustria-Itália: pequenas conciliações com o passado

Na rodovia para Viena, enquanto desfilam à minha frente vastos vales cobertos de neve e flanqueados por montanhas de picos recortados, ouço a Rádio Österreich 1. Em Hagenberg, na Alta Áustria, um homem fala sobre seu pai, Otto von Wächter, um *ss-Führer*, sucessivamente governador de Cracóvia e do distrito da Galícia, no núcleo do governo geral da Polônia, onde os nazistas assassinaram 3 milhões de judeus poloneses. Escuto com atenção. «Meu pai não tem nada a ver com a deportação dos judeus porque ele não poderia fazer de outra forma, por assim dizer», disse Horst von Wächter a jornalistas da Ö1, a quem abriu as portas de seu castelo em ruínas. Ouvem-se vozes e risos atrás dele. Sua filha, Magdalena, toma a palavra: «Tenho um sentimento de culpa que antes era ainda mais forte [...]. Era horrível para mim saber que meu avô esteve envolvido nisso. Eu ficava devastada». Sua própria filha, Gwendolyn, de quatorze anos, se manifesta brevemente: «Ouvi dizer que ele não era somente um nazista mau». «Ninguém pode ser um nazista bom», responde Magdalena, «porque o nacional-socialismo é condenável em si mesmo. O nacional-socialismo é a raiz de todos os males».

Durante uma hora, a história de Otto von Wächter e do legado tóxico que ele deixou para sua família me acompanham enquanto mergulho naquela natureza imensa, no coração da Europa Central, que já viu passar tantos povos, exércitos e impérios.

Estamos em março de 2018. Há oitenta anos, as tropas alemãs invadiam a Áustria sem nenhuma resistência armada. Quando chegaram, a polícia vienense já havia colocado a braçadeira nazista e começado a prender os «indesejados». Três dias depois, sob os aplausos de um público de 250 mil pessoas reunidas na Heldenplatz, em Viena, Adolf Hitler, nascido na Áustria, lançou: «Como *Führer* e chanceler da nação alemã e do Reich, eu anuncio a entrada da minha pátria no Reich alemão». A Áustria era agora uma província do Reich chamada de *Ostmark* (marcha oriental). A população não se opôs. Desde a dissolução do Império Habsburgo em 1918, a Áustria havia se tornado um pequeno país, e o desejo de se aproximar da Alemanha era comum entre os austríacos, que tinham consciência de compartilhar uma forte identidade germânica com seu vizinho. Além disso, o nacional-socialismo enraizara-se bem no país durante o período entreguerras.

Já na década de 1920, um NSDAP austríaco fora estabelecido, com sucesso crescente. Depois de militantes terem cometido vários ataques contra as autoridades austríacas, o partido foi proibido em junho de 1933, mas eles continuaram com suas atividades clandestinamente, graças ao apoio logístico e financeiro proveniente da Alemanha. A violência deles culminou no verão de 1934 com um golpe fracassado. O chanceler austríaco Engelbert Dolfuss, próximo da Itália fascista e da Igreja Católica, foi assassinado e substituído por Kurt Schuschnigg. Após o malogro do golpe de Estado, os nazistas mudaram de método. O governo alemão infiltrou no poder austríaco simpatizantes oficialmente não membros do NSDAP que prepararam o caminho para o *Anschluss*.

Otto von Wächter, membro do partido desde 1923, havia participado do golpe. Procurado por alta traição, ele fugiu para a Alemanha, onde ingressou na ss antes de retornar ao seu país após a anexação. Há uma foto de Otto von Wächter de uniforme nazista, sentado em seu escritório no Palácio de Hofburg, em Viena. Ela está datada de 9 de novembro de 1938, o dia da deflagração dos *pogroms* contra os judeus na Alemanha e em *Ostmark*. Wächter era comissário de Estado do novo chefe do governo austríaco, Arthur Seyss-Inquart, que instaurou o terror contra oponentes políticos e contra os judeus.

O antissemitismo austríaco não tinha nada a invejar dos alemães. Em *Mein Kampf*, Adolf Hitler, que viveu em Viena entre 1908 e 1913, elogiou os estrepitosos discursos do prefeito da capital, Karl Lueger, contra os judeus, que se destacavam por seu sucesso em muitos setores na Áustria. Após a derrota na Primeira Guerra Mundial, as teorias da conspiração judaica, veiculadas pela Igreja Católica e pelo Partido Social-Cristão de Karl Lueger, redobraram seu ardor. Na década de 1930, sob a influência do nacional-socialismo, intensificou-se o assédio aos judeus, que começaram a emigrar. O ódio aumentava, mas permanecia contido pela lei e por um resíduo de decoro moral. A chegada das tropas alemãs rompeu essa frágil barreira de proteção e desencadeou uma violência raramente vista na Alemanha.

Essa foi a metamorfose de Viena, estrela da *Mitteleuropa*, outrora irrigada de cultura, agora teatro do seu próprio declínio. Uma besta imunda — a multidão gananciosa e invejosa — saqueava, roubava, espancava, humilhava e martirizava aqueles que tanto haviam contribuído para o esplendor de sua cidade. Em sua autobiografia publicada em

1966, o escritor alemão Carl Zuckmayer, testemunha daqueles dias, descreve-os como o inferno na terra: «O ar era continuamente preenchido por gritos estridentes, assustadores, histéricos, emanando da garganta de homens e mulheres, dia e noite. E todos os seres humanos perdiam o rosto, substituído por caras deformadas: umas pelo medo, outras pela mentira, outras ainda por um triunfo selvagem cheio de ódio. [...] Vivi os primeiros dias da dominação nazista em Berlim. Nada comparável ao que estava acontecendo naquela época em Viena havia acontecido por lá».

Em *O mundo de ontem* (1944), o escritor austríaco judeu Stefan Zweig descreve esse «prazer infame da tortura pública, do suplício psíquico, das humilhações refinadas. [...] Todos tinham o campo livre para exercer seu desejo particular de vingança. Professores universitários foram obrigados a esfregar as ruas com as próprias mãos, judeus piedosos com barbas brancas foram arrancados de seus templos por homens aos berros, que os forçavam a prostrar-se, gritando em coro '*Heil Hitler*'». Uma onda de suicídios arrastou os que não queriam saber até onde iria aquela infâmia, como o filósofo Egon Friedell, que se atirou pela janela de seu apartamento quando dois SA apareceram em sua porta. Stefan Zweig, exilado no Brasil, o seguiu quatro anos depois, em fevereiro de 1942, recusando-se a testemunhar a agonia da civilização europeia com a qual tinha identificado sua obra e sua vida.

Dos 185 mil judeus que viviam na Áustria na primavera de 1938, 120 mil conseguiram partir, mas 65 mil morreram assassinados em campos ou em outros lugares, assim com praticamente toda a comunidade cigana do grupo rom, cerca de 10 mil pessoas.

Após o *Anschluss*, os funcionários civis e as forças militares e policiais austríacas foram integrados ao aparelho estatal e ao exército da Alemanha nazista. Aqueles que se recusavam a participar raramente arriscavam mais do que a perda do emprego ou uma aposentadoria precoce. No entanto, a grande maioria dos austríacos colaborou. Muitos fizeram carreira no exterior, especialmente nos Países Baixos e no Leste, e participaram dos crimes nazistas. Dada a proximidade da Áustria com a Europa Oriental, que data do Império Austro-Húngaro, o Reich considerou prudente enviar seu efetivo austríaco para essa região onde as piores atrocidades nazistas estavam ocorrendo. Os historiadores seguem no debate para tentar entender por que tantos austríacos figuram entre o pessoal diretamente envolvido no Holocausto.

Otto von Wächter era um deles. Como governador de Cracóvia, ele executou mais de cinquenta reféns poloneses, ordenou que todos os judeus com mais de doze anos usassem um emblema distintivo e trancou os judeus em um gueto fechado por muros e arame farpado. Enquanto ele governava a Galícia, depois do cerco de Lemberga (Leópolis, hoje na Ucrânia), entre janeiro de 1942 e agosto de 1944, mais de 100 mil judeus da cidade foram massacrados ou deportados para campos para serem mortos nas câmaras de gás. Registros mostram que ele protegeu os trabalhadores judeus e que no início de 1942, quando a Solução Final já estava em curso, ele criticou a *Germanisierung* da área de Lemberga. Um superior questionou sua «lealdade como ss». Seu papel exato nas atrocidades, como oficial civil sênior, sem responsabilidade policial, não é conhecido. Mas sua responsabilidade na Shoah é inegável.

Seu filho, Horst von Wächter, tenta justificar o pai: obediência às ordens, cegueira, impotência. «Estou convencido de que nenhum ser humano lhe pesa na consciência e que ele se recusou a matar pessoas por causa de seus valores. Não combinava com ele», insiste. Sua filha Magdalena acrescenta: «Também quero acreditar nisso, gostaria de acreditar, acredito em parte, acredito no meu pai». Em agosto de 1942, quando as deportações de judeus de Lemberga para o campo de extermínio de Belzec atingiam seu auge, Heinrich Himmler propôs a Otto von Wächter que retornasse a Viena. Ele recusou a oportunidade de encerrar sua missão e limitar sua implicação direta na Shoah.

A reação de Horst me intriga. Ele nasceu em 1939, quatro anos antes de meu pai. Seu pai, um ss em posto de alto comando, estava envolvido até o pescoço na máquina criminosa nazista; o pai de Volker, que ingressou no NSDAP e lucrou com as medidas de arianização, nunca ocupou um cargo no Estado nazista. O primeiro mal conhecia seu pai, Otto, que morreu sob um nome falso no exílio em Roma, em 1949; o último viveu sob o mesmo teto que seu pai, Karl, por mais de vinte anos.

Como é possível que Horst defenda o pai e que Volker condene o seu? Magdalena von Wächter e eu somos da mesma geração. Somos influenciadas pela visão que nossos pais têm do próprio pai, essa narração que se transmite nas famílias e às vezes confunde os rastros da grande história. Magdalena quer acreditar no pai para salvar a honra de sua ancestralidade; eu sou menos sensível que ela à lealdade familiar, prefiro forjar minha própria opinião bem fundamentada. Ela não quer passar aos filhos essa história a fim de que eles possam «liberar-se» desse legado. Meu pai e eu bebemos dessa memória para criar valores que nos sirvam diariamente.

A que se devem essas diferenças? À disparidade entre o grau de culpa de Karl e o de Otto, sendo o mais elevado deles algo difícil demais de ser reconhecido por seus descendentes?

À nossa personalidade, aos nossos encontros, às nossas leituras, aos acasos da vida? E se outro fator pesasse: eles cresceram na Áustria, enquanto nós tivemos uma educação alemã?

A Áustria não escapou da amnésia geral que atingiu a Europa depois da guerra. Pelo contrário, a amnésia austríaca não durou só vinte ou trinta anos, como na Alemanha ou na França, mas se instalou por quase meio século. Após a Proclamação da Independência, em abril de 1945, o país apressou-se em gravar no mármore o mito fundador da Segunda República: o *Anschluss* «foi resultado de uma ameaça militar externa, do terrorismo e da alta traição de uma minoria de austríacos nazifascistas, foi imposto a dirigentes indefesos e ao povo da Áustria, que a ocupação militar em tempo de guerra deixou impotentes».

Depois da guerra, os Aliados ocuparam o país, que dividiram em quatro zonas de ocupação, depois instauraram o NS-*Verbotsgesetz*, uma lei proibindo o NSDAP, suas organizações afiliadas e a propagação de ideias nazistas. Em uma população de 6,6 milhões de habitantes, eles encontraram mais de meio milhão de membros do partido nazista. Empreenderam a desnazificação e pressionaram o governo provisório austríaco a instaurar tribunais populares que realizaram numerosos processos e proferiram condenações mais ou menos severas.

A desnazificação esbarrou na negação dos austríacos, que se viam como vítimas, e não como nazistas. O jornal *Neues Österreich*, porta-voz do partido conservador ÖVP, do partido social-democrata SPÖ e do partido comunista KPÖ, escreveu em setembro de 1945: «Na verdade, durante a era nazista, Viena foi um caldeirão de revolta e indignação [...]. No entanto, continuamos a suportar as acusações de que obedecemos a Hitler, o que todos os fatos históricos contradizem». O prefeito da capital e futuro presidente da Áustria, o social-democrata Theodor Körner, chegou a afirmar em 1947: «O vienense é um cidadão do mundo, não é um antissemita. As tendências antissemitas lhe são totalmente estranhas». Cinco mil judeus sobreviveram em Viena, 2.300 retornaram vivos dos campos. A maioria deixou a cidade que os traíra e cujos moradores demonstravam uma angustiante falta de empatia após a guerra. Foi necessária a pressão dos Estados Unidos para que a Áustria desse início às reparações e indenizasse os judeus, muito abaixo do que lhes fora roubado. «Parte da elite política defendia a ideia de que deveríamos 'arrastar' a análise dos pedidos das vítimas judias», explica o historiador austríaco Winfried Garscha, especialista no período.

Em 1955, os Aliados deixaram a Áustria, tendo mais o que fazer do que tentar reeducar os austríacos em plena Guerra Fria. Mal o país recuperou a sua soberania, nasceu um novo partido, o FPÖ, presidido por um antigo *ss-Brigadeführer*, Anton Reinthaller, que cumprira três anos de prisão por alta traição devido às suas funções políticas no Terceiro Reich. A justiça austríaca apressou-se em estabelecer uma anistia de fato, arquivando as investigações dos crimes nazistas. A maioria dos nazistas foi libertada da prisão.

No momento em que me aproximo de Viena, a rádio Österreich 1 transmite uma entrevista com Christian Frosch, diretor austríaco de *Murer: Anatomie eines Prozesses* [Murer: Anatomia de um processo], um filme sobre o julgamento de Franz Murer, um *ss-Führer* responsável pelo massacre de praticamente todos os 80 mil judeus de Vilnius, na Lituânia, entre 1941 e 1943. Depois da guerra, Murer levava uma vida pacífica como político local na Áustria, até o dia em que Simon Wiesenthal, um judeu austríaco sobrevivente do Holocausto que dedicou sua vida à luta contra a impunidade dos nazistas, alertou a opinião internacional sobre o passado dele. Abriu-se um processo em junho de 1963 em Graz. A imprensa «descreveu o clima na sala como sendo de maneira geral incrivelmente hostil às testemunhas judias, com protestos da audiência [...] houve até um homem que se levantou para fazer a saudação de Hitler», descreve Christian Frosch, atordoado por «aquele fenômeno de 'inversão dos papéis do carrasco e da vítima'». Ao final de um processo escandaloso, marcado por massivas interferências políticas, tanto à direita quanto à esquerda, o acusado foi absolvido e celebrado como herói por uma grande maioria da população.

Por décadas, os dois principais partidos políticos da Áustria, o SPÖ e o ÖVP, preferiram conceder uma espécie de absolvição geral em vez de se privar de eleitores e apoiadores entre os ex-nazistas, tão numerosos. Eles alimentaram o mito da Áustria vítima do Reich e negaram a colaboração de centenas de milhares de austríacos. Era a «amnésia fria», como Simon Wiesenthal a chamou.

A maioria dos crimes havia sido perpetrada fora do território austríaco, longe, portanto, dos olhos da população. Mas nem todos. O *Führer* havia dado a ordem de erguer, a vinte quilômetros de Linz, em Mauthausen, um gigantesco campo que tinha mais de quarenta subdivisões espalhadas por todo o país. Cento e noventa mil detidos de várias nacionalidades foram deportados para lá: opositores políticos, civis e prisioneiros de guerra. Metade deles morreu. Mauthausen foi o único campo no território do Reich a ser classificado na categoria III, ou seja, cuja finalidade era a «destruição pelo trabalho». Uma das medidas mais eficazes era forçar os detidos a carregar blocos de granito do fundo de uma pedreira até o topo de uma escada de 32 metros de altura várias vezes ao dia. Para chegar à pedreira, as vítimas caminhavam ao longo de um precipício de cinquenta metros de profundidade, onde os ss, incluindo muitos austríacos, às vezes se divertiam empurrando os presos para vê-los cair. Mauthausen também dispunha de um bordel onde mulheres eram violentadas durante dias. Havia um laboratório de experimentação médica onde os presos serviam como cobaias para médicos como Aribert Heim para experiências dolorosas, muitas vezes fatais.

Os médicos austríacos estiveram particularmente envolvidos nos crimes do Terceiro Reich. Como parte da *Aktion T4*, destinada a eliminar indivíduos considerados anormais, 18 mil pessoas pereceram em uma câmara de gás instalada no porão do castelo de Hartheim, perto de Linz. Em setembro de 1941, quando Hitler foi forçado a encerrar a *Aktion T4* por causa de protestos na Alemanha, a matança continuou na Áustria. De setembro de 1941 até o fim da guerra, mais 12 mil pessoas foram assassinadas em Hartheim, detidos doentes ou indesejados, em particular padres de quem os campos queriam se desvencilhar.

Em Viena, no centro médico Am Spiegelgrund para jovens, oitocentas crianças consideradas deficientes morreram no contexto de experiências médicas sobre o sistema nervoso. Um dos principais responsáveis, Heinrich Gross, fez carreira depois da guerra graças ao seu trabalho sobre os cérebros infantis, usando os das vítimas do Spiegelgrund que ele tinha cuidadosamente conservado... Ele se tornou um dos psiquiatras forenses mais renomados da Áustria. Apesar das provas inequívocas, ele nunca foi condenado. O Ministério Público austríaco obstruiu o processo até a morte dele, em 2005.

«Quando se fala sobre o 'recalque' dos austríacos, acho essa imagem quase simpática demais», explica Christian Frosch. «Porque recalque significa: os acontecimentos são tão terríveis que não conseguimos enfrentá-los.» Na verdade, mentiu-se e escondeu-se a verdade de maneira deliberada. Os colaboradores eram tantos que se dizia: «Se todos são culpados, então ninguém é culpado». Antes do lançamento do filme em março de 2018, quase ninguém na Áustria sabia quem era Franz Murer.

O julgamento de Murer não surtiu o efeito que Simon Wiesenthal esperava, não conseguiu romper a barreira do silêncio, ao contrário dos julgamentos de Auschwitz, que começaram no mesmo ano na Alemanha. Como os austríacos, a maioria dos alemães era pouco favorável a esse tipo de julgamento, mas na Alemanha havia homens como Fritz Bauer, o chanceler Willy Brandt, os intelectuais da Escola de Frankfurt e os estudantes rebelados para salvar o país da amnésia. A Áustria não teve um movimento estudantil forte o suficiente para abalar as mentalidades e expurgar as estruturas gangrenadas pelos velhos nazistas. «A época nazista só foi realmente ensinada na escola a partir do final dos anos 1970», observa Winfried Garscha. A situação não era muito melhor no ensino superior, no qual certos professores não se incomodavam em demonstrar seu apego ao nacional-socialismo.

Pouquíssimos opositores ao nazismo exilados retornaram à Áustria depois da guerra. Um dos raros foi o social-democrata Bruno Kreisky, filho da burguesia judaica vienense. Em 1970, ele foi eleito chanceler e assim permaneceu até 1983. Vítima do nazismo, Kreisky, no entanto, recusou-se a lançar luz sobre o passado e preferiu optar pelo *Schlussstrich*.

Ele nomeou quatro antigos membros do NSDAP como ministros, o que lhe rendeu duras críticas de Simon Wiesenthal. Em 1975, as tensões entre os dois homens explodiram. Caso o SPÖ perdesse a maioria absoluta nas eleições legislativas, Kreisky planejava se aliar ao FPÖ, liderado por Friedrich Peter. Wiesenthal informou ao chanceler ter descoberto que Friedrich Peter servira em uma unidade da SS que havia participado dos massacres de judeus na Europa Oriental. Quatro dias após as eleições que permitiram ao SPÖ manter maioria absoluta, Wiesenthal tornou pública sua descoberta.

Kreisky saiu em defesa de Friedrich Peter e apresentou a tese de que Wiesenthal teria sido informante da Gestapo durante a guerra. Este último apresentou uma queixa, e o chanceler teve que reconsiderar sua declaração, mas muito poucas figuras públicas e intelectuais vieram em socorro do sobrevivente do Holocausto, que foi objeto de uma explosão de insultos antissemitas. Wiesenthal, por sua vez, não está isento de zonas nebulosas. Apesar de seu impressionante trabalho de documentação a respeito dos crimes nazistas, muitos historiadores concordam que ele não hesitava em exagerar os fatos ou mesmo propagar intencionalmente informações falsas.

Em 1985, enquanto em outros lugares a dimensão monstruosa dos crimes nazistas fazia parte da consciência coletiva, na Áustria, o ministro da Defesa Friedhelm Frischenschlager (FPÖ) recebia como herói nacional o antigo SS Walter Reder, de volta da Itália, onde cumprira pena de 33 anos de prisão. Entre outros crimes, Reder teve uma responsabilidade central no massacre de Marzabotto, nos Apeninos, em que mais de 770 civis italianos foram assassinados, incluindo muitas crianças e mulheres. O FPÖ mobilizou-se fortemente pela libertação de Reder, apresentando-o como «prisioneiro de guerra». A recepção de que ele desfrutou gerou protestos públicos, uma novidade na Áustria.

Mas foi preciso esperar um escândalo internacional para que surgissem fissuras na fortaleza de negação que os austríacos haviam construído. Em 1986, Kurt Waldheim, diplomata de carreira, secretário-geral das Nações Unidas entre 1972 e 1981, concorreu às eleições presidenciais austríacas pelo partido conservador ÖVP. Ele havia publicado sua autobiografia, na qual insistia tão enfaticamente em suas convicções antinazistas que despertou a suspeita de jornalistas, os quais não tardaram a descobrir que ele havia servido como oficial da Wehrmacht nos Bálcãs, em uma unidade responsável por numerosos crimes de guerra. Essas revelações não impediram que os austríacos o elegessem.

Esse voto chocou a comunidade internacional. Kurt Waldheim foi declarado *persona non grata* nos Estados Unidos, e Israel chamou de volta seu embaixador em Viena. O «caso Waldheim» desencadeou uma avalanche de ataques verbais antissemitas na Áustria, mas também a cólera de uma parte crescente da sociedade civil que exigia o fim dos mitos e das mentiras. Os debates se multiplicaram, culminando na apresentação de *Heldenplatz* [Praça dos heróis], de Thomas Bernhard, no Burgtheater de Viena, por ocasião do cinquentenário do *Anschluss* em 1988. Na peça, um professor judeu se suicida na Heldenplatz, local onde Hitler fora aclamado pelos austríacos cinquenta anos antes. Bernhard denunciava a sobrevivência das ideias nacional-socialistas e do antissemitismo em seu país. A peça causou escândalo e, no dia da estreia, camponeses despejaram esterco na frente do teatro. A apresentação foi vaiada por alguns, aplaudida por outros, mas *Heldenplatz* foi um dos maiores sucessos do Burgtheater.

Em 8 de julho de 1991, pela primeira vez, um alto representante do Estado, o chanceler social-democrata Franz Vranitzky, revisou a tese da Áustria como vítima do Reich, em um discurso no parlamento: «Há uma corresponsabilidade, não como Estado austríaco [que desapareceu *de facto* com o *Anschluss*], mas como cidadãos que infligiram sofrimento a outros seres humanos e povos [...]. Os políticos austríacos sempre se recusaram a admitir isso. Hoje, gostaria de afirmar isso claramente, inclusive em nome do governo austríaco, e estabelecer um padrão na relação que devemos instituir com a nossa história».

Em novembro de 1994, o presidente austríaco Thomas Klestil fez uma visita oficial a Israel. Diante do Knesset, ele reconheceu «que alguns dos piores canalhas da ditadura nazista eram austríacos. Nenhuma palavra de desculpas jamais poderá apagar da memória o sofrimento do Holocausto».

Era chegada, enfim, a hora de assumir a responsabilidade política em termos de trabalho de memória. Criou-se o Fundo Nacional da República da Áustria para as Vítimas do Nacional-Socialismo, seguiram-se várias leis de restituição, bem como um fundo para indenizar os trabalhos forçados sob o nazismo. Em 2000, por iniciativa de Simon Wiesenthal, a cidade inaugurou um monumento na Judenplatz em memória dos 65 mil judeus austríacos assassinados na Shoah. Três anos depois, abriu-se um centro para investigar a maneira como a justiça austríaca lidou com os crimes nazistas. A ditadura nazista e o Holocausto agora fazem solidamente parte do currículo escolar.

Essas medidas foram bem-vindas, mas não teriam elas chegado tarde demais para as vítimas, mortas havia muito tempo, e para os austríacos, presos por 45 anos em um deserto de reflexão sobre seu passado, privados do trabalho de memória que ensina o perigo dos partidos extremistas e populistas?

Está nevando em Viena, e um céu de algodão confere à sua grandiosidade barroca a fragilidade de um sonho em cores desbotadas. A cidade se rende aos flocos de neve e desacelera sob esse abraço silencioso. Mulheres vienenses de tez deslumbrante e faces rosadas pelo frio esgueiram-se a passos silenciosos pelas ruas de paralelepípedos, ladeadas de palácios, cercas de bronze, fachadas *art nouveau* revestidas de plantas estilizadas, douradas e coloridas. Graça e charme se entrelaçam nesse cenário tão suave quanto uma antiga foto esmaecida de contornos imprecisos. Sucumbo à pastoral romântica, à viagem no tempo, à nostalgia a que nos convida essa cidade atemporal.

Viena é a antípoda de Berlim, sua irmã de cultura e de língua com a qual, no entanto, compartilha uma história manchada de sangue. Em Berlim, quase nada resta das luzes arquitetônicas de antigamente. Seus palácios e monumentos, suas igrejas e suas lojas de departamentos desabaram sob as bombas. Seus lendários cafés, bares e cabarés da Potsdamer Platz, do Kurfüstendamm e da Friedrichsstrasse, memoráveis locais de entretenimento dos «loucos anos 20», desapareceram. No elegante bulevar Unter den Linden, os edifícios neoclássicos assinados por Karl Frierich Schinkel são, em parte, cópias. A cidade que Hitler pretendia que se tornasse a Germânia, capital do Universo, não era mais do que um buraco gigantesco ao final da guerra, um vazio que foi preenchido às pressas depois de 1945, e também depois de 1989, com torres de concreto, palácios de vidro e aço e contrafações do esplendor de outrora. Mas Berlim não apagou as cicatrizes de suas sinistras ditaduras, não procurou esconder as feridas que cortam profundamente a cidade. Ela incrustou em pedra a memória de sua infâmia e de suas inúmeras vítimas.

Em Viena, procuro as marcas da guerra. As bombas, mais raras, deixaram vestígios menos visíveis do que em Berlim, e houve pressa em apagar os traços do crime.

Foi preciso esperar 1988 para que se erguesse na Albertinaplatz um monumento contra a guerra e o fascismo, duas estátuas colocadas sobre blocos de granito, a pedra que os prisioneiros tinham que arrastar em massa na pedreira de Mauthausen. No chão, uma escultura mostra um judeu limpando o calçamento, em memória da ignomínia a que os vienenses submeteram os judeus. Visito também o Memorial do Holocausto, construído sobre as fundações de uma antiga sinagoga medieval. Uma espécie de cubo retangular de concreto armado representa estantes de biblioteca repletas de livros com as lombadas voltadas para dentro, impedindo a leitura dos títulos, símbolo daquelas vidas brutalmente interrompidas. Moradores da região, preocupados com a «beleza» da praça, protestaram contra o projeto.

Vou ao Museu Judaico, que retraça a história dos judeus de Viena. O percurso começa com o período que vai de 1945 aos dias atuais, a difícil reconstituição de uma comunidade hoje formada por 8 mil pessoas na Áustria. A exposição relata a vergonhosa recepção reservada aos judeus após 1945 e questiona seu futuro: «Com o antissemitismo recorrente e as repetidas expulsões, podem eles considerar como sua a cidade de Viena que ajudaram a moldar, e não apenas em torno de 1900?»

No andar de cima, uma elegante cenografia ilustra a evolução da comunidade, desde a Idade Média até a Segunda Guerra Mundial. Apenas uma pequena parte é dedicada à Shoah. Que contraste com o Museu Judaico de Berlim, onde é impossível escapar dessa imensa tragédia, graças não somente à coleção permanente, que atravessa uma infinidade de destinos individuais, mas também à arquitetura de Daniel Libeskind. O edifício coberto de zinco tem a forma de um relâmpago que evoca uma estrela de Davi partida; as janelas estreitas e assimétricas parecem hematomas. No interior, o visitante se perde em corredores de concreto em linhas quebradas e ângulos agudos, uma sensação de peso o invade ao caminhar sobre o piso inclinado, ao longo de paredes não verticais, sob vigas de concreto que transpassam o espaço de maneira aleatória.

Em Viena, procuro outros museus e memoriais que relembrem o papel dos austríacos durante o nazismo. Sob a influência dos social-democratas, foi inaugurada, no final de 2018, uma Casa da História, cobrindo o período de 1918 aos dias de hoje como parte de uma «educação democrática», o que não agrada a todo mundo. À exceção disso, não há nada de notável além da exposição permanente do Centro de Documentação da Resistência Austríaca (DÖW). «A única exposição na Áustria que aborda o tema com tamanha generosidade», vangloria-se o *site*. O museu, muito discreto, é surpreendentemente modesto para tal ambição. Em uma atmosfera austera, textos, fotos, documentos e objetos estão alinhados. Evidentemente, Viena e o Estado austríaco não lhe dão suficiente importância para equipá-lo com ferramentas cenográficas e multimídia mais moderna. Mas o DÖW é antes de tudo um centro de arquivos, de publicações e de pesquisas, uma referência incontornável para a história do passado nazista da Áustria e um posto de vigilância da evolução da extrema direita desde o pós-guerra.

Tenho uma reunião com Bernhard Weidinger, um especialista em extrema direita que me recebe com grande naturalidade. Ele tem sido especialmente requisitado desde que o FPÖ passou a fazer parte da coalizão minoritária do ÖVP no governo do chanceler Sebastian Kurz. «Se esse partido está no poder é porque, desde o pós-guerra, o ÖVP e o SPÖ o veem como uma opção tática. Esse flerte com o FPÖ ajudou a lhe dar muito poder e a torná-lo 'frequentável'», explica Weidinger.

O FPÖ sempre teve uma relação ambígua com o nacional-socialismo. No exterior, ganhou destaque quando Jörg Haider tomou as rédeas do partido e o levou ao poder em 2000, como parceiro minoritário do ÖVP. Nascido de pais com claras convicções nazistas, Haider devia sua popularidade à sua desinibida homenagem à geração da guerra, incluindo soldados e SS, às suas declarações provocativas, piadas antissemitas e elogios ao Terceiro Reich por sua «política do emprego». Em 2008, sob o efeito de álcool, ele morreu em um acidente de carro.

Na época de sua morte, Haider já deixara o partido havia três anos, por causa de dissidências internas. Heinz-Christian Strache assumira a presidência do FPÖ, decidido a reverter a curva descendente do partido. Na juventude, Strache conviveu com neonazistas como Gottfried Küssel, um negacionista que havia sido condenado duas vezes à prisão. Frequentou também o *Wiking-Jugend*, uma organização criada em 1952 aos moldes da Juventude Hitlerista, proibida em 1994. Na década de 1990, iniciou uma ascensão meteórica no FPÖ, que o obrigou a ser mais cuidadoso em suas relações. Sem renegar seus antigos contatos, ele os colocou na conta de seus excessos juvenis. Em 2007, surgiram fotos que o mostravam fazendo o *Kühnengruß*, com três dedos levantados, uma variante da saudação a Hitler proibida na Alemanha. Em 2012, ele postou uma caricatura da crise financeira em sua página do Facebook: um banqueiro de nariz proeminente usando estrelas de Davi no lugar das abotoaduras. Desde 2017, Heinz-Christian Strache é vice-chanceler da Áustria.

«Hoje o FPÖ é muito mais extremista do que antes devido à influência das *Burschenschaften* [confrarias estudantis próximas à extrema direita]», explica Bernhard Weidinger. «Jörg Haider tomou o cuidado de se distanciar deles, Strache os trouxe de volta para o partido.» Muitas *Burschenschaften* austríacas colocam o nacionalismo *völkisch* no centro de sua visão de mundo, em outras palavras, a ideia de que apenas indivíduos de uma mesma origem podem constituir um povo. O *völkisch* era um elemento central da ideologia nazista. Aliás, são numerosas essas confrarias que cultivam um *Deutschnationalismus*, isto é, a ideia de que a Áustria deveria fazer parte de uma grande Alemanha.

Já lidei de perto com as *Burschenschaften*. Em 2012, fiz uma reportagem sobre o encontro anual das *Deutsche Burschenschaft* (DB), que reuniu as confrarias austríacas e alemãs. Como todos os anos, elas estavam em Eisenach, perto do castelo de Wartburg, antiga sede do Tribunal de Contas da Turíngia, um regime feudal famoso por seus sucessos bélicos e sua cultura do *Minnesang*, um estilo de poesia lírica. Em 1817, o castelo foi palco de uma manifestação de quinhentos estudantes de treze universidades alemãs que haviam acabado de fundar as *Burschenschaften* para promover a unificação da Alemanha, então dividida em vários reinos e principados. Essas confrarias desempenharam um papel importante na criação de um Estado nacional alemão em 1871. Seu credo — liberdade, democracia e unidade contra a opressão dos senhores — era simbolizado pelas cores preta, vermelha e dourada, as mesmas da bandeira alemã.

Um abismo separa a federação de hoje do espírito da época. A DB ficou sob o controle de partidários de uma linha próxima à extrema direita, de modo que, em 1996, alguns de seus membros criaram uma nova federação, mais liberal, a *Neue Deutsche Burschenschaft*. A maioria das confrarias austríacas permaneceram na formação mais extremista.

Tive que ser convincente para obter a autorização de filmar com um cinegrafista esse evento habitualmente fechado aos jornalistas. Uma leve tensão pairava no ar. Centenas de rapazes usavam um boné com viseira de couro preto debruado com galão colorido e, no peito, uma faixa de seda com as cores da confraria. Alguns tinham um talho no rosto, prova de sua virilidade. O ponto culminante foi uma marcha com tochas até um memorial construído em 1902, em homenagem às *Burschenschaften*. Fomos proibidos de filmar, e logo entendi por quê. Na noite quente de verão, em torno do monumento glorificado pelo brilho das chamas, um canto se erguia da massa de silhuetas indistintas: a primeira estrofe do *Deuschlandlied*, a *Deutschland über alles*, proscrita na Alemanha desde que o Terceiro Reich lhe deu um significado nacional-socialista. Após esse lamentável desvirtuamento, a cidade de Eisenach se recusou a continuar recebendo a federação em seu castelo.

Desde as eleições de 2017, dos 51 deputados do FPÖ no parlamento austríaco, cerca de 20 são membros da *Burschenschaften* ou o seu equivalente feminino, as *Mädelschaften*, contra 8 entre 52 deputados em 2000. Sua presença é também muito forte nos parlamentos regionais e nos municípios, e eles representam mais da metade da executiva federal do partido.

Alguns pertencem a confrarias extremistas, particularmente a Olympia, contrária à lei que proíbe a disseminação de ideias ou símbolos nazistas. Seu discurso está em simbiose com os palestrantes que ela convida, teóricos raciais e negacionistas. Outros eleitos do FPÖ são membros da Teutônia, cujas instalações descobri em uma reportagem de televisão: vê-se na parede um texto de Mathilde Ludendorff, figura proeminente do movimento *völkisch* nos anos 1930, antissemita e grande admiradora de Adolf Hitler; não muito distante, um mosaico de fotos de antigos membros da Teutônia, incluindo homens em uniformes da ss, cobre a parede.

Em janeiro de 2018, foi descoberto que um libreto de canções nazistas circulava na *Burschenschaft* Germania zu Wiener Neustadt, cujo vice-presidente, Udo Landbauer, era o líder do FPÖ nas eleições. Eis aqui um trecho: «Então chegou junto a eles o judeu Ben-Gurion. Liguem o gás, velhos alemães, chegaremos ao sétimo milhão». Landbauer afirmou não saber de nada, mas renunciou ao seu mandato como deputado no parlamento regional. Ele não foi excluído do partido. Pouco tempo depois, foi a vez da *Burschenschaft* Bruna Sudetia ser acusada de fazer circular um libreto de canções nazistas.

Os representantes do FPÖ não hesitam em aparecer publicamente na companhia de neonazistas e revisionistas nem em colaborar com publicações e *sites* de conteúdo questionável. As reações antissemitas, racistas e neonazistas dentro do FPÖ são tão frequentes que não se pode mais falar de deslizes, mas de uma posição firmemente ancorada dentro do partido.

Antes de ir a Viena, eu havia tentado entrar em contato com a assessoria de imprensa do FPÖ para marcar uma reunião com um dos dirigentes. Tive que tentar por muito tempo até conseguir. «Ainda não temos agenda, houve um problema, estamos com o cronograma atrasado», respondeu-me uma jovem, «na próxima semana poderemos marcar». Não foi o caso. Liguei de volta e me deparei com um interlocutor que me prometeu um retorno rápido. Ninguém jamais se manifestou, uma falta de transparência impressionante para um partido no governo.

Há muito tempo que o FPÖ declara guerra aos jornalistas, mas, desde que assumiu o poder, pode cumprir as suas ameaças. Assim, em um *e-mail* confidencial, o Ministério do Interior «encorajou» a polícia a limitar o acesso de «mídias críticas» à informação. O ministro Herbert Kickl, ex-secretário-geral do FPÖ, tomou distância do *e-mail*, mas não demitiu o responsável, seu porta-voz. Esse episódio revela mais uma vez as ameaças de desvios autoritários que pesam sobre os países que levam populistas ao poder.

Para me consolar, consegui uma reunião com um ex-funcionário local do FPÖ que migrou para o ÖVP há vários anos porque achava Hans-Christian Strache sem substância e «embaraçoso» por causa de suas controvérsias. Hoje ele modera: «Eu não concordava com o nacionalismo econômico deles; para mim, a integração europeia é o futuro». Pergunto se ele está preocupado com o sucesso crescente do FPÖ. Ele assume um ar de desaprovação. «Há um amplo consenso sobre a condenação ao passado nazista na Áustria», diz ele, «a democracia é sólida». Por outro lado, está preocupado com a falta de «liberdade de opinião dentro da ORF», empresa pública austríaca de radiodifusão, um dos principais alvos do FPÖ. Pergunto-lhe sobre a vigilância a ser exercida quando se sabe que um partido influenciado pelas violentas *Burschenschaften* está no governo. «O medo é a arma da esquerda unificada», ele responde. «Sou contra o medo, sou um otimista.» Eu me pergunto o que significa a expressão «esquerda unificada» em um país onde não há mais nenhuma força política digna desse nome na esquerda dos sociais-democratas e me abstenho de dizer a ele que nenhum partido instrumentaliza o medo tanto quanto o FPÖ. «Sua visão do FPÖ não é um pouco ingênua?», pergunto a ele. «Imagino que você seja de esquerda», ele se esquiva.

Pouco tempo depois, encontro outro interlocutor no café Landtmann, um lugar assombrado pelos fantasmas de Sigmund Freud e Gustav Mahler. Atravesso uma sala muito longa com revestimento em madeira entalhada e grandes janelas cobertas com cortinas antigas. Em um luxuoso sofá me aguarda um membro do ÖVP que conhece os bastidores da política. «O FPÖ é um partido populista de direita que extrai seu eleitorado das camadas sociais mais baixas, frustradas e prontas para acolher respostas simples», diz ele abertamente. «Haider, que era inteligente e talentoso, tinha uma boa equipe. Strache é habilidoso, mas é mais grosseiro, tem dificuldade para recrutar gente competente e acaba com radicais, pouco competentes. É um problema para conduzir um Estado.» Pergunto a ele se a aliança com o FPÖ o normaliza. «Há duas possibilidades para enfrentar esse partido: ou o isolamos ou o integramos. Em 2000, quando o ÖVP formou uma primeira coalizão com o FPÖ, este último perdeu popularidade. Talvez o fenômeno vá se repetir, talvez não.»

A noite cai em Viena, dirijo-me à minha última reunião enquanto admiro os edifícios da Universitätsring. Até 2012, essa avenida ainda se chamava Dr. Karl-Lueger-Ring, em homenagem ao ex-prefeito da cidade, presidente do partido social-cristão cuja febre antissemita Adolf Hitler admirava. Penso em Stefan Zweig, que, em *O mundo de ontem*, transmite sua paixão por Viena, descrevendo o esplêndido brilho da cidade em 1900, depois o desespero que ela lhe inspirou.

No bar-restaurante Zum Schwarzen Kamel, uma multidão alegre se aglomera em frente ao balcão *art nouveau*, os copos dançam nas mãos, é preciso abrir passagem para chegar a uma sala mais silenciosa, decorada com um friso de motivos marítimos. Um parente do chanceler Kurz, que tem um cargo importante em seu governo, está esperando por mim. Ele é culto, poliglota, encantador: «Kurz está decidido a manter o controle da situação e não se deixar abater pelo FPÖ», ele me explica. «O FPÖ é menos preocupante do que se pensa.» «Um partido populista que joga com o medo, a indicação de bodes expiatórios e a difamação não é perigoso para a democracia?», pergunto. «São incidentes que pouco têm a ver com o partido. Não há dúvida de que o partido defende a democracia. Olhe então para os Verdes, eles já mostraram no passado o que pensam da democracia!»

A que ele está se referindo? Às ocupações ilegais e violentas dos Verdes contra os planos de construção de usinas nucleares na década de 1970? Será que ele quer me tranquilizar relativizando o problema colocado por um parceiro de coalizão que sonha em retirar a Áustria da União Europeia para aproximá-la da Rússia, que é hostil a alguns pilares da democracia, como a liberdade de imprensa, e que considera Viktor Orbán como modelo? Ou está tentando tranquilizar a si mesmo? Eu pergunto se ele não fica arrepiado com a ideia de que, dando as chaves do poder ao FPÖ — que controla a polícia, os serviços de inteligência, o exército, a diplomacia e a esfera social —, Kurz teria aberto a caixa de Pandora. «Ele sabe o que está fazendo, vai tentar mudar o FPÖ e usar o governo para minimizar sua influência», ele diz. Antes de deixar escapar: «Assim espero.»

Em 2010, encontrei um ítalo-alemão que estava promovendo vinhos italianos na Alemanha. Mal nos conhecíamos quando ele me convidou para passar alguns dias com ele na Toscana, em sua casa encostada em uma colina salpicada de vinhas que produzem um dos melhores vinhos tintos da Itália, o Brunello di Montalcino. Ele havia reformado um antigo casarão de pedra, formado de ponta a ponta por uma enorme sala com piso de pedra onde pequenas janelas francesas em cada extremidade deixavam entrar uma brisa agradável e uma luz discreta. Os móveis eram raros, mas peças únicas, garimpadas aqui e ali ao ritmo dos desejos, organizadas com aquela habilidade que o homem italiano tem em libertar a sua feminilidade sem perder a virilidade.

Em uma parede, acima de um banco laranja, notei uma pintura de estilo surrealista. «É uma tela do meu pai, italiano, que era pintor», explicou-me o meu amigo. «Ele admirava a Alemanha, suas tradições cavalheirescas e guerreiras. Estudou artes plásticas na Baviera. Foi lá que conheceu minha mãe, uma alemã.» Era o retrato de um homem com dragonas e capacete de soldado sobre o qual se erguiam óculos de proteção contra o sol ou a poeira. Ele tinha os dois olhos com estrabismo divergente e a parte inferior do rosto escondida por uma focinheira de couro. Atrás dele se desenrolava uma paisagem desértica desenhada à maneira do *Quattrocento*, com a silhueta de uma fortaleza de estilo árabe ao fundo. Na penumbra, eu não tinha prestado atenção a duas palavras que se fundiam no escuro do céu. Fiquei na ponta dos pés e consegui ler: Erwin Rommel.

Meu anfitrião tinha esse surpreendente hábito de se levantar às cinco horas da manhã para colher cogumelos, equipado com grandes botas e uma foice para abrir caminho pelos matagais da Maremma, uma terra agreste e povoada de insetos que ele esquadrinhava por horas em busca daquele sofisticado cheiro de avelã que dá aos cogumelos *porcini* seu aroma incomparável. Certa manhã, acordei antes de ele voltar e desci para fazer um café na cozinha forrada de velhos ladrilhos azuis. Perdida em meus pensamentos, meus olhos se fixaram ao acaso em uma tigela de madeira que servia como porta-moedas, e meu olhar se deparou com um objeto metálico. Era um chaveiro de ferro representando um feixe de elementos alongados ligados por correntes e envolvendo um pequeno machado. Peguei-o na mão e, deixando-o rolar na minha palma, vi uma minúscula inscrição sob o machado: «*Fascismo e libertà*».

Quando o dono da casa voltou de sua caçada, perguntei por que ele tinha um chaveiro em forma de símbolo fascista. Ele respondeu, sem parecer constrangido nem surpreso: «Porque eu sou fascista».

Num dia em que sua colheita tinha sido particularmente frutífera, ele quis ir até o vilarejo para expor seus troféus. Eles fizeram tanto sucesso que ele decidiu cozinhá-los naquela mesma noite na *trattoria* local, onde conheci vários de seus amigos. E, enquanto ele estava na cozinha, perguntei o que achavam de Silvio Berlusconi, então governante da Itália, na esperança de levá-los a outra questão, que já vinha me importunando havia alguns dias, as tendências fascistas de meu anfitrião. Não precisei esperar muito. Um deles, um rentista com seus quarenta anos, me disse: «Não precisamos de um Berlusconi, ele é corrupto, é vulgar, como um empresário. Precisamos de um estadista, de verdade, um homem como Mussolini». Diante do meu rosto descomposto, seu vizinho acrescentou: «A Itália é uma democracia há mais de sessenta anos, e qual é o resultado? Um fracasso total. A democracia talvez funcione na Alemanha, mas não aqui. Os italianos precisam de um poder forte, de um homem forte». Os outros assentiram e, em três garfadas, a democracia foi condenada à morte e o fascismo, celebrado como uma época de ouro.

Meu amigo italiano e eu éramos da mesma geração, binacionais com um dos pais alemão, tínhamos um percurso social semelhante, uma experiência internacional... Como era possível tamanha discrepância? Nunca me perguntei sobre o trabalho de memória na Itália de tanto que ele me parecia evidente no país que viu nascer o fascismo e foi aliado de primeira hora da Alemanha nazista. Eu estava enganada. Um diretor de teatro nascido no final dos anos 1960 uma vez me disse uma frase esclarecedora: «Para nós, os fascistas eram os alemães, não os italianos. Aqueles que invadiam as praias do Adriático, nós os chamávamos de nazistas. Havia uma alergia aos alemães naquela época». Como os austríacos, os italianos se apegaram à monstruosidade dos crimes nazistas para esquecer os seus próprios. Os aliados mais próximos do Reich negaram assim suas responsabilidades, ainda que avassaladoras.

A agressiva política externa da Itália fascista na década de 1930 e durante a guerra permanece nas sombras até hoje: o derramamento de sangue na Líbia e na Etiópia, a anexação forçada da Albânia, a ocupação parcial da França e do Egito, os massacres na Grécia e na Iugoslávia.

Nos Bálcãs, as tropas italianas deixaram uma recordação terrível às populações locais. O racismo antieslavo do *Duce* o aproximou de Adolf Hitler. Em 22 de fevereiro de 1922, ele havia declarado: «Diante da raça eslava — inferior e bárbara —, não devemos seguir a política da cenoura, mas a do bastão [...]. Não devemos ter medo de fazer novas vítimas.

[...] Eu diria que podemos facilmente sacrificar 500 mil eslavos bárbaros por 50 mil italianos». Na província iugoslava de Montenegro, o governador Alessandro Pirzio Biroli fez reinar o terror, exigindo que fossem executados cinquenta civis montenegrinos para cada italiano morto por guerrilheiros. Às vezes, todos os homens de uma aldeia eram massacrados em retaliações, deixando viúvas e crianças à própria sorte.

Na Eslovênia e na Croácia, o comandante Mario Roatta distribuiu a seus oficiais um manual de repressão à resistência que ordenava o recurso à terra arrasada, a limpeza étnica destinada a «italianizar a região», a execução de reféns e o aprisionamento em massa em campos de concentração italianos: «Se necessário, não hesitar em ser cruel. Precisamos fazer uma limpeza completa. Devemos prender todos os habitantes e colocar famílias italianas em seu lugar». Os italianos queimaram casas e aldeias, massacraram reféns e enviaram dezenas de milhares de civis para os campos. A província de Liubliana foi particularmente afetada: de uma população de 360 mil pessoas, 70 mil foram enviadas para os campos, onde mais de 15 mil foram assassinadas, segundo o historiador Giacomo Scotti.

Nos Bálcãs, os italianos ergueram duzentos campos de concentração destinados a supostos combatentes da Resistência, mas também a judeus e a outras *personae non gratae*. O pior foi o campo de Rab, no lado croata, onde as condições de vida eram tais que a taxa de mortalidade chegava a 19% — contra cerca de 21% em Buchenwald ou Dachau. Previsto para receber 6 mil detentos, o campo costumava contar com o dobro disso. Muitas mulheres e crianças eram expostas ao frio e ao calor excessivo, alojadas em tendas precárias, morrendo de fome ao ritmo de uma sopa transparente e de oitenta gramas de pão por dia. Os prisioneiros tinham que brigar para acessar os escassos pontos de água, os piolhos se acumulavam e a disenteria se alastrava. Vi fotos que mostram os detidos, eles eram apenas pele e osso. O número estimado de mortos está entre 3.000 e 4.500.

Também na Itália havia campos de concentração para onde os fascistas enviaram dezenas de milhares de eslavos, uma verdade que o país prefere esquecer. Quem se lembra dos campos de Gonars perto de Trieste, de Renicci na Toscana, de Monigo em Treviso, de Chiesanuova em Pádua e de ainda tantos outros?

Não encontrei nenhum vestígio de um memorial, de um museu em memória das vítimas, com exceção de um monumento erigido por um escultor montenegrino, a pedido da Iugoslávia, em um cemitério vizinho ao acampamento de Gonars, onde estão enterrados os restos mortais de 453 vítimas eslovenas e croatas. Nenhum alto representante do Estado italiano jamais visitou Rab, nunca um embaixador ou cônsul italiano foi depositar ali um ramo de flores. Nem ali nem nos outros campos. Somente o ex-presidente Carlo Ciampi se dignou a enviar uma coroa de flores uma vez para Gonars. A Itália também nunca indenizou essas vítimas. Em matéria de reparação, apenas os cidadãos italianos que sofreram perseguição política ou racial receberam magras indenizações.

Por outro lado, o país homenageia a cada ano os milhares de mortos de origem italiana que foram jogados por guerrilheiros comunistas em fendas naturais denominadas *foibe* no nordeste da Iugoslávia. A Itália não se lembra de que esses massacres foram consequência da sangrenta invasão da região por Mussolini, que portanto é o principal responsável.

A Grécia também não foi poupada da brutalidade dos italianos quando Mussolini ocupou o país com os alemães e os búlgaros. Por acaso, no terraço de um café em Paris, conheci Giovanni Donfrancesco, que dirigiu vários documentários sobre a Itália fascista, entre eles *A guerra suja de Mussolini*, sobre o massacre do vilarejo grego de Domenikon. Em 1943, os italianos incendiaram o local e mataram todos os homens, bem como alguns dos povoados vizinhos, mais de 150 pessoas no total. O documentário, lançado em 2008, abriu caminho para o primeiro pedido oficial de desculpas da Itália a Atenas. «Os crimes do exército de Mussolini na Grécia e na Iugoslávia não são conhecidos pelos italianos», confirmou-me Giovanni Donfrancesco. «Eles têm uma falsa imagem dessa ocupação, alimentada por filmes como *Mediterrâneo*, uma comédia de Gabriele Salvatores, que fez um grande sucesso.» É a história de soldados italianos em uma ilha na Grécia onde estabelecem vínculos com a população local — eles são retratados como pouco beligerantes, inofensivos e dotados de um grande coração. O filme, lançado em 1991, ganhou vários prêmios na Itália.

No entanto, foi na África que a Itália fascista quebrou recordes de violência. Nas décadas de 1920 e 1930, na Líbia, sob a autoridade do governador Pietro Badoglio, o general Rodolfo Graziani esmagou uma poderosa rebelião anticolonial no âmbito da Segunda Guerra Ítalo-Senussi. Ele ordenou execuções em massa e, para privar a rebelião de seu apoio popular, forçou 100 mil nômades da província rebelde da Cirenaica, ou seja, metade da população, a percorrer a pé mais de mil quilômetros para chegar aos campos de concentração erguidos pelos italianos. Dez por cento dos deportados não sobreviveram à marcha e pelo menos outros 40 mil morreram nos campos. O número total de vítimas na Líbia é estimado em 100 mil pessoas, um massacre que alguns historiadores equiparam a um genocídio.

Pouco depois, em 1935, a Itália partiu para a conquista da Etiópia, um dos últimos Estados não colonizados da África. Sob o comando do marechal Badoglio, que em seguida passou o poder a Graziani, ela travou uma guerra de grande violência. Mussolini deu ordem para executar todos os rebeldes e todos os prisioneiros, reprimir aldeias inteiras e usar bombas com gás mostarda, armas proibidas pela Convenção de Genebra por infligirem atrozes queimaduras químicas. Depois de um atentado fracassado contra Graziani em 1937 em Adis Abeba, o general, nomeado vice-rei da Etiópia, desencadeou um banho de sangue no país. No total, entre 350 mil e 760 mil etíopes sucumbiram à guerra de agressão italiana.

Em 2008, a Itália apresentou um pedido formal de desculpas à Líbia e se comprometeu a pagar indenizações que somariam 5 bilhões de dólares ao longo de 25 anos. Em troca, obteve de Trípoli tanto o compromisso de reforçar o controle de suas costas para conter a emigração ilegal quanto a garantia de acesso privilegiado ao petróleo e ao gás da Líbia. A Itália não estendeu seu gesto à Etiópia, onde não tem interesses econômicos. «Muitos italianos ainda pensam que os colonos italianos eram bravos camponeses que partiram para arar terras improdutivas, construir estradas e escolas, levar a civilização de alguma forma», avalia Giovanni Donfrancesco. «Basta ver quantas pessoas ficaram indignadas em 2005, quando a Itália restituiu à Etiópia o obelisco de Axum, que Mussolini havia roubado para instalar em Roma...»

Em matéria de política antijudaica, a atitude da Itália fascista era ambígua. Em 1938, Benito Mussolini tomou a iniciativa de copiar parte das Leis de Nuremberg, promulgando decretos que previam a exclusão de judeus do exército, do serviço público e das universidades, a interdição de casamentos mistos, a proibição de publicar um jornal ou possuir uma estação de rádio, bem como o confisco de bens. Essa legislação foi recebida como uma profunda humilhação pelos judeus, muito bem integrados na Itália, onde tinham sido ministros, generais, deputados. No entanto, as autoridades foram pouco zelosas na implementação desses decretos, já que o ódio aos judeus não estava no cerne do fascismo italiano, ainda que o *Duce* não fosse desprovido de antissemitismo.

Depois de entrar na guerra em junho de 1940, a Itália internou os judeus estrangeiros em campos e depois, em 1942 e 1943, pôs alguns deles para fora do país, onde o pior os aguardava. No entanto, ao contrário da França, ela permaneceu surda às exigências do Reich de deportá-los para os campos alemães. Mesmo fora de seu território, em sua pequena zona de ocupação no sudeste da França, a Itália protegeu os judeus e rescindiu as medidas antissemitas que Vichy havia instituído, resultando em um afluxo de cerca de 30 mil judeus que eram mais bem protegidos pelos fascistas italianos do que pelo governo francês. A polícia de Vichy realizou incursões na zona italiana, mas as autoridades demonstraram ao Reich sua indignação e se comprometeram a entregar-lhes os judeus diretamente, sem jamais cumprir sua promessa.

Os alemães se queixavam regularmente do obstrucionismo italiano a Mussolini, que, embora fingindo entender, não dava andamento a essas demandas, o que enfurecia o ministro alemão das Relações Exteriores Joachim von Ribbentrop, político medíocre mas notório antissemita, que escreveu que faltava aos «círculos militares italianos [...] uma verdadeira compreensão da questão judaica».

Em setembro de 1943, após o armistício italiano com os Aliados e a derrubada de Mussolini, os alemães ocuparam o Norte da Itália, onde vivia a maioria dos judeus. Cerca de 8 mil membros de uma comunidade de aproximadamente 46 mil pessoas foram deportados com a ajuda de parte da polícia italiana que permanecera leal ao *Duce*. Mussolini, que era o chefe de um governo fantoche a serviço dos alemães, mas que conservava alguma influência sobre seus homens, foi o principal responsável pelas deportações e crimes cometidos pelos fascistas e pelos nazistas contra a população italiana, judia e não judia.

Depois da guerra, os partidos antifascistas italianos, incluindo os comunistas que haviam pegado em armas contra Mussolini, preferiram não insistir nos crimes cometidos pela Itália no exterior. Queriam evitar uma imagem negativa do país durante as negociações de paz e persuadir os Aliados a limitar o montante das reparações e a perda de territórios. Esperavam até mesmo recuperar colônias! Seu principal argumento era que, após a deposição de Mussolini pelo rei Vítor Emanuel III em julho de 1943 e a declaração de guerra à Alemanha três meses depois, uma parte do país havia apoiado o esforço de guerra Aliado.

A Itália não teve um equivalente aos julgamentos de Nuremberg, e os Aliados não exerceram pressão para julgar os altos funcionários e criminosos fascistas, menos por acreditarem em sua inocência do que por temerem dividir uma sociedade na qual o partido comunista estava profundamente enraizado. Para conter essa ameaça, os britânicos, que ocupavam a Itália após a guerra, apoiaram o retorno de antigos fascistas. Essa política de anistia teve o aval do papado, inimigo natural dos comunistas ateus. O Vaticano tinha, aliás, interesse em deixar o passado nas sombras e fazer com que se esquecesse a atitude do Papa Pio XII, que jamais condenou explicitamente o regime de Adolf Hitler nem a perseguição aos judeus na Europa. Em 1946, entrou em vigor uma anistia geral.

Assim como na França, a República fundada na Itália depois da guerra se gabava de ter nascido da Resistência. É verdade que, após a invasão alemã de Roma e do Norte da Itália e a constituição da República de Salò, um Estado fantoche fascista estabelecido por Benito Mussolini nas zonas controladas pela Wehrmacht, estabeleceu-se um movimento de resistência armada, totalizando cerca de 340 mil *partigiani*. A eles juntaram-se mais de 370 mil soldados, formando um corpo de exército que lutava ao lado das forças aliadas.

No entanto, mais de 550 mil homens das forças de segurança permaneceram fiéis a Mussolini. Muitos italianos viraram a casaca por oportunismo. Como poderiam eles ter se tornado antifascistas da noite para o dia, depois de terem apoiado o fascismo e as guerras de Mussolini? Os verdadeiros antifascistas eram muito pouco numerosos para reconstruir o país, especialmente quando o Partido Comunista Italiano (PCI), que desempenhara um papel importante no nascimento da *Repubblica*, foi excluído do governo em 1947, após sua adesão ao Kominform, a organização internacional do movimento comunista dominada por Moscou. Os outros partidos italianos, mas também os Estados Unidos e os britânicos, temiam que o PCI, o partido comunista mais poderoso da Europa Ocidental, chegasse ao poder.

Em uma obra publicada em 2017, *Gli uomini di Mussolini* [Os homens de Mussolini], o historiador Davide Conti analisa a impunidade de que se beneficiaram os fascistas responsáveis por crimes de guerra. Seu anticomunismo visceral favoreceu sua nomeação para altos cargos ministeriais, policiais e militares, justamente para lutar contra o PCI.

Uma ampla lei de anistia de 1946 «criou uma atmosfera que permitiu a sucessivos governos do pós-guerra integrar antigos algozes para reconstruir o novo Estado sem que isso causasse agitação», explica o historiador em uma entrevista. «O passado fascista de cada um foi ignorado em silêncio. O objetivo era uma espécie de transição suave do fascismo para a democracia.» Duas outras leis de anistia sucederam à primeira, em 1953 e em 1966. Com relação aos que haviam mudado de lado em 1943, quando o declínio do regime se fez sentir, houve o cuidado de não investigar suas ações anteriores. Como o marechal Badoglio, que servira obedientemente ao *Duce* antes de ser nomeado primeiro-ministro em julho de 1943. Ele nunca foi incomodado por seu envolvimento nos piores crimes do regime, especialmente na África. Ao todo, muito poucos fascistas foram julgados e condenados, e nenhum dos criminosos de guerra italianos reivindicados no exterior jamais foi extraditado.

Em complemento ao mito da resistência, nasceu uma lenda conveniente, analisada por Angelo Del Boca em *Italiani, brava gente?* [Italianos, gente de bem?] (2005): aquela que apresenta a totalidade dos italianos, inclusive os que apoiavam o fascismo, como pessoas boas que não faziam mal a uma mosca, um tanto ingênuas, manipuladas por Benito Mussolini e pelos nazistas. O corolário dessa construção é a demonização do alemão e a instrumentalização do nazismo, apresentado como o mal absoluto, para minimizar os crimes do fascismo.

O cinema contribuiu, talvez contra a própria vontade, para consolidar essa ilusão. No final da guerra, em reação às mentiras da propaganda fascista, nasceu um novo movimento cinematográfico, o neorrealismo, aspirando a representar a realidade tal como ela é. No entanto, uma realidade foi escamoteada, a do papel do povo italiano na ascensão do fascismo. Os filmes de Luchino Visconti, Vittorio De Sica ou Roberto Rossellini, em sua maioria obras-primas, condenam o nazismo e o fascismo, mas poupam a população, apresentada como vítima da ditadura. Diante de *Roma, cidade aberta*, de Rossellini, quem não teve empatia pelo povo italiano quando Pina, magistralmente interpretada por Anna Magnani, corre até perder o fôlego atrás da camionete alemã que leva o homem com quem ela iria se casar naquele mesmo dia, um resistente, e depois desaba, alvejada por um soldado alemão?

Ao contrário do que ocorreu na Alemanha, muitos artistas e intelectuais italianos transigiram com o regime fascista; alguns aderiram a ele, pelo menos por um tempo. Roberto Rossellini e Vittorio De Sica trabalharam com Vittorio Mussolini, filho do *Duce* que controlava o cinema italiano, sem que fossem criticados por isso depois da guerra. O poeta Giuseppe Ungaretti, o escritor e ganhador do Nobel de Literatura Luigi Pirandello e o escritor e jornalista Curzio Malaparte, em meio a cerca de trinta intelectuais no total, assinaram um *Manifesto* pró-fascista em 1925. Posteriormente, porém, alguns se distanciaram do fascismo, como Curzio Malaparte, condenado ao exílio nas ilhas Lipárias.

Em reação ao *Manifesto*, o filósofo Benedetto Croce, que qualificava o fascismo de «doença moral», redigiu um manifesto de intelectuais antifascistas. Quando as medidas antijudaicas foram introduzidas em 1938, ele foi um dos raros intelectuais italianos não judeus a se recusar a preencher um formulário destinado a coletar informações sobre «as origens raciais» da intelligentsia italiana.

A despeito dessa ambiguidade, a literatura italiana iniciou muito cedo sua crítica ao fascismo e à guerra, com autores como Corrado Alvaro, Alberto Savinio, Elio Vittorini, Cesare Pavese ou o poeta Eugenio Montale. Mas muito poucos abordaram o fenômeno do *Mitläufertum* da população, com exceção do romance *O conformista*, de Alberto Moravia, publicado em 1951: é o retrato de um italiano comum que, por um misto de comodidade e ambição, se vê cada vez mais envolvido com o fascismo, até o dia em que trai seu ex-professor universitário, que morre, executado.

A Itália não teve o equivalente aos julgamentos de Auschwitz conduzidos na década de 1960 em Frankfurt, uma cesura que teria evitado que a amnésia se instalasse. A revolta estudantil bem que protestou contra as redes fascistas que perduravam sob a República, mas essa questão não teve o mesmo alcance que na RFA. Na Itália, a raiva estudantil fundiu-se com a dos trabalhadores e camponeses, que vinha crescendo desde o início dos anos 1960. A luta social era sua maior preocupação, muito mais do que a luta pela memória.

Como na Alemanha e no Japão, parte do movimento se radicalizou e grupos da extrema esquerda defenderam a luta armada. Sua determinação foi reforçada diante da irrupção de uma série de atentados neofascistas. Em 12 de dezembro de 1969, uma bomba explodiu na entrada do banco agrícola de Milão, deixando dezesseis mortos e oitenta feridos. A polícia acusou os anarquistas e prendeu seu suposto líder, Giuseppe Pinelli. Sob custódia policial, Pinelli caiu de uma janela do quarto andar, em circunstâncias não esclarecidas, e morreu. Na realidade, o atentado de Milão foi obra de neofascistas que estavam em contato com os serviços de inteligência italianos e um serviço secreto militar americano. Outros atentados neofascistas se seguiriam por cerca de quinze anos e custariam a vida de 149 pessoas.

Nesse clima de alta tensão, surgiu uma organização terrorista que rapidamente atrairia milhares de militantes e simpatizantes: as Brigadas Vermelhas. Elas viviam como legatárias da Resistência italiana e exortavam a que se fizesse a revolução que, segundo elas, o Partido Comunista Italiano havia traído por preferir o consenso com as forças conservadoras. A proliferação de atentados cruzados, por terroristas de extrema esquerda e terroristas neofascistas, deu à Itália um cheiro de guerra civil que, de alguma forma, evocava os anos 1943–1945. As Brigadas Vermelhas recorreram a ataques terroristas e ações violentas contra «servidores» do Estado. Sua violência, especialmente no sequestro e assassinato do presidente do partido da Democracia Cristã Aldo Moro, em 1978, fez com que fossem rejeitadas por todos os partidos políticos, incluindo os da esquerda, e pelos sindicatos. Seu discurso antifascista acabou desacreditado.

Nesse contexto de crise, o cinema italiano começou a se interessar por um aspecto de que não tinha tratado: o fascismo como fenômeno popular. *Um dia muito especial*, de Ettore Scola, com Sophia Loren e Marcello Mastroianni, causou sensação ao mostrar a imensa popularidade do fascismo na sociedade italiana. É a história de um encontro entre uma dona de casa atolada em afazeres domésticos e um intelectual homossexual perseguido pelo regime; o prédio ficara vazio quando seus moradores correram para aclamar o *Duce*, que recebia Hitler em Roma em maio de 1938. Bernardo Bertolucci trouxe *O conformista* para a tela e Federico Fellini relembrou sua infância em Rimini sob o fascismo triunfante em *Amarcord*. «O fascismo ainda está adormecido em nós», escreveu Fellini. «Sempre existe o perigo da educação, de uma educação católica que conhece apenas um objetivo: conduzir o homem à uma dependência moral, reduzir sua integridade, furtá-lo de qualquer sentimento de responsabilidade para cristalizá-lo numa imaturidade que nunca acaba.»

Um dos artistas que mais avançaram na reflexão foi Pier Paolo Pasolini, cineasta, ensaísta, poeta, que traçou um paralelo entre o fascismo e a sociedade de consumo. «Se observarmos bem a realidade», escreve ele em *Escritos corsários*, «e especialmente se soubermos ler nos objetos, na paisagem, no planejamento urbano e, acima de tudo, nas pessoas, veremos que os resultados dessa despreocupada sociedade de consumo são, em si, o resultado de uma ditadura, de um fascismo puro e simples». Em 1975, ele recorreu à parábola sexual para denunciar o viés totalitário em seu filme *Salò ou os 120 dias de Sodoma*.

Por muito tempo, a temática da deportação dos judeus apareceu muito pouco no cinema italiano, com exceção de *O jardim dos Finzi-Contini*, de Vittorio De Sica (1970), uma adaptação do romance homônimo de Giorgio Bassani, lançado em 1962, que relata a história de uma família da alta burguesia de Ferrara diante da ascensão do antissemitismo. Na literatura, *É isto um homem?*, de Primo Levi, que escreveu a partir do final da guerra esse comovente testemunho de sua detenção em Auschwitz, foi relegado ao silêncio por muito tempo antes de ser revelado na década de 1960, quando conheceu grande sucesso. A perseguição aos judeus também foi abordada por Natalia Ginzburg, cujo marido foi morto pela Gestapo. Em *Léxico familiar*, publicado em 1963, ela explora as relações de sua família judia sob o fascismo.

No início da década de 1990, um grande inquérito judicial chamado *Mani Pulite* [Mãos Limpas] descobriu uma vasta rede de corrupção e financiamento ilícito de partidos políticos históricos cuja legitimidade viera de sua resistência ao fascismo. O escândalo sinalizou o fim da aliança antifascista que era a base da República Italiana. Partidos políticos, em particular a Democracia Cristã, que monopolizava o poder desde o período do pós-guerra, desapareceram do cenário político. A Primeira República desabou, e a referência ao antifascismo, até então incontornável, ficou seriamente abalada. Esse terremoto favoreceu o surgimento de novos partidos, que se distanciaram desse modelo ou mesmo começaram a trabalhar pela reabilitação parcial do fascismo.

Em março de 1994, o movimento político de centro-direita Forza Italia, liderado por Silvio Berlusconi, ganhou as eleições e levou ao governo o partido de extrema direita Aliança Nacional, fundado por Gianfranco Fini. Ele havia presidido o partido neofascista Movimento Social Italiano (MSI), nascido em 1946 como uma continuação do Partido Fascista Italiano e apoiado por Alessandra Mussolini, a neta do *Duce*. Gianfranco Fini considerava que Mussolini era «o maior estadista deste século» e que «o fascismo está idealmente vivo». Essas declarações não impediram sua associação de se tornar a terceira força política do país, com 13,4% dos votos em 1994. Fini provocou surpresa geral anos depois quando, em meio a uma carreira brilhante, operou uma reviravolta radical e fez seu *mea culpa* ao qualificar o fascismo como «mal absoluto», denunciando a atitude de «muitíssimos italianos» que, «em 1938, nada fizeram para se opor às infames leis raciais pretendidas pelo fascismo».

Por outro lado, Silvio Berlusconi, menos por convicção do que pelo gosto pela provocação e pelo cálculo político, não hesitou em relativizar os crimes de Mussolini e da Itália fascista. Em 27 de janeiro de 2013, quando já não era mais chefe de governo, por ocasião do Dia em Memória da Shoah, ele afirmou, na plataforma 21 da estação de Milão, de onde partiam os comboios em direção a Auschwitz: «É difícil se colocar no lugar de quem decidiu na época. O governo certamente temia que o poder alemão se transformasse em uma vitória geral e preferiu aliar-se à Alemanha de Hitler em vez de se opor a ela. Foi no âmbito dessa aliança que se impôs o extermínio dos judeus». Na realidade, a Itália voluntariamente se uniu à Alemanha nazista e começou a perseguir os judeus por iniciativa própria, muito antes do início da guerra. «As leis raciais são a pior falha de um líder, Mussolini, que em muitos aspectos se saiu bem», resumiu ele.

A declaração reflete um pensamento que ganhou espaço na Itália a partir dos anos Berlusconi: a ideia de que as leis raciais são intoleráveis, mas que, sem elas, o fascismo seria aceitável. Já não é raro ouvir que «o fascismo é demonizado» ou que «havia coisas positivas sob o fascismo», como me aconteceu na Toscana e em outras partes da Itália. «Quando eu estava no ensino médio nos anos 1980», lembra o diretor de cinema Giovanni Donfrancesco, «às vezes havia grupos que tentavam distribuir panfletos neofascistas, mas eram tão mal recebidos que tinham que se esconder. Hoje, declarar abertamente suas inclinações fascistas não é mais um tabu». Um amigo cineasta chamou minha atenção para a volta ao mercado de livros nostálgicos, como o romance *La Distruzione* [A destruição], de Dante Virgili, publicado em 1970 e reeditado em 2016: a história de um antigo intérprete italiano da ss saudoso do Terceiro Reich e de seu «fogo purificador», um sentimento que desperta grande compreensão no autor.

As páginas do Facebook e da internet que se dizem fascistas proliferam impunemente na Itália. Calendários, isqueiros, garrafas de vinho, chaveiros, camisetas em memória de Mussolini e do fascismo são vendidos a céu aberto, em particular em Predappio, onde se encontra o túmulo da família Mussolini, objeto de uma peregrinação que atrai em média 200 mil visitantes por ano, curiosos mas também nostálgicos. Os compradores dessas quinquilharias não se escondem mais, conforme pude constatar durante uma estadia na Apúlia na casa de amigos.

Um dia, quando saímos para procurar peixe fresco no pequeno porto de Otranto, o peixeiro nos convidou a contemplar, no fundo da loja, um esplêndido peixe-espada empalhado que ele próprio havia capturado. Enquanto ele contava suas peripécias para pegar aquele animal de velocidade impressionante, notei na parede uma tira de couro presa a um pequeno prego do qual pendia um bastão que tinha, ao longo do cabo, uma inscrição encoberta pelo espaldar de uma cadeira. Inclinei a cabeça para ver melhor e li em letras garrafais: DUCE MUSSOLINI.

Ao contrário da Alemanha, a Itália conservou uma série de construções e monumentos fascistas, como o obelisco branco localizado na entrada do estádio Olímpico de Roma, no qual se lê: «Mussolini *Dux*» (líder). Perto dali, mosaicos que cobrem o chão prestam homenagem ao ditador. A arquitetura fascista tem um valor artístico inegável, mas, quando um monumento faz apologia a Mussolini, não seria sensato relembrar seus crimes em uma placa?

Nesse contexto, não é surpreendente que alguns municípios tenham tomado a iniciativa de homenagear personalidades fascistas. Em 2008, o aeroporto da cidade de Comiso, na Sicília, mudou repentinamente de nome: Pio La Torre, um deputado comunista assassinado pela máfia contra a qual lutava, foi substituído por Vincenzo Magliocco, um general morto na Etiópia durante a invasão fascista. Diante do clamor de protestos, o antigo nome foi retomado. Esse deslize é modesto em vista da construção de um mausoléu em Affile, financiado por fundos regionais, em homenagem ao general Rodolfo Graziani, herói das guerras coloniais de lendária crueldade. O mausoléu despertou a indignação das comunidades vizinhas, que prestaram queixa, revelando a existência de uma Itália que, por sua vez, zela pela memória. A região retirou o financiamento e, ao final de uma longa jornada judicial, o prefeito da cidade e dois vereadores foram condenados a penas de até oito meses de prisão.

A sentença reflete uma evolução recente na Itália: a tomada de consciência de que a escandalosa permissividade na aplicação de uma lei de 1952 proibindo a apologia ao fascismo, ainda reforçada em 1993, abriu espaço para o neofascismo. O parlamento reagiu pela primeira vez em setembro de 2016, com uma lei proibindo a negação do Holocausto, depois em setembro de 2017, aprovando em primeira votação uma nova lei, conhecida como «Fiano». Esta última torna passível de punição legal a divulgação de imagens e conteúdos de propaganda fascista ou nazista, bem como de todos os bordões, símbolos e objetos que façam referência a essas ideologias. Um dos gatilhos dessa decisão foi um artigo que circulou na imprensa internacional de um jornalista do *La Repubblica* que, em julho de 2017, em Chioggia, perto de Veneza, descobriu uma praia privada glorificando Mussolini e anunciando um «espaço antidemocrático e sob regime» fascista. A lei Fiano não teve tempo de ser validada pelo Senado, dissolvido em dezembro de 2017 para as eleições federais de março de 2018.

Três meses depois das eleições, eu estava na Itália no momento da formação de uma coalizão entre o Movimento 5 Estrelas, que em menos de dez anos se tornara a principal agremiação política do país, com 32,6% dos votos, e o partido de extrema direita Liga Norte, que obteve a melhor pontuação nacional de sua história, com 17,3% dos votos. Em uma banca de jornais, fiquei surpresa com uma primeira página que trazia uma manchete em alemão: «Böses Deutschland?» [Alemanha do mal?]. No interior do jornal, um artigo analisava as acusações que jorravam em profusão contra a Alemanha, acusada de ter contribuído, com seu superávit comercial e sua política de austeridade, para a crise econômica da Itália, que se afunda em dívidas.

A germanofobia é perceptível em parte do mundo político-financeiro e da mídia, que preferem esquecer que seu país gerou por si mesmo sua própria crise. Alguns não hesitam em qualificar a Alemanha de Angela Merkel como um «Quarto Reich» ou mesmo em acusá-la de seguir «a política econômica dos nazistas».

Essas comparações, por menos agressivas que sejam, me surpreendem em um país onde o neofascismo está em ascensão e onde a extrema direita é uma das mais poderosas da Europa, junto com a Áustria e a Hungria. Apesar dos resultados eleitorais significativamente inferiores aos de seu parceiro de coalizão, Matteo Salvini, líder da Liga Norte e ministro do Interior, rapidamente se estabeleceu como homem forte do governo, com uma popularidade em constante crescimento. Ele deve seu sucesso inesperado a uma campanha centrada na crise dos refugiados particularmente intensa na Itália, que é uma das principais portas de entrada na Europa e onde 630 mil migrantes desembarcaram entre 2014 e 2017.

Desde que chegou ao poder, Salvini alimenta a crescente xenofobia da população: ele recusa nos portos italianos os barcos das ONGS que resgataram refugiados em pleno mar, ele incita o ódio contra os ciganos do grupo rom nas redes sociais, propondo que sejam recenseados a fim de excluir aqueles que não tenham nacionalidade italiana, medida que alguns meios de comunicação comparam às leis raciais de Mussolini. Salvini está entre os que têm uma visão no mínimo ambígua do *Duce*. «É evidente que o fascismo conquistou muitas coisas», declarou ele em janeiro de 2018. Seis meses depois, no dia do aniversário do ditador, ele prestava uma homenagem mal disfarçada a Mussolini, citando um de seus bordões: «Tantos inimigos, tanta honra».

O estilo de Salvini compensa: no final de 2018, seu partido teve 30% das intenções de voto nas pesquisas, apesar de muitas de suas promessas eleitorais não terem sido cumpridas. Entre as poucas que ele honrou, está a caça aos imigrantes ilegais, procedendo, por exemplo, à ordem de evacuação de migrantes de Riace, onde o prefeito havia conseguido repovoar e renovar um vilarejo moribundo graças a um programa de acolhimento aclamado como modelo de integração. Ou à discriminação de estrangeiros, cujas lojas se encontram em toque de recolher.

Apesar das suas mentiras, das suas contradições e dos seus escândalos, Salvini, que se faz chamar de «*Il capitano*», goza de uma confiança que beira a cegueira por parte de alguns italianos seduzidos pela ideia de um «homem forte» à frente do Estado, enquanto na Alemanha a figura do «homem providencial» foi amplamente desacreditada pelo trabalho de memória. Salvini aproveita a falta de oposição de esquerda e lida muito bem com a propaganda, graças a uma equipe de especialistas em redes sociais que divulgam fotos dele sob todos os ângulos, promovendo a imagem do homem forte e paternalista que resolve todos os problemas dos cidadãos.

Outros partidos de extrema direita estão ganhando força na Itália. Os Irmãos da Itália, cujo logotipo é o do antigo partido neofascista MSI, mais que dobrou seu resultado nas eleições legislativas de 2018 em relação a 2013, com 4,4% dos votos. Seu fundador, Ignazio La Russa, um ex-membro do MSI, fez a saudação fascista no parlamento em setembro de 2017 para expressar sua rejeição à lei Fiano.

Outro grupo que claramente reforçou sua visibilidade diante da opinião pública nos últimos anos é o Casa Pound, nome dado em homenagem a um admirador de Mussolini, o poeta antissemita e racista Ezra Pound. Criado em 2003, o movimento soube explorar a crise imobiliária na Itália denunciando aluguéis excessivamente altos e ajudando as pessoas que lutavam para encontrar moradia. Seus militantes se apresentam como os «fascistas do terceiro milênio», assumem as áreas sociais abandonadas pelo Estado para prestar aconselhamento e apoio caritativo, são muito ativos nas redes sociais, produzem seu próprio programa de rádio e veiculam escritos de caráter revisionista e neofascista. Seu sucesso eleitoral é muito limitado em nível nacional (0,94% em 2018), mas isso não reflete sua influência em campo, real, o que faz do Casa Pound um modelo para muitos neofascistas na Europa.

A extrema direita não é a única ameaça à democracia na Itália. O Movimento 5 Estrelas, dirigido por Luigi di Maio, «nem de direita nem de esquerda», antielite, antissistema, anti-Bruxelas, banalizou o uso de uma retórica ultrassimplificadora, oportunista e enganosa na política, amplamente difundida nas redes sociais. Juntos, Luigi di Maio e Matteo Salvini mergulharam a Itália em um populismo primário, servindo-se da eurofobia, da xenofobia, do racismo e das inexequíveis promessas econômicas e sociais. Eles ameaçam desestabilizar a União Europeia e levar seu país à ruína financeira. Desde que chegaram ao poder, os ataques racistas se multiplicaram na Itália, em um clima de intolerância e racismo de crescimento insidioso.

Como esse país pôde chegar a esse ponto? Os observadores salientam que o alto nível de desemprego entre os jovens e a persistente discrepância de riqueza entre o Norte e o Sul contribuíram para o aprofundamento das frustrações. Acima de tudo, há um grande cansaço da população no que se refere ao mundo político e para o qual a era Berlusconi contribuiu fortemente. Paolo Sorrentino retratou em seu filme *Silvio e os outros* a decadência da política durante o reinado do *Cavaliere*: um impressionante vazio de valores e pensamentos, substituídos por um espetáculo grotesco dominado pelo dinheiro, pelo sexo e pelas drogas. Esse modelo de vulgaridade impregnou a sociedade através das muitas redes de televisão controladas por Berlusconi. Ele ajudou a anestesiar os cérebros e a pavimentar o caminho para o populismo.

No entanto, a relação problemática dos cidadãos italianos com a política não data de Berlusconi. A hegemonia da Democracia Cristã, que deteve o monopólio do poder por quase meio século, facilitou o estabelecimento de uma «ditadura estatal», pouco favorável à ancoragem da democracia no país: o partido espalhou seus homens por toda parte e praticou o nepotismo e o conformismo ideológico. A educação democrática da sociedade italiana foi ainda mais refreada, uma vez que a Democracia Cristã impediu um confronto honesto com o passado fascista.

Foi preciso esperar pela década de 1990 para que as condições de pesquisa e acesso aos arquivos permitissem aos historiadores italianos analisar as consequências desastrosas do fascismo. Esse atraso explica em parte por que metade dos italianos acredita, de acordo com uma pesquisa, que o fascismo não seja perigoso. Eles parecem esquecer que os crimes fascistas atingiram os próprios italianos. Mussolini era um ditador megalomaníaco que arrogou para si todos os poderes e ordenou que toda oposição fosse violentamente reprimida. Ele desprezava a vida humana, como afirmou em 1932: «Fora do Estado, nada que seja humano ou espiritual tem valor».

Em nome do fascismo, 240 mil soldados foram sacrificados no *front*, 60 mil civis italianos morreram, o país foi dilacerado em uma quase guerra civil, cidades foram destruídas sob os bombardeios aliados e a população sofreu a vergonha e a violência da ocupação alemã. A ss, mas também a Wehrmacht, mataram em massa, às vezes centenas de habitantes de um mesmo vilarejo. Os fascistas que trabalharam para a República de Salò, muitas vezes em conluio com os alemães, não foram muito mais gentis. Os pesquisadores de uma comissão histórica germano-italiana sobre os crimes de guerra nacional-socialistas e os fascistas na Itália identificaram recentemente nada menos que 6 mil crimes nazistas e fascistas durante esse período; mais de 24 mil italianos morreram e inúmeros outros foram vítimas de estupro, tortura e sequestros.

A Alemanha também tem sua parcela de responsabilidade por essa amnésia. Depois da guerra, na Itália e em outros lugares, ela usou seu poder econômico para impedir que qualquer luz fosse lançada sobre os numerosos massacres da Alemanha nazista nesses países.

Se a Itália tivesse feito seu trabalho de memória, seriam assim tão numerosos seus cidadãos a justificar e a relativizar o fascismo? Se os culpados, mas também a população que apoiou um regime criminoso, tivessem sido responsabilizados, seriam os italianos tão sensíveis aos discursos demagógicos? Se o poder político de Berlusconi ontem e de Matteo Salvani hoje prefere não esclarecer as populações sobre o passado, não é por medo de forjar um espírito crítico e democrático entre os cidadãos que não seria do interesse dos populistas? Guardo na memória este comentário de Sabrina Gasparrini, secretária-geral da Federação Italiana de Direitos Humanos, publicado no *The Guardian* após as eleições de 2018: «O pós-guerra nos ofereceu uma chance democrática. A nova República deveria permitir e encorajar a população a participar da vida política. A liberdade de opinião e a liberdade de reunião deveriam ter pavimentado o caminho para um florescente debate cidadão. Mas a história nem sempre funciona assim».

Capítulo XIV.
Os nazistas não morrem jamais

Normalmente não assisto à tevê, mas no dia 5 de setembro de 2015, uma emoção incomum estava no ar, o presságio de que a história estava sendo escrita, retransmitida na velocidade da luz pelo rádio e pelas redes sociais, e pela primeira vez em muito tempo liguei meu aparelho em Berlim e fiquei vidrada, o coração batendo forte diante de imagens que estranhamente ecoavam as da queda do Muro de Berlim. A chanceler Angela Merkel havia derrubado um novo muro, aquele erguido entre povos com destinos desiguais, os europeus e aqueles que gostariam de sê-lo. A Europa, antes terra de guerras violentas, genocídio e divisões fratricidas, tornara-se um paraíso aos olhos de milhões de pessoas enredadas em seu triste destino de ter nascido no lugar errado, na hora errada, à mercê de tiranos que dispõem da vida dos povos como se jogassem xadrez.

Havia já muitos anos que os europeus vinham acompanhando o drama daqueles êxodos de riscos insanos, com oitocentas pessoas a bordo de um barco com capacidade para cem, abandonadas à sua terrível sorte por barqueiros de alma sombria, implorando aos céus para que o vento não soprasse no Mediterrâneo e não transformasse a degradada embarcação em um caixão gigante que encontraria no fundo da água fria o vasto cemitério de refugiados anônimos. Em 2015, o fenômeno tomou uma dimensão ainda maior com a chegada maciça de sírios fugindo de uma guerra civil e de um ditador embriagado pelo poder. Estavam cansados de jogar a vida na roleta russa, de ser reféns do acaso das bombas, exaustos por ter tantas vezes cavado os escombros de um hospital, uma escola, uma casa, a cabeça fervendo, na esperança de encontrar uma filha, um irmão, uma mãe, para no fim sentir sob seus dedos trêmulos um cadáver petrificado como uma múmia sob a poeira branca.

Desde o início do conflito em 2011, mais de 4 milhões deles fugiram para países fronteiriços com a Síria e, em 2015, centenas de milhares partiram na rota dos Bálcãs, cruzando incansavelmente milhares de quilômetros através da Grécia, da Macedônia, da Sérvia, visando a Hungria, na esperança de poder continuar de lá na direção oeste. Mas a Hungria não estava preparada e logo se viu sobrecarregada. Ela se assustou e construiu uma barreira de arame farpado em sua fronteira para evitar que migrantes ingressassem em seu território. Pelo menos 150 mil já haviam entrado, recebidos nas condições indignas que as câmeras começaram a revelar ao mundo. Essas imagens talvez estejam na origem dessa surpreendente decisão do Serviço Alemão de Migrações de publicar, em 25 de agosto de 2015, um tuíte cujo alcance obviamente não fora previsto: *#Na prática, não estamos mais respeitando a Convenção de Dublin para a maioria dos sírios.* A mensagem ambígua soou como um convite inesperado aos refugiados retidos na rota dos Bálcãs, que entenderam que a Alemanha estava desistindo de mandar os sírios de volta ao primeiro país da União Europeia onde desembarcaram, conforme previsto pelos Acordos de Dublin. O tuíte se espalhou como pólvora.

Em 4 de setembro de 2015, uma fileira de mil refugiados empunhando cartazes nos quais declaravam seu amor por Angela Merkel deixou a estação ferroviária de Budapeste e caminhou para a rodovia em direção à Áustria, de onde esperavam poder chegar à Alemanha. A polícia húngara tentou, sem muita convicção, detê-los, mas uma determinação sem precedentes carregou essa multidão compacta que nada parecia ser capaz de dispersar. Na estação de Budapeste, reinava o caos, os refugiados rompiam as barreiras policiais e corriam para as plataformas para tentar escalar os trens que partiam na direção oeste. A tensão aumentava a cada hora na Hungria; convocou-se um gabinete de crise, e uma ideia ousada, até provocativa, começou a tomar forma. Naquela mesma noite, o primeiro-ministro húngaro, Viktor Orbán, informou Berlim e Viena de sua decisão: dentro de uma hora, ele mobilizaria uma centena de ônibus para transportar de 4 mil a 6 mil imigrantes até a fronteira austro-húngara — caberia à Áustria decidir quem ela deixaria entrar. Pego de surpresa, e provavelmente também em pânico, o chanceler austríaco, Werner Faymann, ligou para Angela Merkel para perguntar se ela estava pronta para abrir suas fronteiras, já que era para a Alemanha que a grande maioria dos refugiados queria ir. A chanceler tinha alguns instantes para se decidir.

Diante das imagens daquela longa procissão de mulheres, homens e crianças caminhando na estrada, no limite de suas forças mas determinados, uma cena deve ter voltado à sua lembrança, ela, que havia crescido na antiga RDA e que sabia que as fronteiras podem ser prisões: a de dezenas de milhares de alemães-orientais que, no verão de 1989, cruzaram num rompante a mesma fronteira austro-húngara, embriagados pela liberdade graças à Hungria, que tivera a audácia de romper a Cortina de Ferro. Outras imagens ainda lhe devem ter surgido, as das fileiras intermináveis de milhões de refugiados alemães expulsos de suas terras orientais após a guerra, jogados nas estradas, a pé ou em carroças totalmente carregadas.

Nas duas vezes, os alemães tiveram que abrir espaço e fazer sacrifícios por aqueles irmãos, e eles se dedicaram a isso. A chanceler sem dúvida imaginou também o pânico na chegada dos ônibus caso a fronteira continuasse fechada, a escalada da violência, a intervenção armada da polícia húngara, os erros, o sangue, as mortes. Três dias antes, o mar havia jogado o cadáver de um menino de três anos em uma praia na Turquia, e a foto do pequeno corpo sem vida, o rosto enterrado na areia, ainda ressoava como a assinatura brutal de uma Europa indiferente.

Angela Merkel consultou alguns ministros e conselheiros, certificou-se com Viktor Orbán de que se tratava de uma medida excepcional, já sabendo que não era, mas basicamente ela não tinha outra escolha a não ser dizer sim. No dia seguinte, sábado, 5 de setembro, os primeiros comboios adentraram a estação de Munique. Em um fim de semana chegaram 17.500 refugiados, muito mais do que o número anunciado, e então 6 mil, 8 mil, até 13 mil pessoas por dia na semana seguinte. Viktor Orbán continuava deixando o fluxo se derramar sobre a Alemanha. Enquanto Horst Seehofer, então ministro-presidente da Baviera, *Land* limítrofe com a Áustria, uivava de raiva e exigia o fechamento imediato das fronteiras, a chanceler ligava para seus homólogos europeus, um após o outro, para lhes pedir que assumissem uma parte dos refugiados. Os italianos, os gregos e os suecos já cumpriam mais do que ninguém o seu dever de acolher; os outros recusaram qualquer solidariedade, exceto o presidente francês François Hollande, que fez um pequeno gesto e anunciou que mil daqueles refugiados seriam acolhidos na França. Merkel se manteve firme, os dados da história estavam lançados. No final de 2015, um milhão de refugiados já estavam em solo alemão.

Quando liguei minha televisão no primeiro dia da chegada dos refugiados a Munique, a primeira imagem que vi foi a de um trem da Deutsche Bahn na plataforma, de onde desembarcava um enxame de viajantes, algumas mulheres com véu, crianças, mas sobretudo homens solteiros, bastante jovens. Por uma fração de segundo, temi que a recepção corresse mal e, pela expressão deles, eles deviam estar pensando a mesma coisa. Um momento depois, a câmera mostrava estas palavras escritas por todo lado, no chão, em placas, em faixas: «*Willkommen! Welcome! Bienvenue!*». E ouviam-se aplausos e gritos de alegria. Centenas de cidadãos alemães foram esperá-los com balões, ursinhos de pelúcia, água, roupas, alguns até prepararam saquinhos contendo laranjas, sanduíches e bolos. O rosto dos estrangeiros se iluminou, um leve sorriso tímido a princípio, um momento de espanto, depois a alegria franca do alívio, das mãos que saúdam, que fazem sinal de vitória, outras que apertam a bandeira alemã contra o peito.

Na minha cabeça, tudo acontecia muito rápido, essas imagens se sobrepunham às dos trens lotados do Reichsbahn despejando suas cargas humanas nas rampas dos campos onde os guardas recebiam os condenados aos chutes, gritando para que se apressassem para morrer. Eu via novamente as fileiras de judeus na estação de Mannheim, com uma mala em uma mão, uma criança na outra, as multidões de alemães doutrinados fazendo em uníssono a saudação de Hitler, a foto do jovem alemão-oriental Peter Fechter em uma poça de sangue ao pé do Muro, condenado pelos guardas de fronteira a morrer sozinho depois de agonizar por uma hora porque queria ser livre. Percebi que era este o evento histórico: após um longo recolhimento para expurgar o legado tóxico de seus ancestrais, monstros nazistas, criminosos comunistas e a multidão de *Mitläufer* que os acompanhava, o povo alemão assumia enfim o papel correto, melhor até do que ele jamais imaginara ter um dia, o de cavaleiro da humanidade, de profeta da fé no homem.

Eu não devia ser a única a ter sentido um choque de memória ao ver essas imagens naquele dia porque, nas semanas que se seguiram, dezenas de milhares de voluntários ofereceram seu apoio onde quer que pudessem, a tal ponto que as autoridades ficaram assoberbadas não apenas pelos migrantes, mas também por aqueles que queriam ajudá-los. A enxurrada de voluntários era tamanha que as autoridades tiveram que mandá-los embora, explicando que eram mais numerosos que os refugiados. Amigos organizavam passeios de carro para coletar na casa de uns e outros tudo que pudesse ser útil aos exilados, antigos colegas aposentados de meu pai ofereceram seus conhecimentos para guiá-los pelo labirinto administrativo alemão, proprietários de clubes de esporte instalaram camas de campanha em suas dependências, professores se ofereceram para dar aulas de alemão, *chefs* para cozinhar, psicólogos para ajudar as crianças. A mídia rapidamente se posicionou ao lado dessa nova religião do bem batizada de *Willkommenskultur* («cultura de boas-vindas») e lançou mensagens eufóricas pedindo aos alemães que dessem o melhor de si a exemplo da chanceler, essa filha de um pastor protestante que soubera impor a moralidade na política como ninguém antes dela.

Em todo o mundo, vozes exaltavam essa generosidade que se pensava ter desaparecido da humanidade, e colunas em jornais testemunhavam o orgulho de ser alemão. A Alemanha já havia dado seus primeiros passos no patriotismo na Copa do Mundo de futebol de 2006, quando todo um povo percebeu num mesmo impulso que tinha o direito de amar seu país e de dizê-lo, sem que isso envolvesse ódio ou arrogância em relação aos outros. Pela primeira vez, bandeiras pretas-vermelhas-douradas tremulavam no céu, surgindo em varandas, carros, roupas e cabelos, e ainda ouço aquele clamor crescendo no silêncio das ruas desertas de Berlim, o de milhares de berlinenses que, por nada no mundo, teriam deixado de ir aplaudir a *Mannschaft* em fileiras apertadas diante de telas espalhadas pela cidade. Mas isso não foi nada comparado ao abalo de 2015, aquele outono da redenção dos alemães, quase exatamente um século após o início de uma longa danação, iniciada com a eclosão da Primeira Guerra Mundial.

Naquela efusão contagiosa, admito que até pensei em adotar uma criança síria, mas no final me contentei em informar meu número de telefone para colocar meu apartamento à disposição, caso os refugiados que chegassem tarde da noite a Berlim precisassem ser acomodados à espera de encontrar um lugar em um acampamento. Organizações tentavam promover acomodação em casas de família para facilitar o contato dos refugiados com os moradores locais e sua integração. Nunca me procuraram, talvez porque eu tivesse excluído os homens, que formavam a maioria dos candidatos, ou porque a logística tenha se complicado demais com as chegadas em massa, pois também era necessário administrar as coabitações que não davam certo, o que não era incomum.

Aos poucos, o entusiasmo do início foi arrefecendo, e os municípios da fronteira acordaram uma bela manhã com mais refugiados do que habitantes nas ruas, os voluntários sobrecarregados soaram o alarme e os fornecedores de equipamentos declararam que seu estoque havia se esgotado. A preocupação aumentava. Ela deu lugar ao pânico em 31 de dezembro de 2015, quando, na véspera de Ano-Novo em Colônia, mais de seiscentas mulheres foram assediadas e apalpadas em frente à estação onde cerca de mil jovens do Norte da África e do Oriente Médio estavam reunidos. A política de imigração, que Angela Merkel administrava sozinha desde o início, perdeu popularidade. A maioria dos alemães continuou a apoiá-la, mas os protestos ganhavam impulso. A violência contra refugiados e centros de acolhimento, que havia começado desde o início de 2015, voltou com mais força que antes. A hostilidade se espalhou pela sociedade, alimentada por ataques islâmicos em solo alemão: agressões com faca contra transeuntes e policiais e, sobretudo, o atentado de um islamista que, atrás do volante de um caminhão, avançou sobre um mercado de Natal em Berlim, matando doze pessoas e ferindo mais de cinquenta, antes de fugir debaixo do nariz da polícia berlinense.

Uma suspeita encoberta e generalizada espalhou-se perniciosamente contra muçulmanos, refugiados, árabes, estrangeiros. Aquela gangue que anda na praça, e se forem estupradores? Aquelas mulheres com véus e um monte de filhos, e se forem parasitas da seguridade social alemã? Aquele jovem que acabou de entrar no ônibus com uma bolsa estranha, e se for um terrorista? A mudança era vista nos olhos das pessoas quando uma mulher totalmente coberta passava na frente do terraço de um café, na tensão que eletrizava os usuários do metrô quando um grupo de jovens gritava em árabe e se acotovelava na plataforma ou na minha decisão de não usar saia em determinados bairros.

Um mal-estar tomou conta da mídia, acusada de ter feito uma cobertura entusiasmada da crise dos refugiados e desprovida de olhar crítico e discernimento. A maioria fez seu *mea culpa* e tomou um novo rumo. Muitos se empenharam em uma reflexão profunda para melhorar o equilíbrio e a transparência de sua cobertura.

O otimismo dos alemães enfraqueceu ainda mais um pouco quando seus vizinhos do Grupo de Visegrado — Hungria, Polônia, República Tcheca e Eslováquia — se recusaram a acolher sua cota de imigrantes para socorrer países como a Itália e a Grécia. Embora esses países do antigo bloco soviético tivessem poucos refugiados, as populações se sentiam «invadidas», inclusive os jovens, uma faixa etária geralmente mais tolerante. Essa falta de solidariedade para com os parceiros da União demonstrava uma amnésia singular. Não haviam esses países recebido centenas de bilhões para coesão da União desde sua ampliação? E, sob a era soviética, não haviam seus milhões de cidadãos em fuga das ditaduras comunistas sido recebidos de braços abertos pelo Ocidente?

O medo de estrangeiros nas sociedades do Leste Europeu tem também razões históricas. No final das duas guerras mundiais, as fronteiras dessas regiões foram várias vezes remarcadas para evitar a formação de minorias fortes dentro dos Estados e para prevenir conflitos internos. Essas mudanças criaram uma grande homogeneidade étnico-religiosa, reforçada pelo extermínio da maioria das comunidades judaicas, que contribuíam para a diversidade cultural da Europa Oriental.

A partir de 1945, as ditaduras comunistas reforçaram ao extremo esse isolamento proibindo que se olhasse o mundo de outra forma que não pela fresta do pensamento único e fechando as sociedades a qualquer influência externa. A União Soviética impôs a esses povos uma memória que não era a deles, obrigando-os a comemorar o heroísmo do Exército Vermelho, que eles odiavam. Países que se aliaram à Alemanha nazista, como a Hungria, a Eslováquia, a Romênia, a Bulgária e a Croácia, ou que esperaram a vitória contra a Rússia, como os Estados Bálticos e a Ucrânia, foram forçados a se identificar com o campo soviético, contra o qual eles na verdade lutaram. A política da URSS, recobrindo o passado desses países com um tabu esmagador, não deixava espaço para o trabalho de memória.

Ainda assim, o fascismo tinha sido popular na região, desde o período entreguerras, com o surgimento de partidos como a Guarda de Ferro, na Romênia, o terceiro maior partido fascista da Europa, ou o Partido da Cruz Flechada, na Hungria. Muitos desses países seguiram uma política antissemita e colaboraram com os alemães no extermínio dos judeus da Europa.

Na Romênia, sob o regime do general Ion Antonescu, o exército ajudou os alemães a massacrar e deportar entre 280 mil e 380 mil judeus e cerca de 25 mil ciganos dos grupos sinti e rom, principalmente de territórios anexados e da região de Odessa. Na Hungria, o almirante Miklós Horthy cedeu, em março de 1944, à pressão do Reich, que foi capaz de deportar mais de 430 mil judeus para Auschwitz em menos de dois meses graças ao zelo da administração e da polícia húngara. Sob pressão internacional, Horthy interrompeu as deportações, mas o Partido da Cruz Flechada tomou o poder e assegurou a continuidade. Ao todo, mais de 560 mil dos cerca de 825 mil judeus que viviam na Hungria e nos territórios sob seu controle foram exterminados, juntamente com milhares de ciganos sinti e rom.

O dirigente eslovaco, o padre católico Jozef Tiso, aliado da Alemanha nazista, consentiu sem muita resistência em deportar mais de 57 mil dos 89 mil judeus do país, antes de bloquear a deportação ao perceber que os deportados não eram «realocados», mas exterminados. Posteriormente os alemães deportaram à força outros 12.600 judeus eslovacos. Na Croácia, os fascistas pró-Eixo, os Ustacha, instauraram uma ditadura sanguinária, marcada por uma política de limpeza étnica à qual sucumbiram entre 300 mil e 400 mil sérvios, cerca de 30 mil judeus e 25 mil ciganos sinti e rom.

A Bulgária aparenta ser uma exceção. Ela entregou aos alemães 11 mil judeus de territórios recentemente anexados, mas quando a Alemanha exigiu os cerca de 50 mil judeus búlgaros, os cidadãos se opuseram com tal virulência que a ideia foi rapidamente abandonada — uma atitude rara na Europa que merece ser destacada.

Quanto aos países bálticos, eles não eram aliados do Reich, mas, em junho de 1941, receberam os soldados alemães como libertadores após passarem um ano sob o jugo dos soviéticos. Por esse motivo, mas também por antissemitismo, colaboraram, por vezes com violência inédita, em particular na Letônia e na Lituânia, onde mais de 95% dos judeus que permaneceram na região, respectivamente 75 mil e 210 mil, foram exterminados — a taxa mais elevada da Europa.

Com o fim da Cortina de Ferro, finalmente libertados do ditame memorial soviético, muitos desses países começaram a procurar heróis em sua própria história nacional, e os primeiros a encontrar foram aqueles que apoiaram os nazistas contra o Exército Vermelho durante a guerra. Na Ucrânia e nos países bálticos, também para provocar a Rússia, os veteranos nacionais da Waffen-ss foram homenageados. Na Romênia, Ion Antonescu foi reabilitado, apresentado como aquele que salvara a Romênia do pior durante a guerra...

Então, sob a influência crescente da União Europeia, alguns países começaram a enfrentar suas responsabilidades passadas. A Lituânia se desculpou há muito tempo com a comunidade judaica e adotou uma série de leis sobre a restituição de bens judaicos, enquanto vários memoriais, filmes e romances permitiram despertar o interesse da população. A Romênia removeu as estátuas de Ion Antonescu a partir de 2002, renomeou as ruas que levavam seu nome, depois reconheceu sua colaboração na Shoah e incluiu esse episódio no currículo escolar.

Em outros países do Leste onde o trabalho de memória praticamente não foi feito, o revisionismo e a nostalgia fascista ganharam força nos últimos anos. Na Croácia, existe uma aspiração política para reabilitar os Ustacha; na Eslováquia, um grupo que se reconecta abertamente com o passado fascista do país, o Nossa Eslováquia, tem assento no parlamento desde 2016, com 8% dos votos. A promotoria pediu o banimento do partido.

O país mais marcado por essa tendência é a Hungria, onde só em 2015 o Estado reconheceu a responsabilidade do país na Shoah. O primeiro-ministro Viktor Orbán está engajado numa política de reabilitação do líder antissemita e pró-nazista Miklós Horthy, que ele qualifica como um «estadista excepcional». Muitas praças e ruas agora têm o nome de Horthy na Hungria, e estátuas foram erguidas em sua homenagem. A mesma honra recebem os escritores fascistas Albert Wass e József Nyírő, processados por crimes de guerra depois de 1945. O primeiro escreveu um poema intitulado «A patkányok honfoglalása — Tanulságos mese fiatal magyaroknak» [A conquista dos ratos — Uma fábula para jovens húngaros], uma alegoria que não deixa dúvidas sobre o destino que o poeta desejava reservar aos judeus. O segundo, ideólogo do Partido da Cruz Flechada e grande admirador de Joseph Goebbels, foi alvo de uma disputa diplomática em 2012, quando representantes do Estado húngaro queriam organizar uma cerimônia de «reenterro» de sua urna em seu vilarejo natal na Romênia, que protestou com veemência, já que aquele fascista convicto era *persona non grata* em suas terras. Hoje, Albert Wass e József Nyírő fazem parte do currículo escolar húngaro. Eu me pergunto se os alunos do ensino médio também leem o vencedor do Prêmio Nobel Imre Kertész, um húngaro deportado aos quatorze anos para Auschwitz, aclamado por uma obra assombrada pelo absurdo do Holocausto.

Em geral, a retórica inspirada no léxico nazista não é tabu na Hungria, e alguns políticos e jornalistas nela se inspiram alegremente. Zsolt Bayer, uma personalidade influente, amigo próximo de Orbán e cofundador do partido do governo, o Fidesz, acredita que, «se alguém massacra uma criança cigana, está agindo corretamente». Em 2013, ele escreveu no jornal conservador *Magyar Hírlap*: «Grande parte dos ciganos não está apta a viver entre os humanos. [...] São animais. Esses animais não deveriam ter o direito de existir. Em nenhum caso. Isso precisa ser resolvido imediatamente e de qualquer maneira». Em 2016, o governo de Viktor Orbán elevou Zsolt Bayer ao posto de Cavaleiro da Ordem do Mérito.

Os mais extremistas são os representantes do Jobbik, partido neofascista — e orgulhoso disso — que conquistou 20% dos votos nas últimas eleições. Ele demonstra sua admiração pelo almirante Horthy e é filiado a milícias paramilitares que aterrorizam os ciganos sinti e rom, como a Nova Guarda Húngara, que ostenta uma bandeira branca listrada de vermelho inspirada na do Partido da Cruz Flechada, um dos principais atores do Holocausto na Hungria. A obsessão por Israel entre os membros do Jobbik beira a patologia, e os insultos contra os judeus são de tamanha vulgaridade que prefiro abster-me de reproduzi-los. A maioria dos partidos europeus de extrema direita considera impossível conviver com o Jobbik.

Mesmo não sendo tão extremista, Viktor Orbán não deixou de se tornar mestre das teorias da conspiração e do discurso nacionalista e nativista na Europa desde que desafiou a União Europeia na crise dos refugiados. Nas eleições legislativas de 2018, seu partido, o Fidesz, aliado do Partido Popular Democrata-Cristão (KDNP), obteve 49,2% dos votos após uma campanha eleitoral focada nos «ataques» de forças obscuras inimigas visando à «grande substituição» da população branca europeia por imigrantes árabes — uma teoria muito em voga nos círculos populistas de extrema direita.

As forças obscuras, segundo Orbán, são os burocratas de Bruxelas, a mídia, os intelectuais liberais, a comunidade empresarial globalizada... e o bilionário americano judeu de origem húngara George Soros, nascido em 1930 em Budapeste, o bode expiatório número um cujo rosto foi estampado por todo o país, ladeado por avisos à população durante a campanha eleitoral. Soros apoia ativamente a consolidação da democracia e da sociedade civil na Hungria e nos antigos países do Leste Europeu desde o colapso do comunismo. Ele é uma pedra no sapato de Viktor Orbán e de seu modelo de «democracia iliberal» que nada mais é do que o desmantelamento das instituições democráticas: tomada de controle da mídia, amordaçamento da sociedade civil, bloqueio de investigações por corrupção visando membros do Fidesz e assédio a ONGS, incluindo a de George Soros, a Open

Society, que acaba de se instalar em Berlim. Apesar desse estrangulamento autoritário, parte da sociedade húngara expressa com frequência sua oposição a Orbán.

É de se perguntar se um regime que despreza abertamente a democracia e calunia a União Europeia, tirando partido das vantagens que esta lhe confere, tem o seu lugar na comunidade. Ainda mais porque esse estilo de governo poderia influenciar a região, como já é o caso na Polônia, onde o partido ultraconservador PiS também ataca os fundamentos da democracia e das liberdades individuais: controle da televisão, expurgo no exército, reforma do sistema judiciário com o objetivo de privá-lo de sua independência, ofensiva contra o direito ao aborto, já muito restrito nesse país católico praticante. O PiS esbarra em uma oposição política ainda vigorosa e na resistência corajosa de parte da imprensa e da sociedade civil. Mas a xenofobia e o antissemitismo estão se proliferando perigosamente.

Em Varsóvia, acontece todos os anos o maior evento nacionalista da Europa, uma «Marcha da Independência» que reuniu 250 mil pessoas em novembro de 2018, incluindo representantes do governo e do PiS, entoando «Orgulho, orgulho, orgulho nacional». Em meio a tochas fumegantes e explosões de rojão, jovens marcharam agitando símbolos fascistas, imagens de Cristo e faixas resumindo sua visão de um mundo ideal: «Queremos Deus», «Morte aos inimigos de nosso país», «Polônia pura, Polônia branca».

A crise dos refugiados e o terrorismo islâmico alimentaram esses abusos. Em quase toda a Europa, eles têm sido o motor da extrema direita e do populismo, que desfrutam de um sucesso sem precedentes desde 1945. Enquanto escrevo, na Áustria, o FPÖ governa na qualidade de parceiro de coalizão minoritária; na Itália, a Liga do Norte e o Movimento 5 Estrelas compartilham o poder; nos Países Baixos, o Partido pela Liberdade, de Geert Wilders, é a segunda maior força no parlamento (13% dos votos em 2017); finalmente, Polônia e Hungria seguem um curso cada vez mais autoritário.

Na França, a Frente Nacional, rebatizada de Reagrupamento Nacional, obteve apenas 13,2% dos votos nas eleições legislativas de 2017 e passa por uma crise interna. Mas isso não deve nos fazer esquecer que o partido ficou em primeiro lugar nas eleições europeias de 2014 e nas eleições regionais de 2015. Nas últimas eleições presidenciais de 2017, sua presidente, Marine Le Pen, arrancou um segundo lugar, atrás de Emmanuel Macron, sendo que a França acolheu apenas um punhado de refugiados.

Quinze anos antes, em 2002, o pai de Marine, Jean-Marie Le Pen, também havia chegado ao segundo turno das eleições presidenciais contra o conservador Jacques Chirac, algo inédito para a Frente Nacional. Lembro-me da onda de indignação que agitou os franceses e do ímpeto que os tirou do torpor entre os dois turnos. Quantos de nós não saíram às ruas em toda a França para dizer «Nunca mais!»? Praticamente todos os partidos políticos instruíram seus eleitores a barrar a Frente Nacional votando em Jacques Chirac. Eles foram ouvidos, e este último obteve 82% dos votos.

Em 2017 eu também estava na França, mas não houve grandes manifestações, nenhuma grande onda de solidariedade dos franceses para tentar acabar com um cenário inquietante. Certos líderes, como o da extrema esquerda Jean-Luc Mélenchon, encorajaram seus eleitores a votar em branco, entrando no jogo de Marine Le Pen. Emmanuel Macron venceu a eleição e sua vitória foi declarada, enquanto a Frente Nacional obteve a melhor pontuação de sua história: 33,9%.

A isso dá-se o nome de «normalização» de uma extrema direita que não mais preocupa, que não mais indigna. E se isso for uma lenta deterioração da vigilância, uma progressão contagiosa da indiferença, esse inimigo da democracia?

Também à esquerda reina uma certa confusão na França, onde alguns aderem cegamente a movimentos desde que afirmem proteger «o povo». Uma visão romântica da revolta popular na França incentiva uma lógica de dois pesos e duas medidas em termos de moralidade e tolerância: desculpamos o egoísmo e a violência de certos movimentos sociais pouco preocupados com o bem coletivo, nos deixamos seduzir facilmente por demagogos que enfraquecem os cidadãos, jogando constantemente a responsabilidade sobre «aqueles que estão acima». Alguns intelectuais e veículos de mídia têm uma grande responsabilidade por alimentar o discurso populista mistificando a «revolução» com uma terrível falta de discernimento e honestidade intelectual. Essa ingenuidade se explica, em minha opinião, pelo fato de a França não ter vivido o terrorismo de extrema esquerda nem a ditadura comunista, ao contrário da Alemanha, que teve a Fração do Exército Vermelho e a RDA. A sociedade civil na França deve responsabilizar os cidadãos quanto a seus deveres em uma democracia e se organizar melhor para que sua voz seja ouvida dentro de um Estado bastante centralizado.

Logo após os atentados de novembro de 2015 em Paris, enquanto Marine Le Pen liderava as pesquisas, publiquei em uma revista francesa um relato pessoal em forma de ode à resistência da Alemanha à extrema direita. Eu convidava os franceses a se exilarem em Berlim em caso de vitória da Frente Nacional, uma espécie de vingança da história. O que diria eu a esses leitores hoje? A Alemanha, essa fortaleza democrática construída sobre a memória de duas ditaduras, aprofundada como em nenhum outro lugar do mundo, esse país onde nenhum partido de extrema direita se sentou no Bundestag desde a sua criação em 1949, cedeu por sua vez ao populismo. A AfD, que tinha dificuldades para se estabelecer desde sua criação em 2013, mergulhou na brecha aberta pela crise dos refugiados. Nem o claro endurecimento da política alemã em relação aos imigrantes nem a queda considerável no número de recém-chegados frearam seu crescimento. Hoje, a AfD tem 92 deputados no Bundestag e assento em todos os parlamentos regionais.

Há no ar como que o presságio de uma tempestade inevitável, como se o mundo que me viu nascer e crescer se esvaísse, como se os sonhos pelos quais meus pais lutaram morressem lentamente diante dos meus olhos. Como se a amnésia estivesse infectando a Europa. Os partidos políticos que estão na origem do meu desconforto empregam, no entanto, certas mensagens que deveriam me agradar: eles afirmam querer encarnar uma democracia mais justa, representando *verdadeiramente* o povo, preservar a Europa do islamismo obscurantista, defender a liberdade de opinião contra a censura do politicamente correto e proteger os cidadãos contra os excessos da globalização. Liberdade, Europa, democracia, respeito pela terra, quantas causas que eu prezo! Estaria eu caindo no alarmismo, na paranoia? É preciso enxergar por trás dos bordões para descobrir.

Em 3 de março de 2018, na entrada do vilarejo austríaco de Aistersheim, um castelo emoldurado por quatro torres pousadas como uma miragem na água gelada parece aguardar convidados ilustres. Uma placa anuncia: «*Kongress der Verteidiger Europas*» [Congresso dos Defensores da Europa]. Atravesso a ponte de madeira sobre o fosso e acesso o interior de uma fachada neorrenascentista mal tingida de ocre. Estremeço ligeiramente quando uma recepcionista pergunta meu nome enquanto verifica uma lista. Tenho o meu cartão-convite, pelo qual paguei 48 euros, mas receio que os organizadores, que especificaram no site que apenas a imprensa «amiga» era convidada, tenham procurado o meu nome na internet. Não fui cobrir o evento para um jornal, mas duvido que meu perfil agrade ali, onde prevalece a fórmula «Quem não está conosco está contra nós».

Sou liberada para adentrar o grande pátio do imponente edifício e subir uma escada externa que leva a uma galeria com arcadas margeando o primeiro andar. Entro em uma sala ampla, com uma auréola de abóbadas góticas nervuradas e cujas paredes são cobertas com pinturas do século XVII, e escolho um lugar no salão entre cerca de trezentas pessoas sentadas diante de um pódio onde um púlpito com microfone aguarda os oradores.

O vice-prefeito do FPÖ da cidade de Graz, Mario Eustacchio, abre a cerimônia. Ele está preocupado, diz, com a «população nativa», cuja «taxa de reprodução» é considerada inferior à dos imigrantes. «Se essa situação persistir, seremos estrangeiros em nosso próprio país», alarma-se, antes de designar o responsável por essa «situação catastrófica na Europa»: «a veneração dos direitos humanos», que substituíram os «antigos valores paternais». Essas palavras ressoam os cartazes pendurados nas paredes do castelo e que afirmam: «Chega de *Gutmensch* (gente de bem) que semeia o terror!» Eles são ilustrados pelo desenho de uma vítima desse suposto terror: um homem vendado, braços e peito ensanguentados pelo arame farpado, a boca deformada pela dor… tanto sofrimento por respeito aos direitos humanos! Não faz o menor sentido.

Então é a vez de André Poggenburg, representante da ala direita da AfD, tomar a palavra. Sob aplausos, ele pede a «retirada da Alemanha» da União Europeia, o «Dexit», e espera que «muitos Estados europeus sigam o exemplo e [que] possamos definitivamente enterrar a UE». Esse «Moloc e sua tendência à globalização neocomunista são a doença nefasta do século XXI» e «decretaram a abnegação do patriotismo», diz ele. Poggenburg pretende afastar «a fortaleza Europa» dos Estados Unidos e aproximá-la da Rússia, e se insurge contra as sanções impostas pela UE desde a anexação da Crimeia em 2014, cuja ilegalidade contesta.

O presidente russo, Vladimir Putin, é admirado nesses círculos por seu autoritarismo e por seu desprezo pelos direitos humanos, pela liberdade de opinião e pelos contrapoderes democráticos. Inversamente, Vladimir Putin apoia abertamente os partidos populistas e os de extrema direita na Europa, às vezes financeiramente, caso da Frente Nacional, que obteve financiamento russo.

Em homenagem à amizade com a Rússia, interlúdios musicais com sotaque russo e germânico enriquecem o dia. A organizadora é uma grande *socialite* austro-russa especializada na programação cultural dos círculos de extrema direita. Em Viena, ela promove regularmente um «Baile Russo», apreciado pelos caciques do FPÖ. A aparição de Olga, uma soprano loira em um vestido justo de cetim, tem o efeito de um eletrochoque nesse congresso dominado por homens de rosto irritado e discursos hostis. Olga caminha como uma rainha no pódio, balança os quadris, eleva sua garganta imaculada da qual jorra uma ária irresistível, «Heia in den Bergen», de Emmerich Kálmán, a declaração de amor de um compositor judeu à sua *Heimat*, a Áustria, que o recebeu tão friamente em seu retorno do exílio em 1949 que ele preferiu se estabelecer em Paris. A cantora lírica continua com um *pot-pourri* de canções russas, roçando lascivamente com seu corpo arqueado o piano, no qual Giorgi, um pianista georgiano, a acompanha. O ritmo se acelera, os dedos ágeis de Giorgi percorrem as teclas, o xale escorrega dos ombros de Olga, revelando um decote abissal, a sala está em êxtase, é um triunfo. A grande socialite austro-russa se enche de prazer e diz: «Ela canta nos teatros de ópera no mundo todo, esteve comigo na Crimeia há um ano [...]. Olga e Giorgi, podemos contar com eles do ponto de vista artístico e humano». Por mais ambíguas que sejam essas palavras, agradeço a pausa, bem-vinda em um dia que será penoso para mim.

Um homem na casa dos quarenta anos, com ombros largos e barba preta milimetricamente aparada, entra em cena. Seu nome é Andreas Lichert, ele é representante da AfD no parlamento de Hesse e presidente de uma associação do Institut für Staatspolitik (Ifs), o mais importante *think tank* da ala direita da AfD e da Nova Direita na Alemanha. Com olhar orgulhoso e tom alegre, Andreas Lichert analisa a recente ascensão de seu partido com a ajuda de uma apresentação em PowerPoint. «Um desempenho sem igual na história da RFA», ele se felicita sob uma avalanche de aplausos. Na tela de projeção, um gráfico mostra as origens políticas dos eleitores do partido: «Nossos novos eleitores, vindos dos partidos ditos *burgueses*, são ligeiramente mais numerosos do que os do bloco de esquerda», observa Lichert.

Um segundo gráfico mostra as origens geográficas dos eleitores. Ele chama a atenção para a diferença entre o lado ocidental e o oriental, sendo a pontuação nas eleições legislativas de 2017 duas vezes menor no primeiro do que em

«*Ostdeutschland*» (Alemanha Oriental). «*Mitteldeutschland!*», alguém corrige na primeira fila. Foi «uma gafe constrangedora», admite o palestrante com um sorriso divertido, «porque normalmente também uso o termo *Mitteldeutschland* [Alemanha Central]. Estou envergonhado, principalmente em um círculo como este aqui. Peço perdão». Risos explodem na sala. Usar o termo *Mitteldeutschland* para designar a Alemanha Oriental equivale a considerar que ainda existem territórios alemães depois da fronteira de Oder-Neisse. Em seguida, Andreas Lichert diz esta frase, pronunciada com um sorriso irônico no canto dos lábios: «Queridos amigos, a imigração nem sempre é ruim quando se trata de atrair eleitores». O público dá risada.

É difícil imaginar uma confissão mais cínica. A instrumentalização do medo dos cidadãos, que perdem o rumo em um mundo cada vez mais globalizado, contribuiu muito para o sucesso da AfD. O manual de instruções é conhecido: atiçar os medos difusos dos cidadãos, canalizá-los para bodes expiatórios, passar uma visão maniqueísta do mundo, transmitir ao eleitorado o sentimento de pertencer a uma comunidade exclusiva. A AfD se tornou especialista na arte de distorcer informações, especialista na edição de fatos cuidadosamente selecionados, isolados de seu contexto e associados em uma ordem precisa. Mesmo os mais resistentes entre nós são condicionados por essas distorções, repetidas por vezes sem conta pelos políticos da AfD e de outros partidos, que dividem a sociedade entre algozes (a chamada elite) e vítimas (o povo) e associam os muçulmanos e refugiados a criminosos.

«Recebemos muito mais votos da parte dos não votantes», continua Andreas Lichert. «O que caracteriza o não votante? Sua perda de confiança na política: ele acha que não vale a pena votar.» No entanto, acrescenta Lichert, as regiões onde a AfD «tem mais sucesso», especialmente entre os não votantes, «são aquelas onde os representantes da AfD são alvo de escândalos». Ele faz uma pausa antes de explicar: «Na Baviera, por exemplo, o presidente regional Petr Bystron estava sob vigilância da inteligência interna porque havia feito um comentário positivo sobre o movimento identitário. Portanto, é um escândalo potencial». O movimento identitário, igualmente vigiado pela inteligência, exige uma discriminação religiosa e racista em favor do «homem branco».

«Em Baden-Württemberg», continua Lichert, «temos o caso do parlamentar Gedeon. Trazem isso sistematicamente à tona quando se trata de dizer 'Olha! Alguém escreveu um livro antissemita, é a prova de que toda a AfD é antissemita!'» Wolfgang Gedeon é um médico, membro do parlamento regional, que escreveu que o Holocausto é uma «religião civil do Ocidente» e que «o judaísmo em sua forma secular-sionista» visa «subjugar a humanidade». Ele foi excluído do grupo parlamentar pela AfD, mas foi autorizado a manter seu cargo de representante local.

«Na Turíngia, temos nosso amigo Björn Höcke, que, aos olhos de muitos, representa um grande potencial para o escândalo», observa Andreas Lichert. «Na Saxônia, temos um pequeno Björn Höcke, o deputado Maier, que, por alguns tuítes, ganhou visibilidade na opinião pública.» O presidente do grupo parlamentar da Turíngia, Björn Höcke, é um especialista em previsões apocalípticas e gosta de comparar estrangeiros a animais e micróbios: «Os centros de acolhimento de refugiados são biótopos úmidos onde os germes do fundamentalismo e da criminalidade se multiplicam em condições ideais». Jens Maier, parlamentar da AfD pela Saxônia no Bundestag, se vale do mesmo léxico nacional-socialista de seu colega. Ele louva os méritos do partido neonazista NPD, alerta contra a «produção de povos mistos» e profere insultos racistas contra Noah Becker, filho, mestiço, do campeão de tênis Boris Becker. Andreas Lichert aconselha que as pessoas se inspirem nesses mestres do escândalo, já que «são essas as personalidades que mais fazem sucesso» entre os eleitores.

Tenho a sensação de estar assistindo à apresentação de candidatos em um concurso de *marketing* publicitário. Mas qual é afinal o produto que um anúncio antissemita, racista e revisionista vende ao eleitor? O direito de libertar seus instintos mais baixos e de transmitir a manifestação aberta e violenta de sua frustração, de seus complexos, de seu prazer em causar danos, por um ato de resistência contra o politicamente correto. «A partir de agora, a indecência é considerada como coragem», escreve Melanie Amann em seu ensaio *Angst für Deutschland* [Angústia pela Alemanha]. «Cada um redefine sua própria intolerância, tentando legitimá-la como se ela servisse para revelar a dos outros», escreve ela. «Esses círculos fazem com que seus insultos sejam considerados como prevenção.» Eles «cultivam uma relação paradoxal com a liberdade porque, na realidade, são liberticidas, intolerantes e autoritários».

Andreas Lichert e os homens cujo «potencial para o escândalo» ele elogia representam a ala direita da AfD que ganhou representatividade nos últimos anos ao assumir o poder diante da tendência mais moderada. Um dos vencedores dessa mudança é Götz Kubitschek, pai espiritual do movimento identitário na Alemanha, ativista político e editor da Nova Direita. Ele é também o fundador do Institut der Staatspolitik, que Andreas Lichert foi representar no congresso. Sua candidatura foi rejeitada pela AfD em 2015, mas sua influência está crescendo no partido e diante de alguns representantes no Bundestag. Kubitschek foi um dos convidados do Congresso dos Defensores da Europa em 2016.

Alguns convidados não germanófonos surgem no pódio de Aistersheim. Um sérvio de rosto emaciado, diretor do Instituto de Estudos Europeus de Belgrado que tem ligações com a AfD, nos cumprimenta com um «Deus esteja conosco!» Ele inicia uma longa apresentação sobre os perigos para a «dignidade humana» do crescente desenvolvimento das ciências e da tecnologia médica promovido por um «grupo de novos comunistas e liberais de esquerda». Ele ataca a «pílula do dia seguinte», que «despreza o direito de controle do pai sobre a decisão de abortar» em nome dos «pretensos direitos inalienáveis das mulheres». Ele se alarma com a decadência das sociedades modernas, mas termina com uma mensagem de esperança: «A cristandade já salvou a Europa várias vezes».

Em seguida, sobe ao pódio um jovem representante eleito da província italiana de Tirol do Sul que, de uniforme austríaco e mão no coração, clama de forma mal disfarçada pela anexação de sua região pela Áustria, país ao qual pertencia até o desmembramento do Império Austro-Húngaro, um século atrás. O estatuto de autonomia da região, obtido na década de 1970, particularmente graças às repetidas sabotagens dos «combatentes tiroleses pela liberdade», pode ser visto como «uma solução temporária no caminho para a liberdade», afirma. Ele agradece ao FPÖ por apoiar essa via, por exemplo, incluindo no programa do governo austríaco a possibilidade de atribuir a nacionalidade austríaca aos sul-tiroleses. «Viva nossa pátria, a Áustria! Viva o Tirol!», ele exclama sob uma avalanche de aplausos antes de deixar o palco.

A intervenção mais embaraçosa será a de uma jovem *youtuber* americana muito afetada que desenvolve um monólogo narcisista e ingênuo, quase insuportável, que termina assim: «Lembrem-se de que só existe um aliado, só um, ao qual sempre podemos recorrer. É nosso pai que está no céu, Deus».

Apesar da vontade de dar um toque internacional ao congresso, os amigos do FPÖ e da AfD no Parlamento Europeu — a Frente Nacional, a Liga Norte, o Partido pela Liberdade, de Wilders — estão ausentes. Talvez, ao contrário de seus colegas germanófonos, eles se recusem a comparecer em um congresso que acolhe convidados tão duvidosos.

É hora do almoço. O moderador, que tem uma cicatriz na bochecha, sinal de pertencimento a uma *Burschenschaft*, anuncia que no andar térreo nos aguardam delícias culinárias. Entro em uma longa fila no pátio, na entrada de uma cantina provisória. É a oportunidade de observar discretamente esse público que eu não ousaria examinar durante os discursos: uma grande maioria de homens, mais perto dos cinquenta anos do que dos trinta, e um número surpreendente de jovens que vestem as cores de sua confraria de estudantes, bem como algumas moças surpreendentemente coquetes, uma ou outra de salto alto e minissaia. De repente, um grupo atravessa o pátio correndo em direção à saída. «Os Antifas! Vamos lá!» Militantes antifascistas conseguiram se aproximar do castelo, apesar do bloqueio policial instalado nas proximidades. A empolgação aumenta, alguns saem da fila com o rosto iluminado pela perspectiva da briga que se anuncia. Muito rapidamente o entusiasmo diminui, a polícia intercepta os intrusos.

Sirvo-me de rosbife e de *Knödel* e vou me sentar em uma longa mesa de madeira no meio de *Burschenschaftler* muito gentis comigo. Um deles, obviamente bávaro, diz aos companheiros: «Devíamos atrair mais deputados da CSU. Petr cuida disso [poderia se tratar de Petr Bytron, presidente da AfD na Baviera]. Não é fácil, muitos dizem que gostariam de vir para o nosso lado, mas estão acomodados demais para mudar». Seu vizinho concorda: «Eles têm medo da exclusão, se preocupam muito com seu *status*, seu dinheiro».

A tarde se abre com uma mesa redonda reunindo quatro representantes da «mídia alternativa» que se questionam sobre a melhor forma de divulgar as ideias dos «patriotas». «Nossa sorte são as redes sociais, onde somos particularmente ativos em comparação com outros partidos políticos», estima um jovem blogueiro alemão. «O tempo joga a nosso favor, já que a desconfiança em relação à mídia tradicional tem aumentado.» Parte da discussão é dedicada a zombar de jornalistas consagrados, tratados como «escribas» e apresentados como lacaios de uma «cultura dominante» imposta por um complô esquerdista que reuniria todas as tendências localizadas à esquerda da AfD e do FPÖ. Afinal, o que têm eles a oferecer, esses jornalistas «alternativos»? Trata-se de «aprender a inserir nosso conteúdo», «fazer pressão», «canalizar o potencial», «dominar determinados temas da moda», «preencher o vazio» com «conteúdos que atraiam a atenção». Na verdade, é de propaganda que estamos falando. O objetivo do jovem blogueiro é «dizer o que quiser e não ser politicamente correto, sem ser marginalizado». Um pouco mais sensato, um colega lembrou-lhe que, no jornalismo, «não dá para simplesmente falar o que quiser». Todos concordam em convocar os «patriotas» para explorar as redes sociais, compartilhar informações e produzir interação. «É muito fácil abrir uma conta no Facebook», explica o blogueiro, «e também postar uma avalanche de comentários negativos na página do Facebook de Angela Merkel [...] para desencadear pequenas *shitbombs*.»

Em seu ensaio *Propaganda 4.0: wie rechte Populisten Politik machen* [Propaganda 4.0. Como os populistas de direita fazem política], o cientista político alemão Johannes Hillje explica por que os partidos populistas de direita são os grandes vencedores das redes sociais: «Eles fornecem a milhões de pessoas sua versão da verdade, sem salvaguarda jornalística, e conseguem criar uma identidade coletiva entre seus apoiadores», cultivando a «autoafirmação». A AfD é de longe o partido político alemão mais ativo na internet. Possui um canal de televisão, uma estação de rádio e uma página no Facebook seguida por mais de 400 mil fãs. «Quanto mais reações às postagens que circulam nas páginas dos usuários diariamente, mais bem classificadas elas são pelos algoritmos do Facebook, que as redistribuem para outras pessoas. [...] Uma postagem bem-sucedida da AfD no Facebook atinge até 4 milhões de pessoas, mais do que o telejornal da noite.» Porém, as mensagens que provocam interação são aquelas que jogam com as emoções e causam divisões, raramente aquelas que convidam à reflexão. Uma má notícia para a democracia.

Mais tarde, um editor austríaco na casa dos cinquenta anos sobe na tribuna. O bigode e o cavanhaque, o paletó bávaro-austríaco, o colete de botões fechados e o sobrepeso lhe dão um aspecto antiquado, um ar tranquilizador de burguês provinciano do século passado, enraizado na sua terra. Ele inicia uma diatribe contra a censura à «liberdade de opinião», antes de dar exemplos do que entende por isso: o direito de usar os termos *Neger* (negros) e *Zigeuner* (ciganos), banidos por serem considerados racistas. Ele termina denunciando a «cultura hegemônica» da esquerda «celebrada na mídia [que] em trinta anos suscitará tanta incompreensão quanto suscita hoje a mentalidade do nacional-socialismo».

Para tomar um pouco de ar, caminho sob as arcadas do castelo. Entro em salões consecutivos, onde editores e organizações apresentam seu trabalho em estandes. O movimento identitário espalhou adesivos e prospectos em uma longa mesa na qual jovens com cabelos raspados nas laterais e mais cheios no topo da cabeça dão as boas-vindas aos visitantes. Pego uma brochura chamada *Relatório Anual 2017*, cuja capa exibe uma foto de ativistas do movimento a bordo de um barco em pleno Mediterrâneo, carregando um cartaz que anuncia em letras maiúsculas: «*No way. You will not make Europe home. No way*». Seu objetivo: «Impedir as missões de organizações não governamentais que salvam os refugiados no mar». Imagino a cena, um barco cheio de refugiados afundando, gritos de crianças que não sabem nadar, mulheres que com grande esforço seguram seus bebês para salvá-los das ondas, homens que lutam desesperadamente, inutilmente, para retirar a água do convés. De repente, um barco se aproxima, nasce a esperança, depois a ansiedade quando ele para, sem demonstrar interesse em intervir. A bordo, jovens brancos e de aparência limpa e bem cuidada olham de longe pelo binóculo e fazem a contagem com certa empolgação: um morto, dez mortos, cem mortos. Quando já não se percebe mais nenhum sopro de vida na superfície do mar, eles fazem entre si um sinal de cumplicidade: missão cumprida. Quando coloco o prospecto de lado, uma mulher me entrega um adesivo, que recuso friamente. Ao lado dela, um garotinho com cachos dourados sorri para mim.

Não muito longe dali, um editor vende manuais de utilização de armas de fogo. Ele me interpela: «Ser estuprada pode destruir uma vida! Está tudo bem explicado, olha, tem até detalhes ilustrados sobre a arte de matar com uma bala na nuca». De fato, o desenho do contorno de uma cabeça humana de perfil explica onde se deve atirar para atingir o ponto nevrálgico. Outros estandes oferecem revistas, algumas das quais anunciam «Conspiração contra a Rússia — uma campanha midiática de esquerda», «*Defend Europe*», «Detenha Soros & Co». Várias capas ostentam uma entrevista com Alexander Gauland, copresidente da AfD.

Folheio os catálogos das editoras presentes. Encontram-se ali os seguintes títulos: *Antropologia da Europa — raça, evolução, comportamento*; *As crianças precisam de sua mãe — os riscos da guarda de crianças*. E muitos livros de história: *Bolchevismo judaico*; *Os austríacos sob fogo — tragédia da bravura 1939–1945*; *O jovem Hitler — correções de uma biografia, 1889–1914*; *Os desterrados alemães — não atores, mas vítimas*. Algumas editoras oferecem acessórios: medalhas, canecas, relógios, camisetas com mensagens e ilustrações que homenageiam a marinha de guerra, os regimentos de paraquedistas, os grupos blindados alemães, Erwin Rommel. Existem até garrafas de álcool com nomes evocativos: «Gotas da Wehrmacht» ou «Poção dos combatentes do *front*». Hesito em comprar uma caneca com a silhueta de um soldado alemão armado em frente à Torre Eiffel e a seguinte mensagem: «Saudações de Paris». Finalmente compro um livro chamado *Lavagem de caráter. A reeducação dos alemães e suas consequências*. É de alguma forma o oposto do meu livro, uma apologia contra a desnazificação ligada à nostalgia dos alemães que tinham tanto caráter — antes de 1945!

Um cheiro de revisionismo assombra esse congresso. É o mesmo perfume que rescende quando Marine Le Pen afirma que Vichy «não é a França», quando os deputados do

FPÖ se recusam a aplaudir o discurso pela Noite de Cristal ou quando Matteo Salvini cita Mussolini no dia do aniversário do *Duce*; quando a Hungria de Viktor Orbán presta homenagem ao almirante Horthy e aos escritores fascistas; quando a Polônia do PiS aprova uma lei que proíbe atribuir responsabilidade «à nação ou ao Estado polonês» por crimes nazistas, incluindo a participação ativa de alguns cidadãos poloneses na caça nazista aos judeus e em *pogroms* sangrentos. O odor é o mesmo de quando o presidente da AfD, Alexander Gauland, reivindica «o direito de se orgulhar do desempenho dos soldados alemães na Segunda Guerra Mundial» ou insiste que «Hitler e os nazistas são apenas titica de galinha em mais de mil anos de gloriosa história alemã». E o que dizer quando líderes do partido qualificam o trabalho de memória alemão como «propaganda e reeducação dirigida contra nós» e exigem «um giro de 180 graus» para acabar com a «cultura da vergonha»?

Esses homens difamam a identidade alemã para a qual o trabalho de memória contribuiu amplamente. Eles aniquilam o difícil, corajoso e muitas vezes doloroso trabalho conduzido por milhões de atores da sociedade alemã que se esforçaram para se libertar das raízes do mal. Querem desfazer o que faz a força da Alemanha e que o mundo inteiro inveja: ter tirado da reflexão sobre o passado valores duradouros que forjaram nos cidadãos um espírito crítico e um discernimento moral indissociáveis da força da democracia alemã. Se «riscarmos o passado» como alguns exigem, é esse patrimônio que colocaremos em perigo, essa vigilância diante das repetições de engrenagens assassinas, diante da apatia e do *Mitläufertum*. É esse despertar democrático que estamos colocando em risco para as próximas gerações.

Quem se beneficiaria desse enfraquecimento? Aqueles que, de um extremo a outro da Europa, se arrogam o título de «Defensores dos Valores Ocidentais»? Mas que Europa eles defendem? A de um continente moldado em função de civilizações e culturas multiétnicas e multirreligiosas que legaram uma riqueza intelectual e artística inigualável? Ou a de um continente que o egoísmo nacional e a intolerância transformaram em uma besta imunda, destruidora de cultura e de civilização? O caminho de uma Europa para outra é aquele de uma inversão da moral. Quando o bem se torna o mal e o mal se torna o bem. Quando a empatia é uma fraqueza e o ódio é coragem. Quando os amnésicos triunfam.

Epílogo

Como eu amo esta cidade. Às vezes, à noite, voltando do jantar, passeio de bicicleta pelo centro histórico de Berlim, deserto a essa hora, para saudar lugares com história atormentada cujas feridas eu conheço como se fossem minhas.

Outrora, a trinta metros de minha casa em Kreuzberg, o Muro de Berlim cortava minha rua em duas. Atrás dele havia uma zona militar, depois outro muro e, do outro lado, a RDA. À noite, de minhas janelas, devia ser possível ver silhuetas nos apartamentos iluminados dos alemães-orientais, talvez até seu interior. E eles, o que viam quando olhavam para o lado ocidental capitalista? Liberdade, sem dúvida, mas também a escravidão suicida do homem ao consumo.

Quando o Muro caiu, a faixa fronteiriça circundando Berlim Ocidental, aquele símbolo de opressão, tornou-se um parquinho inesgotável para os berlinenses, que se apossaram desse espaço o máximo possível. Eu pude experimentá-lo no início dos anos 2000 e permaneci nostálgica dessa época de ouro de uma anarquia inofensiva, nem comunista nem capitalista, na qual só o prazer do momento presente importava. Bares eram improvisados em cabanas no meio do nada, boates surgiam em bancos e hangares abandonados, terrenos vagos serviam de casas de espetáculos, restaurantes com cardápios exclusivos eram abertos na sala de um apartamento, e ninguém se importava em saber se era lucrativo, se estava legalizado. Os investidores imobiliários ainda não faziam as leis, e a cidade apoiava a sede de liberdade de seus cidadãos.

Hoje, no lugar da área fronteiriça perto de minha casa, há um lindo corredor verde que os lilases perfumam na primavera. E em frente a vários edifícios os *Stolpersteine*, cubos de cobre incrustados na calçada, relembram a tragédia dos antigos habitantes da minha rua deportados por serem judeus.

Nós, os europeus, vimos de longe. Nossas memórias e nossos sonhos são fragmentados, às vezes contraditórios. Mas, nessa diversidade, há um denominador comum: a experiência do totalitarismo que destrói a identidade dos homens, nega a sua individualidade, os aterroriza, tortura, cega e manipula para construir um exército de clones a serviço da loucura assassina de uma ideia. No lado oriental como no ocidental, conhecemos o sofrimento, mas também a apatia diante do crime, o *Mitläufertum*, o perigo do conformismo, da cegueira e do oportunismo.

A história não se repete, mas os mecanismos sociopsicológicos permanecem os mesmos que, em um contexto de crise, nos levam a tornarmo-nos cúmplices irracionais de doutrinas criminosas.

É essa memória, a da nossa própria falibilidade como indivíduos, que se deve transmitir aos cidadãos europeus. Para nos armar de discernimento perante a nossa própria cegueira, perante a manipulação dos populistas, tanto de direita como de esquerda. Seus métodos se assemelham — a ponto de se confundirem — aos implantados há um século e exploram a fragilidade de nossos referenciais identitários para nos impor uma nova identidade, apontar falsos culpados e inverter nosso sistema de valores.

Mas nossa identidade europeia não pode se basear em uma memória puramente negativa. Homenagear as vítimas do fascismo e do comunismo como a União Europeia faz todo 27 de janeiro é importante, mas não suficiente. Precisamos de uma memória positiva. Não abandonemos esse terreno aos populistas. É preciso devolver aos europeus, aos jovens, o orgulho de pertencer a um continente cujos povos souberam vencer duas vezes o totalitarismo, em 1945 e em 1989, e com o suor de seu rosto construíram a democracia e restituíram aos cidadãos sua dignidade. É preciso fazê-los desejar defender essa herança luminosa contra o retorno de um pensamento vitimista e binário. Os europeus não são vítimas da história. Cada um de nós será indispensável.

Julius Löbmann não está mais neste mundo. Em 1961, ele foi se juntar ao pequeno Fritz e à sua esposa Mathilde em algum lugar do Universo. Com sua segunda esposa, ele não teve filhos. Irma Löbmann, esposa de Siegmund e mãe de Lore e Hans, viveu por um tempo em Estrasburgo, depois se juntou aos filhos nos Estados Unidos. Eles já morreram.

Lotte Kramer, que se casou com um judeu alemão exilado como ela na Grã-Bretanha, tem um filho e netos. Ela nunca se curou de suas feridas. Guardou este telegrama, que seus pais lhe enviaram na Inglaterra em março de 1942, do campo de Gurs: «Temos que nos mudar. Adeus». Esse foi o último sinal de vida que eles lhe deram.

Depois da guerra, Lotte quis voltar a Mainz. «As bombas destruíram tanta coisa, foi muito triste, mas nossa casa ainda estava de pé. Fui ver os amigos dos meus pais, Greta e Bertold. A filha deles tinha algo para me entregar. Antes de ser deportada, minha mãe havia enchido um grande baú com muitas coisas, lençóis, toalhas de mesa. Era um dote para meu casamento. Ela adivinhara que não voltaria para casa.»

Na década de 1970, Lotte Kramer começou a escrever poemas.

Silence

Today the river slinks like oil,
Hardly a current in its mud
As autumn leaves crawl on its face.

I left them in their blinding talk
To meet adopted path and sky,
And bend the grass for light and space.

Here I can hold the air with birds,
Still, solitary in their flight
Without men's calculated race.

Now only sun and water rule
Unchallenged over silent pain:
And the burst cry of a grey swan.

Lotte Kramer

Silêncio

O rio hoje corre qual óleo,
Quase nem corrente no lodo
Pra folhas secas arrastar.

Deixei-as na fala que cega
Pra seguir chão, céu escolhidos,
Ceifar relva por luz e ar.

Aqui abraço o azul com aves,
Ainda que sós em seu voo,
Sem raça dos homens pesar.

Agora só água e sol reinam
Incontestes em dor silente:
E o clamor de um cisne cinza.

Lotte Kramer

Agradecimentos

Este livro nunca teria visto a luz do dia sem o trabalho formidável de muitos historiadores que lhe serviram de coluna vertebral. Meus agradecimentos são também aos escritores, cineastas e intelectuais cujas obras e pensamento me permitiram ver por trás dos fatos.

Presto homenagem à família Löbmann e a todas as testemunhas daquela época que eu pude ver, ouvir e ler e àqueles que tive a oportunidade de conhecer: Moïse, Jacqueline, Claude, Lotte Kramer, Ruth Löbmann, Roland Jahn, Martha e Elizabeth, Vovô, Oma e Opa.

Obrigada à minha família, à minha irmã Nathalie, aos meus amigos e mais especialmente aos meus pais e à minha tia «Ingrid». Obrigada ao Flavio, que sempre esteve ao meu lado.

Esta edição revisada e corrigida nunca teria existido sem o empenho incansável e a paciência heroica de meus editores franceses e alemães, Patrice Hoffmann, Emma Saudin, Pauline Kipfer, Joachim von Zeppelin e Christian Ruzicska.

Das Andere
Últimos volumes publicados

22. Rossana Campo
Onde você vai encontrar
um outro pai como o meu
23. Ilaria Gaspari
Lições de felicidade
24. Elisa Shua Dusapin
Inverno em Sokcho
25. Erika Fatland
Sovietistão
26. Danilo Kiš
Homo Poeticus
27. Yasmina Reza
O deus da carnificina
28. Davide Enia
Notas para um naufrágio
29. David Foster Wallace
Um antídoto contra a solidão
30. Ginevra Lamberti
Por que começo do fim
31. Géraldine Schwarz
Os amnésicos
32. Massimo Recalcati
O complexo de Telêmaco
33. Wisława Szymborska
Correio literário
34. Francesca Mannocchi
Cada um carregue sua culpa
35. Emanuele Trevi
Duas vidas
36. Kim Thúy
Ru
37. Max Lobe
A Trindade Bantu
38. W. H. Auden
Aulas sobre Shakespeare

39. Aixa de la Cruz
Mudar de ideia
40. Natalia Ginzburg
Não me pergunte jamais
41. Jonas Hassen Khemiri
A cláusula do pai
42. Edna St. Vincent Millay
Poemas, solilóquios
e sonetos
43. Czesław Miłosz
Mente cativa
44. Alice Albinia
Impérios do Indo
45. Simona Vinci
O medo do medo
46. Krystyna Dąbrowska
Agência de viagens
47. Hisham Matar
O retorno
48. Yasmina Reza
Felizes os felizes
49. Valentina Maini
O emaranhado
50. Teresa Ciabatti
A mais amada
51. Elisabeth Åsbrink
1947
52. Paolo Milone
A arte de amarrar as pessoas
53. Fleur Jaeggy
Os suaves anos do castigo
54. Roberto Calasso
Bobi
55. Yasmina Reza
«Arte»

Dados Internacionais
de Catalogação na Publicação (CIP)
(Câmara Brasileira do Livro, Brasil)

Schwarz, Géraldine
    Os amnésicos : história
    de uma família europeia /
    Géraldine Schwarz ; tradução
    Ana Martini. -- 2. ed. -- Belo
    Horizonte, MG : Editora
    Âyiné, 2023.
Título original: Les amnésiques
Isbn 978-65-5998-122-9
1. Alemanha - História - 1933-1945
2. Família Schwartz
3. França - História - Ocupação
alemã, 1940-1945
4. Holocausto judeu (1939-1945)
5. Jornalistas - França - Biografia
6. Memória - Aspectos sociais
7. Schwartz, Géraldine I. Título.
    23-166113
    CDD-940.5318092

Índices para catálogo sistemático:
1. Holocausto : Sobreviventes :
Biografia 940.5318092
Aline Graziele Benitez
    Bibliotecária CRB-1/3129
Nesta edição, respeitou-se
    o Novo Acordo Ortográfico
    da Língua Portuguesa.